ナグ・ハマディ文書 II

福音書

福音書

荒井 献・大貫 隆・小林 稔・筒井賢治 訳

ナグ・ハマディ文書 II

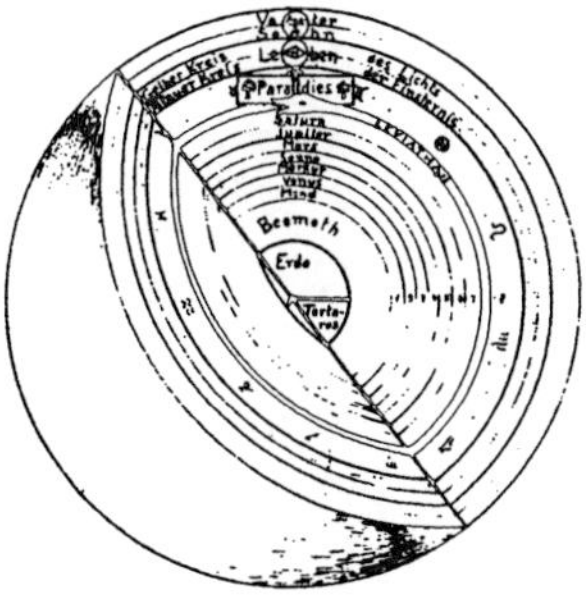

岩波書店

序にかえて

――ナグ・ハマディ文書とグノーシス主義――

一　文書の発見・公刊・年代

ナグ・ハマディ文書とは、一九四五年十二月、エジプト南部に位置するナイル河畔の町ナグ・ハマディ付近で、アラブ人の一農夫によって発見された、十三冊のコーデックス（古写本）に含まれる五十二のパピルス文書のことである。これらの文書はすべてコプト語（古代末期のエジプト語）で記されているが、そのほとんどすべてがギリシア語からコプト語への翻訳と想定されている。

この文書の発見が世界のジャーナリズムを賑わした主な原因となったのは、第Ⅱコーデックスの二番目（Ⅱ／2）所収の『トマスによる福音書』に関する誇大報道である。この福音書には、新約聖書の前半に編まれている四つの福音書（マタイ、マルコ、ルカ、ヨハネの各福音書）にない、イエスの未知の言葉が含まれていた。しかも、これらの言葉の一部が、前世紀末にエジ

プトのオクシリンコスで発見されたギリシア語パピルス群（いわゆるオクシリンコス・パピルス）の一部と重なっており、後者の言葉をイエス自身の真正な言葉と見做す有力な新約聖書学者（ヨアキム・エレミアスなど）がいたのである。このような事情もあって、トマス福音書を最古の、しかもイエス自身に遡る可能性のある福音書と位置付ける誇大報道が、マスメディアに載って世界を駆け回った。

このような誇大報道とそれに便乗した学界の動向は、ナグ・ハマディ文書と同じ頃に死海の西北岸クムランで発見された「死海文書」の場合と類似している。この文書の中の『感謝の詩篇』に言及されている「義の教師」が、洗礼者ヨハネであるとか、イエス自身であるとか、イエスの弟ヤコブであるとかの珍説がまことしやかに喧伝され、これはごく最近までわが国の読書界の話題になっていた。しかし、死海文書の意義は、ナグ・ハマディ文書の場合と同様に、別のところにある（死海文書については、ジェームズ・H・チャールズヴァース編著、『イエスと死海文書』（山岡健訳）三交社、一九九六年参照。トマス福音書の意義については、荒井献『トマスによる福音書』講談社、一九九四年参照）。

もっとも、このような誇大報道がなされた間接的な原因に、文書公刊の遅れがある（これもまた死海文書の場合と類似している）。それは、ナグ・ハマディ文書の場合、その一部が古物商によって転売され、ベルギーやアメリカにまで流れたこと、エジプトに数次にわたる政変が起こったこと、若干の学者たちが学問上の「独占欲」により文書の一部を私物化したこと等による。

しかし、とりわけアメリカのクレアモント大学大学院「古代とキリスト教研究所」所長ジェームズ・M・ロビンソンの努力とユネスコの援助により、一九七七年（文書の発見から三十二年後）に、コーデックスⅠからⅩⅢまで、つまりナグ・ハマディ写本の全文書を含むファクシミリ版全十巻の公刊が完結し、同年にこのファクシミリ版に基づく英訳一巻本が出版された。右の研究所所員が中心となって逐次公刊されていたナグ・ハマディ文書の校訂本（テキストの翻刻、英訳、訳注、概説)も、最近になって完結した。なお、校訂本のドイツ語版はベルリン大学のコプト語グノーシス文書研究グループ(代表者はハンス・M・シェンケ)によって、フランス語版はフランスのストラスブール大学とカナダのラヴァル大学の研究グループ(代表者はジャック・É・メナール)によって、それぞれ公刊されつつある。

ナグ・ハマディ文書が三世紀後半から四世紀にかけて筆写され、四世紀の中頃に十三冊のコーデックスに編まれたことは、考古学上の手続き、とりわけコーデックスI、II、III、VII、XIのカートナジ(各コーデックスを補強するためにその裏側に張られている原紙表装)から読み取られる領収書その他の日付けから明らかである。もっとも、ナグ・ハマディ文書には数種類の異本があり(例えば『ヨハネのアポクリュフォン』にはII、III、IVに三つの異本が、『エジプト人の福音書』にはIIIとIVに二つの異本が存在)、これらの異本が同一の原本に遡る可能性があり、また同一文書が数回にわたって筆写し直された形跡も認められる。他方、すでに言及したように、ナグ・ハマディ文書のコプト語版はギリシア語本文からの翻訳と想定されている。これに本文の伝承史的考察も加えると、現有のコプト語版の原本は、部分的には二世紀の中頃にまで遡ると見てよいであろう。

二世紀の中頃といえば、現行の新約聖書所収の二十七文書のうち最も後期に属する諸文書(例えば「テモテへの第一の手紙・第二の手紙」「テトスへの手紙」など)が成立した年代である。とすれば、ナグ・ハマディ文書と新約諸文書は、その成立年代において部分的に重なることになる。しかも、キリスト教成立後、初めの四世紀頃まで、キリスト教諸教会は、それが位置する地方により、またそれが属する教派によって、現行の新約聖書二十七文書以外の諸文書も、共に信仰にとっては規範的な権威ある「聖文書」として読まれていた。ナグ・ハマディ文書の大半は、このような意味における「聖文書」、四世紀以降「正典」としての新約聖書から区別あるいは差別(排除)され

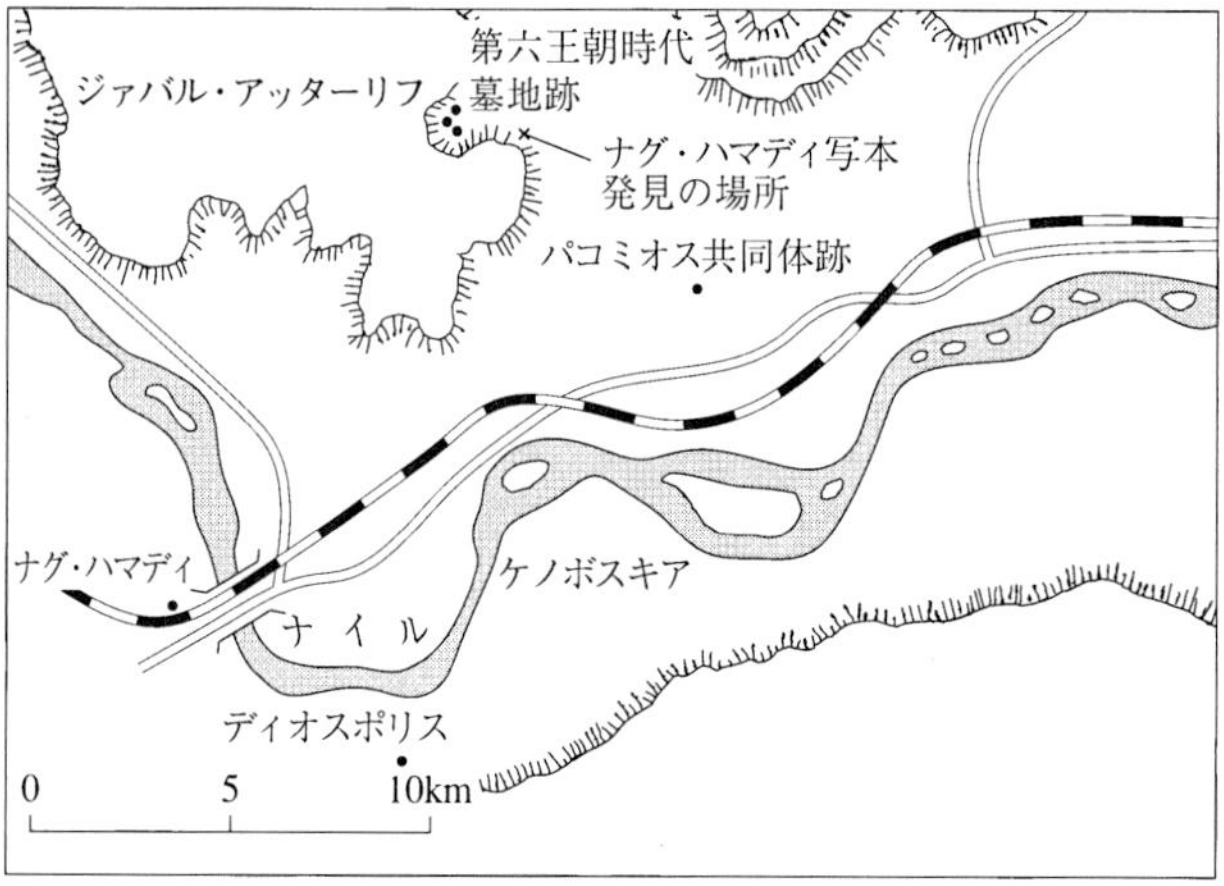

ていった「外典」に属するのである（「新約聖書外典」については、荒井献編『新約聖書外典』講談社、一九九七年参照）。

ナグ・ハマディ文書の元来の所有者については、今もって定説がない。

ナグ・ハマディの東側に古来「ケノボスキア」と呼ばれる地域があり、その北側にパコミオス共同体（四世紀に修道士パコミオスが創設した自給自足による修道共同体）の遺跡がある。そして、さらにその北側約八キロメートルの場所でナグ・ハマディ文書が発見された。他方、前述のカートナジの一部（ナグ・ハマディ文書Ⅰ、以下ＮＨＣⅠと表記）に「ケノボスキアの近くにあるディオスポリス」と読み取れる箇所がある。つまり、文書の製作者が知っていた「ケノボスキア」と、文書が埋められた（発見された）場所の中間に、パコミオス共同体が存在した。しかも、文書が作製された年代と共同体が存在した年代が重なっている（共に四世紀前半）。さらに、ナグ・ハマディ文書全体に共通する思想的特徴に禁欲思想が認められる。ここからナグ・ハマディ文書をパコミオス共同体と関係づける仮説が有力視されている。三六七年にアレクサンドリアの司教アタナシオスがエジプトにある諸教会に宛てて「復活節書簡」を送付し、現行新約二十七文書のみを正典とし、その他の外典——とりわけ「異端の虚構」——を排除して、それらを読むことを禁じている。ナグ・ハマディ写本の大半は「外典」に当たるところから、あるいはパコミオス共同体に属する一修道士が、司教アタナシオスの禁令を機に、自ら所有していた――「外典」を含む――諸文書を壺に入れて、ナグ・ハマディ付近の地下に埋めたのであろうか。

二　文書の内容

十三のコーデックスに含まれる五十二のナグ・ハマディ文書のタイトルとその内容は、別表の通りである。

これらの文書は、内容上、以下の四種類に分類される。

第一は、新約聖書「外典」(別表A)。これには、『トマスによる福音書』『フィリポによる福音書』『エジプト人の福音書』など、キリスト教史上最古最大の「異端」として正統教会から排除された「グノーシス派」出自のものが多いが(別表AG)、『ペトロと十二使徒の行伝』や『シルヴァノスの教え』など、とりわけグノーシス的とはいえない文書も存在する。

第二は、キリスト教(新約)と無関係なグノーシス文書(別表G)。これには『アダムの黙示録』や『セツの三つの柱』など旧約偽典に類するものもあるが、その他の文書は新約とも旧約とも全く関係がない。

第三は、『第八のもの(オグドアス)と第九のもの(エンネアス)に関する講話』など、いわゆる「ヘルメス文書」の一部(別表H)。「ヘルメス文書」とは、紀元前後にエジプトで成立し、師ヘルメス・トリスメギストスがその秘教を弟子に啓示する形式をとるもので、内容的にはグノース主義から汎神論的一元論をも含む(ヘルメス文書のギリシア語本文の邦訳とその解説は、『ヘルメス文書』(荒井献・柴田有訳)朝日出版社、一九八〇年参照)。

第四は、キリスト教ともグノーシスとも関係のない文書。ヘレニズム・ローマ時代の生活訓や格言を集めた『セクストゥスの金言』やプラトン『国家』の一部(五五八B―五八九B)のコプト語本文などである(別表無印)。

別表

コーデックス	番号	通し番号	題名	内容	
I	1	1	使徒パウロの祈り	A	G
	2	2	ヤコブのアポクリュフォン	A	G
	3	3	真理の福音	A	G
	4	4	復活に関する教え	A	G
	5	5	三部の教え	A	G
II	1	6	ヨハネのアポクリュフォン	A	G
	2	7	トマスによる福音書	A	G
	3	8	フィリポによる福音書	A	G
	4	9	アルコーンの本質	A	G
	5	10	この世の起源について	A	G
	6	11	魂の解明	A	G
	7	12	闘技者トマスの書	A	G
III	1	13	ヨハネのアポクリュフォン	A	G
	2	14	エジプト人の福音書	A	G
	3	15	聖なるエウグノストス	A	G
	4	16	イエスの知恵	A	G
	5	17	救い主の対話	A	G
IV	1	18	ヨハネのアポクリュフォン	A	G
	2	19	エジプト人の福音書	A	G
V	1	20	エウグノストス	A	G
	2	21	パウロの黙示録	A	G
	3	22	ヤコブの黙示録一	A	G

	4	23	ヤコブの黙示録二	A	G
	5	24	アダムの黙示録		G
VI	1	25	ペトロと十二使徒の行伝	A	
	2	26	雷・全きヌース		G
	3	27	真正な教え	A	G
	4	28	われらの大いなる力の概念	A	G
	5	29	プラトン『国家』五五八B—五八九B		
	6	30	第八のもの（オグドアス）と第九のもの（エンネアス）に関する講話	H	
	7	31	感謝の祈り	H	
	8	32	アスクレピオス二一—二九	H	
VII	1	33	シェームの釈義		G
	2	34	大いなるセツの第二の教え	A	G
	3	35	ペトロの黙示録	A	G
	4	36	シルウァノスの教え	A	
	5	37	セツの三つの柱		G
VIII	1	38	ゾストゥリアノス		G
	2	39	フィリポに送ったペトロの手紙	A	G
IX	1	40	メルキゼデク	A	G
	2	41	ノレアの思想	A	G
	3	42	真理の証言	A	G
X	1	43	マルサネース		G
XI	1	44	知識の解明	A	G
	2	45	ヴァレンティノス派の解説	A	G
	3	46	アロゲネース		G

	4	47	ヒュプシフロネー		G
XII	1	48	セクストゥスの金言	A	G
	2	49	真理の福音断片		
	3	50	断片		
XIII	1	51	三体のプローテンノイア	A	G
	2	52	この世の起源について(の一部)	A	G

三　グノーシス、グノーシス主義、グノーシス派

「グノーシス」(gnōsis)とは、ギリシア語で「知識」あるいは「認識」の意味である。しかし、この言葉は日本語でも現在、西洋古代末期における宗教思想の一つを特徴づける専門用語として用いられている。例えば『広辞苑』(岩波書店、第四版)で「グノーシス」の項目を引くと、次のように記されている。

〔gnosis ギリシア〕(知識の意)ギリシア末期の宗教における神の認識。超感覚的な神との融合の体験を可能にする神秘的直観。霊知。

この定義は、それ自体として正しい。しかし、「グノーシス」という宗教的専門用語の定義としては広義に過ぎる、と私には思われる。「グノーシス」とはむしろ、右の定義における「神の認識」を「自己の認識」として人間の救済とみなす宗教思想、すなわち「グノーシス主義」(Gnosticism)の意味で用いられている。おそらくこのような事情を反映して、『大辞林』(三省堂、第二版)には「グノーシス」の項目に替えて「グノーシス主義」の項目が

立てられており、それは次のように定義されている。

〔ギリシア gnōsis は「認識」の意〕一、二世紀頃地中海沿岸諸地域で広まった宗教思想、およびこれに類する考え方。反宇宙的二元論の立場にたち、人間の本質と至高神とが本来は同一であることを認識することにより、救済、すなわち神との合一が得られると説く。マンダ教やマニ教はその代表的宗教形態。

右の文章の中で「反宇宙的二元論」という表現は分りにくいかもしれない。まず「二元論」とは、宇宙(=世界)や小宇宙としての人間の成り立ちを相対立する二つの原理によって説明する理論のことである。それがグノーシス(主義)の場合、「反宇宙的」というのであるから、負としての宇宙を形成する原理(宇宙形成者、ギリシア語で「デーミウールゴス」)に相対立する正としての宇宙を救済する原理が前提されていることになる。これが「至高神」、あるいは多くの場合「父」なる至高神から人間に遣わされた「子」なる「救済者」なのである。そして、グノーシス(主義)においては至高神の本質(霊魂)が、宇宙や世界を貫ぬいて人間の中にも宿されている。ところが、デーミウールゴスの支配下にある人間はこの自らの本質(本来的「自己」)について無知の状態に置かれており、自らの本質を非本来的自己としての身体性と取り違えている。人間は、救済者の告知により、人間の本質と至高神とが本来は同一であることを認識(グノーシス)し、神との合一を達成して救済されなければならない。

このようなグノーシス(主義)による救済の告知は、それが急速に広まった古代末期において、それまで人間が常識的にもっていた宇宙・世界・人間観を根本から覆すインパクトを有していた。人間は価値観の転倒を迫られたのである。

例えば、当時の民間宗教において常識となっていた星辰信仰、あるいはこれを受容していた中期プラトニズム（紀元前後のプラトン思想）やストア哲学において、星辰は人間の霊魂の故郷とみなされていた。偉大な政治家、とりわけ皇帝の魂は、その死後に星辰界へ帰昇すると信じられていた。そのための祭儀が皇帝の死後盛大に執り行なわれていたのである。

ところが、グノーシス（主義）によれば、星辰（星座）はデーミウールゴスの支配下にあり、人間の「宿命」を決定する「支配者（アルコーン）たち」、あるいは諸「権力（デュナミス）」、諸「権威（エクスーシア）」であり、人間の霊魂は、その支配下にある星辰の力から解放されて、星辰とデーミウールゴスを否定的に超えて存在する至高神にこそ帰昇し、究極的救済を得なければならない。ここで、地上の権力は宇宙の権力と共に相対化されてしまう。

また、当時のプラトニズムやストイシズムにおいて、あるいはその限りにおいてはユダヤ教やこれを母胎として成立しつつあったキリスト教においても、宇宙（世界）形成者（デーミウールゴス）あるいは創造神による被造としての宇宙＝世界（コスモス）とその内なる人間は美しく善きものであった。もともと「コスモス」（kosmos）と同根の動詞「コスメオー」（kosmeō）は「整える」「美しく飾る」の意で、これに対応して「コスモス」は「飾り」「秩序」、転じて「（秩序整然たるものとしての）宇宙、世界」を意味する。ところが、グノーシス（主義）によれば、宇宙の形成者、世界の創造神そのものが悪の根元なのである。従って、旧約聖書「創世記」巻頭の創造神話に対するグノーシス的解釈においては、エデンの中央に生えている「善悪を知る（グノースケイン）木」から取って食べることを禁じた「主なる神」（創世記二章16-17節――七十人訳。以下創二16と略記）とそれから取って食べることを勧めた「蛇」（創三4）とは価値付けが転倒し、前者は人に「知識」による救済の可能性を閉ざす負的存在、後者はそれを開示する正的存在、つまりイエス・キリストの予型として位置付けられる場合が多い。

ところで、このような解釈をひき起こす「反宇宙的・本来的自己の認識」への欲求は、「自己」の帰属する現実世界が、世界を包括する宇宙全体をも含めて、宇宙の支配者、その形成者によって疎外されているという極端なペシミズムが生起する時代と地域に、いつ、どこででも成立しうるものである。これを古代末期に限って見れば、これは、ローマ帝国の圧倒的支配下にあって、政治的・経済的・社会的に宇宙内の世界のいずれの領域にも自己を同一化できる場を奪われた帝国属州(ユダヤ、シリア、エジプトなど)民の間に成立した。そして、このようなグノーシス的欲求に基づく解釈は、現実世界を否定的に超えた場に自己を同一化する表現なのであるから、必然的に「神話論」的象徴言語によらざるをえないのである。こうして、具体的宗教形態としての「グノーシス」あるいは「グノーシス宗教」が形成される。

但しこれは、「反宇宙的・本来的自己の認識」をいわば「解釈原理」として、既存の諸宗教に固有なテキストを解釈し、それをグノーシス神話に変形することによって形成されるのであるから、「グノーシス(宗教)」は多くの場合、既存の諸宗教の分派的形態をとる。成立しつつあるキリスト教の場合、「グノーシス」は、正統的教会(初期カトリシズム)の立場を護って「異端」を反駁するいわゆる「反異端論者」から見ると、「異端」的教えの「正体」であると共にそのような教えを奉ずる「異端」的分派の呼称——「グノーシス派」を意味した。

例えば、二世紀後半の代表的反異端論者エイレナイオスは、ラテン語訳の通称で『異端反駁』(adversus haereses)と呼ばれる著書を公にしているが、この著書のギリシア語原題は『偽称グノーシスの正体暴露とその反駁』であり、この場合の「グノーシス」はグノーシス派の教説であると共にグノーシス派のことを意味している。他方、この派に所属している人々は自らを「グノーシスを奉ずる者」「グノーシス者」(gnōstikoi)と称した。このように、「グノーシス」は、それを反駁する側から見ても、それを奉ずる側から言っても、グノーシス主義をもグノーシス派をも意味し得たのである。

いずれにしても、「グノーシス派」とは古来、「グノーシス」偽称のゆえにキリスト教の教父たち、とりわけ反異端論者たちにより反駁され、彼らの担う正統的教会から最終的には排除されたキリスト教異端の総称であった。教父たちによればグノーシス派は、同派の「父祖」といわれる「魔術師」シモン(使八9-24参照)とその派をはじめとして、ヴァレンティノス派、バシリデース派、ケリントス派、ナーハーシュ派、オフィス派(「ナーハーシュ」はヘブライ語で、「オフィス」はギリシア語で、それぞれ「蛇」の意)、バルベーロー派、セツ派などの分派に別れた。いずれにしてもグノーシス派は、それに先行したキリスト教と異教(例えばオリエントの諸宗教)、あるいは異思想(例えばプラトニズム)との事後的混淆によって成立したキリスト教の異端である。

このようなグノーシス観は、正統的教会の教父たち、とりわけ反異端論者以来の、グノーシス派に対する伝統的見解であり、今日でもこの見解を基本的に採る学者たちもいる。確かにキリスト教のグノーシス派とその思想(グノーシス主義)は、キリスト教を前提とする限りにおいて、キリスト教よりも後に成立した。

しかし、グノーシス主義そのものが元来キリスト教とは無関係に成立した独自の宗教思想であったこと、そしてそれが事後的にキリスト教のテキストに自らを適合し、それを解釈して「キリスト教グノーシス派」の神話論を形成したことは、すでに確認した通りである。このことは、とりわけナグ・ハマディ文書によって実証される。なぜなら、この文書にはキリスト教グノーシス文書のほかにキリスト教とは関係のないグノーシス文書が含まれているばかりではなく、一つの文書が次第に自らをキリスト教的要素に適応させていく過程が同一文書(例えば『ヨハネのアポクリュフォン』)の複数の異本(写本Ⅱ/1、写本Ⅲ/1、写本Ⅳ/1、ベルリン写本)によって跡付けられるからである。巻末の解説「救済神話」で詳述するように、セツ派などはおそらく元来キリスト教とは無関係に、ユダヤ教の周縁で成立したものと想定される。神話の構成要素が旧約だけでほぼ十分に揃っており、新約の要素は二次的付加と思われるからである。（以上、「グノーシス」「グノーシス主義」の定義については、荒井献『新約聖書とグノーシス主義』岩波書店、一九八六年、二六七—二七一頁のほか、ハンス・ヨナス『グノーシスの宗教』（秋山さと子・入江良平訳）人文書院、一九八六年、E・ペイゲルス『ナグ・ハマディ写本——初期キリスト教の正統と異端』（荒井献・湯本和子訳）白水社、一九九六年、S・ペトルマン『二元論の復権——グノーシス主義とマニ教』（神谷幹夫訳）教文館、一九八五年、柴田有『グノーシスと古代宇宙論』勁草書房、一九八二年をも参照。）

荒井　献

凡　例

一、各文書の翻訳の底本（第Ⅰ部のナグ・ハマディ文書のコプト語底本、第Ⅱ部のエイレナイオス、ヒッポリュトスのギリシア語底本）については、文書ごとの解説に記した。

二、ナグ・ハマディ文書のパラグラフの区分（§15のように記す）は、底本の区分に従っている場合と、新規の試みである場合とがあり、詳しくは文書ごとの解説に記した。

三、ナグ・ハマディ文書の本文において、文頭および行中に【　】を使って挿入した太字体の数字は、写本の頁数を、また行中の小字体の数字は五行単位の写本の行数を表す。
　第Ⅱ部のエイレナイオス、ヒッポリュトスの文書においては、章を漢数字（第二章のように記載）で、節を行中に小字体で示した。

四、注および解説でのナグ・ハマディ文書の引照指示に際しては、該当箇所の表示をパラグラフ（§）によってする場合と、頁と行数による場合とがある。

五、翻訳本文中に用いた記号の意味は以下の通りである。

［ナグ・ハマディ文書］

［　］＝写本の損傷された本文を、原文の校訂者または訳者が推定復元した読み。復元不可能な場合は、脱落が推定される原語の文字数を表示（［±8］）してある

（　）＝文意を取り易くするために、訳者が挿入した補充。

〈　〉＝写本の写字生が書き落としたと思われる文あるいは単語。
《　》＝写本の写字生が重複して書き写したと思われる文あるいは単語。
［エイレナイオス、ヒッポリュトスの文書］
［　］＝原文の脱文・脱字と思われる箇所への、校訂者または訳者による推定復元。
（　）＝文意を取り易くするために、訳者が挿入した補充。

六、ナグ・ハマディ文書、エイレナイオス、ヒッポリュトスの文書、ともに小見出しは、原文には存在しない。読解のための便宜手段であり、訳者がその作成のために参照した文献がある場合には、文書ごとの解説に注記してある。

七、本訳中の注は、本文に出る言語的・歴史的事柄およびグノーシス主義に特徴的な観念と語彙などについて、わかりやすく説明しようとする。同一文書内の関連する箇所、及び他のグノーシス主義文書の関連箇所、さらにまた旧約聖書・新約聖書などとの関連についてもその都度表示してある。

八、歴史的・事象的事項およびグノーシス主義的用語のうち、基本的なもの、また個々の文書の枠を越えて多出するものは、巻末の「補注　用語解説」にまとめて採録した。本文中にその事項が現れる場合、初出と、本文の内容からして補注の参照を求めたいときは、該当事項の行間に＊印を付した。

諸文書略号表

ナグ・ハマディ文書

［写本Ⅰ］
パウ祈　使徒パウロの祈り
ヤコ・アポ　ヤコブのアポクリュフォン
真福　真理の福音
復活　復活に関する教え
三部教　三部の教え
［写本Ⅱ］
ヨハ・アポⅡ　ヨハネのアポクリュフォン
トマ福　トマスによる福音書
フィリ福　フィリポによる福音書
アルコ　アルコーンの本質
起源Ⅱ　この世の起源について
魂　魂の解明
闘技者　闘技者トマスの書
［写本Ⅲ］
ヨハ・アポⅢ　ヨハネのアポクリュフォン
エジ福Ⅲ　エジプト人の福音書
エウⅢ　聖なるエウグノストス
知恵Ⅲ　イエスの知恵
対話　救い主の対話
［写本Ⅳ］
ヨハ・アポⅣ　ヨハネのアポクリュフォン
エジ福Ⅳ　エジプト人の福音書
［写本Ⅴ］
エウⅤ　エウグノストス
パウ黙　パウロの黙示録
Ⅰヤコ黙　ヤコブの黙示録一
Ⅱヤコ黙　ヤコブの黙示録二
アダ黙　アダムの黙示録
［写本Ⅵ］
十二伝　ペトロと十二使徒の行伝
雷　雷・全きヌース
真正教　真正な教え
力　われらの大いなる力の概念
国家　プラトン『国家』断片
「八と九」　第八のもの(オグドアス)と第九のもの(エンネアス)
感謝　感謝の祈り
アスク　アスクレピオス
［写本Ⅶ］
シェーム　シェームの釈義
セツ教　大いなるセツの第二の教え
ペト黙　ペトロの黙示録
シル教　シルウァノスの教え
柱　セツの三つの柱
［写本Ⅷ］
ゾス　ゾストゥリアノス
フィペ手　フィリポに送ったペトロの手紙
［写本Ⅸ］
メルキ　メルキゼデク
ノレア　ノレアの思想
真証　真理の証言
［写本Ⅹ］
マルサ　マルサネース
［写本Ⅺ］
知識　知識の解明
解説　ヴァレンティノス派の解説
　解説・塗油　塗油について
　解説・洗Ａ　洗礼についてＡ
　解説・洗Ｂ　洗礼についてＢ
　解説・聖Ａ　聖餐についてＡ
　解説・聖Ｂ　聖餐についてＢ
アロゲ　アロゲネース
ヒュプ　ヒュプシフロネー
［写本Ⅻ］
金言　セクストゥスの金言
真福断片　真理の福音断片
断片　断片
［写本XIII］
三プロ　三体のプローテンノイア
起源XIII　この世の起源について
［ベルリン写本(BG8502)］
マリ福　マリヤによる福音書
ヨハ・アポＢ　ヨハネのアポクリュフォン
知恵Ｂ　イエス・キリストの知恵
ペト行Ｂ　ペトロ行伝

旧約聖書

創	創世記	代下	歴代誌下	ダニ	ダニエル書
出	出エジプト記	エズ	エズラ記	ホセ	ホセア書
レビ	レビ記	ネヘ	ネヘミヤ記	ヨエ	ヨエル書
民	民数記	エス	エステル記	アモ	アモス書
申	申命記	ヨブ	ヨブ記	オバ	オバデヤ書
ヨシ	ヨシュア記	詩	詩篇	ヨナ	ヨナ書
士	士師記	箴	箴言	ミカ	ミカ書
ルツ	ルツ記	コヘ	コーヘレト書	ナホ	ナホム書
サム上	サムエル記上	雅	雅歌	ハバ	ハバクク書
サム下	サムエル記下	イザ	イザヤ書	ゼファ	ゼファニヤ書
王上	列王記上	エレ	エレミヤ書	ハガ	ハガイ書
王下	列王記下	哀	哀歌	ゼカ	ゼカリヤ書
代上	歴代誌上	エゼ	エゼキエル書	マラ	マラキ書

新約聖書

マコ	マルコ福音書／マルコによる福音書
マタ	マタイ福音書／マタイによる福音書
ルカ	ルカ福音書／ルカによる福音書
使	使徒行伝
ヨハ	ヨハネ福音書／ヨハネによる福音書
Ⅰヨハ	Ⅰヨハネ書／ヨハネの第一の手紙
Ⅱヨハ	Ⅱヨハネ書／ヨハネの第二の手紙
Ⅲヨハ	Ⅲヨハネ書／ヨハネの第三の手紙
ロマ	ロマ書／ローマ人への手紙
Ⅰコリ	Ⅰコリント書／コリント人への第一の手紙
Ⅱコリ	Ⅱコリント書／コリント人への第二の手紙
ガラ	ガラテヤ書／ガラテヤ人への手紙
フィリ	フィリピ書／フィリピ人への手紙
Ⅰテサ	Ⅰテサロニケ書／テサロニケ人への第一の手紙
フィレ	フィレモン書／フィレモンへの手紙
エフェ	エフェソ書／エフェソ人への手紙
コロ	コロサイ書／コロサイ人への手紙
Ⅱテサ	Ⅱテサロニケ書／テサロニケ人への第二の手紙
Ⅰテモ	Ⅰテモテ書／テモテへの第一の手紙
Ⅱテモ	Ⅱテモテ書／テモテへの第二の手紙
テト	テトス書／テトスへの手紙
ヘブ	ヘブル書／ヘブル人への手紙
ヤコ	ヤコブ書／ヤコブの手紙
Ⅰペト	Ⅰペトロ書／ペトロの第一の手紙
Ⅱペト	Ⅱペトロ書／ペトロの第二の手紙
ユダ	ユダ書／ユダの手紙
黙	黙示録／ヨハネの黙示録

教父文書

『絨毯』	アレクサンドリアのクレメンス『絨毯』(Ⅰ－Ⅷ巻)
『抜粋』	アレクサンドリアのクレメンス『テオドトスからの抜粋』
『全反駁』	ヒッポリュトス『全異端反駁』(Ⅰ－Ⅹ巻)
『反駁』	エイレナイオス『異端反駁』(Ⅰ－Ⅴ巻)
『薬籠』	エピファニオス『薬籠』(Ⅰ－LXXX 章)

目次

解　説

グノーシス主義の「福音書」について

大貫　隆

「福音書」と呼ばれる文書で最も古いものは、新約聖書に収められたマルコによる福音書で、定説によれば紀元後七〇年の前後に、それまで多くは口頭で伝えられてきたイエスに関わる伝承を編集することによって著された。その後約二十年の間にマタイによる福音書とルカによる福音書が、マルコによる福音書を第一の資料として、しかし同時に、イエスの言葉ばかりを集めた語録集（この仮説上の語録集を専門用語ではQ資料と呼ぶ）を第二の資料として、それぞれ現在ある形で著されたと考えられている。さらに、一世紀の末にはヨハネによる福音書が著されて、新約聖書の四つの福音書——後代の呼び方で言う「正典福音書」——が出揃うことになった。

しかし、「福音書」と名の付く文書の産出はそれで終らなかった。むしろ、二世紀以後、ますます盛んになったと言わなければならない。否、福音書の増産は、すでに一世紀の末、遅くともヨハネによる福音書の成立と同じ頃には始まっていて、その内でヨハネによる福音書だけが完全な形で残ったという可能性さえ計算に入れておかなければならない。いずれにせよ、それほどに早くから福音書の増産が始まったことは、今世紀の前半に相次いで公刊されたオクシリンコス・パピルス八四〇とエジャトン・パピルス二によって証明される。いずれもごく僅かな分量のパピルス断片であるが、その記事が取られた「未知の福音書」は正典福音書のいずれに対する依存関係も一義的には証明できないほどに古いものだからである（詳細は『聖書外典偽典6　新約外典I』日本聖書学研究所編、教文館、一九七六年、一九―四三頁参照)。

その後二世紀末までに、多かれ少なかれ正典福音書を前提した上で書かれ、しかも分量的にある程度まとまった形で伝存する福音書(いわゆる外典福音書)には、すでに邦訳があるものに限っても、『ヘブル人福音書』、『エジプト人福音書』、『ナザレ人福音書』、『エビオン人福音書』、『ペテロ福音書』、『ヤコブ原福音書(幼時福音書)』、『トマスによるイエスの幼時物語』の七つがあり、さらに四世紀まで下れば『ニコデモ福音書』がある(いずれの翻訳も前掲の『聖書外典偽典6　新約外典I』に収録)。これらを新約聖書「正典」に採用しなかった正統主義教会から見れば、いずれも内容的・思想的に、程度の差はあれ、「異端的」な要素を含むものということになるが、だからと言って直ちにグノーシス主義的と呼ぶこともできない。むしろ大衆文学的な趣味の強い文書である。

これらとは対照的に、キリスト教的グノーシス主義とマニ教の中で生み出され、使用されていることが、エイレナイオス、ヒッポリュトス、エピファニオスなど正統主義教会の側の反異端論者と、それ以後古代末期を経て中世初期までのさまざまな教父たちによって報告されている一群の福音書がある。それを今試みに一覧表にしてみよう。「証言者」の欄に該当者が多数いる場合には、比較的に古い代表者に限って表記する。

福音書名	著者または使用者	証言者 名前	証言者 場所	証言者 年代
(1)マルキオンの福音書	マルキオン	エイレナイオス『反駁』I, 27, 2; III, 11, 7-9	リヨン	二世紀
		テルトゥリアヌス『マルキオン駁論』(随所)	北アフリカ	三世紀

(2)ユダ福音書	カイン派	エイレナイオス『反駁』I, 31, 1	リヨン	二世紀
(3)真理の福音書	ヴァレンティノス派	エイレナイオス『反駁』III, 11, 9	リヨン	二世紀
(4)トマスによる福音書	ナーハーシュ派 異端者たち	ヒッポリュトス『全反駁』V, 7, 20 オリゲネス 『ルカ福音書講解説教』I, 2（ルカ一1-4） エウセビオス『教会史』III, 25, 6	ローマ アレクサンドリア パレスティナ	三世紀 三世紀 四世紀
(5)十二使徒の福音書	異端者たち	オリゲネス 『ルカ福音書講解説教』I, 2（ルカ一1-4）	アレクサンドリア	三世紀
(6)マッティアス福音書	異端者たち	オリゲネス 『ルカ福音書講解説教』I, 2（ルカ一1-4） エウセビオス『教会史』III, 25, 6 ヒエロニュモス 『マタイ福音書注解』序文	アレクサンドリア パレスティナ エルサレム	三世紀 三／四世紀 四／五世紀
(7)バシリデース福音書	バシリデース	オリゲネス 『ルカ福音書講解説教』I, 2（ルカ一1-4） ヒエロニュモス 『マタイ福音書注解』序文	アレクサンドリア エルサレム	三世紀 四／五世紀
(8)活ける福音書 活ける者たちの福音書 大いなる福音書	マニ	コプト語マニ教文書 『説教』（六七28、九四18―19） 『要綱（ケファライア）』序文（五23） 『詩篇』（四六21、一三九51） ケルンのマニ写本（マニの伝記）	エジプト ケルン	三／四世紀 四世紀 四世紀 四／五世紀
(9)完成の福音書	あるグノーシス主義グループ	エピファニオス『薬籠』XXVI, 2, 5	サラミス（キプロス）	四世紀

(10) エバの福音書	あるグノーシス主義グループ	エピファニオス『薬籠』XXVI, 2, 6; 3, 1	サラミス（キプロス）	四世紀
(11) フィリポによる福音書	エジプトのグノーシス主義者	エピファニオス『薬籠』XXVI, 13, 2-3	サラミス（キプロス）	四世紀
(12) バルトロマイ福音書		ヒエロニュモス『マタイ福音書注解』序文	エルサレム	四／五世紀
(13) アペレス福音書	アペレス（マルキオンの弟子）	ヒエロニュモス『マタイ福音書注解』序文	エルサレム	四／五世紀
(14) 天の四つの領域の福音書	シモン派	司教マルーター『聖なるニケーア公会議について』	シリア／アルメニア	五世紀
(15) 十二人の福音書	エデッサ周辺のクーカーイェー派	司教マルーター	シリア／アルメニア	五世紀
(16) 使徒たちの思い出	プリスキリアノス派	パウルス・オロシウス『プリスキリアノス派とオリゲネス派の誤りについての警告』	北ポルトガル	五世紀
(17) フィリポによる福音書	マニ教徒	ティモテウス『異端者の受入れについて』	コンスタンティノポリス	六世紀
		偽レオンティウス『分派について』	コンスタンティノポリス	六世紀
(18) 十二使徒の福音書	マニ教徒	司教テオドール・アブー・クッラ『創造主と真の宗教について』§24	シリア	八世紀
(19) 七十人の福音書	マニ教徒	アル・ビールーニー『古代諸民族の年代記』		一〇世紀

まずこの一覧表について若干の補足説明を加えれば、ここに挙げた事例は、原則として、「福音書」という呼び名がついているものに限られる。⒃の『使徒たちの思い出』はその点では確かに例外的であるが、正典福音書も古代教会において「福音書」(エウアンゲリオン)という呼称が定着する以前には、まさしく「使徒たちの思い出」と呼ばれていたこと(殉教者ユスティノス『ユダヤ人トリュフォンとの対話』一〇〇―一〇七章)に照らせば、ここに加えてしかるべきであろう。

また、ここに挙げられた十九の事例には、証言者によってただ名前が言及されるだけのものと、本文の引用が残されているものの両方が含まれる。前者の場合はもちろん、後者の場合にも、引用の分量はきわめて限られている場合が大半であるために、それぞれの文書の全体的な構成を知ることは言うに及ばず、内容的・思想的にどこまでグノーシス主義的であったのか、その度合いを確定することも非常に困難である。ただ、⑴『マルキオンの福音書』の場合だけ、例外的に本文の再構成がかなりの程度まで可能である。それはルカ福音書から「夾雑物」を取り除いたものに他ならず、エイレナイオスの強弁にもかかわらず、必ずしもグノーシス主義的とは呼び得ないものであったことがすでに明らかにされている。グノーシス主義の内外でのこのような洪水のごとき福音書の産出が始まったとき、正統主義教会は「信仰の基準」たるにふさわしい「正典」福音書を限定し、それ以外のものを「外典」福音書として、排除する必要に迫られた。この動きに、さらにはその他の文書も含めた新約正典全体の確定に与って力があったのは、後二世紀のリヨン(古代名ルグドゥヌム)の司教エイレナイオスであった。彼の著作『異端反駁』は⑶の『真理の福音書』に言及するくだりで、次のように述べる。

ヴァレンティノス派の者たちは、全く破廉恥にも、自分たちだけの著作を勝手に生み出して、実際に存在している福音書よりも多くの福音書を所有していると言って、自慢するのである。しかも、彼らの無謀さはそれで終らず、今を遡ることあまり古くない時代に彼らによって著された福音書に、使徒たちの福音書(複数)と内容的一致が全くないにもかかわらず、『真理の福音書』という表題を付すにまで至っている。その結果、われわれの福音書も彼らによる改竄を免れていない。すなわち、もし彼らが持ち出している福音書が真理であり、それがわれわれに伝承されている使徒たちの福音書(複数)と何の似たところも持たないとすれば、使徒たちによる福音が真理ではないと彼らの文書から論証することがいかにたやすいかは、見やすい道理である。しかし、われわれがすでに多様かつ慎重なやり方で論証してきた通り、われわれの福音だけがただ一つ真理であり、信頼に足るものなのである。また、われわれがすでに述べた数(四つ)以上の福音書もなければ、それ以下もあり得ないのである。なぜなら、神はすべてのものを節度と数に照らして造られた以上、福音の形態もまた熟慮の上で定め、その数も熟慮の上で決められたのだから。(III, 11, 9)

エイレナイオスにとって、「正典」福音書は教会の柱であり土台でもある。それが四つ以上でも以下でもあり得ないことは、教会がその中に蒔かれた世界に「四つの方角と四つの風向き」があることと同じように、神の摂理によることなのである(『反駁』III, 11, 8)。

さて、前記の一覧表に挙げた十九の福音書の大半は、確かに「福音書」と呼ばれてはいるものの、実際の文学的な様式の上では、僅かに残る引用から推すだけでも、正典福音書とは非常に違っていたものと考えざるを得ない。他方、グノーシス主義文書の中には、復活後のイエス(主、キリスト、救い主)と弟子たちの間の対話という形式で著されたものが多い。ナグ・ハマディ文書の枠内で言えば、『闘技者トマスの書』(II/7)、『救い主の対話』(III/

5)、『ヤコブの黙示録一』(V/3)、『ヤコブの黙示録二』(V/4)などがそうである。最近のグノーシス主義研究と新約外典研究の場では、むしろこれらの文書の方を「典型的なグノーシス主義の福音書」と見做すことが共通理解になりつつある。この観点からすれば、本シリーズの第一巻に「救済神話」として収録した『ヨハネのアポクリュフォン』も、その全体を覆う対話形式の枠組みのゆえに、その「典型的なグノーシス主義の福音書」の中でもさらに典型的なものということになる。

復活後のイエスと弟子たちの対話は、すでに正典四福音書の間でも、マルコ一六1-8→マタイ二八1-20→ルカ二四1-53→ヨハネ二〇1-29の順で、時間の経過に沿って、分量的に拡大傾向を示し始めている。前記のような文書もその延長線上にあって、同じ場面(トポス)を文書全体の枠組みとしているのであるから、この限りでもすでに、「福音書」と呼ばれるにはそれなりの理由があると言うべきである。

それに加えて、近年のある仮説(H・ケスター)によると、正典福音書の背後にはきわめて早い段階から、イエスの言葉を集め、それを初めから小単位の「対話」に様式化して伝えた言葉伝承の系譜が存在したという。その言葉の内容は知恵文学的・預言文学的・黙示文学的の三つに分かれるが、冒頭で触れたQ資料は主として預言文学的な言葉を集めたものである。それに対し、ナグ・ハマディ文書中の『トマスによる福音書』は、同じように言葉伝承の系譜に属するが、Q資料あるいは正典福音書とは少なくとも部分的には独立の経路で伝承され、内容的には知恵文学の伝統をより強く引きながら、イエスの言葉のグノーシス主義的な解釈を提示する語録集であるとされる(1)。

正典福音書の成立以後も「主(イエス)の言葉集」が編まれ、伝承されていたことは、いわゆる「使徒教父」と呼ばれる正統主義者の一人、小アジアのヒエラポリスの司教パピアス(二世紀後半)が著したと伝えられる五巻の『主の言葉の説明』(エウセビオス『教会史』III, 39, 1-4)に明瞭な証拠が存在するから、『トマスによる福音書』に関する限り、前記の仮説にはかなりの蓋然性があると思われる。しかし、前記のような対話形式を採ったグノーシス主義の福音書までも、同じように、すなわち、もともとグノーシス主義的ではなかった非常に古い言葉伝承が、正典福音書へ繋がる経路と少なくとも部分的には別の経路でたどり着いて華開いた形態だ、と説明するには、仮説の上に仮説を重ねることが必要になる。

いま一つ別の学説(K・ルドルフ)によれば、グノーシス主義の福音書の対話形式は、むしろプラトン以来ヘレニズム文化圏に古くから存在する文学様式としての「対話」に、やはり同じ文化圏で、初心者を特定の問題や論争点あるいは矛盾律の解決に導くための科学的論文などが好んで採用した「質疑応答」(Erōtapokriseis)の文学形式を混合したものである。すでにプラトンの後期対話編でも、「対話」は対話者が共同して真理の発見に到達するための弁証法であることを止めて、ほとんど一方的に語り手(教師)が質問者に教説を提示する形式に変質してしまっている。他方、「質疑応答」の文学形式はヘルメス文書によって採用されて、宗教的・超越的な啓示を科学的な装いの下に提示するのに用いられていた。グノーシス主義はこの二つの様式を混合することによって、新しい独自の文学様式、すなわち「グノーシス主義の福音書」を創出した。それは単に文学形式であるに留まらず、その背後のグノーシス主義共同体の内部で実際に行なわれた教授と学習の営みを映すものでもあるという。(2)

「対話」形式によるグノーシス主義の福音書を様式史的に位置付ける上では、後者の説明に分があると思われる。特に、「様式の混合」という視点はきわめて重要である。なぜなら、すでに前記の一覧表の十九の「福音書」について述べたように、正典福音書を基準にすればとても「福音書」とは呼び得ないようなものまで、グノーシス主義者が敢えてそう呼んだとき、そこには定着しつつある様式と様式の間の境界を流動化しようとする意図が働いていたに違いないからである。もちろん、この意図はそれぞれの文書の最初の著者においてだけ働いたとは限らない。

例えば、本巻に収めた『エジプト人の福音書』は、第Ⅲ写本の写字生のあとがき（§56）によって初めて、「福音書」と呼ばれるに至ったものである。同じような事情は、やはり本巻に収めた『フィリポによる福音書』のあとがき（§127）についても想定されているものであり、仔細に検証すれば、さらに他にもあるに違いない。いずれにせよ、著者と写字生の両方を含めて、様式の混合はグノーシス主義一般の思想と言語に特徴的な「混淆」（シュンクレティズム）の重要な一部分なのである。新しい思想が新しい様式を求めているのである。

最後に、以上の解説を踏まえて、本巻に収録した文書についてなお若干の説明を付け加えることを許されたい。最初の『トマスによる福音書』は、前記の一覧表の⑷と同じものである。この点について詳しくは、巻末の該当する解説を参照していただきたい。

続く『フィリポによる福音書』は、同じ一覧表の⑾、⒄と同一の文書であるか否か、今なお研究者の間で争われていて、決着を見ていない。この点についても、巻末の該当する解説に詳しい。

以上二つが語録福音書であるのに対し、続く『マリヤによる福音書』は、ナグ・ハマディ文書ではなく、ベルリン写本（BG 8502）に第一文書として収められているもので、前述の意味での「対話」形式の福音書である。

四番目に収録された『エジプト人の福音書』は語録でも対話でもなく、むしろ神話である。その意味では本シリーズの第一巻に収められてもよかったものであるが、すでに触れたように、あとがき（§56）で敢えてこれを「福音書」と名付けた第Ⅲ写本の写字生に準じて、本巻に収録するものである。なお、この『エジプト人の福音書』は、前記の一覧表に先立って言及したギリシア語の『エジプト人福音書』とは、全く別の文書であるから注意が必要である。

『真理の福音』は説教であり、いかなる意味でも福音書ではない。厳密には本シリーズの第三巻に収めるべきものである。しかし、その発見の当初から暫くの間、前記の一覧表の(3)に掲げたヴァレンティノス派の『真理の福音書』（前掲のエイレナイオス『反駁』III, 11, 9の引用も参照）との異同が研究者の間で大きな論点になったことに鑑みれば、本巻に収録することにも理由があるであろう。

最後に『三部の教え』は、ヴァレンティノス派の教理体系を組織的に提示する論文であり、やはりいかなる意味でも「福音書」とは呼び得ない。しかし、『真理の福音』との内容的な並行関係には無視できないものがあり、両者の間の相互参照を可能ならしめるために敢えて本巻に収録するものである。

以上のような理由から、本巻に収めた文書の必ずしも全ての文書が、本巻の表題に言う「福音書」の概念に厳密に対応するものではないことをお断りしておく。

（1） H. Köster, Ein Jesus und vier ursprüngliche Evangeliengattungen, in: H. Köster/J. M. Robinson, *Entwicklungslinien durch die Welt des frühen Christentums*, Tübingen 1971, S. 145-190（特に 155-173）.

（2） K. Rudolph, Der gnostische "Dialog" als literarisches Genus, in: P. Nagel (Hg.), *Probleme der koptischen Literatur, Wissenschaftliche Beiträge der Martin-Luther-Universität, Halle-Wittenberg* 1968/1, S. 85-107.

トマスによる福音書

荒井献訳

四福音書(マタイ、マルコ、ルカ、ヨハネの各福音書)との並行関係。

(1) ( )内の章節は、「並行」句ではなく「参照」句。
(2) Qは、マタイとルカがそれぞれの福音書を編集した際に用いた、イエスの語録資料(巻末の本文書解説をも参照)。
(3) Aは、「アグラファ」(新約聖書に「書かれていない」未知のイエスの「言葉」)を示す。
(4) 語録の行数はコプト語本文に合わせてあるので、邦訳の行数と必ずしも正確に一致しない場合がある。

語録	頁・行	マタイ	マルコ	ルカ	ヨハネ	
一	**32** 13-14				(八51-52)	
二	**32** 14-16	(七7-8)		(一一9-10)		(Q)
三	**32** 25			一七21		
四	**33** 5-8	(一一25)		(一〇21)		(Q)
	33 9-10	一九30、二〇16	一〇31	一三20		
五	**33** 12-14	一〇26	四22	八17、一二2		
六	**33** 15-17	(六1-8、16-18)				
	33 17	(一五1-20)	(七1-23)			

	33:18		(七22)			
	33:19	(七12)		(六31)		(Q)
	33:21–22	一〇26	四22	八17、一二2		
七	33:23–28					A
八	33:29–34:3	一三47–48				
	34:2–3	一一15、一三9、43	四9	八8、一四35		
九	34:4–13	一三3–8	四3–8	八5–8		
一〇	34:14–16			一二49		
一一	34:16–25	(二四35)	(一三31)	(一二33)		
一二	34:25–27	(一八1)	(九34)	(九46)		
一三	34:31–35:4	一六13–16	八27–29	九18–20		
	35:5–7	(一三8)	(一〇18)		(四14、七37–38)	
	35:11–13				(八59、一〇31)	
一四	35:15–19	(六1–8、16–18)				
	35:23	一〇8		一〇8–9		Q
	35:24–27	一五11	七13			Q
一五	35:27–31					A
一六	35:32–36:4	一〇34–36		一二51–53		Q
一七	36:5–9					Iコリ一二9
一八	36:9–10	(二四3)	(一三3–4)	(一二7)		
	36:9–16					A
一九	36:17–25	(四3)		(四3)		A
二〇	36:26–33	一三31–32	四30–32	一三18–19		
二一	37:7–10	二四43		一二39		Q
	37:11–12	二四42				
	37:12–13			一二35、37		

	37 17–18		(四29)			
	37 19	一一15、一三9、43	四9	八8、一四35		
二二	37 21–22	(一九13–15、一八1–3)	(一〇13–16)	(一八15–17)		
二三	38 1–3	(二二14)				A
二四	38 4–6				(一四4–5)	
	38 6–7	一一15、一三9、43	四9	八8、一四35		
	38 9–10	(六22–23)		(一一34–35)	(一〇27)	(Q)
二五	38 10–11	二二39	一二31	一〇27		Q
二六	38 12–17	七3–5		六41–42		A
二七	38 17–20					
二八	38 21				(一10)	
	38 22				(一14)	
	38 21–31					A
二九	38 31–39 2					A
三〇	39 4–5	(一八20)				
三一	39 5–7	一三57	六4	四23–24		
三二	39 7–10	五14				
三三	39 11–12	一〇27		一二3		Q
	39 13–17	五15	四21	八16、一一33		
三四	39 18–20	一五14		六39		Q
三五	39 20–23	一二29	三27	一一21–22		
三六	39 24–26	六25		一二22		Q
三七	39 27–40 2					A
三八	40 5–7			(一七22)	(七34、八21)	
三九	40 7–11	二三13		一一52		Q
	40 11–13	一〇16				

四〇	40 13-16	(一五13)			(一五6)	
四一	40 16-18	一三12、二五29	四25	八18、一九26		
四二	40 19					A
四三	40 21-23				(八19、25)	
	40 24-26	(七16-20、一三33)		(六43-44)		(Q)
四四	40 26-31	一三31-32	三28-29	一三10		
四五	40 31-33	七16		六44		Q
	40 34-41 3	一三35		六45前半		Q
	41 4-6	一三34		六45後半		Q
四六	41 6-8	一二11前半		七28前半		Q
	41 10-12	一二11後半、(一八3)	(一〇15)	七28後半、(一八17)		
四七	41 13-14					A
	41 14-17	六24		一六13		Q
	41 17-18			五39		
	41 19-23	九16-17	二21-22	五36-37		
四八	41 24-25	(一八19)				
	41 25-26	一七20				
四九	41 27-30					A
五〇	41 31-42 7					A
	42 3				(一三36)	
五一	42 7-12					A
	42 11			(一七20-21)		
五二	42 12-18					A
五三	42 18-23					A
五四	42 23-24	五3		六20		Q
五五	42 25-29	一〇37-38		一四26-27		Q

	42 28	一六 24	八 34	九 23		
五六	42 30–32					A
五七	42 33–43 7	一三 24–30				
五八	43 7–9	(五 10)				A
五九	43 9–12					A
六〇	43 12–23					A
六一	43 23–25			一七 34		
	43 29–30	(一一 27)		(一〇 22)		(Q)
六二	43 31–44 1	(一三 11)	(四 11)	(八 10)		
	44 1–2	六 3				
六三	44 3–9			一二 16–21		
	44 9–10	一一 15、一三 9、43	四 9	八 8、一四 35		
六四	44 11–35	二二 2–10		一四 16–24		Q
六五	45 1–15	二一 33–39	一二 1–8	二〇 9–15		
	45 16	一一 15、一三 9、43	四 9	八 8、一四 35		
六六	45 16–19	二一 42	一二 10	二〇 17		
六七	45 19–20					A
六八	45 21–23	五 11		六 22		Q
六九	45 25–26	五 10				
	45 26–27				(一〇 15)	
	45 28–29	五 6		六 21		Q
七〇	45 29–33					A
七一	45 34	二六 61	一四 58		(二 19)	
七二	46 1–6			一二 13–14		
七三	46 6–9	九 37–38		一〇 2		Q
七四	46 9–11					A

七五	46 11–13				A
七六	46 13–18	一三 45–46			
	46 19–22	六 19–20	三 33		Q
七七	46 23–24			(八 12)	
	46 24–25			(一 3)	
	46 26–28				A
七八	46 28–47 1	一一 7–8	七 24–25		Q
	47 2–3			(八 32)	
七九	47 3–8		一一 27–28		
	47 9–12		一三 29		
八〇	47 12–15				A
八一	47 15–17				A
八二	47 17–19				A
八三	47 19–24				A
八四	47 24–29				A
八五	47 29–34				A
八六	47 34–48 4	八 20	九 58		Q
八七	48 4–7				A
八八	48 7–12				A
八九	48 13–16	一三 25–26	一一 39–40		Q
九〇	48 16–19	一一 28–30			
九一	48 22–25	一六 3	三 56		Q
九二	48 25–26	七 7	一一 9		Q
	48 26–29			(一六 12–13、23)	
九三	48 30–33	七 6			
九四	48 33–34	七 8	一一 10		Q

九五	**48** 35–**49** 2			六34–35		
九六	**49** 2–5	一三33		一三20–21		Q
	49 6	一一15、一三9、43	四9	八8、一四35		A
九七	**49** 7–15					A
九八	**49** 15–20					A
九九	**49** 21–25	一二47–49	三32、34	八20–21		
一〇〇	**49** 27–30	二二16–21	一二14–17	二〇21–25		
一〇一	**49** 32–36	一〇37		一四26		Q
一〇二	**50** 2–5	(二三13)		(一一52)		Q
一〇三	**50** 6–10	二四43		一二35、37、39		Q
一〇四	**50** 10–16	(九14–15)	(二18–20)	(五33–35)		
一〇五	**50** 16–18					A
一〇六	**50** 20–22	一七20				
一〇七	**50** 22–27	一八12–14		一五4–7		Q
一〇八	**50** 28				(四14、七37)	
	50 28–30					A
一〇九	**50** 31–**51** 3	(一三44)				
一一〇	**51** 4–5					A
一一一	**51** 6–7	(二四35)	(一三31)	(二一33)		
	51 6–10					A
一一二	**51** 10–12					A
一一三	**51** 12–18				一七20–21	
一一四	**51** 18–26					A

序　【32】これは、生けるイエスが語った、隠された言葉である。そして、これをディディモ[1]・ユダ・トマスが書き記した。

一　そして、彼が言った、「この言葉の解釈を見いだす者は死を味わうことがないであろう[2]」。

二　イエスが言った、「求める者には、見いだすまで求めることを止めさせてはならない[3]。そして、彼が見いだすとき、動揺するであろう。そして、彼が動揺するとき、驚くであろう。そして、彼は万物*を支配するであろう[4]」。

三　イエスが言った、「もしあなたがたを導く者があなたがたに、『見よ、王国[5]は天にある』と言うならば、天の鳥があなたがたよりも先に(王国へ)来るであろう。彼らがあなたがたに、『それは海にある』と言うならば、魚があなたがたよりも先に(王国へ)来るであろう[6]。そうではなくて、王国はあなたがたの直中にある[7]。そして、それはあなたがたの外にある[8]。あなたがたがあなたがた自身を知るときに[9]、そのときにあなたがたは知られるであろう[10]。【33】そして、あなたがたは知るであろう、あなたがたが生ける父の子らであることを。しかし、あなたがたがあなたがた自身を知らないなら、あなたがたは貧困にあり、そしてあなたがたは貧困である」。

四　イエスが言った、「日々を重ねた老人は、(生後)七日の小さな子供[11]に命の場所について尋ねることをためらわないであろう[12]。そうすれば、彼は生きるであろう。なぜなら、多くの先の者は後の者となるであろうから[13]。そして、彼らは単独者[14]になるであろうから」。

五 イエスが言った、「あなたの面前にあるものを知りなさい。そうすれば、あなたに隠されているものはあなたに現されるであろう。なぜなら、隠されているもので、顕にならないものはないからである[15]」。

六 彼の弟子たちが彼に尋ねた。[15]彼らが彼に言った、「あなたは、私たちが断食することを欲しますか。そして、私たちはどのように祈り、どのように施し物を与えるべきでしょうか[16]。どのような食事(規定)を私たちは守るべ

---

(1) didymos. ギリシア語で「双子」の意。古代シリア教会でユダ・トマスはイエスの双子の兄弟とみなされている。闘技者138$_{9}$、『トマス行伝』一、三九など参照。
(2) ヨハ八52参照。
(3) マタ七7-8／ルカ一一9-10参照。闘技者**140**$_{41}$—**141**$_{2}$参照。
(4) オクシリンコス・パピルス六五四、『ヘブル人福音書』三、四に並行。
(5) 「神(または天)の王国」のこと。本書では、「神(天)の」を避けて「王国」と表記する場合が多い。
(6) 申三〇11-14、『バルク書』三25—30、ロマ一〇6-8参照。
(7) ルカ一七21に並行。トマ福・語録(以下語録と略記)一一三**51**$_{16-17}$参照。
(8) 語録一一三**51**$_{18}$参照。
(9) 闘技者138$_{7-11}$によれば、トマスは「自分を知る者」。
(10) 「知る」—「知られる」については、ガラ四8-9、Iコリ八1-3、真福**19**$_{32-33}$参照。
(11) まだ割礼を受けていない子供か(ユダヤ人は生後八日目に割礼を受ける)。
(12) マタ一一25／ルカ一〇21参照。同様の語録がヒッポリュトス『全反駁』V, 7, 20にナーハーシュ派の『トマスによる福音書』から引用されている。
(13) マコ一〇31／マタ一九30。マタ二〇16／ルカ一三30に並行。
(14) 本文書のキーワードの一つ。語録一六、二三、四九、七五参照。
(15) マコ四22／ルカ八17。マタ一〇26／ルカ一二2に並行。
(16) マタ六1-8、16-18参照。

きでしょうか[1]」。イエスが言った、「嘘をついてはならない[2]。また、あなたがたが憎むことをしてはならない[3]。なぜなら、すべては天の前に現れているからである。なぜなら、隠されているもので、顕にならないものはないからである。また、覆われていたもので、覆いなしに残らないものはないからである[4]」。

七　イエスが言った、「人間に喰われる獅子[5]は幸いである。そうすれば、獅子が人間になる。そして、獅子に喰われる人間は忌わしい。そうすれば、人間が獅子になるであろう」。

八　そして、彼が言った、「人間はその網を海に投じた賢い漁夫のようなものである。彼はそれを小魚で満たして、海から引き上げた。それらの中に彼は、一匹の大きなよい魚を見いだした。つまり、賢い漁夫がである。彼は小魚を全部海に投じた。彼は大きな魚を選び出して、**【34】**苦労するところがなかった[6]。聞く耳ある者は聞くがよい[7]」。

九　イエスが言った、「見よ、種まきが出て行った。彼はその手に(種を)満たして蒔いた。いくつかは道に落ちた。鳥が来て、それらを食べてしまった。他の種は岩地に落ちた。そして、根を地下に送らず、穂を天上に出さなかった。そして、他の種は茨に落ちた。それが種をふさぎ、虫がそれらを食べてしまった。そして、他の種はよい地に落ちた。そして、それはよい実を天に向かって出した。それは六十倍、百二十倍になった[8]」。

一〇　イエスが言った、「私は火をこの世に投じた。そして、見よ、私はそれ(火)を、それ(この世)が燃えるまで守る(9)」。

一一　イエスが言った、「この天は過ぎ去るであろう。(10)そして、その上（の天）も過ぎ去るであろう。そして、死人たちは生きないであろう。(11)そして、生ける者たちは死なないであろう。あなたがたが死せるもの(12)を喰う日に、あなたがたはそれを生かすであろう。(13)あなたがたが光にあるとき、あなたがたは何をするであろうか。あなたがたが一つであった日に、あなたがたは二つになっている。(14)しかし、あなたがたが二つになっているときに、あなたがたは何をするであろうか」。

一二　弟子たちがイエスに言った、「私たちは、あなたが私たちのもとから去られるであろうことを知っており

(1)　マコ七1-23／マタ一五1-20参照。
(2)　マコ七22、エフェ四25、コロ三9参照。
(3)　『トビト書』四15に並行。マタ七12／ルカ六31参照。
(4)　語録五・注(15)に同じ。
(5)　アルコ§22では創造神（サマエール＝ヤルダバオート）が「ライオンに似た傲慢な獣」と言われ、ナーハーシュ派では獅子が性欲の隠喩として用いられている（ヒッポリュトス『全反駁』V, 8, 15）。プラトン『国家』588B-589Eをも参照。
(6)　マタ一三47-48、アレクサンドリアのクレメンス『絨毯』IV, 95, 3に並行。但し、「人間は……」は、両書で「天の王国は……」となっている。
(7)　マタ一一15、一三9、43、マコ四9、ルカ八8、一四35に並行。
(8)　マコ四3-8／マタ一三3-8／ルカ八5-8に並行。『シラ書』六19をも参照。
(9)　ルカ一二49、『ピスティス・ソフィア』一四一参照。
(10)　マコ一三31／マタ二四35／ルカ二一33参照。
(11)　身体の復活の批判か。フィリ福§4、90a参照。
(12)　語録七の「獅子」に同じか。
(13)　ヒッポリュトス『全反駁』V, 8, 32参照。
(14)　「一つ」は創一27の両性具有的解釈を、「二つ」は創二18以下のアダムからエバの分離を示唆しているか。

ます。(その後に)誰が私たちの上に大いなる者となるでしょうか[1]」。イエスが彼らに言った、「あなたがたは、あなたがたが来たところ[2]、義人ヤコブ[3]のもとに、行くであろう。彼のゆえに天と地とが生じたのである」。

一三　イエスが彼の弟子たちに言った、「私を(誰かに)比べてみなさい。(そして)私が誰と同じであるかを言ってみなさい」。シモン・ペトロが彼に言った、「あなたは義なる御使いと同じです」。マタイが彼に言った、【35】「あなたは賢い哲学者と同じです」。トマスが彼に言った、「先生、私の口は、あなたが誰と同じであるかを言うのに、全く堪えないでしょう[4]」。イエスが言った、「私はあなたの先生ではない[5]。なぜなら、あなたは、私が計り分けた湧き出ずる泉から飲み[6]、酔いしれたからである[7]」。

そして、彼は彼を連れて退き、三つの言葉[8]を彼に言った。

さて、トマスが彼の仲間たちのもとに来たとき、彼らは彼に尋ねた、「イエスはあなたに何を言われましたか」。トマスが彼らに言った、「私があなたがたに、彼が私に言われた言葉の一つを言えば、あなたがたは石をとり、私に投げつけるであろう[9]。そして、火が石から出、あなたがたを焼き尽くすであろう[10]」。

一四　イエスが彼らに言った、「あなたがたが断食をすれば、あなたがたは自分に罪をつくるであろう。そして、あなたがたが祈れば、あなたがたは裁かれるであろう。そして、あなたがたが施しをすれば、あなたがたは自分の霊に悪しきことをするであろう[11]。そして、あなたがたがどこかの国へ行き、村々[12]をめぐるとき、人々があなたがたを受け入れるなら、人々があなたがたの前に置くものを食べなさい。(そして)彼らの中にいる病人を癒しなさい[13]。なぜなら、あなたがたの口に入っていくものは、あなたがたを汚さないであろうから。しかし、あなたがたの口から出てくるものは、あなたがたを汚すものである[14]」。

一五　イエスが言った、「もしあなたがたが女から産まれなかった者を見たら、ひれ伏しなさい。（そして）彼を拝みなさい。その者こそ、あなたがたの父である[15]」。

一六　イエスが言った、「人々はきっと、私がこの世に平和を投げ込むために来た、と思うであろう。そして彼らは、私が地上に分裂、火、刀、戦争を投げ込むために来たことを知らない。というのは、**【36】**一家のうちに五人いるであろうが、三人は二人に、二人は三人に、父は子に、子は父に、対立するであろうから[16]。そして、彼

（1）マコ九34／マタ一八1／ルカ九46参照。
（2）フィーガーによる。ラムディン、マイヤーによれば、「どこにいようとも」。
（3）「主の兄弟」(ガラ一19)、イエスの四人の兄弟の一人(マコ六3／マタ一三55)。イエスの死後、エルサレム教会の指導者の一人となり(ガラ二9)、ペトロがエルサレムを離れた後、教会の指導権を掌握。ユダヤ人キリスト教の伝承によれば、「義人」という尊称を持っていた(エウセビオス『教会史』II, 23, 4. 7)。Iヤコ黙**32** 2―3、ヤコ・アポ**16** 5―11をも参照。
（4）マコ八27-29／マタ一六13-16／ルカ九18-20参照。
（5）マコ一〇18、マタ二三8参照。
（6）ヨハ四14、七37-38参照。
（7）『ソロモンの頌歌』一一6―9参照。
（8）「私は父と同じ」を指すか(荒井献『トマスによる福音書』講談社、一九九四年、一三四頁以下参照)。
（9）ヨハ八59、一〇31参照。
（10）『バルトロマイ福音書』二5参照。
（11）語録六・注(16)参照。
（12）文字通りには「所々」。
（13）マタ一〇8／ルカ一〇8-9に並行。
（14）マコ七13／マタ一五11に並行。
（15）語録六一参照。
（16）マタ一〇34-36／ルカ一二51-53に並行。

らは単独[1]で立つであろう[2]」。

一七　イエスが言った、「私はあなたがたに、目がまだ見ず、耳がまだ聞かず、手がまだ触れず、人の心に思い浮かびもしなかったことを与えるであろう[3]」。

一八　弟子たちがイエスに言った、「私たちの終りがどのようになるかを、私たちに言って下さい[4]」。イエスが言った、「あなたがたは一体、終りを求めるために、初めを見いだしたのか。なぜなら、初めのあるところに、そこに終りがあるであろうから[5]。初めに立つであろう者は幸いである。そうすれば、彼は終りを知るであろう。そして死を味わうことがないであろう」。

一九　イエスが言った、「成った前に在った者は幸いである[6]。あなたがたが私の弟子になり、私の言葉を聞くならば、それらの石があなたがたに仕えるであろう[7]。というのは、あなたがたのためにパラダイスに五つの木があ[8]るからである。それらは夏冬揺るがず、それらの葉も落ちないのである。それらを知る者は死を味わうことがないであろう」。

二〇　弟子たちが言った、「天の王国は何に似ているか、私たちに言って下さい」。彼が彼らに言った、「それは一粒の芥子種のようなものである。〈それは〉どんな種よりも小さい。しかし、それが耕されている地に落ちると、地は大きな枝をつくり、空の鳥の隠れ場となる[9]」。

二一　マリハム[10]がイエスに言った、「あなたの弟子たちは誰に似ているのですか」。彼が言った、「彼らは【37】自分のものではない野に住む小さな子供たちのようなものである。野の主人たち[11]が来て、言うであろう、『われらにわれらの野を渡せ』と。彼らは野を彼らに渡し、それを与えるために、彼ら（子供たち）は彼ら（野の主人たち）の面前で着物を脱ぐ[12]（であろう）。

それゆえに私は言う、『家の主人は、盗賊が来ることを分かっているなら、彼は、彼（盗賊）が来る前に、目をさましているであろう。（そして）彼が自分の支配下にある自分の家に押し入り、自分の財産を持ち出すことを許さないであろう[13]』。だからあなたがたは、この世を前にして目をさましていなさい[14]。大いなる力であなたがたの腰に帯をしめなさい[15]。盗賊が道を見いだして、あなたがたのところに来ないように。なぜなら、あなたがたが予想している困窮が起きるであろうから。あなたがたの中に、賢い人がいてほしい。実がいると、彼は鎌を手

---

(1) 語録四・注(14)、とくに語録二三参照。
(2) 語録一八、二三、二八、五〇、柱**119** 16―17、アロゲ**59** 17―23、**60** 19―36参照。グノーシス派の父祖と言われる「魔術師」シモンは「立った者、立っている者、立つであろう者」と自称した（ヒッポリュトス『全反駁』V, 17, 1; 18, 4）。
(3) Iコリ二9、対話五七、『ペトロ行伝』三九参照。
(4) マコ一三3-4／マタ二四3／ルカ二一7参照。
(5) 語録四九参照。
(6) フィリ福§57参照。
(7) マタ二四3／ルカ二四3参照。
(8) マニ教『詩篇』一六一17―29参照。
(9) マコ四30-32／マタ一三31-32／ルカ一三18-19に並行。
(10) マグダラのマリヤのこと。
(11) この世の「支配者」（アルコーン）たちか。
(12) 語録三七、ヒッポリュトス『全反駁』V, 8, 41参照。
(13) マタ二四43／ルカ一二39に並行。
(14) マタ二四42に並行。
(15) ルカ一二35、37に並行。

にして急ぎ来たり、それを刈り取った[1]。聞く耳ある者は聞くがよい[2]」。

二二　イエスは乳を与えられている小さな者たちを見た。彼は彼の弟子たちに言った、「乳を与えられているこの小さな者たちは、王国に入る人々のようなものだ[3]」。彼らは彼に言った、「私たちが小さければ、王国に入るのでしょうか」。イエスが彼らに言った、「あなたがたが、二つのものを一つにし、内を外のように、外を内のように、上を下のようにするとき、あなたがたが、男と女を一人にして[4]、男を男でないように、女を女（でないよう）にするならば[5]、あなたがたが、一つの目の代わりに目をつくり、一つの手の代わりに一つの手をつくり、一つの足の代わりに一つの足をつくり、一つの像[6]*の代わりに一つの像をつくるときに、そのときにあなたがたは、［王国に］入るであろう」。

二三　【38】イエスが言った、「私はあなたがたを、千人から一人を、一万人から二人を、選ぶであろう[7]。そして、彼らは単独者として立つであろう[8]」。

二四　彼の弟子たちが言った、「あなたがおられる場所*について教えて下さい。なぜなら、私たちにはそれを探すことが必要だからです[9]」。彼が彼らに言った、「耳ある者は聞くがよい[10]。光の人の直中に光がある。そして、それは全世界を照らしている。それが照らさないならば、それは闇である[11]」。

二五　イエスが言った、「あなたの兄弟をあなたの魂のように愛しなさい[12]。彼をあなたの瞳のように守りなさい[13]」。

二六　イエスが言った、「あなたはあなたの兄弟の目にある塵を見ている。それなのに、あなたは自分の目にある梁を見ない。[15]あなたが自分の目にある梁を取りのければ、そうすればあなたは（はっきり）見えるようになって、兄弟の目から塵を取りのけることができるであろう(14)」。

二七　〈イエスが言った、〉「あなたがたがこの世に対して断食しないならば、あなたがたは王国を見いださないであろう(15)。あなたがたが安息日を安息日としないならば(16)、[20]あなたがたは父を見いださないであろう」。

---

(1)　マコ四29参照。
(2)　語録八・注(7)参照。
(3)　マタ一八1-3、マコ一〇13-16／マタ一九13-15／ルカ一八15-17参照。
(4)　ガラ三28参照。
(5)　『エジプト人福音書』五／『クレメンスの手紙II』一二3—6に並行。語録一一四、フィリ福§71—78参照。
(6)　ギリシア語で「エイコーン」。語録八三、八四参照。
(7)　マタ三14参照。『ピスティス・ソフィア』一三四に並行。
(8)　語録四、一六、四九、七五参照。
(9)　ヨハ一四4-5参照。
(10)　語録八・注(7)参照。
(11)　マタ六22-23／ルカ一一34-35、ヨハ一一9-10、対話八参照。
(12)　レビ一九18、マコ一二31／マタ二二39／ルカ一〇27に並行。
(13)　申三二10、詩一七8、箴七2、『シラ書』一七22参照。
(14)　マタ七3-5／ルカ六41-42に並行。
(15)　アレクサンドリアのクレメンス『絨毯』III, 99, 4参照。
(16)　安息日の精神的遵守。ユスティノス『トリュフォンとの対話』12, 3、テルトゥリアヌス『ユダヤ人反駁』四参照。

二八　イエスが言った、「私はこの世の直中に立った[1]。そして、彼らに肉*において現れ出た[2]。私は彼らが皆酔いしれて[3]いるのを見いだした。私は彼らの中に一人も渇ける者を見いださなかった。そして、私の魂は人の子らのために苦痛を受けた。なぜなら、彼らは彼らの心の中で盲目であり、見ることがないからである。彼らは空《から》[4]でこの世に来、再び空でこの世から出ようとしているからである。今、彼らは確かに酔いしれている。彼らが彼らの酒を振り切ったときに、そのときに彼らは悔い改めるであろう」。

二九　イエスが言った、「肉*が霊*のゆえに生じたのなら、それは奇蹟である。しかし、霊が身体のゆえ（に生じたの）なら、それは奇蹟の奇蹟である[5]。しかし私は、【39】いかにしてこの大いなる富がこの貧困の中に住まったかを不思議に思う」。

三〇　イエスが言った、「三人の神々がいるところ[6]、彼らは神々である。二人または一人がいるところ、私は彼と共にいる[7]」。

三一　イエスが言った、「預言者は自分の郷里では歓迎されることはないものだ。医者は自分を知っている人々を癒さないものである[8]」。

三二　イエスが言った、「高い山の上に建てられ、固められた町は、落ちることもできないし、隠されることもできない[9]」。

三三　イエスが言った、「あなたが自分の耳に聞くであろうことを、あなたがたの屋根の上で他の耳に宣べ伝えなさい[10]。誰でも明かりをともして、それを枡の下に置かないし、それを隠された場所に置かない。むしろそれを燭台の上に置く。入って来たり出て行ったりする人々がすべて彼らの光を見るように[11]」。

三四　イエスが言った、「もし盲人が盲人を導くなら、二人とも穴に落ち込むであろう[12]」。

三五　イエスが言った、「誰も強い人の家に押し入って、彼の両手を縛りあげなければ、それ(家)を強奪すること

---

(1)　ヨハ一10参照。

(2)　Iテモ三16、ヨハ一14、Iヨハ四2、IIヨハ7、ロマ八3、真福§24参照。

(3)　無知な人間の比喩的表現。例えば『ヘルメス文書』I27、真福§13参照。

(4)　光、霊あるいはグノーシスを欠く状態の比喩的表象。語録九七をも参照。

(5)　本文書に特徴的な二元的人間論。語録一一二をも参照。

(6)　オクシリンコス・パピルス一・二一―三では「[三人]がいるところ」。

(7)　マタ一八20参照。この語録では、イエスが「彼(一人=単独者)と共にいる」に強調点がある。「三人」または「三人の神々」と共にイエスはいないことになるか。

(8)　マコ六4/マタ一三57/ルカ四23-24に並行。

(9)　マタ五14に並行。

(10)　マタ一〇27/ルカ一二3に並行。レイトンは「ほかの耳に」を「自分の耳に」の二重誤記として本文から削除。ギヨモン等とフィーガーはオクシリンコス・パピルス一・二〇―二一に従って「自分の耳(と)ほかの耳(両耳)に聞くであろうことを……」ととっている。マイヤーは私訳と同じ。

(11)　マコ四21/ルカ八16、マタ五15/ルカ一一33に並行。

(12)　マタ一五14/ルカ六39に並行。

はできない。そうすれば、彼は彼の家を押し倒すであろう(1)」。

三六 イエスが言った、「朝から夕まで、また夕から朝まで、何を着ようと思いわずらうな(2)」。

三七 彼の弟子たちが言った、「どの日にあなたは私たちのもとに現れ、どの日に私たちはあなたを見るでしょうか」。イエスが言った、「あなたがたがあなたがたの恥を取り去り、あなたがたの着物を脱ぎ(3)、小さな子供たちのように、それらをあなたがたの足下に置き、それらを踏みつけるときに(4)、そのときに[あなたがたは、]【40】生ける者の子を[見るであろう]。そして、あなたがたは恐れることがないであろう」。

三八 イエスが言った、「幾度かあなたがたは、私があなたがたに言うこれらの言葉を聞くことを欲した。そしてあなたがたは、それらを聞くべき人を他に持っていない(5)。あなたがたが私を求めても、私を見いださない日が来るであろう(6)」。

三九 イエスが言った、「ファリサイ人や律法学者たちは知識*の鍵を受けたが、それを隠した。彼らも入らないばかりか、入ろうとする人々をそうさせなかった(7)。しかしあなたがたは、蛇のように賢く、鳩のように素直になりなさい(8)」。

四〇 イエスが言った、「一本の葡萄の木が父の外側に植えられた。そして、それが固められていなかったので、それは根元から抜き取られて、滅びゆくであろう(9)」。

四一 イエスが言った、「おおよそ、手に持っている人は、与えられ、持っていない人は、持っている僅かなものまでも取り上げられるであろう(10)」。

四二 イエスが言った、「過ぎ去り行く者となりなさい(11)」。

四三 彼の弟子たちが彼に言った、「あなたはどういう方なのですか、私たちにこのようなことを言うとは」。〈イエスが彼らに言った、〉「私があなたがたに言うことから、あなたがたは、私がどういう者であるかを知らない(12)。むしろ、あなたがたはユダヤ人のようになった。なぜなら、彼らは木を愛してその実を憎み、実を愛して木を憎むからである(13)」。

---

(1) マコ三27／マタ一二29／ルカ一一21-22に並行。
(2) マタ六25／ルカ一二22に並行。
(3) 語録二一参照。
(4) 語録二二参照。
(5) エイレナイオス『反駁』I, 20, 2(マルコス派がイエスに帰している言葉)、『ヨハネ行伝』九八参照。
(6) ルカ一七22、ヨハ七34、八21、33参照。
(7) マタ一三13／ルカ一二52に並行。
(8) マタ一〇16に並行。
(9) マタ一五13、ヨハ一五6、闘技者144$_{19-36}$参照。
(10) マコ四25／マタ一三12／ルカ八18、マタ二五29／ルカ一九26に並行。
(11) ギヨモン、フィーガーも同様。ラムディン、マイヤーは「通り過ぎていく者」(旅人、放浪者)。
(12) ヨハ八19、25参照。
(13) マタ七16-20、一二33-34／ルカ六43-44参照。

四四　イエスが言った、「父を汚すであろう者は赦される。そして、子を汚すであろう者は赦される。しかし、聖霊を汚すであろう者は、地においても天においても赦されない[1]」。

四五　イエスが言った、「誰も茨から葡萄を集めないし、あざみからいちじくを摘みはしない。それらは実を結ばない［からである[2]］。善人は、【41】彼の倉からよいものを取り出す。悪人は、彼の心の中にある悪い倉から悪いものを取り出す[3]。そして、彼は悪いことを言う。なぜなら、彼は心からあふれ出るものから悪いものを取り出すからである[4]」。

四六　イエスが言った、「アダムからバプテスマのヨハネに至るまで、女の産んだ者の中で、バプテスマのヨハネより大いなる者はない[5]。（ヨハネを前にして）その両眼がつぶれないように[6]。しかし、私は言った、『あなたがたの中で小さくなるであろう者が、王国を知り、ヨハネより大いなる者となるであろう』と[7]」。

四七　イエスが言った、「一人の人が二頭の馬に乗り、二つの弓を引くことはできない。一人の奴隷が二人の主人に兼ね仕えることはできない。あるいは、彼は一方を尊び、他方を侮辱するであろう[8]。誰でも古い酒を飲んでから、すぐ新しい酒を飲もうと欲することはしない[9]。また、新しい葡萄酒を古い皮袋に入れはしない。皮袋がはり裂けないためである。また、古い葡萄酒を新しい皮袋に入れはしない。皮袋が葡萄酒を損わないためである。古い布切れを新しい着物に縫いつけはしない。（新しい着物に）裂け目ができるからである[10]」。

四八　イエスが言った、「二人の者が同じ家でお互に平和を保つならば[11]、山に向かって、『移れ』と言えば、移るであろう[12]」。

四九　イエスが言った、「単独なる者、選ばれた者[13]は幸いである。なぜなら、あなたがたは王国を見いだすであろうから。なぜなら、あなたがたがそこから（来て）いるのなら、再びそこに行くであろうから[14]」。

五〇　イエスが言った、「もし彼らがあなたがたに、『あなたがたはどこから来たのか』と言うならば、彼らに言いなさい、『私たちは光から来た。そこで光が自ら生じたのである。それは［自立］して、**【42】**彼らの像*において現れ出た[15]』。もし彼らがあなたがたに、『それがあなたがたなのか』と言うならば、言いなさい、『私たちはその

（1）マコ三28-29／マタ一二31-32／ルカ一二10に並行。
（2）マタ七16／ルカ六44に並行。
（3）マタ一二35／ルカ六45前半に並行。
（4）マタ一二34／ルカ六45後半に並行。
（5）マタ一一11前半／ルカ七28前半に並行。
（6）直訳。ギヨモン、フィーガーも同様。「その目を伏せないように」（ラムディン）。「その目はそむけられてはならない」（マイヤー）。
（7）マタ一一11後半／ルカ七28後半に並行。マコ一〇15／マタ一八3／ルカ一八17参照。
（8）マタ六24／ルカ一六13に並行。
（9）ルカ五39に並行。
（10）マコ二21-22／マタ九16-17／ルカ五36-37に並行。
（11）マタ一七20に並行。当語録は全体として語録一〇六の二重記事。
（12）マタ一八19参照。
（13）語録八、二三、五〇参照。
（14）真福**22** 1—15参照。
（15）ギリシア語「エイコーン」の複数形。語録八三参照。

（光の）子らであり[1]、生ける父の選ばれた者である』。もし、彼らがあなたがたに、『あなたがたの中にある父の徴は何か』と言うならば、彼らに言いなさい、『それは運動であり、安息*である[2]』と」。

五一 彼の弟子たちが彼に言った、「どの日に死人の安息*が入り来たり、どの日に新しい世が来るのでしょう」。彼が彼らに言った、「あなたがたが待っているもの（安息）は（すでに）来た[3]。しかし、あなたがたはそれを知らない」。

五二 彼の弟子たちが彼に言った、「二十四人の預言者たち[4]がイスラエルで語りました。そして、彼らは皆あなたにあって[5]語りました」。彼が彼らに言った、「あなたがたはあなたがたの面前で生きている者[6]を捨て去り、死人たちを語った」。

五三 彼の弟子たちが彼に言った、「割礼は役に立つでしょうか、役に立たないでしょうか」。彼が彼らに言った、「それが役に立つなら、彼ら（子供たち）の父が彼らを彼らの母（の胎）から割礼をして産んだであろうに。しかし、霊における真の割礼[7]が全き効果を見いだした」。

五四 イエスが言った、「あなたがた貧しい人たちは、幸いである。天の王国はあなたがたのものだから[8]」。

五五 イエスが言った、「その父とその母を憎まない者は、私の弟子であることができないであろう[9]。私のように、その兄弟とその姉妹を憎まない者、その十字架を負わない者は、私にふさわしくないであろう(10)」。

五六 [30]イエスが言った、「この世を知った者は、屍(11)を見いだした。そして、屍を見いだした者に、この世はふさわしくない」。

五七 イエスが言った、「父の王国は、［よい］種を持っている人のようなものである。[35]彼の敵が夜来て、**【43】**よい種の中に毒麦をまいた。その人は彼ら(僕たち)に毒麦を引き抜かせなかった。彼は彼らに言った、『お前たちが毒麦を引き抜きに行って、[5]それと一緒に麦を引き抜かないように。なぜなら、収穫の日に毒麦が現れ出るであろうから。それらは引き抜かれ、焼き尽くされるであろう(12)』」。

---

(1) ヨハ一三36参照。
(2) 「動かされないもの(安息)がすべてのものに運動を与える」(ヒッポリュトス『全反駁』V, 7, 25)。
(3) ルカ一七20-21参照。語録三、一一三をも参照。
(4) 『第四エズラ書』一四45によれば、聖書(旧約)は二十四書から成る。その著書たちを指すか。
(5) 文字通り(ラムディンも同様)。イエスに参与して語ったことを指すか。マイヤーは「あなたを」、ギヨモン、フィーガーは「あなたについて」。
(6) 語録五五、五九、一〇七参照。
(7) ロマ二29参照。
(8) マタ五3／ルカ六20に並行。
(9) マタ一六24／マコ八34／ルカ九23に並行。
(10) マタ一〇37-38／ルカ一四26-27に並行。
(11) ギリシア語でptōma. 二重記事の語録八〇では「身体」(sōma)、この世の本質のことか。
(12) マタ一三24-30に並行。

五八 イエスが言った、「苦しんだ者は、幸いである。彼は命を見いだした[1]」。

五九 イエスが言った、「あなたがたが生きている間に、生ける者[2]を注視しなさい。あなたがたが死んで、彼を見ようとしても、見ることができないことのないように」。

六〇 〈彼らが、〉[3]子羊を伴ってユダヤへ向かう一人のサマリア人〈を見た〉。彼(イエス)が彼の弟子たちに言った、「(なぜ)この者は子羊の周りにいる(のか)」。彼らが彼に言った。「彼はそれを殺して食べようと(しているのです)」。彼が彼らに言った、「それが生きている間は、彼はそれを食べないであろう。しかし、彼がそれを殺し、それが屍になったときに、(彼はそれを食べるであろう)」。彼らが言った、「彼は他の仕方でそうすることはできないでしょう」。彼が彼らに言った、「あなたがたが屍になって喰われないように、あなたがたも自分のために安息のうちに場所を求めなさい」。

六一 イエスが言った、「二人が一つ寝台に休むであろう。一人が死に、一人が生きるであろう[4]」。サロメ[5]が言った、「あなたは誰なのですか。一人から出たような人よ[6]。あなたは私の寝台に上り、そして私の食卓から食べました」。イエスが彼女に言った、「私は同じ者から出た者[7]である。私には父のものが与えられている[8]」。〈サロメが彼に言った、〉「私はあなたの弟子です[9]」。〈イエスが彼女に言った、〉「それゆえに私は言うのである、『彼が同じ[10]であるときに、彼は光で満たされるであろう。しかし、彼が分けられているときに、彼は闇で満たされるであろう』」。

六二 イエスが言った、「私は、［私の］秘義［にふさわしい］人々に私の秘義を言う。[11] **【44】**あなたの右の手がしていることを、あなたの左の手に知らせるな[12]」。

六三 イエスが言った、「ある金持が多くの財産を持っていた。彼は言った、『私は私の財産を利用して、蒔き、刈り、植えて、私の倉を作物で一杯にしよう。いかなる欠乏*にも悩まされることがないためである』。これが、彼の心の中で考えたことである。そして、その夜に彼は死んだ。[13] 聞く耳ある者は聞くがよい[14]」。

(1) ヤコ一2、マタ五10参照。本書で「苦しみ」は「命」を見いだそうとする者にとって不可避の経験（語録八、五五、一〇七参照）。
(2) =イエス（語録五二、一一一参照）。
(3) 〈彼（イエス）が〉である可能性もある（マイヤー）。
(4) ルカ一七34に並行。
(5) マコ一五40参照。
(6) 文字通り（フィーガーも同様）。レイトンは「原文改悪」(corrupt)と見、ラムディンは訳文から削除。マイヤーは「あたかも誰かからお出になられたかのように」。しかし、文字通りでも意味は通る。「女から産まれなかった者」（一五）の意か。後の文脈の（父と）「同じ者」と同意か。
(7) 文字通り（フィーガーも同様）。ラムディンは「分割されない者」、マイヤーは「完全であるもの」、語録一三および後の文脈から見て、「父と同じ者」の意にとる。
(8) マタ一一27／ルカ一〇22参照。
(9) 語録一一四のマリハムとイエスの関係と同じか。
(10) レイトンはコプト語の šēš を šēf に修正し、ラムディンは「もし、彼が破壊されたら」と訳す。マイヤーは「完全」（あるいは「統合された」）。
(11) マコ四11／マタ一三11／ルカ八10参照。
(12) マタ六3に並行。
(13) ルカ一二16-21に並行。
(14) 語録八・注（7）に同じ。

六四　イエスが言った、「ある人が客を持った。そして、彼が晩餐を用意して、客を招くために、彼の僕《しもべ》を送った。僕は最初の人に行って、彼に言った、『私の主人があなたを招いています』。彼は言った、『私は商人たちに(貸)金を持っています。彼らは今夜私のところに来るでしょう。私は出て行って、彼らに指図を与えるでしょう。晩餐をお断りします』。僕は他の人に行って、言った、『私の主人があなたを招きました』。彼は僕に言った、『私は家を買いました。人々は一日中私を必要としています。私には時間がないでしょう』。僕は他の人に行って、言った、『私の主人があなたを招いています』。彼は僕に言った、『私の友人が結婚することになっています。そして、私は祝宴を催すでしょう。私は行くことができません。晩餐をお断りします』。僕は他の人に行って、言った、『私の主人があなたを招いています』。彼は僕に言った、『私は村を買いました。私は行って小作料を受け取らなければなりません。私は行くことができないでしょう。お断りいたします』。僕は戻り、主人に言った、『あなたが晩餐にお招きになった人々は断りました』。主人は僕に言った、『道に出て行きなさい。お前が見いだした人々を連れて来なさい。彼らが晩餐にあずかるように。買主や商人は私の父の場所に入らない*[であろう][1]』」。

六五　【45】彼が言った、「ある[よい人][2]が葡萄園を持っていた。彼はそれを農夫たちに与えた。彼らがそれを耕して、それから収穫を得るためである。彼は僕を送った。葡萄園の収穫を出させるためである。彼らは僕をつかまえて、袋だたきにし、ほとんど殺すばかりにした。僕は帰って、それを主人に言った。主人は言った、『たぶん彼らは[3]彼を知らなかったのだ』。主人は他の僕を送った。農夫たちは彼をも袋だたきにした。そこで主人は自分の子を送った。彼は言った、『たぶん彼らは私の子を敬ってくれるであろう』。ところが農夫たちは、彼が葡萄園の相続人であることを知っていたので、彼をつかまえて、殺した(4)。耳ある者は聞くがよい(5)」。

六六 イエスが言った、「家造りらの捨てた石を私に示しなさい。それは隅の頭石《かしらいし》である(6)」。

六七 イエスが言った、「すべてを知っていて、自己に欠けている者は、すべてのところに欠けている(7)」。

六八 イエスが言った、「あなたがたが憎まれ、迫害されるならば、あなたがたは幸いである(8)。そして、あなたがたが迫害された所にいかなる場所も見いだされないであろう(9)」。

六九 イエスが言った、「心の中で迫害された人たちは、幸いである(10)。彼らは、父を真実に知った人たちである(11)。飢えている人たちは、幸いである。欲する者の腹は満たされるであろう(12)」。

---

(1) マタ二二2-10/ルカ一四16-24に並行。「商人」批判については『シラ書』二六29—二七28参照。
(2) コプト語の原文は chrē[sto]s・chrē[stē]s(「貸し主」)とも復元可能(マイヤー)。
(3) 原文では「彼は彼ら」。写字生の誤記と見て修正。
(4) マコ一二1-8/マタ二一33-39/ルカ二〇9-15に並行。
(5) 語録八・注(7)に同じ。
(6) マコ一二10/マタ二一42/ルカ二〇17に並行。
(7) 闘技者138 16—18参照。
(8) マタ五11/ルカ六22に並行。語録五八、六九参照。
(9) 「私のために迫害された者は幸いである。彼らは迫害されない場所を持っているであろうから」(アレクサンドリアのクレメンス『絨毯』IV, 41, 2参照)。
(10) マタ五10に並行。語録五八、六八参照。
(11) ヨハ一〇15参照。
(12) マタ五6/ルカ六21に並行。

七〇　イエスが言った、「あなたがたがあなたがたの中にそれ[1]を生み出すならば、あなたがたが持っているものが、あなたがたを救うであろう。あなたがたがあなたがたの中にそれを持たないならば、あなたがたがあなたがたの中に持っていないものが、あなたがたを殺す〔であろう〕」。

七一　イエスが言った、「私は〔この〕家を〔壊〕わすであろう。[2] そして、誰もそれを〔再び〕建てることができないであろう」。

七二　【46】〔ある人〕が彼に〔言った〕、「私の兄弟たちに、私の父の持物を私と分けるように言って下さい」。彼に言った、「人よ、誰が私を分配人に立てたのか」。彼は弟子たちに向かって、言った、「私が分配人なのか[3]」。

七三　イエスが言った、「収穫は多いが、働き人が少ない。だから、主人に願って、収穫のために働き人を送り出すようにしてもらいなさい[4]」。

七四　彼が言った、「主よ、泉のまわりには多くの人々がおりますが、泉の中には誰もおりません[5]」。

七五　イエスが言った、「多くの人々が戸口に立っている。しかし、新婦の部屋[6]*に入るであろう者は、単独者（だけ）である[7]」。

七六 イエスが言った、「父の王国は、商品を持っていて、一つの真珠を見いだした商人のようなものである。この商人は賢い。彼は商品を売りはらい、ただ一つの真珠を買った[8]。あなたがたもまた、衣蛾が近寄って喰わず、虫が喰いつくさぬ所に、朽ちず尽きることのない宝を求めなさい[9]」。

七七 イエスが言った、「私は彼らすべての上にある光である[10]。私はすべてである。すべては私から出た。そして、すべては私に達した[11]。木を割りなさい。私はそこにいる。石を持ち上げなさい。そうすればあなたがたは、私をそこに見いだすであろう[12]」。

---

(1) 「それ」は「光」あるいは本来的自己か。マイヤーによれば「あなたがたの中にあるもの」。
(2) マコ一四58/マタ二六61、ヨハ二19、使六14参照。
(3) ルカ一二13-14に並行。所有欲に対する戒めか(語録六三、六四参照)。イエスは「父の持物」(語録六一「父のもの」参照)の「分配人」(分割者?)ではないということか。
(4) マタ九37-38/ルカ一〇2に並行。
(5) 「泉」と訳された二語は、原文では cōte と sōne、これはいずれも sōte(「泉」)の誤記と想定される。オリゲネス『ケルソス駁論』8, 15-16参照。なお、ラムディンとマイヤーは「誰もおりません」を「何もありません」と訳している。
(6) 文字通りには「婚礼の場所」。語録一〇四ではギリシア語で「ニュンフォーン」。
(7) 語録四九参照。
(8) マタ一三45-46に並行。
(9) マタ六19-20/ルカ一二33に並行。
(10) ヨハ八12参照。
(11) ヨハ一3、Iコリ八6、ロマ一一36参照。
(12) オクシリンコス・パピルス一・六―九に対応。オクシリンコス・パピルス一では語録三〇(/オクシリンコス・パピルス一・二―六)のあとの文脈に置かれている。神の偏在思想については、サモサタのルキアノス『ヘルモティモス』八一参照。

七八　イエスが言った、「あなたがたは、何を見に野に来たのか。風に揺らぐ葦を見るためか。［あなたがたの］王やあなたがたの高官［のような］、【47】柔らかい着物をまとった人を見るためか。彼らは柔らかい［着物］をまとっている[1]。そして、彼らは真理を知ることができない［であろう[2]］」。

七九　群集の中から一人の女が彼に言った、「あなたを宿した胎と、あなたが吸われた乳房とは幸いです」。彼が［彼女に］言った、「父の言葉を聞いて、それを真実に守ってきた人々は幸いである[3]。なぜなら、あなたがたが、『はらまなかった胎と、ふくませなかった乳房とは幸いだ』と言う日が来るであろうから[4]」。

八〇　イエスが言った、「この世を知った者は、身体を見いだした。しかし、身体を見いだした者に、この世はふさわしくない[5]」。

八一　イエスが言った、「裕福になった者は支配するように[6]。力を持つ者は棄てるように」。

八二　イエスが言った、「私に近い者は火に近い。そして、私から遠い者は王国から遠い[7]」。

八三　イエスが言った、「像[8]*は人間に現れている。しかし、それらの中にある光は父の光の像[9]の中に隠されている。彼は現れるであろう。しかし、彼の像は光によって隠されている」。

八四　イエスが言った、「あなたがたがあなたがたの似像[10]*を見る日に、あなたがたは喜ぶ。しかしあなたがたが、あなたがた以前に生まれた――死にも現れもしない――あなたがたの像[11]を見るならば、どれほどあなたがたは耐えられるであろうか」。

八五　イエスが言った、「アダム*は大いなる力[12]と大いなる富[13]から成った。そして(それにもかかわらず)、彼はあなたがたにふさわしくならなかった。なぜなら、もし彼がふさわしくなったなら、[彼は]死を[味わうことが]なかったであろうから[14]」。

---

(1)　マタ一一7-9／ルカ七24-25に並行。
(2)　ヨハ八32参照。
(3)　ルカ一一27-28に並行。
(4)　ルカ二三29に並行。
(5)　語録五六の二重記事。
(6)　Iコリ四8参照。
(7)　同じ言葉がオリゲネス『エレミヤ書注解』20, 3に見いだされる。
(8)　ギリシア語「エイコーン」の複数形。
(9)　「エイコーン」の単数形。「そして彼(ヤルダバオート)は……言った、『来なさい。われわれは神の像に従って、また、われわれの外見に従って人間を造ろう(創一26の七十人訳)。それは彼の像がわれわれにとって光となるためである』(ヨハ・アポII **15** 1-4)参照。
(10)　コプト語「エイネ」の単数形。前注ヨハ・アポII **15** 3の「像」が「エイコーン」、「外見」が「エイネ」。
(11)　「エイコーン」の複数形。
(12)　使八9参照。力(VI／4)では至高神が「われらの大いなる力」。
(13)　語録八一参照。
(14)　創一26-27のグノーシス的解釈によれば、アダムは両性具有の原人、アダムからエバが分離した結果死が生じた(フィリ福§71参照)。

八六　イエスが言った、「［狐には【48】その穴があり］、鳥には［その］巣がある。しかし、人の子には、その頭を傾け、安息*する所がない[1]」。

八七　イエスが言った、「一つの身体によりかかっている身体はみじめである。そして、この両方によりかかっている魂はみじめである[2]」。

八八　イエスが言った、「使者たち[3]と預言者たちがあなたがたのもとに来る。そして、彼らはあなたがたにあなたがたに属するもの[4]を与えるであろう。そして、あなたがたもまた彼らに、あなたがたの手中にあるもの[5]を与える。そして、あなたがたは自らに言う、『どの日に彼らが来て、彼らのものを受けるのであろうか』と」。

八九　イエスが言った、「なぜ、あなたがたは杯の外側を洗うのか。あなたがたは、内側を造った者が、また外側も造った者であることが分からないのか[6]」。

九〇　イエスが言った、「私のもとに来なさい。私の軛《くびき》は負いやすく、私の支配は優しいからである。そして、あなたがたはあなたがた自身に安息*を見いだすであろう[7]」。

九一　彼らが彼に言った、「あなたが誰であるかを、私たちに言って下さい。そうすれば、私たちはあなたを信じます」。彼が彼らに言った、「あなたがたは天地の模様を調べる。そしてあなたがたは、あなたがたの面前にあるもの(8)を知らなかった。そしてあなたがたは、この時《カイロス》を調べることを知らない(9)」。

九二 イエスが言った、[25]「探せ、そうすれば、見いだすであろう(10)。しかし、あなたがたが私にあの日々に聞いたこと、そして当時私があなたがたに言わなかったこと、それを今、私は言おう。そして、あなたがたはそれを問うことがない(11)」。

九三 [30]〈イエスが言った〉、「聖なるものを犬にやるな。彼らがそれを汚物に投げ入れないためである。真珠を豚［に］投げてやるな。彼らがそれを［ ±3 し］ないためである(12)」。

（1） マタ八20／ルカ九58に並行。
（2） 語録一一二の二重記事。
（3） ギリシア語「アンゲロス」の複数形。「天使たち」とも訳せる。ここでは「預言者たち」と共にグノーシス派の巡回宣教者を指すか（フィーガー）。
（4） あとの文脈の「彼らのもの」と共に人間の「本来的自己」（霊）。
（5） 「非本来自己」（肉体・この世に属するもの）か。
（6） マタ三25-26／ルカ一二39-40に並行。
（7） マタ一一28-30に並行。
（8） 語録五一参照。但し、「者」とも訳せる（ラムディン、マイヤー、フィーガー）。この場合は語録五二参照。
（9） マタ一六3／ルカ一二56に並行。
（10） マタ七7／ルカ一一9に並行。
（11） ヨハ一六12-13、23参照。
（12） マタ七6に並行。

九四 イエスが［言った］、「探す者は、見いだすであろう。［また、門をたたく者は、］開けてもらえるであろう[1]」。

九五 ［イエスが言った］、「あなたがたがお金を持っているならば、**【49】**利子をつけて与えてはならない。そうではなくて、あなたがたが［それを］取り戻さなくてよい者に与えなさい[2]」。

九六 イエスが［言った］、「父の国は［ある］女のようなものである。彼女が少量のパン種を取って、粉の中に隠し、それを大きなパンにした[3]。聞く耳ある者は聞くがよい[4]」。

九七 イエスが言った、「［父］の王国は、粉を満たした［壺］を担い、［ある］遠い道を行く女のようなものである。壺の耳（把手）が壊れた。粉が彼女の後ろで道の上［に］こぼれ落ちた。（しかし）、彼女はそれを知らなかった。彼女は禍を気づかなかったのである。彼女が家に着いたとき、彼女は壺を下に置き、それが[5]空であることを発見した」。

九八 イエスが言った、「父の王国は、高官を殺そうとする人のようなものである。彼は自分の家で刀を抜き、自分の腕が強い[6]かどうかを知るために、それを壁に突き刺した。それから、彼は高官を殺した[7]」。

九九 弟子たちがイエスに言った、「あなたの兄弟がたとあなたの母上が外に立っています」。彼が彼らに言った、「私の父の御旨を行なう、ここにいる者たちこそ、私の兄弟、私の母なのである[8]。彼らが私の父の王国に入るであろう」。

一〇〇　人々がイエスに金(貨)を示し、そして彼に言った、「カイザルの人々が私たちから貢を要求します」。彼が彼らに言った、「カイザルのものは[30]カイザルに、神のものは神に渡しなさい(9)。そして、私のものは私に渡しなさい(10)」。

一〇一　〈イエスが言った、〉「私のようにその父と母を憎まない者は、私の[弟子]であることができないであろう。そして、私のように[その父]とその[35]母を愛する[ことのない]者は、私の[弟子]であることができないであろう(11)。なぜなら、私の母は[　±8　]。【50】しかし[私の]真実の[母](12)は私に命を与えた」。

(1)　マタ七8/ルカ一一10に並行。
(2)　ルカ六34-35、『十二使徒の教え』一5参照。
(3)　マタ一三33/ルカ一三20-21に並行。
(4)　語録八・注(7)に同じ。
(5)　語録二八参照。同主旨の「器に入った油」の譬が真福**36** 21—24にある。
(6)　ラムディン、マイヤーは「入る」と訳す。
(7)　この「刺客」の譬えを文字通りにとれば、マタ一一12-13/ルカ一六16と比較可能。自己吟味の勧めととれば、「建築」の譬え(ルカ一四28-30)と「戦争」の譬え(一四31-32)に類似。
(8)　マコ三32-34/マタ一二47-49/ルカ八20-21に並行。『エビオン人福音書』H、『クレメンスの手紙Ⅱ』九11をも参照。
(9)　マコ一二14-17/マタ二二16-21/ルカ二〇21-25に並行。
(10)　知恵Ⅲ**119** 4/B**126** 11—12、『ヨハネ行伝』一〇一参照。
(11)　マタ一〇37/ルカ一四26に並行。語録五五の二重記事。
(12)　語録四四の「聖霊」か。ヤコ・アポ**6** 20、『ヘブル人福音書』六でイエスの母が聖霊と呼ばれている。

一〇二　イエスが言った、「彼らファリサイ人は禍である。なぜなら、彼らは、牛の秣桶の中で寝ている犬のようなものだから。なぜなら、犬は喰わないし、牛にも喰わせないからである(1)」。

一〇三　イエスが言った、「盗賊がどこに入って来るか分かっている人は幸いである。彼は、彼らが入って来る前に、起き上がり、自分の［支配下にあるもの(2)］を集め(3)、腰に帯をしめている(4)」。

一〇四　彼らが彼に言った、「来て下さい。今日は祈り、断食しましょう」。イエスが言った、「私が犯した罪とは一体何なのか。あるいは、私は何に負けたのか。しかし、花婿が新婦の部屋*から出てくるときには、そのときにはいつでも彼らは断食し、祈るべきである(5)」。

一〇五　イエスが言った、「父と母を知るであろう者は、娼婦の子と呼ばれるであろう(6)」。

一〇六　イエスが言った、「もしあなたがたが二つのものを一つとするならば、あなたがたは人の子らとなるであろう。そして、あなたがたが、『山よ、移れ』と言うならば、山は移るであろう(7)」。

一〇七　イエスが言った、「王国は百匹の羊を持つ羊飼のようなものである。それらの中の一匹、最大の羊が迷い出た。その人は九十九匹を残しても、それを見つけるまで、一匹を探した。彼は苦しみの果てに羊に言った、『私は九十九匹以上にお前を愛する』と(8)」。

一〇八　イエスが言った、「私の口から飲む者は私のようになるであろう。そして、私もまた彼になるであろう[10]。そして、隠されていたものが彼に現れるであろう[9]」。

一〇九　イエスが言った、「王国は、その畑に宝を持っている人のようなものである。それ（宝）は［隠されており］、それについて［彼は］何も知らない。そして、彼が死んだ［ときに］、彼はそれを自分の［息子に］残した。［彼の］息子［もまた］何も知らなかった。彼は【51】その畑を受け取り、それを売った。そして、買い取った人が来て、耕作しているときに、宝を［発見した］。彼はお金を、彼が欲した人々に、利子付きで貸し始めた[11]」。

一一〇　イエスが言った、「この世を見いだし、裕福になった者は、この世を棄てるように[12]」。

（1）語録三九の二重記事。マタ二三13／ルカ一一52参照。「秣桶の中で寝ている犬」の譬えについては、サモサタのルキアノス『愚人を駁す』三〇、『ティモン』一四参照。
（2）レイトンの復元による。
（3）語録二一・注(13)に同じ。
（4）語録二一・注(15)に同じ。
（5）マコ二18-20／マタ九14-15／ルカ五33-35参照。
（6）語録五五、一〇一、闘技者144 8—10参照。
（7）語録四八の二重記事。マタ一七20に並行。
（8）マタ一八12-14／ルカ一五4-7に並行。真福**31** 35—**32** 17参照。「苦しみの果てに」については語録八、五八参照。
（9）ヨハ四14、七37、ヨハ黙三17参照。
（10）語録一三、六一、七七参照。
（11）マタ一三44参照。
（12）語録八〇／五六、八一参照。

一一一　イエスが言った、「天は巻き上げられるであろう。そして地もまた、あなたがたの前で[1]。そして、生ける者[2]から生きる者は死を見ないであろう」。――イエスは言っていないか、「自己自身を見いだす者に[3]、この世はふさわしくない[4]」と。

一一二　イエスが言った、「魂*によりかかっている肉体*は禍である。肉体によりかかっている魂は禍である[5]」。

一一三　彼の弟子たちが彼に言った、「どの日に王国は来るのでしょうか」。〈彼が言った、〉「それは、待ち望んでいるうちは来るものではない。『見よ、ここにある』、あるいは、『見よ、あそこにある』などとも言えない。そうではなくて、父の国は地上に拡がっている[6]。そして、人々はそれを見ない[7]」。

一一四　シモン・ペトロが彼らに言った、「マリハム[8]は私たちのもとから去った方がよい。女たちは命に値しないからである」。イエスが言った、「見よ、私は彼女を（天の王国へ）導くであろう[9]。私が彼女を男性にするために、彼女もまた、あなたがた男たちに似る活ける霊*になるために[10]。なぜなら、どの女たちも、彼女らが自分を男性[11]にするならば、天の王国に入るであろうから」。

(1) イザ二四4、黙六14、マコ一三31／マタ二四35／ルカ二一33参照。

(2) ＝父(語録三七、五〇)。＝イエス(語録序、五一、五九)

(3) 語録三、六七参照。

(4) 語録五六／八〇参照。

(5) 語録八七の二重記事。二九をも参照。

(6) ルカ一七20-21に並行。語録三をも参照。

(7) 語録五一(「知らない」)参照。

(8) 語録二一・注(10)参照。

(9) マリ福**17**7—**18**15、『ピスティス・ソフィア』一36、二72参照。

(10) 語録二三一参照。

(11) ＝「単独者」か(語録七五参照)。

フィリポによる福音書

大貫 隆訳

『フィリポによる福音書』はグノーシス主義（ヴァレンティノス派）の周辺で成立した抜粋集である。収録された個々の抜粋の配列には、厳密な原則は認められない。同一の主題を扱うか、あるいは類似のモティーフを含むものが少なくない、しかし、それらは必ずしも一括されることなしに、随所に分散している場合が多い。試みに、それを主要な主題あるいはモティーフにグループ化すれば、次のようになる（配列は五十音順）。

アダムとエバ　§15、28、41、71、78、79、80、83、84
救済（儀礼行為）　§68、76
キリスト（イエス）の到来と働き　§5、9a、9b、15、26a、47、53、54、69a、70、72a、78、82a、83、93、116ab、123b
クリスチャン　§6、49、59、67d、95、97、102b
結婚　§60、87、122a、122b、126c
この世（世界）　§44、63a、63c、85、87、93
死と生　§3、5、10、67b、71、94b
十字架　§91、95、125a

---

§1　**【51】**ヘブライ人はヘブライ人を造り出すものである。30そして人々は彼（ヘブライ人）のことを改宗者と呼ぶのが普通である。[1] だが、改宗者は改宗者を造り出さないものである。［32 ±9 ］[2]なるほど彼らは、ちょ

うど人々が［33 ±10 ］（3）そして彼らは他の［者たちを34 ±10 ］（4）造り出す。【52】1 ±10 ］（5）は彼らにとって、彼らが生じるためには十分である。

§2 僕はただひたすら自由になることを願うばかりで、決して彼の主［人］の財産を欲したりすることはない。しかし、息子はただ息子であるにとどまらず、父の遺産を自分のものだと主張するものである。（6）

§3 死せるものを継ぐ者たち、彼らは彼ら自身が死んでいるのであり、死せるものを継ぐのである。生けるものを継ぐ者たち、彼らは生きており、生けるものと死せるものとを継ぐ。死せる者たちは何ものも受け継がない。なぜなら、どうして死せるものが受け継ぐであろうか。もし死せるものが生けるものを受け継ぐとしたら、それ（死せるもの）は死なないであろう。（7）かえって、その死せるものはますます生きるであろう。

§4 異邦人は死ぬことがない。なぜなら、彼はかつて生きたことがないのだから、いつか死ぬということもない

（1） マタ二三15参照。
（2） 「何人かの者たちは」、「これらの人間たち」、「真理に属する人間たち」と復元する提案がある。
（3） 「彼らを見ることができる通りに」、「（彼らはちょうど）以前からそうであるのと同じように」、「（彼らは）現にそうである通りである」と復元する提案がある。
（4） 「他の［者たちを］造り出す。［この他の者たちは］」と復元する提案がある。
（5） 「真理に属する者たち」、「［他の者たちにとっては］、（そもそも）彼らが生じることだ［けで］すでに十分である」と復元する提案がある。
（6） ガラ四1-7参照。
（7） Iコリ一五50参照。

のである。真理を信じた者は生きた。だから彼こそは死の危険に瀕している。彼は生きているからである[1]。

§5 キリストが到来した日以来[2]、(この)世界*は創られている。町々は飾りつけられている。死せる者が運び出される。

§6 われわれが(まだ)ヘブライ人[3]であった日には、われわれは孤児であった。われわれにはわれわれの母がいるだけであった。しかし、われわれがクリスチャン[4]となったとき、父と母がわれわれにできた。

§7 冬に蒔く者たちは夏に刈り取る。冬とは世界*のことであり[5]、夏とは別のアイオーン*のことである[6]。われわれは夏に刈り取るために、世界に蒔こうではないか。だから冬には祈らないことが、われわれにはふさわしい[7]。冬から出てくるものは夏である。だが、もし誰かが夏に蒔くならば、彼は(何も)刈り取らないだろう。むしろ、彼はむしり取る(引き抜く)ことになってしまうだろう。

§8[8] ちょうど、このような者[9]が実を結ばないのと同じように、それ(実)は［34 ±6 ］現れてこない[10]ばかりではなく、別の安息日においてもまた［彼の畑は[11]］実を結ばないままである[12]。

§9a キリストが到来したのは【**53**】一方ではある者たちを買い戻すためであるが、他方では、他の者たちを救うためであり、また他の者たちを解放するためである。知られざる者たちを彼は買い取った。彼は彼らを自分の者たちとした。そして彼は自分の者たちを分けた。[13] この者たちを彼は彼の欲するところに従って担保とした。

§9b 彼は現れたときに初めて魂を*――そう欲して――預けただけではなく、むしろ世界*が誕生したその日以来、魂を預けたのである。彼が欲したとき、そのときに初めて、それ(魂)を運び去るためにやってきた。それはそれ(魂)が担保とされていたからである。それ(魂)は強盗の手に陥った。そして、捕らわれの身として運び去られ(てい)た。だが、彼がそれを解き放った。また、世界の中にある善きものを彼は買い戻した。また悪しきものも。

§10 光と暗黒、生命と死、右のもの*と左のもの*は互いに兄弟である。それらが相互に引き離されることは不可

---

(1) 内容的に§21、63a、90a参照。

(2) 「キリストが到来した日以来」を、前文(§4)へ編入する訳者が少なくない。

(3) §1、17b、46参照。

(4) フィリ福の母体であるヴァレンティノス派は、同時代の正統主義教会からは異端視されたが、自分たちこそがいわば「真のクリスチャン」であるという自己理解であった。後続の§49、59、67d、95、97、102bも参照。

(5) 『ヘルマスの牧者』譬え三2、四2参照。

(6) §109b参照。

(7) トマ福・語録一四参照。

(8) §8は、多くの訳者が内容的に§7と一連のものと見做す。

(9) 「このよう[に存在して]いない者」と復元する提案がある。

(10) 「今」、「毎日」、「彼の仕事から(現れてくるばかりではなく)」、「低きところに(生み出さないばかりではなく)」と復元する提案がある。

(11) 「彼のやり方」、「彼の能力」と復元する提案がある。

(12) 「結ばないことは[ない]」と修正する提案がある(シェンケによる校訂本。以下、翻訳のために参照した校訂本と欧米語訳を、校訂者あるいは訳者の名前によって、ティル、シェンケ、メナール、レイトンのように略記する。巻末の本文書解説六章参照)。

(13) 「分けた」の代わりに「救った」と読む提案がある。

能である。だから、善きものも善いわけではなく、悪しきものも悪いわけではなく、生命も生命ではなく、死も死ではない。このゆえに、各々はそれぞれその始源より根源へと解消してゆくであろう。けれども、世界を越えた者たちは解消することがない者たちであり、永遠まで（存続する）者である。[1]

§ 11 この世的なるものに与えられる名前には大いなる迷いがある。なぜなら、それらは彼らの心を確固としたものから不確実なものへと向け変えるからである。そして「神」に聞く者は確固たるものを認識するのではなくて、むしろ不確実なものを認識したのである。父と子と聖霊と生命と光と復活*と教会とその他すべてのことについても同様である。人は確固たるものを認識するのではなく、むしろ不確実なものを認識する。[±5 も]し彼らが確固たるものを学んだのでなければ。耳に[された名]前はこの世の内にあり、騙[そうとしている。][2]【54】もし彼らがアイオーン*の内にあるのならば、[3]彼らは一日たりとも世界*の中で名前を呼ばれることはないであろうし、また、この世的な事物の中へ置かれることもなかったであろう。彼らはアイオーンの中に終りを持っている。

§ 12a 唯一なる名前は世界*の内では語られることがない。すなわち、父が子に与えた名前のことである。[4]それはあらゆるものに優越している。すなわち、それは父の名前である。[5]なぜなら、子は父となることがないであろうから、もし彼（子）が父の名前を身に着けなかったとしたら。この名前を持っている者たちはそれを認識するが、語らない。しかし、それを持っていない者たちはそれを認識しない。

§ 12b しかし、真理が世界*の中でわれわれのために名前を生み出したのであるが、それは名前なしではそれ（真理)を学ぶことが不可能だからである。真理は唯一つである。それは多様であり、また、ただこれ(名前)のみを愛を以てさまざまに教えるべく、われわれのために在るのである。

§13 アルコーン*たちは人間を惑わそうと欲した。なぜなら、彼らは見たからである。彼が至高至善なるものと同一なる本性を所有しているのを。(6) 彼らは善きものの名前を取って、善ならざるものに与えた。それはそれらの名前によって、彼らが彼を欺き、それ(7)らを善ならざるものに繋ぎとめるためであった。それからまた、あたかもそれらに恵みが発せられるかのように(見せかけて)、それらが「善ならざるもの」の間から遠ざかって、「善きもの」の中に置かれるかのようにするためであった。(8) これらのことを彼ら(アルコーンたち)は知っていたのである。なぜ

---

(1) ヴァレンティノス派の用語では、「世界を超えた者たち」はグノーシス主義者、パラグラフ第1行の「右のもの」はいわゆる「心魂的な者たち」、すなわち、正統主義教会、「左のもの」は「物質的な者たち」のこと。三部教§27、30、37、44他参照。

(2) 他に「死すべき[すべての人間は]世界の中にある。[彼らは]不[確実なことを認識している]」と復元する提案がある。

(3) 非現実の条件法現在。

(4) フィリ二9参照。

(5) 真福§33、三部教§13参照。

(6) 「プトレマイオスの教説」、エイレナイオス『反駁』I, 5, 6(本シリーズの第一巻『救済神話』二三二―二三三頁)、ヨハ・アポ§56、三部教§48注(3)参照。

(7) 「それらの名前」を指す。直前の「彼」を複合的意味の「人間」と解して、それと同定する解釈もある。

(8) 構文が難解な箇所。われわれの訳は第25行(eischts-che)を「あたかも」の意の接続詞と解して26行と27行への従属文とし、26行と27行の目的の接続法を24行の接続法(「繋ぎとめるためであった」)と同格に扱う訳文。この他に、25行を反語的な感嘆文、26―27行を独立文に訳す提案、26―27行も25行と一連の反語的感嘆文として訳す提案がある。ティルは「そしてその後、もし彼らに恵みが発せられる場合には、それらは善なるざるものの間から遠ざかって、善きものの中に置かれるであろう」。

なら、彼らは30自由なる者を奪い去って、彼ら(自身)に永遠に仕える者として据えようと欲していたのであるから。

§14 諸力*たちが存在する。彼らは与え⌜32 A ⌟人間⌜32 B(A+B=±3)⌟(1)なぜなら彼らは欲しないからである、彼をして⌜33 ±5 ⌟させることを。それは彼らが彼の上に⌜34 ±4 ⌟するためである。なぜなら、もし人間が35⌜ ±7 ⌟犠牲が生じ⌜36 ±8 ⌟そして彼らは動物を献げた。**【55】**その諸力たちのもとへ⌜1 ±13 ⌟(彼ら)が、その足元へ彼らが献げるところの者たちである。(2)確かに彼らはそれらを生かして持ってきた。しかし、彼らがそれらを献げたときに、それらは死んでしまった。人間は5死んだままで神のもとへ持って来られた。そして彼は生きる者となった。

§15 キリストが到来する以前には、世界*にパンは存在しなかった。アダム*がいた楽園*と同じように、そこ(世界)にはたくさんの木々があったが、(3)動物たちの食べ物としてであった。そこには人間の食べ物としての10小麦は存在しなかった。人間は動物たちと同じようにして自分たちを養っていたのである。だが、キリスト、とはすなわち、完全なる人間*が到来したとき、彼は天からパンをもたらした。(4)それは人間が人間のための食物によって自らを養うためであった。

§16a 15アルコーン*たちは思い込んでいた、彼らが行なっていることは彼ら自身の力と意志で行なっているのだと。しかし、(実は)聖霊こそが密かにその思うところに従って、すべてのことを彼らを通して働きかけていたのである。(5)

§16b 真理、とはすなわち、始源より存在するものは、あらゆる場所に蒔かれる。そして、たくさんの者たちがそれが蒔かれるのを見ている。しかし、それを見ている者たちの(内の)僅かな者たちだけがそれを刈り入れる。

§17a ある者たちはこう言っている、「マリヤは聖霊によって孕んだ[6]」と。彼らは間違っている。彼らは一体何を喋っているのか知らないのだ。一体いつの日に女が女によって妊娠する[7]ことがあり得るだろうか。

§17b マリヤは処女であり、いまだかつてどのような力も彼女を汚したことはない。ヘブライ人——とはすなわち、使徒たちと使徒の権威を継承する者たちのことである——にとっては、彼女は大いなる誓い[8]である。いまだかつていかなる力も汚したことのないこの処女は［　±6　］[9]*諸力たちは自分たちを汚した[10]。

---

(1)　(A＋B＝±3)は原本において欠損部［A］と［B］が一連のもので、約三文字分のスペースにわたることを示す。［A］と［B］に分割したのは日本語に移す上での必要による。以下同様。

(2)　パラグラフの初めからここまでの本文の欠損部について、最も踏み込んだ復元提案は次の通り。「人間に［利益］をもたらす諸力たちがいる。(彼らがそうするのは)彼(人間)が［救われる］ことを願ってのことではなく、彼らが［自分たちの満足を得る］ためである。なぜなら、もし人間が［救われる］と、もはやいかなる犠牲も［動物に献げられないことになり］、動物も諸力たちに献げられないことになるであろうから。まことに、動物たちこそ彼ら(不特定多数)が犠牲を献げた者たちである」。

(3)　創一29、二8参照。

(4)　ヨハ六32-33、41参照。

(5)　三部教§47参照。

(6)　マタ一20／ルカ一35参照。

(7)　「聖霊」は、ヘブル語を含むセム系の言語では女性名詞(ヘブル語・ルーアッハ)であることに注意。

(8)　「呪い」、あるいは「花束」と訳すことも可能。

(9)　「無垢である」、「自らを現した。(それは諸力たちが自分たちを汚すためである)」、「(諸力たちが汚した処女と

§17c そして主は「諸々の天の内なるわが父よ」とは言わなかったことであろう、もし彼にもう一人別の父がいるのでなかったとしたら。むしろ彼は単純に[「わが父よ」と]言ったのである(1)。

§18 主が弟[子]たちに言った【56】[±11]確かに父の家にやってくる(2)。しかし、受け取ってはならない(3)。また、父の家から（何物も）持ち去ってはならない(4)。

§19 「イエス」は隠された名前である。「キリスト」は明らかなる名前である。このゆえに、確かに「イエス」はいかなる言語の中にも存在しないのである。むしろ「イエス」は、彼がそう呼ばれる通り、彼の名前である。だが、「キリスト」の名前はシリア語では「メシアス」であるが、ギリシア語では「クリストス」（キリスト）である。全くのところ、他のあらゆるもの（言語または民族）がそれぞれの言語に応じてそれ（「キリスト」の訳語）を持っている。「ナザレーノス」が隠されたもの(5)の明らかなるもの（名前）である。

§20 キリストはあらゆるものを彼自身の内に持っている。人間であろうと、天使であろうと、秘義であろうと。そして父も。

§21 主は初めに死んだ、それから甦った、と言う者たちは誤っている。なぜなら、彼（主）は初めに甦り、それから死んだのであるから。誰であれ、初めに復活に達しなければ、死ぬことはないであろう(6)。神は生きている。その者は死「んで」(7)いたことであろう。

§22 何人《なんぴと》も重要で尊い商品を大きな物の中に隠すことはしないだろう。しかし、しばしば人は数えきれないほどの万(金)を僅か一アサリオンの値打ちしかない物に投じてきた。このことは25魂*についても言える。それ(魂)は価値のあるものである。それは無価値な肉体*の中に陥ってしまった(8)。

は)異なっている」と復元する提案がある。

(10) アルコ§9参照。

---

(1) 「むしろ」以下の最後の文章を多くの訳者が、前文と連続させて過去の事実に反する条件法(の主文)として訳す(「……と言ったことであろう」)。文脈上はそうあって欲しいところであるが、原文では直説法現在完了形である。仮にそのように修正して読む場合は、「わが父よ」ではなく、「諸々の天の内なるわが父よ」の方が正しい祈りということになる。この引用の仕方は、この表現がヴァレンティノス派の内部ですでに周知の文言であったことを示唆している。ヴァレンティノス派の「真の」教会の賛美歌、あるいは祈禱文の一部だったのであろうか。三部教§18、70、73にも同じような性質の引用が行なわれている。

(2) あるいは「(父の家に)持ってきなさい」。

(3) あるいは「盗み取ってはならない」。

(4) あるいは「父の家に近づいて、持ち去ってはならない」。

(5) 後出§47参照。そこで「ナザレ人(ナザレーノス)」(Ναζαρηνός)と並んで言及される「ナゾレ人」(Ναζωραῖος)の表記は、語源的にはヘブル語の nāṣar に遡る。そしてこのヘブル語が「遵守する」という基本語義の他に「隠す」も意味し得る。

(6) §4、63a、90参照。ここで述べられているのと同様の復活理解については、本シリーズ第三巻に収録された『復活についての教え』を参照。新約聖書の中ではⅡテモ二18参照。

(7) 写本に二文字分の空白があり、それをどう埋めるかによって訳文が大きく違ってくる箇所。ここに提示した訳の他には、「その者は死ぬであろう」、「その者は死ぬことがないであろう」、「その者は塵であった」と復元する提案がある。

(8) トマ福・語録二九参照。

§23a ある者たちは裸で甦ることになるのではないかと恐れている。[1] このため彼らは肉*にあるままで甦ることを願っている。彼らは知らないのである、肉を持つ者たちこそが裸の者たちなのだということを。この者たち、（すなわち）自ら裸になるために彼ら自身を［31 ±7 ］[2]、［彼らは裸］ではない［者である］。

§23b 肉*［と血は］神［の国］を継ぐことが［できないだろう］[3]。継ぐ**【57】**ことがないであろうもの（肉）とは何であろうか。それはわれわれの上にある。しかし、継ぐことになるであろうそれ（肉）とは何であろうか。イエスのそれ（肉）と彼の血のことである。このゆえにこそ、彼はこう言ったのである、「私の肉を食べず、私の血を飲まない者には生命がない」[4]と。これ（彼の肉）は何のことであろうか。彼の肉とはことば（ロゴス*）のことであり、彼の血とは聖霊のことである。これらを受け取った者は食物を持っており、飲み物と着物を持っている。[5]

§23c 私としては、それ（肉*）は「甦らないだろう」と言う他の者たちをも非難する。もしそうであれば、二つの立場[6]のどちらも誤っていることになる。君はこう言っている、「肉は甦らないだろう」と。しかし、（それならば）私に言ってみてくれ。一体何が甦るのかを。そうすればわれわれは君を尊敬するだろう。君は言う、「霊*が肉の中にある。そして、肉の内なるこの別なる光がそれである」と。（だが）この別なるものは肉の内なることば（ロゴス*）のことなのである。なぜなら、君は何を語るのであれ、肉を離れては何一つ語れないからである。この肉にあって甦ることが必要である。なぜなら、あらゆるものがその（肉）内にあるのだから。[7]

§24 世界の内では、*着物を着る者たちがその着物よりも優っている。天の国では、着物の方がそれを身に着ける者たちよりも優っている。(8)

§25 （その）場所全体*が水と火によって清められる。(9) 明らかなるものは明らかなるものにより、隠されたものは隠されたものによる。（だが）明らかなるものによって隠されているものが若干ある。水が水の中にあり、火が塗油*

（1） Ⅱコリ五3参照。

（2） 「脱ぐ者たち」、「備える者たち」と復元する提案がある。

（3） Ⅰコリ一五50、ガラ五19‐21参照。

（4） ヨハ六53‐54、イグナティオス『トラレス人への手紙』八、『ローマ人への手紙』七3参照。

（5） マタ六25以下／ルカ一二22以下参照。

（6） おそらく、直前に言及されている立場の他に§23aの前半に言及された立場を加えて「二つの立場」。

（7） このパラグラフは内容的に難解である。しかし、先行する§23bと合わせてよく読むと、ヴァレンティノス派の内部にイエスの肉と血をめぐる論争があったことが窺われる。§23bでの論敵は、通常の人間の肉と血も「神の国」を継ぐことは可能だという見解であったと推定される。これに対しては著者は、それを継ぐことのできるのは、質的に異なるイエスの肉と血だけであるとする。目下の§23cでの論敵は、イエスの肉と血を通常の人間のそれと変わらないものとして、「甦り」には与らないという見解であると推定される。これに対して著者は、やはりイエスの肉と血を通常の人間のそれと質的に区別し（§72c参照）、それぞれ「ことば」（ロゴス）と「聖霊」なのであるから、「甦り」に与るとする。事実、ヴァレンティノス派の内部で、受肉した救い主としてのイエス（キリスト）の「からだ」をあくまで「霊的」なものと見て、心魂的・肉体的次元を否定した東方派と、この次元を認めて、一定の価値を承認する西方派の間に、激しい論争が行なわれたこと、それがまた実際の教会運営の面でも重大な違いを生み出したことが、エイレナイオス『反駁』I, 6, 1（第一巻『救済神話』二三四頁）とヒッポリュトス『全反駁』VI, 35, 5-7 の報告から知られる。われわれの目下の§23cはおそらくこの論争と関連するものと思われる。この抜粋文の元来の著者の立場は西方派に属すると言えよう（巻末の三部教の解説第五章も参照）。

（8） 『トマス行伝』一一一62—一一二87、一一三94—98参照。

（9） この文章を§24に編入する訳者が少なくない。

の中にある。

§26a　イエスは彼らすべてを密かに欺いた。なぜなら、彼は彼が［実際に］[1]（そうで）あったような仕方（姿）では現れなかった。むしろ、人々に見られる得る仕方（姿）でこそ現れたからである。［この］[2]者たちすべてに彼は現れた。大いなる者には大いなる者として［現れ］た。小さな者［には］小さな者として［現］れた。[3] 天使［たちには］【58】天使として［現れ］た。そして人間たちには人間として現れたのである。このために彼のことば（ロゴス）*はあらゆるものに向かって自らを隠してしまった。確かにある者たちは彼を見て、自分たち自身を見ているのだと思い込んだ。だが、彼が彼の弟子たちに（あの）山の上で栄光の中に現れたときは、[4] 彼は小さくはなかった。彼は大きくなった。しかし、彼は弟子たちをも大きくした。それは彼らが彼の大きいことを見ることができるようになるためであった。

§26b　彼[5]はその日、感謝してこう言った、「完全なる方、すなわち、光を聖霊と一つにされた方、天使たちを模像*であるわれわれと一つならしめて下さい」と[6]。

§27a　（その）子羊を軽蔑してはならない。なぜなら、彼なしでは王[7]をみることができないからである。

§27b　何人《なんぴと》といえども裸のままで王の前へ進み出ることはできないであろう[8]。

§28　天に属する人間の子たちは地に属する人間（の子たちよりも）数が多い(9)。もし、アダム*の息子たちが、死ぬべき者であるにもかかわらず数多いとすれば、ましてや完全なる人間*の息子たち——彼らは死ぬことがなく、むしろいつも生み出されている(10)——はどれほど数多いことか(11)。

§29　父は息子をもうける。しかし、息子は息子をもうけることができない。なぜなら、生み出された（ばかりの）者には生む力がないからである。むしろ、息子は自分に兄弟を得るのであって、息子を（得るの）ではない。

§30　世界*の中で生み出される者たちはすべて本性によって生み出される。そして他の者たちは彼らが生まれた［場所］*から［養われ］る。人が食［物を］得［る］のは天の場［所へ］と約束されていることによる。［33　±8　］(12)彼を口から。［そしてもし、］ロゴス*（ことば）がそこから到来するようなことが［あれば、(13)］【59】彼は口を通して

（1）　他に「彼が［そうで］あったような仕方では」と復元する提案がある。写本の写真版ではいずれとも判読できない。
（2）　他に「死ぬのが常の」と復元する提案がある。
（3）　ヨハ・アポ§4参照。
（4）　マコ九2-8参照。
（5）　シェンケは§91の使徒フィリポと同定。
（6）　エイレナイオス『反駁』I, 7, 1がヴァレンティノス派のプトレマイオスの神話について行なう報告（第一巻『救済神話』二三七頁）参照。
（7）　原語のproをそのまま訳せば「（その）門」。われわれの訳はこれをpproと読み直すもの。内容的にはヨハ一36、黙五1-5参照。
（8）　マタ三11-13参照。
（9）　Iコリ一五47参照。
（10）　IIコリ四16参照。
（11）　ロマ五15参照。
（12）　メナールはここから§31とする。
（13）　パラグラフ第一行の「そして他の者たちは」以下ここまでは本文の損傷が激しく、復元が困難な箇所。復元を断念する訳者が多い。われわれの訳は全体としてシェンケ、

自らを養い、そして完全なる者*となることであろうに。

§31 完全なる者*たちは接吻[1]によって孕み、そして生むのである。だからわれわれも互いに接吻し合い、われわれの間に在る恵みによって妊娠するのである。[2]

§32 三人の者がいつも主と共に歩んでいた。それは彼の母マリヤと彼女[3]の姉(妹)と彼の伴侶と呼ばれていたマグダレネーであった。なぜなら、彼の姉(妹)と彼の母と彼の同伴者はそれぞれマリヤ(という名前)だからである。[4]

§33 「父」と「子」は単純な名前である。聖霊は二重の名前である。なぜなら、それら(父と子)[5]はあらゆる場所*にあり、上方にあり、下方にあり、隠されたものの中にあり、明らかなものの中にあるが、聖霊は啓示の中にあり、下方にあり、隠されたものの中にあり、上方にあるからである。

§34 聖徒には悪しき諸力*によって奉仕が行なわれる。なぜなら、彼ら(悪しき諸力)は聖霊によって盲目にされているのであるが、それは彼らが聖徒たちに仕える(ために働く)ときにはいつでも、自分たちは一人の(普通の)人間[6]に仕えているにすぎないと考えるためである。このゆえに一人の弟子がある日のこと世界の内のある物を主に請い求めたのであった。(すると)彼(主)は彼に言った、「お前の母に求めなさい。[7]彼女はお前に別の物[8]から与えるであろう」。

§35 使徒たちが弟子たちに言った、「われわれの献げ物はすべて塩を備えているように」。[30]彼らは[ソフィ]ア*のことを「塩」と呼んでいた。それなしでは献げ[物]は嘉納されるべきものに[なら]ないものである。(9)

§36 さてソフィア*は不妊[のために]子[がない。]この理由から人々は彼女のことを「塩の[[33] ±6](10)」と呼んでいるのである。(11)(そこで)人々がそれぞれ[昔そうであったのと同じように](12)なるであろうところの場所*、[35]聖霊は[[35] ±9](13)【**60**】彼女の息子(子供)たちは数多い。(14)

レイトン、アイゼンバーグの復元に従っているが、不確実。

(1) いわゆる「聖なる接吻」のこと。ヴァレンティノス派でもおそらく一つの儀礼行為として行われたものと思われる。三部教§10参照。

(2) 接吻による妊娠という観念については、『バルナバの手紙』一〇8、シェーム**23**16―17、『ヒュジオロゴス(自然学者)』二二(イタチについて)など多数の証言がある。

(3) シェンケは直後の「彼の伴侶」に合わせるために「彼の」と読み換える。しかし、ヨハ一九25の暗黙の引用と見れば「彼女」で可。

(4) マコ一五40、マタ二七56、61、ルカ二四10、ヨハ一九25参照。

(5) シェンケの補充による。

(6) 単語の区切り方によっては、「彼らの(仲間の)人間に」も可。

(7) マタ二〇20参照。

(8) あるいは「他人のもの」。

(9) レビ二13、マコ九49、コロ四6参照。

(10) 「柱」、「名残」と復元する提案がある。ローマのクレメンス『コリント人への手紙I』一一2、エイレナイオス『反駁』IV, 31, 3参照。

(11) 内容的に§55a参照。

(12) ティルの復元による。「養われることに」という提案もある。

(13) 「……場所とは聖霊[のことである。このゆえに]」と復元する提案がある。

(14) §28参照。

§37 父が持っているものは息子の財産である[1]。その息子自身が幼いあいだは、彼の所有物でも彼に委ねられることがない。彼が成人すると、そのときに、彼の父は彼の所有物すべてを彼に与える[2]。

§38 霊*が生み出す迷える者たちは、再びそれ(霊)によって迷ってしまうものである。このゆえに、同じ(一つの)霊(風)によって火が起き、また消えるのである[3]。

§39 エカモートとエクモートは(それぞれ)別のものである。エカモートとは端的にソフィア*のことである[4]。それに対して、エクモートとは死のソフィアのことであり、《これがすなわち死のソフィアであり》、これがすなわち死を知っているソフィアであって、それは小さなソフィアと呼ばれている。

§40 牛や驢馬やそれと同じような種類の他の動物のように人間に仕える動物がいる。(反対に)仕えることなく、荒野に単独でいる他の動物もいる。人間は仕える動物を用いて畑を耕す。そうすることで彼は自分と動物たちを——仕えるそれらであろうと、仕えないそれらであろうと——養うのである。完全なる人間*についても同様である。彼は仕える諸力*たちによってあらゆるものを耕し、あらゆるものが生じるように意を配る。というのは、それゆえにこそ、この場所(世界)*全体が——善きものも、悪しきものも、右のもの*も、左のもの*も——存立しているのであるから。聖霊があ[らゆ]るものを養い、かつす[べて]の諸力の上に、すなわち、仕える[ものたち]であれ、仕[えな]いものたちであれ、一人でいるものたちであれ、それらの(諸力)の上に支配している。なぜなら、彼(聖霊)

は彼らを［32 ±8 閉じ］込め、［もし］彼らがそう望ん［でも］、［出ることが］できないようにするからである。

§41 かたちづくられた［者（アダム）*］は美［しい。35 そして］君は彼の子孫たちが高貴なつくり物*であるのを【61】見ることであろう。[5] もし彼がかたちづくられたのではなくて、生み出されたのだとすれば、君は見いだすことであろうに、彼の種子*が高貴な素性のものであることを。ところが彼はかたちづくられ、生み出された者である。これは 5 何という高貴さであろうか。[6]

§42 まず最初に姦通が起きた。その後で殺人者（カイン）が（生じてきた）。しかも、彼は姦通によって生まれた。なぜなら、彼は蛇の子供であったから。このゆえに、彼はちょうど彼の父と同じように、人殺しとなった。[7] そして

（1） ヨハ一六15参照。

（2） ガラ四1-2、ヨハ一六15参照。

（3） ギリシア語でもヘブル語でも、「霊」を意味する単語は同時に「風」も意味する。「風」が火を起こすと同時に、消すこともあるのに譬えて、「霊」にも人間の救いのために働く神的な霊と人間を惑わす悪しき霊があるということであろう。ヨハ・アポ§76―79参照。

（4） 「エカモート」(Echamôth) は「アカモート」と同じ。巻末の用語解説参照。「エクモート」(Echmôth) の背後に 'ekhmôth というヘブル(アラム)語の表現が隠れており、これが「死のような」の意。

（5） この文については、否定辞(an)の脱落(書き漏らし)を想定して、全体を否定文に訳す提案がある(レイトンとアイゼンバーグ)。

（6） 積極的な意味の感嘆文に解するか、あるいは、反対に否定的な意味の修辞疑問と解するべきか、判然としない。なお、後続の§42と一体と見做す見解がある。

（7） ヨハ八44参照。

彼は彼の兄弟（アベル）を殺した。[1] お互いに似ていない者同士の間で生じた性交はすべて姦通である。

§43 神は染色工である。よい色彩は「真実の」（色彩）と呼ばれ、それによって色付けられたもの（生地）と共に初めて消失するものである。神が彩色した者たちについても同様である。彼（神）の色彩は不死であるから、彼らは彼（神）の（その）染料によって不死となるのである。神は彼が洗礼*を施す者たちに水で洗礼を施すのである。[2]

§44 誰であれ、何か確固たるものの一つを見ることはできない。もしその人がそれらのもの（確固たるもの）と同じようにならなければ。しかし、人間が世界の内にある限りは、これとは（事情が）違う。彼（自身）は太陽ではないにもかかわらず、太陽を見るし、天や地やその他すべての物を、彼自身はそれらの物ではないにもかかわらず、見るのである。（しかし）真理の下では正にその（＝前述の）通りである。（すなわち）、君はあの場所*（別の世界）の何かを見た。そして、それらのものとなったのである。君は霊*を見た。そして霊となった。君はキリスト［を見］た。そしてキリストとなった。[3] 君は［父］を見た。そして父となるだろう。こういうわけで、君は確かに［この場所では］あらゆるものを見ている。しかし、君自身を［見てい］ない。だが、あ［の場所］（別の世界）では君は君自身を見る。なぜなら、君が見るもの、［それに］君は［なる］であろうから。[4]

§45 信仰は受け、愛は与える。【62】信仰なしでは［誰も受けることはできないだろう］。愛なしでは誰も与えることができないであろう。だから、一方で、われわれは受けるために信じ、他方では、愛するために与えるのである。[5] なぜなら、もし誰かが愛から与えるのでなければ、彼が与えたものも、彼にとって何の益にもならないからである。

§46 主を受け入れなかった者は、今なおヘブライ人である。[6]

§47 われわれより昔の使徒たちは〈彼(主)のことを〉呼んでいた、「イエス、ナゾレ人、[7]メシアス」と。つまりこれは「イエス、ナゾレ人、キリスト」のことである。最後の名前が「キリスト」である。最初のそれが「イエス」である。中央のものが「ナザレ人」である。「メシアス」は「キリスト」(油注がれた者)と「測られた者[8]」という二つの意味を持っている。「イエス」とはヘブライ語では「救い」のことである。[9]「ナザラ」とは「真理」である。[10]だから「ナザレ人」とは「真理」のことである。キリストが測られた。「ナザレ人」と「イエス」が測られた。

---

(1) 創四1-8参照。
(2) 内容的に§54参照。
(3) §67d参照。
(4) 「こういうわけで、君は確かに」以下ここまで、メナールとレイトンの復元に従う。
(5) 単語の区切り方によっては、「真実に与えるために(愛すべきである)」という破格構文となる(メナール)。
(6) §1、6参照。
(7) §19注(5)参照。
(8) ヘブル語には msḥ の語根からなる動詞が二つあり、一つは「油注ぐ」、もう一つは「測る」を意味する。グノーシス主義の否定神学からすると至高神は「大きさを測れない神」であるが、キリストは「測られた者」となることによってその神を啓示する。
(9) 「イエス」のヘブル語の表記は yᵉhôsûʿa(「ヨシュア」)。メシアがもたらす救いは yᵉsûʿâh(イザ五二7、五六11参照)。
(10) エイレナイオス『反駁』I, 21, 3 はヴァレンティノス派(マルコス派)の独特な儀礼行為(フィリ福§68他にも「救済」という呼称で言及がある)について報告している

§48　真珠は泥の中へ投げ込まれても、価値のないものとはならない。また、それにバルサム油を塗ったところで、より値打ちのあるものになるわけでもない。むしろそれは、その持ち主にとってどんなときでも価値あるものである。神の子たちについてもちょうどそれと同じである。彼らがいずこに居ることになろうとも、それでも、彼らは彼らの父にとっては（常に変わらない）価値を持っているのである。

§49　もし、君が「私はユダヤ人である」と言ったところで、誰一人動かないであろう。もし君が「私はローマ人である」と言ったところで、誰一人動じないであろう。もし君が「私は[ギ]リシア人、異邦人、奴隷、[自]由人である」と言ったところで、誰一人動揺しないだろう。もし君が「私はクリスチャンである」[1]と[言うならば、あらゆる人が][2]震え上がるであろう。願わくば、私がこの種の[±7]できるように。これは[±9][彼の]名前を[聞い]て耐えることができないだろう[3]。

§50　神は人喰い【63】である。人間が彼のために[屠られる]のはそのためである。人間が屠られる以前には、動物が屠られていた。というのは、それらが屠られて犠牲に献げられた者たちは神々ではなかったからである。

§51　ガラスの器と粘土の器は（共に）火で（焼いて）造られる。しかし、ガラスの器は、もし壊れれば、再び造り直される。なぜなら、それらは気息によって造られたからである[4]。だが、粘土の器は、もし壊れれば、無になってしまう[5]。なぜなら、それらは気息なしに造られたからである。

§52 挽き臼の石の下を回る驢馬が、歩き回って百里を進んだ。それは解き放たれたとき、自分が再び同じ場所にいるのに気がついた。多くの道のりを歩きながら、それでも何ほどの道のりをも進まない者たちが何人かいる。彼らの上に夕闇が迫ったとき、彼らはもはや街も見えず、村も見えず、被造物も自然も力も天使も見えなかった。かわいそうに彼らは無益に労苦したのである。

§53 エウカリスティア(=聖餐、パン裂き)とはイエスのことである。なぜなら、シリア語では彼(イエス)は「パリサタ」と呼ばれているが、これはすなわち「ひろげられたもの」のことだからである。(6) なぜなら、イエスは世界

が、その中にヘブル語で一種魔術的な祈禱文が出てくる。その祈禱文の一部に「イエス・ナザリア」(Jesus Nazaria)という文言が含まれており、エイレナイオスはこれを「真理の救い主」と訳している。しかし、「ナザラ」または「ナザリア」、あるいはそれに似た発音のヘブル語では「真理」を意味する単語は見つからない。

(1) §6、59、67d、95、97、102b参照。

(2) 他に「全天が」、「世界が」、「万物が」という復元提案がある。

(3) 「願わくば、私が」以下はティルとレイトンの復元に従う。その他に以下のような復元提案がある。①「願わくば私は微を「受け」ますように。「諸力たち」が耐えることのできない微、「すなわち」その名前を」、②「願わくば私はこの種の「名前を唱えることができるように……世界が」その「力」に耐えることのできない名前を」、③「願わくば私は「受」けますように。その名前を「聞くことに世界が」耐えられない方を」、④「願わくば私はそのように「言う」ことができますように。「彼(その名前)に聞く」者はそれに耐えることができないであろう。なぜなら彼の名前は「偉大であるから」」。

(4) おそらく、ガラス器の製作には人間の口、あるいは、ふいごによる送風が必要という意味であろう。ここで「気息」(風)は人間の中に宿る神的本質の隠喩。§38注(3)、§80参照。

(5) エレ一八4、ロマ九20-24参照。

(6) 「ひろげられたもの」を意味するシリア語は正確にはp^{e}rîsthô または p^{e}rîsthâ で、動詞 p^{e}ras「広げる」からの派生語(受動態分詞)である。§53はイエスの十字架刑を

を十字架につけるために来たからである。[1]

§ 54 主がレビの染色工場へ行かれた。彼は七十二の染料[2]を取って、釜の中へ投げ入れた。彼はそれらをすべて真っ白にして取り出した。そして言った、「ちょうどこのように、人の《子の》[3]子も染色工としてやって来たのである」と。[4]

§ 55a 不妊の女と呼ばれるソフィア*は［天］使たちの母である。[5] そして［キリスト］[6]の同伴者はマ［グ］ダラの［マリ］ヤである。[7]

§ 55b ［主は］マ［リヤ］を［すべての］弟［子］たちよりも［愛して］いた。［そして彼（主）は］彼女の［口にしばしば］接吻した。[8] 他の［弟子たちは］[9]【64】彼が［マリ］ヤ［を愛しているのを見た。[10]］彼らは彼に言った、「あなたはなぜ、私たちすべてよりも［彼女を愛］されるのですか」。救い主は答えた。彼は彼らに言った、《彼は彼らに言った》「なぜ、私は君たちを彼女のように愛さないのだろうか[11]」。

§ 56 盲人と目の見える者は、二人とも闇の中にいるときは、お互い異なるところはない。光が到来するとき、その時には目の見える者はその光を見ることになり、また、盲人は闇の中に留まることになるであろう。[12]

§ 57 主が言われた、「生まれたときより前に存在する者は幸いである。なぜなら、存在している者はかつて存

在したのであり、また、存在するであろうから」。(13)

§58 人間の偉大(崇高)さは明白ではなく、隠されたものの中にある。このゆえにこそ彼は、15彼よりも(力が)強く、目に見えるものと隠されているもののいずれに即しても大きい動物たちの上にさえ、主なのである。(14) そしてこ

イエスが十字架上に「ひろげられた」事件、あるいは逆にイエスがそのような刑死によって世界を十字架上に「ひろげた」事件と見なしている。また、そのようなイエスが聖餐式と関係付けられる。この関連で注目されるのは、現在のシリア正統教会の伝統(ヤコブ派)おいて、聖餐式に用いられるパン(ホスティア)に十字架の印をつけて(『トマス行伝』五〇章参照)、十字に裂き、しかも一部ではそのパンを pᵉrîsthâ と呼ぶ慣例が早くから認められることである。この場合の pᵉrîsthâ は「裂かれたもの」の意で、やはり同じ動詞 pᵉras からの派生語である(J. Payne Smith, *A Compendious Syriac Dictionary*, Oxford 1903, 462b; C. Brockelmann, *Lexicon Syriacum*, Halle 1928, 600a参照)。すでに§53の背後にもこの語呂合わせと伝統が前提されているかも知れない。

ヘブル語では「ひろげる」は pâraś,「裂く」は pâras で、発音は相互に類似するものの、綴りは異なる相互に独立の動詞であるから、上記の語呂合わせは不可能である。ところが、ラビのユダヤ教(タンナイーム、アモライーム時代)のアラム語では pâraś と pâras は綴りは異なるもの、同義語として用いられ、それぞれ「ひろげる」と「裂く」の両義を持っている。ここでは、「ひろげられたもの」と「裂かれたもの」の間の語呂合わせが同一の動詞を基盤にして可能となる。従って、十字架上に「ひろげられたもの」としてのイエスと「裂かれたもの」、すなわち、聖餐式のパンを同じ単語 pᵉrîsthâ で言い表すシリア教会の上記の伝統には、アラム語での語呂合わせが先行している可能性が考えられる(一九九五年度、東京大学大学院演習での藤井悦子の指摘による)。

(1) ガラ五24、六14参照。シェンケは「世界に対して十字架にかけられるために」と受動態に訳す。

(2) 「染料で染められた布」の意味に取る解釈がある。

(3) 原文では写字生自身が横線を引いて削除。但し、§120参照。

(4) §43参照。

(5) §36参照。

(6) ティルとウィルソンの復元による。他に「御[子]」、

れ（人間）こそが彼ら（動物たち）の存在を支えているのである。しかし、もし、人間が彼らから離れてゆくならば、彼らはお互いに殺し合い、嚙み合うのが習いである。そして（事実）彼らはお互いに喰い合った。彼らは食物をまだ見いだすことができずにいたからである。しかし、今こそ彼らは食物を見出した。人間が地を耕し始めたからである。[1]

§59 誰であれ水へと降りてゆき、何物も受けないうちに上ってきて、「私はクリスチャン[2]である」と言うならば、彼は御名を利子付きで受け取ったのである。だが、もし彼が聖霊を受けるならば、彼は御名の賜物を持っているのである。賜物を受け取った者は、それを奪い取られることはない。だが、（それを）利子付きで受け取ったものは再び取り返されてしまうものである。[3] ある人が秘義の中に在る場合も［われわれにとって］それと同様である。[4]

§60 結［婚］の秘義は大いなるもので［ある。[5]］それ［なしでは］世［界］*は存［続しない］であろう。なぜなら、［世］界の［存］立は［人］間［である］が、［人間の］存立は［結］婚［である］からである。穢［れなき］交［接］を考えてみなさい。すなわち、それには［大いなる］力がある。穢［れの中に］在るのは【65】その模像*である。

§61a 汚れた霊のかたち[6]の中には、男のそれと女のそれがある。男のそれらは女のかたちの中に住んでいる魂と交わる。だが、女のそれらは不従順な者（アダム）*により、男のかたちの中に在るものたち（＝魂）と結ばれている。そして何人《なんぴと》もこれら（汚れた霊）から離れることができないであろう。もしそれら（の霊）が彼を捕らえてしまい、彼が男性的かつ女性的な力[7]、すなわち花婿と花嫁を受けないならば。だが、誰でもそれ（力）を模擬の新婦の部屋*から受け取るのである。

§61b 愚かな女たちはある男が一人で座っているのを見つけると、彼の上に殺到して、彼と戯れ、彼を汚してしまうものだ。愚かな男たちについても同じである。彼らは美しい女が座っているのを見ると、彼女を犯すために、彼女を口車に乗せて、彼女に暴行を加えるものである。しかし、もし（その）男と彼の妻が並んで座っているのを見る場合には、女たちもその男のもとへ行くことはできない。また、男たちもその女のもとへ行くことができない。

「救い［主］」という提案がある。

（7）「ソフィアは天使たちの母であり、また救い［主］の同伴者でもある。§55b救［い主は］マグダラのマリヤを……」という別の構文解釈がある。

（8）§31参照。

（9）他に「女たち」、「他の者たち」、「彼ら」という復元提案がある。

（10）他に「他の［弟子たちは］彼女に［嫉妬した］」という復元提案がある。

（11）トマ福・語録一一四、マリ福**17**^{7}—**19**^{2}参照。

（12）ヨハ三20-21参照。

（13）トマ福・語録一九参照。

（14）創一28参照。

（1）このパラグラフは全体として§40に類似し、§15に矛盾する。

（2）§6、49、67d、95、97、102b参照。

（3）三部教§76注（37）、マタ三12参照。

（4）他に、「ある人が秘義の中に在る場合もそれと同様である」、「秘義によってあることが起きる場合にも」、「実に婚約者の場合にもそれと同様である。もしある人が秘義の中に在るならば……」と復元する提案がある。われわれの訳はシェンケとアイゼンバーグの復元に従うものであるが、「ある人」と「われわれ」の関係がはっきりしない。なお、この最後の文を§60に編入する見解がある。

（5）§122a、126c、エフェ五32参照。

（6）「かたち」は写本では部分的に欠損している。「からだ」と復元して、同時に§60へ編入する提案もある。

（7）「男性的かつ女性的」は「両性具有的」、あるいは「性差を超えている」の意か。

それと同じように、もしその模像*と天使とが相互に結びつくならば、[1] 何人《なんぴと》も敢えて男あるいは女のもとへ近づくことはできないであろう。[2]

§61c 世から抜け出て来ている者を捕らえることはもはやできない。彼は世の中にいたの（は過去のこと）であるから。彼が[3]［肉］*の欲望と恐れを越えていることは明［白］である。彼は［欲望］[4]に対して主なのである。彼は嫉妬を超越している。もし［32 ±6 ］[5]来るならば、彼は捕らえられて絞め［殺］される。［そ］して、一体どうし［てこの者に］［大いなる諸力たち］*[6]から遠ざかることができようか。どうして彼は、［彼らの前に姿を隠］[7]すことなどできようか。

§61d ［時折り］やって来［てはこう言う者たちがいる］、「われわれは信仰者である」と。それは【66】汚［れた］霊［ども］と悪霊たちを［避けるた］[8]めである。というのは、もし彼らが聖霊を持っているならば、汚れた霊が彼らに取り憑くことはないであろうから。

§62 肉*を恐れてはならない。また、それを愛してもならない。もし、君がそれを恐れるならば、それは君を支配するだろう。もし、君がそれを愛するならば、それは君を飲み込んで絞め殺すだろう。

§63a 彼はこの世に在るか、復活に在るか、あるいは中間の場所*に在るかのいずれかである。私がそこ（中間の場所）に見いだされることにならないように。この世の中には善きものと悪しきものとが在る。その（世の）善きものは（真に）善きものではなく、その（世の）悪しきものも（真に）悪しきものではない。だが、この世の後には、真に悪しきものが在る。すなわち、「中間」（のもの）と呼ばれているものである。死がそれである。われわれがこの世の中にいる限り、われわれにとって益となるのは、われわれ（自らに）復活*を生み出すことである。(9) それはわれわれが肉を脱ぎ去るときに、(10) 安息*の中に見いだされることとなり、「中間」の中をさまようことにならないためである。(11)

§63b なぜなら、多くの者たちが（この）道の途中で迷うからである。

§63c なぜなら、人間が罪を犯してしまわない間に、この世から抜け出ることは善いことであるから。

（1）§26b注（6）参照。
（2）「それと同じように」以下ここまでについて、シェンケのみ第23—25行を25—26行と入れ換えて、「何人も敢えて男あるいは女のもとへ近づくことはできないであろう。もしその模像と天使とが相互に結びつくならば、それと事情は同じである」。
（3）ティルの復元による。他に「死」という提案がある。
（4）他に「本性」という提案がある。
（5）「[彼らがこ]の者[を見る]ならば」、「もし悪しき者が」という復元の提案がある。
（6）シェンケ、レイトン、アイゼンバーグの復元に従う。他に「[神]の[　　]から」、「恐[れの欲望]から」という提案がある。
（7）ティル、メナール、シェンケの復元に従う。
（8）メナールの復元に従う。
（9）§4、21、90a参照。
（10）Ⅱコリ五3参照。
（11）「中間の場所」は、ヴァレンティノス派の通常の神話論では、心魂的な者たち、すなわち、正統主義教会を指すが、ここでは例外的に、一義的に否定的に評価されている。後続の§107bでも同じ。

§64 ある者たちは欲することもなければ、そうすることもできない。だが、他の者たち（の場合に）は、たとえ欲してみても、何の益にもならない。なぜなら、（その欲したことを）彼らは行なったことがないからである。なぜなら［26 ±3 の意］欲、それが彼らを罪人としてしまうからである。反対に、［もし彼らが］意欲しない［とすれば］、義はいずれの場合にも、すなわち、意欲もせず[1]、行動もしない場合には、［隠］されてしまうだろう。

§65 使徒に属するある弟子が幻の中で、何人か（の人間）が火で（燃える）建物に閉じ込められているのを見た。彼らは火の［鎖］で縛られ、火の［33 ±5 ］［の中に］放り出されていた。［彼らの誤った信］仰において彼らを［33 ±5 ］。そして彼らに対してこう言われた、［「これらの者たちは彼ら（自分たち）の魂を］救うことができたであろう。［しかし］彼らはそれを欲し［なかった］。［それで］彼らは［この］刑罰［の場所］を受けたのである。——それは暗黒と**【67】**呼ばれているものであるが、その理由は［1 ±5 ］だからである[2]。

§66 水と火から魂*と霊*は生じた[3]。水と火と光から新婦の部屋*の子が（生まれた）。火とは塗油*のことである。光とは火のことである。私が言うのはかたちを持たない（地上の）火のことではなく、かたちが白くて美しい（天上の）光のことであって、美しさを与える別の火のことである。

§67a 真理は裸のまま世に到来したのではなく、範型*と模像*において到来したのである。それ（世）は他の仕方ではそれ（真理）を受け取らないだろう。

§67b 再び生まれるということがあり、再び生まれることの模像＊がある。（その）模像によって再び生まれることは真にふさわしいことである。

§67c 復活＊とは何であろうか。模像＊が模像によって甦ることはふさわしいことである。新婦の部屋(4)＊と模像による模像が真理、すなわち、万物＊の更新に入ることはふさわしいことである。

§67d （それは）ただ単に父と子と聖霊の名(5)を受けるだけではなくて、自らのためにそれら(6)（の名）を手に入れた者たちにとってふさわしいことである。誰であれ、もし自らのためにそれらを手に入れないならば、別の名前(7)も彼から奪い取られてしまうだろう。誰であれ、それらを受け取るのは、十［字架］の力の充満の塗油(8)＊によってである。使徒たちはそれ（十字架の力）のことを「右のもの＊、左のもの＊」と呼んでいた。なぜなら、その者（誰であれ、それらを受け取る者）はもはやクリスチャン(9)ではなく、一人のキリストだからである(10)。

（1） 小辞 an（**66** 29）を否定詞ではなく、副詞「やはり」と解すれば、「義はいずれの場合にも［隠］されるであろう。そして［それ（重要なもの）］はやはり意欲の方であって、行為ではない」。

（2） 以上§65の欠損部の復元には校訂者と訳者によって微妙な違いが多い。その中で最も踏み込んだ復元を試みているのがシェンケであり、われわれの訳もそれに従ったもの。

（3） この文章を§65に編入する見解がある。

（4） シェンケとメナールは「新郎の部屋」。

（5） マタ二八19参照。

（6） 原文の「君のために」を三人称複数に読み換える。

（7） 「クリスチャン」という呼称を指すとする解釈がある。

（8） メナール、ウィルソン、ジャンセンの復元による。他に「バル［サム］の塗油」という提案がある。

§68 主はあらゆる業《わざ》を秘義の中で〔行なっ〕た。すなわち、洗礼*と塗油*と聖餐と「救済」[1]と新婦の部屋*（のことである）。

§69a 〔主は〕[2]言った、「私がやってきたのは〔下方のものを上〕方にあるもののように、外〔側にあるものを内〕側にあるもののように〔す〕るためである。[3]〔私がやってきたのは〕彼らを〔あ〕の場所*に〔結び〕付ける〔ためである。〕」〔彼はこ〕の場所では範〔型*と模像*〕によって〔語った〕[4]。

§69b 〔「天的な人間が存在し、彼の〕上になおもう一人の者が存在する」と言う者たちは間違〔っている。〕なぜ〔なら〕、現れた者があの天的〔人間〕であり、【68】「下方にいる者」と彼らが呼ぶ者のことであるから[5]。また、そのもとに隠されたものが属する者が、彼の上方に存在するあの者のことだからである[6]。

§69c なぜなら、「内側」と「外側にあるもの」と「外側の外側にあるもの」と言われるのは適切だからである。このゆえに主は滅びのことを「外の闇[7]、その外側には何もない」と呼んだのである。

§69d 彼は言った、「隠れたところにいますわが神」と。彼は言った、「あなたの寝室に入り、あなたの戸口をあなたのために閉め、隠れたところにいますあなたの父に祈りなさい」[8]と。この父とはすなわち、彼らすべての内側にあるもののことである。しかし、彼らすべての内側にあるものとはプレーローマ*のことである。それを越えて[9]、その内側には他のものは何もない。これが「彼らの上にあるもの」と言われるものである。

§70 キリスト以前にある者たちが出てきたが、彼らはそこからもはや(再び)入ってゆくことができなかった。また、彼らは入って行ったが、そこからもはや(再び)出て来ることができなかった。しかし、キリストがやってきた。彼は中[に]入り込んで行った者たちを連れ出した。また、外[へ]出て行った者たちを引き入れた。(10)

(9) §6、49、59、95、97、102b参照。
(10) §44参照。

---

(1) ギリシア語では「アポリュトローシス」。エイレナイオス『反駁』I, 21, 1-5は広い意味でのヴァレンティノス派に特徴的な儀礼行為として報告している。しかし、この儀礼行為と洗礼、塗油、新婦の部屋との関連については、エイレナイオス自身も正確な実態は把握しておらず、種々の意見を併記するに留めている。フィリ福の§76でも、「救済」は洗礼と同時に新婦の部屋の中にもあると言われていて、判然としない。「新婦の部屋」を一種の臨終儀礼と見れば(巻末の用語解説参照)、「救済」も葬送儀礼の一部となる。エイレナイオスが最後に最も紙幅を割いて報告(『反駁』I, 21, 5)していることも、同じ関連を示している。

(2) 約九文字の欠損。メナールとジャンセンの復元に従う。他には、「[そ]れ[ゆえに]彼は言[っ]た」という提案がある。

(3) トマ福・語録二二、『ペトロ行伝』三八、ローマのクレメンス『コリント人への手紙II』一二2参照。

(4) 他に「現された」という復元提案がある。

(5) §69bの以上の部分については、アイゼンバーグの復元に従うが、かなり不確実。

(6) このパラグラフの趣旨は、欠損部の復元が不確実なこともあって、よく分からない。いずれにせよ、§69aあるいは§69cと一連の文脈の中で読むことが期待されている。この文脈の中で見ると、「上方にいる者」と「下方にいる者」という区別が無意味であることを言いたいのであろう。

(7) マタ八12、二二13、二五30参照。

(8) マタ六6参照。

(9) 「彼の後には」、「彼(父、プレーローマ)以上には」と訳す提案がある。

(10) ヨハ一〇1-10参照。

§71 エバがア［ダ］ムの［中］に在ったとき*、死は無かった。彼女が彼［から］離れたとき[1]、死が生じた。もし再び彼女[2]が入［り込み］、また、彼が彼女[3]を自分に受け入れるならば、死はなくなるであろう[4]。

§72a 「［わ］が神、わが神、なぜ主よ、あなたは私を見棄てられ［た］のですか[5]」。この言葉を、彼は十字架の上で語った[6]。なぜなら、彼は［29 A ］の場所を引き離した［29 B (A＋B＝±12) ］

§72b 彼は神により、［聖霊］を通して生まれた。

§72c ［主は］死者たちの中から［甦っ］た。［彼は以前］そうであ［ったようになった[7]。］しかし、［彼の身体は全く］完全なもので［あった。彼は］肉*［を持っていた。］しかし、この［肉は］真なる肉である。［だが、われわれの肉は］真なるものではなく、むし［ろ］、真なるそれの模像*としての［肉］である[8]。

§73 【69】新婦の部屋*というものは動物たちのためのものではなく、奴隷たちや汚れた女たちのためのものでもない。むしろそれは、自由人たちや処女たちのためのものである。

§74 確かにわれわれは聖霊によって生まれるが、キリストによって再度生まれる[9]のである。そのいずれの場合にも[10]、われわれは霊によって油注がれる。われわれは生まれたとき、結び付けられた。

§75 何人《なんぴと》も光がなければ、自分を水の中にも鏡の中にも見ることはできないであろう。また、君は水と鏡なしでは光の中に見ることができないであろう。このゆえに、その両方において、（すなわち）光と水によって洗礼*を行なうことがふさわしいのである。その光とは塗油*のことである。

§76 エルサレムには三つの家が犠牲を供える場所としてあった。一つは西に向かって開いており、「聖なるもの」と呼ばれる。別の一つは南に向かって開いており、「聖なるものの聖なるもの」と呼ばれる。東に向かって開いている第三のそれは「聖なるものらの聖なるもの」――すなわち、そこには大祭司ただ一［人だけ］が入ってゆ

（1）創二21-22参照。

（2）原文の三人称・男性・単数形を三人称・女性・単数形に読み換える。

（3）前注と同じ事情。

（4）トマ福・語録二二、一〇六、一一四、ローマのクレメンス『コリント人への手紙II』一二2および後続の§78、79参照。

（5）マコ一五34参照。

（6）以下§72b末尾までティルの復元に従う。その他に次のような復元提案がある。①「なぜなら彼はその場所から引き離したからである、神の［外側にいる者］によって生まれた［者すべてを］」、②「なぜなら彼はそ［こ］で分離されてい［た］からである。神によって［　　］た者から生まれた者［　　］」、③「なぜなら彼はその場所をあの［　　］から引き離したからである。彼をかつて生んだ者たちを受け入れることによって」、④「なぜなら彼は（すでに）その場所から離れ去っていたからである。神によって［　　］から生まれた［　　］」。

（7）他に「［彼は以前］そうであ［ったような姿ではやって］こなかった」」という復元提案がある。

（8）以上§72cの欠損部の復元はティルとメナールに従う。内容的には§23c注（7）に注意。

（9）「再度」を前文に掛けて、「聖霊によって再度生まれるが」とする見解がある。ヨハ三3参照。

（10）「二人ずつ」、「二つの物によって」と訳して前文の「生まれる」へ掛ける解釈がある。

く場所である(1)——と呼ばれる。洗礼*がその聖なる家である。[23 ±6](2)が聖なるものの聖なるものである。聖なるものらの[聖なる]ものとは 25 新婦の部屋*のことである。[洗](3)礼に復[活と]*「救済」がある。その「救済」は新婦の部屋の中にある。(4)さて、[新婦の]部屋はそれら(洗礼と救済)よりも優れたものの中にある。

29 君は見いださないだろう、彼の[±14](5)

30 ……彼らは、祈る[±16]

31 エルサレム[±17]

32 サレム、彼らは祈る[±17]

33 レム[で]彼らは待ち望む[±16]

34 これらは[±15]「聖なるものらの

35 [聖なるものら」と ±14]呼ばれている。

36 [垂]れ幕*(が裂ける)(6)[±12]

37 新婦の部屋は模像*でないとすれば[±10]

【70】 [±2]上の[±4]彼の垂れ幕が上から下まで裂[け]た。なぜなら、ある者たちが下方から上方へと上ってゆくことは適切なことであったからである。

§77 5 諸力*たちには、完全なる光を着た者たちを見ることができない。また、彼らを捕らえることもできない。その光を各人は合一の秘義において着ることになるであろう。

§78 女が男から離れなければ、女が男と共に死ぬことはなかっただろう。彼との分離が死の初めとなったのである。このゆえにキリストが初めから生じていた分離を再び取り除き、二つのものを結び付け、分離の中に死んでしまった者たちに生命を与えて、彼らを合一させるためにやってきたのである[7]。

§79 女は新婦の部屋*で、彼女の夫と結ばれるものである。そして、新婦の部屋で一つになった者たちは、もはや離れることがないであろう。このゆえに、エバはアダム*から離れた[8]のだが、それは彼女が彼と新婦の部屋で結ばれなかったからである。

§80 アダム*の魂*は気息から生じた[9]。その（魂の）伴侶は［霊*］である。彼に与えられた［もの］は彼の母である。［そして］彼の魂の［中に］それに代えて[10]、［一つの霊が］与えられた。彼は（その霊と）合［一］したとき、諸［力*］を越えた言葉を［語った］ので、彼らは彼を妬んだ[11]。

（1） ヘブ九7参照。
（2） ［救済］と復元する研究者が多い。
（3） 他に「［塗］油」という復元提案がある。
（4） 単語の区切り方によっては、前文につなげて、「……救済があるのは、その新婦の部屋に向かって急ぐためである」と訳すこともできる。
（5） 以下**70** 1まで大半の校訂者と訳者が復元を断念している。シェンケのみ踏み込んだ復元訳を提示しているが、推測の域を出ない。
（6） マコ一五38／マタ二七51／ルカ二三45参照。
（7） §71参照。
（8） §71参照。
（9） 創二7、§51注（4）参照。
（10） 三人称・女性・単数形。「魂」のことか。
（11） §80の内、以上の欠損部の補充については大半の校訂者の見解が一致している。

「 ±12 」霊的結合(1)
「 ±12 」隠されたもの
「 ±13 」すなわち
「 ±15 」彼らのみ
「 ±13 新婦の」部屋*「それは人間たちが互いに結ばれる」ためである。

§81a イエスは啓示した「 A 」ヨルダン「 B（A+B=±9） 」。天の御「国の」プレー「ローマ*」。

§81b 万物*に先立って「生じた」者が再び【71】生まれた。かつて「塗油*された」者が再び塗油された。解放された「者」が再び解き放った。(2)

§82a もし一つの秘義を語ることがふさわしければ、(3)（それはこうである。）万物*の父は下ってきた処女と一つになった。その日、ある炎が彼を照らした。彼は大いなる新婦の部屋*を啓示した。(4) このゆえに、彼の身体がその日に生まれたのである。(5)彼はちょうど花婿と花嫁とから成った者であるかのように、新婦の部屋から出て来た。ちょうどそのように、イエスはその(6)中なる全てのものをこれら(7)を通して建てたのである。

§82b そして弟子たる者の各々が彼の安息*の中へと入ってゆくことが必要である。

§83 アダムは*二人の処女から生じた。すなわち、霊*と処女なる大地から。[8] このゆえに、キリストは一人の処女から生まれたのである。それは初めに生じた誤りを彼が正[す]ためであった。

§84 楽園の*中[には]木が二[本]ある。[9] 一本は動[物]を生み、一本は人間を生む。アダムは*動[物]を生んだ木から[食べた。彼は]動物となった。彼は動[物]を生んだ。[こ]のゆえに

人は敬うのである[±8][10]の(を/に)[±4]

アダムの(を/に)[A]木[B(A+B=±13)]

実は[±14]

このゆえに彼らは数[が多い ±15]

---

(1) §80の内、以下の欠損部の復元はほとんどの校訂者と訳者が断念している。第34行はティルとメナールの復元によるが、不確実。

(2) §81aの「天の御[国の]プレー[ローマ]」以下について、次のような復元提案がある。「天の御[国の]プレー[ローマ]は万物に先立って[生じた]ものである。それが再び生まれた。再[び]彼は子として生ま[れた]。彼は再び塗油された。彼は再[び]解き放たれた。彼は再び解き放った」。内容的には『ヨハネ行伝』九五参照。

(3) あるいは感嘆文に解して「……ことがまことにふさわしい!」。

(4) パラグラフの初めからここまでについて、イグナティオス、『エフェソ人への手紙』一九2参照。

(5) メナールとジャンセンは前文の「身体」と同定する。

(6) 新婦の部屋のことか。

(7) 花婿と花嫁のことか。

(8) 創二7参照。ヘブル語では「霊」も「大地」(土)も女性名詞。

(9) 創二9参照。

(10) 以下の欠損部の復元は大半の校訂者と訳者が断念して

食べる［ ±16 ］
［ A ］の実［ B（A＋B＝±15） ］
人間たちを生む［ ±14 ］
その人間を敬［う ±13 ］
神が人［間］を創っ［た。そして人］間たちが【72】神［々］を創り出［した。］

§85 この世においてもそれと同じである。なぜなら、人［間］たちが神々を創り、彼ら（自身）の業《わざ》を敬っているのであるから。(1) むしろ、神々が人間たちを敬うことこそ——それが実情にかなうことなのだから(2)——よりふさわしいことであろうに。

§86 人間の業《わざ》というものは彼の力から生じるのである。この理由から、それらは力と呼ばれるのである。彼の業とは安息*から生まれた彼の子供たちのことである。このゆえに、彼の力は彼の業の中で活動し、他方、安息は子供たちの中に明らかになるのである。そして君はこれが模像*にまで達しているのを見いだすだろう。これは模像的な人間である。彼は彼の業を彼の力によって行ない、彼の子供たちを安息の中に生み出すのである。

§87 この世では、奴隷たちが自由人たちに仕えている。天の国では自由人たちが奴隷たちに奉仕するだろう。(3) 新婦の［部屋］*の子供たちは結［婚］の子供たち(4)に仕える［だろう。］新婦の部屋の子供たちは唯［一つ］の名前を持っている。すなわち、安息*である。彼らはお互いの間では、（他の）姿を取る必要がない。［なぜなら、彼らは ±

8 ］[5]

§88 ［　　］見ること

26 ［　±13　］

27 ［　±14　］の中にある者たちの間の

28 ［　±14　］たちの栄光の

29 ［　A（A＋B＝±15）　］たちは［　B　］ない

§89 30 ［　±14　降］りてくる、［水］の上へ

31 ［　±13　］彼は彼を救い出すだろう。

32 ［　±13　］した者たちは外へ、

33 ［　±9　］彼の名によって。なぜなら、彼はこう言ったからである、

34 「［ちょうどそのよう］にわれわれは**【73】**あらゆる義を満たすであろう」と。[6]

いる。踏み込んだ復元訳の提案もあるが、全くの推測の域を出ない。なお、第35行を§85へ編入する見解がある。

（1） イザ四〇10、15、17参照。

（2） この挿入文を§86へ編入して、「人間の業の真理がそうであるように、それらは彼の力から……」と訳す提案がある。

（3） マコ一〇42-44参照。

（4） 「結婚の子供たち」は「結婚の客」（マコ二19）のこと。§122b注（7）参照。

（5） 以下§88と§89を含めて**72** 33までの欠損部の復元は大半の校訂者と訳者が断念している。

（6） マタ三15の引用。

§90a 「人はまず死に、それから甦[るであ]ろう」と言う者たちは間違っている。もし、人が初めに、生きている間に復活*を受けなければ、死んだときに何も受けないだろう。(1)

§90b 洗礼*についても人々は全く同様に語って、次のように言っている、「洗礼は大いなるものである。なぜなら、もし人がそれを受けると、生きるであろうから」と。

§91 使徒フィリポが言った、「大工ヨセフは庭に木を植えた。彼はその仕事のために木材を必要としたからである。彼こそが植えた木々から十字架を造った者である。そして彼の種子*が彼の植えたものに掛かっていた。彼の種子とはイエスのことである。植えられた物は十字架である。

§92 しかし、生命の木は楽園*の中央にあった。(2) また、オリーブの木も。その(オリーブ)木から塗油*の油が生じ、その塗油から復活*が〈生じたのである〉。

§93 この世は屍を喰らう者である。人がその中で喰らうあらゆるものは、それ自身も滅びてゆく。(しかし)真理は生命を喰う者である。それ[だか]ら、[真理]によって自らを養う者の内では、何人《なんぴと》も死ぬことがない[だろう。(3)]イエスはあ[の]場所*からやって来て、そこから食べ物(4)をもたらした。そして、欲する者たちに生[命]を与えた。それは彼らが死ぬことがないようにするた[めであった。]

§94a 〔神が楽〕園を*〔造った。〕人〔間がその楽〕園〔に生きた。〕[5]
[29]そこにあったのは〔　±15　〕[6]
[30]なかった〔　±15　〕
[31]神の〔　±14　〕
[32]〔　A　〕の中にあるもの〔　B（A＋B＝±14）　〕
私は欲する。[7] この楽〔園が〕私に向かって次のように語られた〔場所である。〕すな〔わち、「人間よ。お前の〕欲するが〔ままに〕これを〔食べなさい」〕、[35]あるいは、〔あれを〕食べるな[8]」と。**【74】**これが、私がそこであらゆるものを食べることになる場所である。

§94b なぜなら、そこには知識の*木[9]があ〔る〕からである。あの木[10]はアダム*を殺したのであった。しかしここでは知識の[11]木が人間を生かした。[5]律法がその木[12]であった。それは善と悪との認識*を与える力を持っていた。（しかし）それは

（1） §4、21、63a参照。
（2） 創二9参照
（3） トマ福・語録一一参照。
（4） ヨハ六35、§15、58参照。
（5） 以上の部分はティルとメナールの復元に従う。
（6） 以下四行の欠損部は大半の校訂者と訳者が復元を断念している。
（7） 他に「約束する」、「分離する」と訳す提案がある。
（8） 創二16-17。
（9） 創二9、17参照。
（10） 原文は「あれ」（三人称・男性・単数形）。創世記の堕罪物語の「善悪の知識の木」をマイナスに評価して、後続の「律法がその木であった」で、モーセ律法と同定される。
（11） 直前の「あの木」と対比された「ここでは知識の木

彼を悪より遠ざけることもなく、彼を善の中に置きもしなかった。むしろ、それはそれから食べた者たちに死をもたらした。なぜなら、彼が「これを食べ、あれは食べるな」と命じたときに、それは死の初めとなったからである。

§95 塗油*は洗礼*に優っている。なぜなら、塗油によってわれわれはクリスチャンと呼ばれたのであって[1]、洗礼のゆえにではないからである。そしてキリストも塗油のゆえにそう呼ばれたのである。なぜなら、父が子を塗油したが[2]、子は使徒たちを塗油し、使徒たちはわれわれを塗油したのだから。塗油された者はすべてを持っている。彼は復活*を持ち、光、十字架、聖霊を持っている。

§96a 父が、彼にそれを新[婦]の[部]屋*の中で与え、彼はそれを受けたのである。

§96b 父が[子]の中に宿った。そして子が父の中に宿った。これはすなわち天の[国]である[3]。

§97 主は正しくも次の[ように言]った、「ある者たちは笑いながら天の国へ入って行った。そして出て来た。
[27 ±6][4]彼らは[±4]一人のクリスチャン[5]
[28 ±12]そして直ちに
[29 ±12]水の[上][6]に。
彼は万物*に対して[主なる者として][7]上ってきた。[彼がそれ(万物)を冗]談だ[と考えたからではなく、彼が][8]この
[33 A]を[軽]蔑[33 B(A+B=±14) 天の][9]国へ[34 ±8 も]し彼が軽蔑すれば[35

±8　そ］してそれを冗［談］として卑しめるならば、［彼は］笑いながら［出てくるだろう。[10]］

§98　【75】パンと杯と油についてもまた同じである。たとえ、これらのものよりも高いもの（秘義）が他にあるとしても。

§99a　世界*は一つの過誤から生じた。というのは、それを造った者は 5 それを不滅で不死なるものとして造ろうと

が［ある］」の木、つまり、グノーシス主義者が食べることになる「真の」知識の木のことであろう。

(12)「その木」は前注(10)を付した「あの木」のこと。**74** 2－5は「そこ」、「あれ」、「ここ」という場所の副詞と指示代名詞が混乱していて、翻訳が困難な箇所。おそらく本文が壊れているのだと思われる。

---

(1) Ⅰヨハ二20-27参照。

(2) 使四27、一〇38、ヨハ・アポ§20参照。

(3) ヨハ一四11参照。

(4) 以下第36行までの欠損部は大半の校訂者と訳者が復元を断念している。シェンケは対話体での復元を試みる。「適切にも主はこう言った、『何人かの者たちが笑［いな］がら天国へ入って行き、笑いながら出てきた』。する［と別の］一人が〈言った〉、『［それは］クリスチャン［です』。彼は再び］言っ［た］、『そして［この者が］水の中に下って［行くや］、直ちに万物の［主として上って］きた。［それ］ゆえ［救い主は］笑う［べきもの］では［ない。むし］ろ［彼は］この古［着を軽］蔑したからこそ、笑いながら［天］国へ［入って］行ったのだ。もし彼が［身体を］軽蔑し、それを笑い［物］として蔑むならば、［彼は］笑いながら出て来ること［だろう』。」］

(5) §6、49、59、67d、95、102b参照。

(6) 他に「［彼は］水の上［に降りてきた］」という復元提案がある。

(7) 他に「万物の［主として再び］」という復元提案がある。

(8) ティルの復元による。

(9) さらに踏み込んで、「このボロ着を［天の］御国に［ふさわしくないものとして］軽蔑した」と復元する提案がある。

(10) 他に「脱ぎ捨てるだろう」という復元提案がある。

欲したのである。しかし彼は失敗して、その望んだところを達成することができなかったからである。なぜなら、世界にはその不滅性が存在しなかったからである。また、その世界を造った者の不滅性も存在しなかったからである。(1)

§ 99b なぜなら、(それらの)業《わざ》の不滅性というものは存在せず、子たち(2)のそれが存在するのみだからである。また、いかなる業も子とならないならば、不滅性を受け取ることはできないだろう(3)。

§ 99c だが、受けることができないような者は、まして与えることなどできないだろう。

§ 100 祈りの杯には葡萄酒が入っている。それには水も入っている。それ(杯)は感謝が献げられるあの血(4)に対する模像*として仕えるためである。それ(杯)はまた聖霊によって満たされている(5)。それはまた、全く完全なる人間*に属するものである。われわれはこれから飲むたびに(6)、自らに(その)完全なる人間を受けるであろう。

§ 101 活ける水(7)とは身体である。われわれが活ける人間を着る(8)ことは適切なことである。それを着ようと、彼が水へと降りて行くときに裸になるのはそのためである。

§ 102a 馬は馬を生むものである。人間は人間を生むものである。神は神を生むものである。[花]婿と[花]嫁についてもこれと同じである(9)。[彼らの子供たちは新婦の部]屋*から[生まれた。]

§102b ［律法が］存在した［間は］、30ギリ［シア人］から［生まれた］ユダヤ人は一人も［い］なかった。また、われ［われ自身も、まだ］クリスチャンと［なる前には］ユダ［ヤ人から生まれた。］君は［34 ±8 ］と35呼ばれることらの［ ±6 ］「［聖霊の］選ばれたる種族」(10)**【76】**また「真実なる人間」、また「人の子」(11)、また「人の子の種子*」。この真実なる種族(12)は世の中でその名を呼ばれている。

§102c これらが5新婦の部屋*の子供たちがいる場所*である(13)。

§103＝§104 a b c この世における合一は力と弱さの代わりとしての男と女であるが(14)、アイオーン*における合一のかたちはそれとは異なっている。(15)だが、われわれはそれらをこれらの名前で呼んでいる。しかし、10他のそれら(名前)がある。それらは(口に)唱えられる(16)＝あらゆる名前よりも高く、力強き者たちよりも勝っている。なぜなら、

---

(1) エイレナイオス『反駁』I, 4, 1-5, 3に報告された「プトレマイオスの教説」(第一巻『救済神話』二二三―二三一頁)、三部教§23―25、48―49参照。
(2) グノーシス主義者のこと。
(3) マタ六3参照。
(4) Iコリ一〇16参照。
(5) 「満たす」と訳す提案がある。
(6) Iコリ一二26参照。
(7) ヨハ四10参照。
(8) ガラ三27、エフェ四22-24参照。
(9) ここ(**75** 29)以下§102bを含めて**75** 36まで、ティルの復元に従うが極めて不確実。その他の校訂者は復元を断念している。
(10) 三部教§68、71参照。
(11) マコ二10、28、八38、一〇45、一四21参照。
(12) 巻末の用語解説の「完全なる種族」の項を参照。
(13) この文を§103に編入する見解がある。
(14) 強さ＝男、弱さ＝女ということ。

暴力のある場所、そこには暴力よりもさらに優れた者たちがいるものだからである。[1]これらは一つが別のもの、また一つが別のものなのではない。[2]むしろ、これら二つは共に同一なるものである。これこそが肉の心には思い浮かぶことがあり得ないものである。[3]

§105 万物*を所有する者たちの誰もが自己をすべて認識することが必要ではないのか。[4]確かにある者たちは、もし自己を認識しなければ、彼らが所持しているものを楽しむことがないだろう。しかし、自己を学び知った者たちはそれを楽しむであろう。[5]

§106 完全なる人間*はただ単に捕らえられ得ないというに留まらず、見られることもできない。なぜなら、彼がもし見られるならば、彼は捕らえられるだろうから。誰しも、自らにこの恵みを別の仕方で得ることはできないだろう。（すなわち）彼が完全なる光を着て、彼[自]らが完全なる光と[な]る以[外には]。

[　±8　着][6]る。彼は行くだろう

[　±12　]これが完全なる

[　±10　]

§107a [　必要である]われわれが

[　A　]になることが。[　B（A＋B＝±12）　]

われわれがなお[世から]出てゆく前に。[7]

§107b　この場所*に対して［主となることなく］すべてを受け取ってしまったような者はあの場所［に対して主となることはできない］であろう。むしろ、彼は不完全なるものとして、中［間（の場所）*へ出てゆく］ことになるだろう。[8]

【77】ただ一人イエスのみが、この者の終りを知っている。

§108　聖なる人間は、すべてのものを清めて彼の肉体にまで至る。なぜなら、もし彼がパンを取るならば、彼はそれを聖なるものとするだろう。あるいはまた杯を、あるいはまた、彼が手に取るその他すべてのものを聖なるも

---

(15)　シェンケとクラウゼはここから§104a。メナールは§103と§104を合体させて扱う。

(16)　ティルはここから§104。シェンケは§104b。

---

(1)　シェンケはここから§104c、クラウゼは§104b。

(2)　原文を直訳すると「これらは別のあるものではなく、また、別のあるものでもある」となる。しかし、これでは文意不詳のため、大半の訳者が本文に提示した訳と同じように訳す。

(3)　Ⅰコリ二9参照。

(4)　平叙文に訳すこともできる。

(5)　大半の訳者が§105全体をこのように「自己認識」のモティーフから解釈している。但し、「自己を学び知った者たち」（第21行）の原文は、実は文法的に再帰的には解し難い表現になっている。シェンケはおそらくこの理由から、一貫して「自己理解」のモティーフを排除した訳を提示している。「すべてを所有している者は誰でも、その（所有）すべてを知っているべきではないのか。ある者たちは、それを知らなければ、彼らが所有しているものを楽しむことがないだろう。しかし、それを知った者たちはそれを楽しみもするだろう」。

(6)　メナールは以下§106の末尾（第31行前半）までを、「彼は［それを］着る［ならば、そのとき光に入って］行くであろう。完全なる［光とは］このようなものである」と復元。

(7)　メナールは全体を「われわれが［この世を］去る前に、［霊的人間に］なることが［必要である］」と復元。

(8)　以上の欠損部の復元はティルとメナールによる。「中間の場所」については§63a注(11)参照。

のとする。それならどうして彼は肉体*をも聖としないことがあろうか[1]。

§109a　イエスは、洗礼*の水を満たした（全きものとした）のと同じように、死を注ぎ出し（て棄て）た。それだからわれわれは確かに水（洗礼）へと降りてゆくのである。しかし、われわれは死へと降りてゆくのではない。

§109b　それはわれわれが、世の霊によって注ぎ出されてしまわないためである。それ（世の霊＝風）が吹けば、それは冬を生じさせる。（しかし）聖霊が吹けば、それは夏を生じさせる[2]。

§110a　真理の認識*を持つ者は自由である[3]。そして自由なる者は罪を犯さない。なぜなら、罪を犯す者は罪の奴隷だからである[4]。真理は母である。そして認識が父である[5]。罪を犯すことが許されていない人々[6]のことを、世は「自由人」と呼ぶ。罪を犯すことが許されていないこの者たちの心を真理の認識が高める。すなわち、それは彼らを自由にし、彼らをしてすべての場所よりも高い者とする。だが、愛は建てる[7]。認識によって自由となった者は、認識の自[由を]なお受け取ることができずにいる者たちに対する愛のゆえに、奴隷となっているのである。[そして]認[識]は[彼らを]自[由とする][8]ために彼らを強める。愛[9]は何物も[受けない]。なぜなら、一体どう[して、それは全てを]所有していながら、[なお何か受けることがあろうか。]

§110b　それ（愛）は、[「これは君のもの」]とか「これは私のもの」とかは言[わ]ない。[かえってそれは、]「それらは君のもの」[と言う。]

§111a 霊[的]*な愛は[35 ±8]、それ(愛)は葡萄酒と香りである。【**78**】それによって油注がれる者すべてが、それ(愛)を楽[しむ]。彼らの外側に[10]立つ者たちも、油注がれている者たちが(そこに)立っている限りは、(それを)楽しむ。もし、香油で油注がれた者たちが彼らの側から離れて[11]行ってしまうならば、いまだ油注がれていない者たちは、彼ら(油注がれている者たち)の外側に[12]立っているに過ぎないので、再び彼らの悪臭の中に留まるのが通常である。

§111b (あの)サマリア人は、傷ついた人に葡萄酒と油の他は何も与えなかった[13]。それは香油以外の何物でもない。そして彼[14]は、その傷を癒した。なぜなら、愛は多くの罪を覆うからである[15]。

§112 女が産む者(子供)たちは、彼女が愛する者に似る。もしそれが彼女の夫であれば、彼らは彼女の夫に似る。

---

(1) 肉体の肯定的評価について、§23c、72c参照。
(2) §7参照。
(3) ヨハ八32参照。
(4) ヨハ八34参照。
(5) 本文の判読が困難な箇所。「合一」または「確信」と訳す提案がある。
(6) Iヨハ三9参照。
(7) Iコリ八1参照。
(8) あるいは「彼らが自由となるために」。
(9) 以下§110bの末尾までティルの復元に従う。
(10) あるいは「近くに」。三部教§68注(5)参照。
(11) あるいは「塗油するのを中断して」。
(12) 前注(10)と同じ事情。
(13) ルカ一〇34参照。
(14) あるいは香油。
(15) Iペト四8参照。

もしそれが姦夫であれば、彼らはその姦夫に似る。ときおり、仮に女が自分の夫に無理強いされて一緒に寝ても、その心では繰り返し情交している姦夫のことを考えているならば、女はその姦夫に似た者を産み落とすことがある。さて、君たち、神の子と共にある者たちは、世を愛してはいけない。[1] むしろ、主を愛しなさい。それは君たちの生む者たちが世に似る者としてではなく、むしろ主に似る者として生まれてくるためである。

§113　人間は人間と、馬は馬と交接し、驢［馬］は驢馬と［交］接するものであり、種は同じ種［と］交接するのが通常であった。それと同じように霊*は霊と合一するも［の］であり、ロ*［ゴス］はロゴスと［交］わるものである。［また］光は［光と］交わる［ものである。もし君が］人間となるならば、［君を］愛するで［あろう者は人間である］。もし、君が［霊と］なるならば、君と一つになる者も霊である。もし、君がロゴスとなるならば、君と合一するであろう者も**【79】**ロゴスである。もし、［君が］光となるならば、君と合一するであろうものも光である。もし、君が上方からの者たちの一人となるならば、上方からの者たちが君の上に安らぐであろう。もし、君が馬か驢馬か子牛か犬か羊か、あるいは外側の下方[2]にいる動物になるならば、人間も、霊も、ロゴスも、光も、上方からの者たちも、内側からの者たちも、君を愛することはできないだろう。それらは君の中に安らかに留まることができないだろう。そして君はそれらの一部に与ることがないだろう。

§114　望まずして奴隷でいる者は自由になることができるであろう。彼の主人の憐れみによって自由になったのに、自分を（再び）奴隷の身分へ明け渡してしまったような者は、もはや自由となることができないだろう。

§115 この世の農業は四つの要素から（成り立っている）。人々はそれらを水と地と風と光とによって穀倉に収める。神の農業も同じように四つのものから（成り立っている）。すなわち、信仰と希望と愛と知識[3]によって。信仰がわれわれの土であり、その中へとわれわれは根を張る。[4]希望が水である。それによって［われわれは］自らを［養］う。愛が風である。それに［よって］われわれは成長する。認識*が光［である］。それ［によって］われわれは成［熟］する。

§116 a b
恵みは［[5]　A　］である［B　］（A＋B＝±14）
地的な［　A　］それは［　B　］である［C　］（A＋B＋C＝±13）
天の天［　±13　幸い］
である、（彼らの）[6]魂をいまだ［　±8　］したことのない者は。【80】これはイエス・キリストのことである。彼はこの場所全体*を欺いた。そして彼は何人《なんぴと》も煩わさなかった。それゆえに、このような者

（1）ロマ三2、Ⅰヨハ三15参照。
（2）プレーローマから「境界」によって区切られた下方の領域のこと。
（3）Ⅰコリ一三13参照。
（4）コロ二7参照。
（5）以下80 1までの復元はティルとレイトンに従う。この部分について、「恵みは農夫［の水路であり、種子］である。天の［天へと昇って行くのは人間たち］である。一つの魂［も損なっ］たことのない［僕は］幸いである」。第31－32行について、「恵みは［四通りで］存在する。［それは］地上的であり、［天的であり］」と復元する提案がある。
（6）「彼らの」と所有代名詞に読む代わりに、不定冠詞単数にも読むことができる。

は幸いなのである。なぜなら、彼は完全なる人間*であるから。

§117　なぜなら、このことについてロゴス*は、これを仕上げることがいかに困難であるかを告げているからである。どうしてわれわれに、この大いなることをやり遂げることができようか(1)。

§118　どうして彼があらゆる者に対して安息*を与えたりするであろうか(2)。大いなる者であろうと、小さな者であろうと、不信仰な者であろうと、信仰者であろうと、とにかく何人《なんぴと》であれ悲しませることも、また、善きものの中に安逸に過ごしている者たちに安息を与えることも適切なことではない(3)。ある者たちは、羽振りのよい者たちに安息を与えることを可としている。善き業《わざ》を行なう者にとってはこれら(の者たち)に安息を与えることは不可能である。なぜなら、彼(善き業を行なう者)(4)は欲するところを(自在に)手に入れるのではないからである。しかし、彼には何人《なんぴと》も悲しませることはできない、もし、彼が彼らをして自ら苦しめさせるのでなければ。しかし、羽振りのよい者は彼ら(5)をたびたび悲しませるものである。彼がそうだというのではなくて、むしろ彼ら(6)の邪悪さこそが彼らを悲しませるので(は)ある(が)。(ふさわしい)本性を持つ者は、善きものに喜びを与える。しかし、ある者たちは(逆に)これ(善きもの)によって自らをひどく悲しませる(ことになる)。

§119　一家の主人たる者は子供であれ、奴隷であれ、家畜であれ、犬であれ、豚であれ、小麦であれ、大[麦であれ]、藁であれ、草であれ、[　±3　](7)であれ、肉とドングリであれ、あらゆるものを調達した。彼[は]賢い(8)。また彼は各[々]のための食物を知っていた。子[供]らに対しては、パンと油と肉を彼らの前にあてがった。僕《しもべ》

〔ら〕に対しては唐胡麻〔油と穀〕物を、〔彼らの前に〕あてがった。また、家畜には〔大麦〕と藁と草を〔あてがった〕。犬〔たち〕には骨片を彼らの前に投げてやった。〔豚には〕ドングリ【81】とパンの切れ端を[9]投げて〔やった〕。

神の弟子についてもまさにこの通りである。もし、彼が賢ければ、弟子たること(の意味)を理解する。肉体的なる諸々のかたちは、彼を欺くことができないだろう。かえって彼は、各々の魂の有り様を眺め通して、[10]彼と語るであろう。世の中には人間の姿をした多くの動物がいる。もし、彼がこれら(の動物たち)に気が付けば、彼は豚にはドングリを投げてやるだろう。しかし、家畜には大麦と藁と草を投げてやるだろう。犬たちには骨片を投げてやるだろう。僕らには初めのもの[11]を与えるだろう。子供たちには完全なものを与えるだろう。

---

(1)　§117全体の構文理解はシェンケの読解に従う。他には、「なぜなら、この者がロゴスであるから。彼についてわれわれに尋ねなさい。この者を立てることは難しいから。どうして、われわれにこの大いなることをやり遂げることができようか」と訳す提案がある。

(2)　この文を§117へ編入する見解がある。

(3)　「大いなる者であろうと」以下、ここまではレイトンとシェンケの構文理解に従う。他には、「あらゆることに勝って必要なことは、大いなる者であれ、小さな者であれ、あるいは、不信仰な者であれ、信仰者であれ、何人をも悲しませないことである。その次には、善きものの中に安らぎを見いだしている者たちに安息を与えるべきである」と訳す提案がある。

(4)　後続の動詞「手に入れる」に三人称・男性・単数形の主語を補う。単語の区切り方によっては、「彼は自分の欲するところに従ってやって来るのではないからである」と訳すこともできる。

(5)　あるいは「他の者たち」、「人々」。

(6)　前注と同じ事情。

(7)　「骨片」(第33行参照)あるいは「唐胡麻油」(第30行参照)と復元する提案がある。

(8)　あるいは「賢〔かっ〕た」。

(9)　原語 mamou の正確な語義は不詳。

(10)　サム上一六7参照。

(11)　「初歩の教え」または「前菜」の意。ヘブ六1-2参照。後続の「完全なもの」も「完全な教え」と「正餐」の両義が可能。

§120 人の子がいる。また、人の子の子がいる。[1] 主が人の子である。そして、人の子の子とは人の子によって造られる者[2]のことである。人の子は神から創造する能力を受けた。彼には生む能力が備わっている。

§121a 創造する能力を受けた者は、(それ自身)一被造物である。生む能力を受けた者は、それ自身生み出されたものである。創造する者には生むことはで[き]ない。生む者には創造す[る]力がない。しかし、人々は言っている、「創造する者は生み出す」と。しかし、彼が生み出したものは、それ自身が(すでに)一つの被造物なのである。[この理]由から、生み出されたものは、彼の子供なのではなく、むしろ彼の[27 ±4][3]なのである。

§121b 創造する者は明[るみ]で働く。また、彼自らが明[るみ]に出ている。生み出す者は[隠れ]て[働く]。そして彼自らが[31 ±15][4]*模像。創[造]する者は明るみ[で造り出すのに]、生む者は子供たち[を]隠れて[生む]。

§122a [男]と女がどの日に互いに交接し合うかは、【82】彼ら自身以外には[誰も]知ることが[できないだろう]。なぜなら、妻を娶った者たちにとっては(この)世の結婚は一つの秘義であるから。[5] 汚れた結婚さえも秘め事であるとすれば、ましてや汚れなき結婚はどれほどの真実の秘義であろうか。それは肉体*のものではなくて、むしろ清らかである。それは欲望にではなくて、意志に属する。それは暗闇や夜ではなくて、陽と光に属する。

§122b もし結婚（の合一）が露となってしまうならば、それは姦淫となってしまったのである。そして、もし花嫁が他の男の種子を受ける場合のみならず、初夜の床から逃げだして、人に見られるようなことにでもなれば、その場合にも彼女は姦淫を犯してしまったのである。彼女はただ、彼女の父と彼女の母と花婿の付添い人[6]と花婿の子供たち[7]にだけ自分を見せるべきである。

§122c これらの者たちには新婦の部屋*の中へ日々入ってゆくことが許されている。しかし、それ以外の者たちは、たとえ彼女の声を聴くことだけでも、また、香油を愉しむことだけでも欲するべきであり[8]、机から落ちる屑で、ちょうど犬のように自分を養うべきである[9]。

§122d 花婿と花嫁は新婦の部屋*に属している。また、何人《なんぴと》にもその花婿と花嫁を［見］ることはできないだろう、［彼（自らが）］これに［な］らないならば。

（1） §54参照。
（2） シェンケは「創造する者」。
（3） 「模像」あるいは「業」と復元する提案がある。
（4） 構文上の格は不詳。直前の欠損部と合わせて、「そして彼自らが［隠れている。生まれたものは］模像のようではない」、あるいは「そして（彼自らが）隠れている。［なぜな ら］彼は模像を［超］越しているから」と復元する提案がある。
（5） §60、126c参照。
（6） ヨハ三29参照。
（7） マコ二19、§87注（4）参照。
（8） マタ二五1‐12参照。
（9） マコ七24‐30参照。

§ 123a アブラハムは彼の見るべき事柄を見ようと［27 ±4 (1)］したとき(2)、前の皮の肉を切り［取ってしまった］(3)。そのとき彼は［われ］われに対して教［え］たのである、肉を滅ぼすことが必要であることを。

§ 123b こ［の］世の［大半］の（事物）は、その［内側に在るもの］が隠さ［れている］限り立ち、そして生きる(4)。（しかし）、［もしそれが］(5)現れてしまうと、それらは死んでしまう。可視的人間の［範］(6)に倣って。（すなわち）人間の内臓が隠されている［限りは］、**【83】**その人間は生きている。もし、内臓が外に現れて、飛び出してしまうならば、その人間は死ぬだろう(7)。

木についても同様である。その根が隠れている間は、芽を吹き、生きている。もしその根が現れてしまうなら、その木は枯れてしまう。世にあって生み出されたあらゆるものについても——見えるものにおいてのみならず、見えざる（隠れた）ものにおいても——これと同様である。なぜなら、悪の根というものは隠れている限りは根強いが、もし知られてしまえば、解消してしまった（ようなもの）であるから。しかし、もし現れてしまえば、それは次第に消え失せてしまった（ようなもの）であるから。

このゆえに、ロゴス*が言っているのである。「すでに斧が木々の根元に置かれている」と(8)。それは切り取らないであろう。切り取られる（だけの）ものは再び芽を吹いてくるものである。しかし、斧というものは根っこを引きずり出すまで、下方深く掘り返すものである。

さて、イエスはすべての場所（＝世全体）の根を断ち切った。しかし、他の者たちは部分的に（そうしただけである）。だが、われわれの間では誰であれ、彼の内にあるところの悪の根を求めて掘り返し、［それ（悪）を］その根と共に心から引き抜いてしまうべきである。

さて、それ(悪、悪の根)は、われわれがそれを知れば、引き抜かれてしまうだろう。しかし、われわれがそれに気が付かなければ、それはわれわれの[内]部に根を張り、われわれの心の内からその(＝悪の)実をもたらす。[9](そうなれば)それがわれわれの主となり、われわれはその僕《しもべ》である。それはわれわれを強[制して]、われわれが欲[しないこと]を行なわせる。われわれが欲することを、われわれは行ない得ない。[10]それが力強いのは、われわれがなおそれを認識していないからである。それは[そこにある]限りは働き続ける。

§ 123c 無[知]が[すべての悪][11]の母である。無知は[死で]終る。[12]無[知]からの者たちはかつて存在したことがなかったし、[現に存在しても]いないし、(将来)存在することもないであろう。[だが、真理に在る者たち]【84】は完全な者*となるであろう、すべての真理が明らかとなるならば。[13]なぜなら、真理は無知と同様に、隠れているときには確かにそれ自身の内に安らいでいる。しかし、もしそれが明らかとなって、人々に知られるならば、それは無知と迷いよりも力あるものである限り、人々はそれに栄光を帰するものである。それは自由を与える。ロゴス*は言

---

(1) 「喜んだ」、「(見ることを)得た」と復元する提案がある。
(2) ヨハ八56参照。
(3) 創一七10-11参照。
(4) 以上の欠損部の復元はシェンケとレイトンの復元に従う。
(5) メナールとレイトンの復元に従う。
(6) メナールとレイトンの復元に従う。
(7) 使一18参照。
(8) マタ三10／ルカ三9参照。
(9) ルカ六44-45参照。
(10) ロマ七19参照。
(11) メナールは「われわれにとっての悪」。
(12) メナールは「[死に]仕える」。
(13) 以上の欠損部の復元はシェンケに従う。レイトンもほぼ同じ復元。

った、「君たちが真理を知るならば、真理は君たちを自由にするだろう」と。[1] 無知は奴隷である。認識*は自由である。われわれは真理を知るならば、われわれの内に真理の実を見いだすであろう。われわれがそれに結びつくならば、それはわれわれのプレーローマ*を与えるだろう。[2]

§124 今やわれわれは、創造の業《わざ》について明らかなる事柄を手にしている。[3] われわれはこう言い慣れている、「それらは価値ある強きものである。しかし、隠されているものは値打ち無き力弱いものである」と。真理の明らかなる事柄についても同様である。[4] それらは力弱くて、値打ち無きものである。しかし、隠されているものは力強きものであり、かつ価値あるものである。[5] だが、真理の秘義は範型*と模像*として明らかになっている。

§125a 寝室は隠されている。それは聖の聖なるものである。[6] 初めは確かに垂れ幕*が、神がどのように被造物を整えたのか、隠していた。しかし、その垂れ[幕]が引き裂けて、[7] 内側にあるものが明[らか]になってしまうならば、この[8]家は棄てられ、荒れ地となるであろう。あるいはむしろ、うち壊[されてしまう]であろう。そしてすべて神とされるものがこれらの場所[から]逃げ去って行くであろう。

但し、聖[の]聖なるものの中へではない。なぜなら、それ(神性)は混じり気の[ない光]や[欠けるところの]ないプレーローマ*と結ばれることはできないであろうから。[むし]ろ、それは十字架の翼の下、[また]その(十字架の)腕の下に[いる]ことになるであろう。

この方舟が[それにとっては][9]救いとな[る]であろう、彼らの上に大洪水が[10]【85】襲いかかってくるときには。

もし、ある者たちが祭司の家柄に属するならば、この者たちには垂れ幕の内側へ大祭司と共に入ってゆくことができるであろう。[11] このゆえに、垂れ幕は上側においてのみ引き裂けたのではない。もしそうであったならば、それらは上からの者たちにだけ開かれたことであろうから。また、下側においてだけ(裂けたの)でもない。もしそうであったならば、それは下からの者たちにだけ現れたことであろうから。むしろ、それは上から下まで引き裂けたのである。[12]

上からのものがわれわれ、とはすなわち下方に在る者たちに開かれた。[13] それはわれわれが真理の隠されたもの(事柄)の中へ入ってゆくべきためである。これこそが実に力強く価値あるものなのである。われわれがそこへ入ってゆくことになるのは、値打ちのない範型*と弱さを通してである。それらは完全なる栄光の前では確かに値打ちなきものである。(しかし)栄光に勝る栄光がある。力に勝る力がある。このゆえに完全なるものが、また、真理の隠されたものが、われわれに開かれたのである。そして、聖の聖なるものが啓示された。そして寝室がわれわれを招き入れた。

---

(1) ヨハ八32参照。
(2) あるいは「受け取るだろう」。
(3) ロマ一20参照。
(4) 前後との論理的な繋がりが難しい箇所。シェンケは否定詞が脱落していると見做して、「……については同様ではない」。その他に。この文から「……かつ価値あるものである」までの全体を疑問文として訳し、それ以後をその問いへの回答とする提案、あるいは「真理の明らかなる事柄をこれと対比せよ」と命令文に訳す提案がある。
(5) 前注参照。
(6) この文章を§124に編入する見解がある。
(7) マコ一五38／マタ二七51／ルカ二三45参照。
(8) エルサレム神殿を指すが、ここでは「この世」と同義。
(9) 「それ」は三人称・女性・単数形で、前出の「神性」を指すと解する復元。
(10) 創七6-7参照。
(11) ヘブ六19-20、一〇20-21参照。
(12) マコ一五38参照。
(13) あるいはまたは「われわれに下方にある事物を開いた」。

§125b それ（寝室）が隠されている間は、悪が働かない。しかし、それ（悪）は聖［霊］の種子*の間から取り去られたわけではない。彼らは邪悪の奴隷となっている。だが、もし25それが明らかにされるとき、そのときには、完全なる光が［あ］ら［ゆ］るものの上［に］流れ出るだろう。そしてその中にいるすべての者は塗［油*を受けるだろ］う。そのときには、奴隷たちは自［由］となるだろう。［また］縛られた者たちは解放されるだろう。

§126a 天におられる父が植えたのでは［ない］30植物は［すべて］抜き取られてしまう［だろう］(1)。

§126b 引き離されているものは、一つに［合わせられる］だろう。31［　±6　］(2)は満［ちる］だろう。

§126c 寝室の［中へと入ってゆくであろう］あらゆる者が［光を灯］(3)す［であろう］。なぜなら、彼らは、夜行なわれる［ために］(4)われわれの目には見［えない］(5)結婚のような仕方で、35［生］むのでは［ない］からである。火は［36　A　］夜に［36　B（A＋B＝±6）］(6)【86】それ（火）は消えるものである。しかし、結婚の秘義は日と光の中で完遂されるものなのである。その日、あるいは、その（日の）光は沈むことがない(7)。

§127 誰であれ5新婦の部屋*の子となるならば、光を受けるだろう。誰であれこれらの場所（この世）にいる間にそれを受けなければ、彼はそれを他の場所でも受けないだろう。その光を受ける者は見られることもなく、捕らえられることもあり得ないだろう。そして何人《なんぴと》もこのような者を10煩わすことができないだろう。たとえ彼が（なお）世に生活しているとしても。さらにまた、たとえ彼が世から出てゆくとしても、[8] 彼はすでに模像*において真理を受け取ってしまったのである。世はアイオーン*となったのである。なぜなら、アイオーンは彼にとってはプレーローマ*だからである。しかもそれがそうであるのは、彼一人だけに明らかな仕方においてである。

15 それ（アイオーン）は闇の中にも夜の中にも隠されてはおらず、むしろ、完全なる日と聖なる光の中にこそ隠されているのである。フィリポによる福音書

（1）　マタ一五13参照。
（2）　「[空のものは]満たされるだろう」と復元する提案がある。
（3）　他に「[光を生み]だす」という復元提案がある。
（4）　ティルの復元による。
（5）　ティルの復元による。
（6）　「輝いて」と復元する提案がある。
（7）　イザ六〇20参照。
（8）　ここで文章を区切って、前文と並行させることも可能。

マリヤによる福音書

小林稔　訳

内容構成

ペトロのマリヤへの要請（**10** 1―6）

三　マリヤが救い主から受けた啓示を語る（**10** 7―10、**15** 1―**17** 9）

幻について（**10** 7―10）

（**11**―**14**頁は欠損）

心魂の上昇の叙述（**15** 1―**17** 9）

四　マリヤの話に対する反応（**17** 10―**19** 2）

アンドレアスの否定的反応（**17** 10―15）

ペトロの同調（**17** 15―22）

マリヤの抗議（**18** 1―5）

レビの叱責と勧告（**18** 5―21）

弟子たちの出発（**19** 1―2）

（**1**―**6**頁は欠損）

【7】［　　　±12　　　］……それでは［物質］は［解消され］ようとしているのでしょうか、それともそうではないのでしょうか」。

救い主が言った、「いかなる本性も、いかなるつくり物も＊、いかなる被造物も、存在しているのは彼らの互いの内に共に（組み合わせられて）であり、5 それら（個々）のものそれ自体が再び解消されようとしているのは、それらの根へとである。(1) なぜなら物質の本性が解消し果てるはその本性のもの、それだけへとだからである。自らの内に聞く耳のある者には聞かせよ」(2)。

ペトロが彼に言った、「あなたはすべてのことを私たちに告げて下さいました。もう一つのことを私たちに言って下さい。世の罪(3)とは何ですか」。

救い主が言った、「罪というものは存在しない。本性を真似たこと、(例えば)姦淫をあなたがたが行なうと、(これが)罪と呼ば〈れる〉(が、存在するのは)その罪を犯す人、(つまり)あなたがたなのである。このゆえにこそ、(つまり)そ(の本性)の根のところへと(本性)を立て直そうとして、あなたがたの領域に、いかなる本性のもののところへも善い方が来たのである」。

彼はさらにそれに付け加えて言った、「このゆえにこそ、あなたがたは[病気になっ]て死ぬのである。(4)なぜなら【8】[　±9　]する者[　](5)だからである。理解[する人には]理解させよ。(6)[その物質]は(一つの)パトス*を[生み出した]。(そのパトス)は似たものを持たないものであり、(7)本性に反するものから(生まれて)来たのである。そうなると、物体全体の中に不安定さが生じるものである。このゆえにこそ、私はあなたがたに『あなたがたは従順なもの(8)であれ』と言ったのである。そして、あなたがた従順でないものは、本性のさまざまな面(9)に直面して、従順なもの(であれ)。自分の中に聞くための耳がある者には聞かせよ(10)」。

(1)　フィリ福§10参照。
(2)　または「自らの内に聞く耳のある者は聞け」。トマ福・語録二一などの他、マタ一一15など共観福音書にたびたび見られる表現。
(3)　ヨハ一29参照。
(4)　Iコリ一一30参照。
(5)　**7**頁の末尾破損で字数不明。ティル、シェンケは「なぜなら、あなたがたが自分を欺く者を愛するからである」と復元している。
(6)　あるいは「理解[する人は]理解せよ」。
(7)　パスキエは「像の内にはない」
(8)　「満足している」「納得している」など広い意味を持つ語。パスキエの校訂を採ったが、底本は「勇気を持っている」。

祝された方はこれを言ってから、[1] 彼は彼ら皆に言葉を送った、(次のこと)を言って、「平和があなたがたにあるように。[2] 私の平和を自分たちのために獲得しなさい。護りなさい。何者にもあなたがたを惑わさせるな。[3] その者が『ここにいる』とか『そこにいる』というようなことを言っても。[4]

人の子[5]がいるのはあなたがたの内部なのだから。あなたがたは彼の後について行きなさい。彼を求める人々は見いだすであろう。[6]

それで、あなたがたは行って、王国の福音を宣べなさい。[7]

【9】私があなたがたのために指図したこと、それをこえて何かを課するようなことをしてはならない。法制定者のやり方で法を与えるようなことはするな。あなたがたがその(法)の内にあって、支配されるようなことにならないために[8]」。

彼はこれらのことを言った後、去って行った。

すると彼らは悲しみ、大いに泣いた、「人の子の王国の福音[9]を宣べるために異邦人のところに行く(といっても)、われわれはどのようにすればいいのか。もし彼らがあの方を容赦しなかったとすれば、このわれわれを容赦することなどどうしてありえよう」と言って。

そのとき、マリヤ[10]が立って、彼ら皆に言葉を送った。彼女は自分の兄弟たちに言った、「泣かないで下さい。悲しんだり、疑ったりしないで下さい。というのも彼の恵みが(今後も)しっかり[11]とあなたがたと共にあり、あなたがたを護ってくれるのですから。それよりもむしろ、彼の偉大さを讃えるべきです、彼が私たちを準備し、私たちを『人間』[12]*として下さったのですから」。

マリヤはこれらのことを言って、彼らの心を善い方［の方に］向けた。そして彼らは［救い主］の［言葉］について［議］論し［始め］た。

【10】ペトロがマリヤに言った、「姉妹よ、救い主が他の女性たちにまさってあなたを愛したことを、(13)私たちは知っています。あなたの思い起こす救い主の言葉を私たちに話して下さい、あなたが知っていて私たちの（知ら）ない、私たちが聞いたこともないそれら（の言葉）を」。

マリヤが答えた。彼女は「あなたがたに隠されていること、それを私はあなたがたに告げましょう」と言った。そして彼女は彼らにこれらの言葉を話し始めた。「私は」と彼女は言った、「私は一つの幻の内に主を見ました。

(9) 言葉通りだと「似たものごと」。
(10) 注（2）参照。

---

(1) そのままなら演説の続きであり、命令を受けて「そうすれば祝された方がこれをいうであろう」だが、ntarefče を nterefče と読む。
(2) ヨハ一四27、二〇19-21、26、ルカ二四36参照。
(3) マタ二四4とその並行箇所参照。
(4) ルカ一七21、マタ二四23とその並行箇所参照。
(5) パスキエの校訂で読む。底本は「人の子ら」と校訂し、「人の子」と訳している。
(6) マタ七7、トマ福・語録二、九二参照。
(7) マタ四23など、共観福音書にたびたび出る言葉。
(8) 接続詞に合わせて訳したが、動詞の形に即して訳せば「支配されるようなことになるな」。
(9) マタ一三41、一六28参照。
(10) この文書では一貫して「マリハム」と表記されている。
(11) 言葉通りだと「全体として」。パスキエは tērs の代わりに「あなたがた［皆］と共に」(tēr⟨t⟩n)と校訂している。
(12) パスキエの意見を採った。「人の中にあるものと」（底本）も可。「人間とする」については、トマ福・語録一一四参照。
(13) フィリ福§55b、ヨハ一一5参照。

そして私は彼に言いました、『主よ、あなたを私は今日、一つの幻の内に見ました』。彼は答えて私に言われました、『あなたは祝されたものだ、私を見ていても、動じないから。というのは叡知のあるその場所に宝があるのである』[1]。

私は彼に言いました、『主よ、幻を見る人がそれを見ているのは、心魂*〈か〉霊*(か、どちらを)〈通して〉なのですか』。

救い主は答えて言われました、『彼が見るのは、心魂を通してでもなければ、霊を通してでもなく[2]、それら二つの真ん中に[ある]叡知、幻を見る[もの]はそ(の叡知)であり、そ(の叡知)こそが……

(11―14頁は欠損)

【15】……を。そして欲望が言った、『私はお前が降るところを見たことがないのに、今お前が昇るところを見ている。お前は私に属しているのに、どうして私を騙すのか』。

心魂が答えて(欲望)に言った、『私はあなたを見た。あなたは私を見たこともないし、私を知覚したこともない[3]。私はあなたにとって着物(のよう)であったのだが、あなたは私を知らなかった』。これらのことを言った後、(心魂は)大いに喜びつつ、去って行った。

それから(心魂は)第三の権威*、無知と呼ばれるもののところに来た。[その(権威)が]心魂を尋問し[た]、『お前が行こうとしているのはどこへなのか。お前は悪の内に支配されてきた。お前は[支]配されてきた。裁くな[4]』と(心魂)に言って。そこ[で]、心魂が言った、『あなたが私を裁くのはなぜなのか、私は裁いたりしたことなどないのに。私は支配したことがないのに、私は支配されてきた。私は知られなかったが、私の方は、地のものであれ、[天]のものであれ、すべてのものが解消しつつあるときに、それらのものを知っていた』。

【16】心魂は第三の権威にうち勝ったとき、上の方に去って行った。そして第四の権威を見た。それは七つの姿*をしていた。第一の姿は闇であり、第二のは欲望、第三のは無知、第四のは死（ぬほど）の妬みであり、第五のは肉*の王国であり、第六のは肉の愚かな知恵[5]であり、第七のは怒っている人［の］知恵である。これらが怒りのもとにある七つの［権威］なのである。

彼らが心魂に『人殺しよ、お前が来るのはどこからなのか。それとも、場所にうち勝った者よ、お前が行こうとしているのはどこへなのか』と尋問すると、心魂は答えて言った、『私を支配するものは殺された。私を取り囲むもの〈は〉うち負かされた。そして私の欲望は終りを遂げた。また無知は死んだ。［世］にあって、私が解き放たれたのは世からであり、【17】［また］範型*の内にあって（私が解き放たれたのは）天的な範型から[6]（であり）、一時的な忘却の束縛（からである）。今から私が沈黙の内に獲ようとしているのは、時間の、時機《とき》の、そして永久の安息*である[7]』」。

救い主が（ずっと）ここまで話してきたようで、以上のことを言ってから、マリヤは沈黙した。アンドレアスが言う、『兄弟たちよ、語られたことどもについて、あなたがたにはどう思われるか。というのは、これらのことを救い主が話してきたとは、この私にはとても信じられないからだ。というのは、あの方の考えとは異なることが言われているように思われるからである。これらの事柄について尋ねられたとき、救い主が女性に秘かに語っていた、そして何かより大切なことを、われわれ皆が聴けるようにと公に

（1）マタ六21の変型。
（2）あるいは「心魂においてでもなければ、霊においてでもなく」。
（3）あるいは「知らない」。
（4）マタ七1参照。
（5）Ⅱコリ一12、Ⅰコリ三3参照。
（6）「天的な範型によって」（パスキエ）も可能。
（7）このあたりから『ライランド・パピルス』四六三に以下のようなギリシア語並行記述がある。
【21】……時［機］の、時間の、永遠の運行の残りは沈黙のう［ちに］……』」。

マリヤは以上のことを言ったとき、黙り込んだ。救い主が彼女と語ったのはここまでだったからである。

すると、アンドレアスが答えて兄弟たちに言った、「彼女が言ったことに、そのことに関してあなたがたの言(いたいと思)うことを言ってくれ。救い主がこれらのことを言ったとは、この私は信じない。これらの教えは異質な考えのように思われるから」。

ペトロが答えて、これらの事柄について話した。彼は救い主について彼らに尋ねた、「(まさかと思うが、)彼がわれわれに隠れて一人の女性と、(1) (しかも)公開でではなく語ったりしたのだろうか。将来は、われわれは自身が輪になって、皆、彼女の言うことを聴くことにならないだろうか。(救い主)が彼女を選ん〈だ〉というのは、われわれ以上になのか」。

【18】そのとき、[マ]リヤは泣いて、ペトロに言った、「私の兄弟ペトロよ、それではあなたが考えておられることは何ですか。私が考えたことは、私の心の中で私一人で(考え出)したことと、あるいは私が嘘をついている(とすればそれ)は救い主についてだと考えておられるからには」。

レビが答えて、ペトロに言った、「ペトロよ、いつもあなたは怒る人だ。今私があなたを見ている(と)、あなたがこの女性に対して格闘しているのは敵対者たちのやり方でだ。(2) もし、救い主が彼女をふさわしいものとしたのなら、彼女を拒否しているからには、あなた自身は一体何者なのか。確かに救い主は彼女をしっかりと知っていて、このゆえにわれわれよりも彼女を愛したのだ。(3) むしろ、われわれは恥じ入るべきであり、完全なる人間*を着て、彼がわれわれに命じたそのやり方で、自分のために(完全なる人間)を生み出すべきであり、福音を宣べるべきである、救い主が言ったことを越えて、他の定めや他の法を置いたりすることなく」。【19】「　±8　」し

たとき、彼らは［告げるため］、また宣べるために行き始めた。(4)

マリヤ
による
福音書

（語っていたの）〈ではなかった〉。……』……

【22】……18救い主……。レビがペトロに言う、『ペトロ、あなた［にはいつも］怒りっぽいところがある。今もこのように女性に対し、まるで彼女に敵対するかのようにして議論している。もし、救い主が彼女をふさわしいと考えたのなら、彼女を軽んじるこのあなたは何者なのか。というのは確かにあの方は、彼女をしっかりと知った上で、彼女を愛したのである。むしろ、われわれは恥じ入ろう。そして、完全なる人間を着て、あの命じられたことを、救い主が言ったように、何も定めず、何も法制定せずに福音を宣べるということを行なおう』。レビが以上のことを言って去って行き、福音を宣べ始めると……」。

（1） ヨハ四27参照。
（2） または「あなたはこの女性に対して敵対者たちのやり方で格闘している。（そんな）あなたを今私は見ている」。
（3） トマ福・語録一一四、フィリ福§55b。
（4） 言葉通りだと「彼らは［自分たちをして告げさせるため］、また宣べさせるために」。

エジプト人の福音書

筒井賢治訳

内容構成

賛美(洗礼式文)二(§53)

四　後記(§54—57)

後記一(§54)

後記二(§55)

写字生による後記(§56)

表題(§57)

神話に登場する主な役柄と観念

1　大いなる見えざる霊(§1その他)　＝至高神。

2　父(§2、4その他)およびそのオグドアス(§5)

3　母(§2、4その他)およびそのオグドアス(§6)

4　子(§2、4その他)およびそのオグドアス(§7)

5　三重の男児(§11、29その他)

6　ユーエール(§13その他)

7　エーセーフェーク(§13その他)

8　ドクソメドーン・アイオーン(§3、9、10その他)　＝父、母、子、三重の男児、ユーエール、エーセーフェークのいる領域。

9　キリスト(§〔11、〕12、14—16、29、56)　＝個体としての輪郭は薄い。むしろ「ドクソメドーン・アイオーン」内の存在者たち、中でも特に「三重の男児」の持つ救済論的機能の象徴。

10　ロゴス(言葉)(§16その他)　＝「アウトゲネース」(自ら生まれた者)とも呼ばれる(§19その他)。「プロノイア」を介して出現。

11 アダマス(§18その他) ＝「ミロトエー」を介して出現。

12 四人のフォーステール(§23その他) ＝ハルモゼール、オロヤエール、ダウィテ、エーレーレート。ロゴスとアダマスの願いによって、「プロファネイア」を介して出現。

13 セツ(§23その他) ＝アダマスの願いによって、「プロファネイア」を通して出現。本書後半の主人公であり、後にイエスの姿でこの世へと遣わされる(§47以下)。

14 フォーステールの伴侶(§25) ＝「恵み」、「知覚」、「理解」、「思慮」。フォーステールたち自身と共にオグドアスを形成。

15 フォーステールの補助者(§26) ＝ガマリエール、ガブリエール、サムロー、アブラサクス。

16 フォーステールの補助者の伴侶(§27) ＝「記憶」、「愛」、「平和」、「永遠の生命」。補助者たち自身と共にオグドアスを形成。

17 天の教会(§30) ＝三重の男児とキリストの降下によって成立。

18 セツの種子／種族(§31—33、40—42その他) ＝プレーシテア(§32)、天使ホルモス(§40)およびエドークラ(§42)を通して出現し、蒔かれる。この世においてさまざまな苦しみを受けるが(§43、44)、セツによって救われる。本書の担い手であるグノーシス主義者たちのこと。

19 サクラ(§34、35その他) ＝創造神。エーレーレートらによって創られる。

20 十二人の天使(§35、36) ＝サクラらによって創られる、この世の支配者。

21 第一の被造物(§37) ＝人間。「上なる似像」の模像として創られる。

22 メタノイア(§38、39) ＝この世を救うために父によって遣わされる。彼女の祈りに応える形で、セツの種子のこの世への撒布が(ホルモスおよびエドークラを通して)行なわれる(§40—42)。

23 セツの種子の守護者(§46) ＝「アエロシエール」および「セルメケル」に率いられる四百人の天使。

24 イエス(§49、50、53、56) ＝セツの地上における出現形態。

—25　セツの種子の随伴者(§50)。

§1　序　文

III **40** 12—**41** 7

【40】[エジプト人の聖]なる書†1。大いなる見えざる[霊]*、名を言うことのできない、[完成]の高みから[出た]父、光の諸[アイオーン]*の光の光、[プロ]ノイア*の[沈黙]と沈黙の父の光、言葉と真理の[光]、【41】[不滅]の光、限りのない光、明かされざる、指し示すことのできない、老いることのない、告げ知らせることのできない父の、光の諸アイオーンからの照出、自ら生まれ(アウトゲネース)*、自分自身から生まれ(アウトゲニオス)、自分自身を生む(エピゲンニオス)(1)、異邦の(アロゲニオス)、諸アイオーンのアイオーン、真に真なるアイオーンについて(の書)。

IV **50** 1—23

【50】[エジプト人の聖]なる[書]†1。大いなる[見えざる霊]*、[名を言うことの]できない、高み[から出た]父、完成の光、永遠の永遠なる光、沈黙とプロノイア*、そして父の沈黙の内なる光、言葉と真理の内なる光、不滅の光、近づくことのできない光、言い表せない、指し示すことの[できない]、告げ知らせることのできない父の、永遠の永遠へと出た光、自分[自身]*を生み、自分自身から生まれる、異邦の、諸アイオーンのアイオーン、言い表せない父の、解釈できない力について(の書)。

§2　三つの力の出現

III **41** 7—12

三つの力が彼から[出]た。すなわち父、母、子が活ける沈黙[から](出た)。不滅の[父]からの照出である。彼ら

IV **50** 23—**51** 2

三つの力が彼から出た。すなわち父、母、子が。彼らは自分自身から、不滅の父の活ける[沈黙]から出た。彼ら

は知られざる父の沈黙［から］出た。

§3　ドクソメドーン・アイオーンの出現

III **41** 13—23

［そして］その場所からドメドーン*・ドクソメ［ドーン］†1、(すなわち)諸アイオーンの*［アイオーン］、［彼らの］力†2それ［ぞれの光］が出た。［そして］同様にして子が四番目、母が五番［目、父］が六番目に出た。彼は(1)［　±10　］ではなく、告げ知らされていない者であった。［彼は］あら［ゆる諸力］*、栄光、不［滅］の中にあって指し示すことのできない者である。

は【**51**】言い表せ［ない父の沈］黙から出［た］。

IV **51** 2—15

［………ド(1)］クソメドー［ン　±2　ド］メド［ーン　±5］†1、［諸アイオー］ン*のアイオーン。［光］がそこから出た、すなわち彼らの力［それぞれ］の流出である。［そして同様にして子］が［四番目］、母が［五番］目、父が［六番目］に出た。［………(2)ではなく、］†2指し示すことができない。［彼は］あらゆる［諸力］*、不滅の栄光の中にあって標識が［なかった］。

---

§1

†1　両写本ともこの箇所は完全に破損している。「エジプト人の」という復元は巻末(§56)からの推定。本来は全く別の言葉だったかもしれない。「(大いなる見えざる霊への)呼びかけの」と復元する説もある。巻末の本文書解説参照。

〔III〕(1)　「後から生まれた」という意味になるはずの合成語であるが、この文脈でどう解釈すべきかはよく分からない(写本IVにはこれに対応する語句がない)。いずれにしても、「アウトゲニオス」以下、語尾を同じくする三つの(ギリシア語として聞き慣れない響きの)形容詞が並べられており、それによって得られる神秘的・詩的な効果の方が、個々の語の意味より重要なのだろうと思われる。

§3

†1　ドメドーンは家を守る者、ドクソメドーンは栄光を守る者という意味のギリシア語の造語か。IV **73** 19—20(§45)参照。また巻末の本文書解説参照。

†2　この数え方は、ドクソメドーン・アイオーン(の力)がそれ自体で三重のものと考えられていることを示唆しているのであろう。なぜ子、母、父という順なのかは不明。

〔III〕(1)　内容からみて、直前の「父」ではなく、「大いなる見えざる霊」(これも「父」と呼ばれる)を指すのであろうか。もっとも、この二人の「父」の区別は本文書においてしばしば曖昧になる。

〔IV〕(1)　約一行分欠損。

§4 三つのオグドアス

III **41** 23—**42** 4

その場所＊から三つの力が[出た]。【42】(すなわち)三つのオグドアス、＊[父]がふところから沈黙とプロノイア＊において[生み出す]もの、すなわち父、母、子である。

§5 第一のオグドアス

III **42** 5—11

第一(1)のオグドアス＊、そのゆえに三重の男児が出たそれ(オグドアス)は、エンノイア(思考)、[ロ]ゴス＊(言葉)、不滅、永遠の生命、意志、理[性]、予知、男《お》[女《め》]＊なる父である。

§6 第二のオグドアス

III **42** 11—21

第二のオグドアス†1＊の力、母、[処]女なるバ[ルベ]ーロン、＊エピティティオーク[　±10　]アイ、メメネアイメン[　±5　]天の上、カルブ[　±10　]解[釈]できない力、言い表せない母[　A　が]自分自身から[出]た[B(A＋B＝±10)]彼女は出た。[彼女は]沈黙する[沈黙]の父に

IV **51** 15—22

彼から三つの[力]が出た。すなわち三つのオグ[ドアス]＊、父がふところから沈黙[と]プロノイア＊において生み出したもの、すな[わち]父、母、子である。

IV **51** 22—**52** 2

第一のオグドアス＊、そのゆえに三重の男児が出た[それ(オグドアス)]は、エンノイア(思考)、言[葉]、永遠なる不滅の生命(1)、意志、理性、【52】[予]知、[男《お》]女《め》＊なる[父である]。

IV **52** 2—14

第二の力はオグドアス†1＊であり、母、[男性的]処女[バルベー]ロー、＊[±3]カバ、アドーネ[　±5　]天を支配する者(男性)[　±10　]アクローボーリアオール[　±5　]解[釈]できない、[言い表せ]ない力、彼女[……(1)…]彼女は自[分自身から生まれ]た。彼女は[出]た。彼女

[同]意した。

§7 第三のオグドアス

III 42 21—43 4

第三のオグドアス*[の力]、沈[黙する沈黙の]子、沈黙する沈[黙]の王冠、父の栄光、[母の]【43】アレ[テー]†1。彼はふと[ころ]から七つの声の大いなる光の七つの力を生み†2出す。そして言[葉が]それらの完成[である]。

§8 まとめ

III 43 4—8

これらが三つの[力]、三つのオグドアス*、父がふとこ

---

(2) 約一行分欠損。

§5

〔III〕(1) 写本の読みは「三つの」。

〔IV〕(1) 伝承または翻訳の誤り。写本IIIのように「不滅」と「永遠の生命」を分離しないとオグドアス(八)にならない。

§6

†1 両写本とも破損がひどく、またそれぞれ残されている部分も互いにかみ合わない。したがって「母」とバルベーローを除く六人(母＝バルベーローなら残る七人)の構成は不明。

§7

〔IV〕(1) 約一行分欠損。

は活ける沈黙の父に同意した。

IV 52 15—24

[第]三の力はオグド[アス]*であり、沈黙と[静]寂の子、〈沈黙の王冠、(1)〉[父の]知識、母のアレテー†1である。彼はふところから七つの声の大いなる光の七つの力を生み出し†2た。そこからそれらの完成[の]言葉が出た。

IV 52 24—53 3

[これら]が三つの力、三つのオグドアス*、【53】父が彼

---

†1 ギリシア語で普通は人間の「優れた性質」「徳」を意味する語であるが、ここでは「栄光」「賛美」、あるいは「神的な業」といった意味。新約聖書IIペトー3に、写本IIIと同じく「栄光(ドクサ)」と組になっている用例があり、新共同訳では「力ある業」と訳されている。なお写本IVの「知識」はギリシア語原語「ドクサ」の誤訳であろう。

†2 七つの惑星(ないし七つの天)が調和した音楽を奏でているというピタゴラス教的観念を前提しているものか。あるいは宇宙論とは直接関係なく、単にギリシア語アルファベットの七つの母音を指しているだけか。

〔IV〕(1) 写本には欠。校訂者による補足案。

ろからプロノイア*において生み出したものである。彼はこれらをあの場所*で生み出した。

§9 ドクソメドーン・アイオーンの描写

III 43 8—16

ドメドーン・ドクソメ[ドーン]、(すなわち)諸アイオーンのアイオーン*が、その中の[玉]座、それを[取り巻]く諸力*、栄光、不[滅]と共に出た。沈黙から[出た]大いなる光の父、これが[大いなるドクソメ]ドーン・アイオーンであり、その内に[三重の男]†1児が憩っている。

§10 栄光の玉座

III 43 16—44 9

そして[その内に]その[栄光]の玉座が据えられた。それには、明かされざるそれの名が板の上に[記され]、[±5]一つは言葉、万物*の[光の]父、沈黙から[出て]沈黙の内に憩う者、その名が【44】[見えざる]シンボルの内にある者。隠された、[見ること]のできない秘義が出[た]。

iiiiiiiiiiiiiiiiiiiiiii[iii]

のふと[ころから]沈[黙と]プ[ロノイア]*において[あの場所]*で生み出したものである。

IV 53 3—15

その[場所]*でドク[ソメ]ド[ーン]が現れた。(すなわち)諸アイオーンの[アイ]*オーン[が]、その中の[玉座と]それらを取り巻く[諸力*と共に、(また)栄光、]不[滅]と共に(現れた)。大いなる[光の父が……]から出た。[……大いなるドクソ]メドーン[・アイオーン……](1)、その内に[三重の男]†1児が[憩っている]。

IV 53 15—54 13

[そして]その栄光の[玉座]が[据えられた]。それには、言い表[せないそれの名]が[板の上に記された]。[±10]父[の言葉]、万物*[の光]、沈黙[からの者、沈黙から]出た[者]、沈[黙の内に]憩う者、[その名を見えざる……]シンボ[ルの内に持つ者……]【54】[……](1)言い[表せ]ない秘[義が]出[た]。

[iiiii]iiiiiiiiiiiii[iiiiiii]

ēēēēēēēēēēēēēēēēēēēēēē[ēē]
[o]oooooooooooooooo
yy[yyy]yyyyyyyyyyyyy
eeeeeeeeeeeeeeeeee
aaaaaa[aaaa]aaaaaaaaa†1
ōōōōōōōō[ōōō]ōōōōōōōōōō

§11 三重の男児の出現

III 44 9—21

そして[このように]して三つの力は讃えた、[大いな

---

§9 †1 「三人の男児」という複数の意味と(§11参照)、「三重に(=非常に、最高に)男性的な子供」という単数の意味(用例多数)とが同居している。前者は、ドクソメドーン・アイオーンが三重に数えられていること(§3参照)と関連しているのかもしれない。なお、この存在は本書では「キリスト」と密接に結びついている。§12の冒頭を参照。

〔IV〕(1) [……]の三箇所合わせて約一行分の欠損。

§10 †1 ギリシア語(コプト語も同じ)の母音七つが各二十二回(=ヘブライ語アルファベットの文字数)繰り返されている。順序であるが、最初の四文字は「イェウ」と読め、これは『イェウの書』と呼ばれるグノーシス文書(二冊)に現れる

ēēē[ē]ēē[ē]ēēēēēē[ēēē]ēē[ēē]ē
oooooooo[ooooooo]oooooo
yy[yyyy]yyyyy[yyyyy]y
eeee[eeeeeeee]eeeeee[ee]
[aaaaaaaa]aaaa[aaaaaaaa]†1
[ōō]ō[ōōōōōō]ōōō[ōōōōō]

IV 54 13—55 11

そしてこのようにして[三つの]力は讃えた、大いなる、

「真の神」の名、最後の aō は「最初と最後」(すなわち「すべて」)を意味する「アルファとオメガ」、残る e は英語の is に相当するギリシア語 estin の頭文字、と解釈できる。この場合、従って「イェウはすべてである」という意味となる。もちろんこれは解釈の一案に過ぎない。また、玉座に取り付けた板の上に書かれているというこの名が、ドクソメドーン・アイオーンの名なのか、あるいは「三重の男児」の名なのかも、ここの文脈からははっきりしない。しかし「三重の男児」には他の箇所で「テルマカエール……」という別の名が与えられているので(§15、45、50)、前者の可能性が高い。

〔IV〕(1) [……]の三箇所合せて約一行分の欠損。

§11 〔IV〕(1) 写本の読みは「彼女」。

る」、見えざる、「名」を言うことのできない、処女なる、呼ばれ得ない霊*と「彼の」男性的処女とを。(そして)彼らは力を願った。活ける沈黙の沈「黙」が出た。すなわち諸アイオーン*の内の栄光と不滅とが。「　A　アイ」オーン「B(A＋B＝±10)」幾万「　±10　」三人の男性、「三人の」男性の「子」孫、「男性の」種族が大いなるドクソ「メドーン・アイオーン」を「全」プ「レーローマ*」の言葉の力「で」満たし「た」。

§12　三重の男児による賛美と願い

III 44 22—28

その時、「大いなる見えざ」る霊*が塗油*†1した「大いなる」キリストの三重の男「児」、(すなわち)その力にアイノン†2という「名が与えられ」た者は「讃え」た、大いなる見えざる霊を、「彼の」男性的処女ヨー(1)「エール†3」を、沈黙する沈黙の沈黙を、「偉大」さを………

「見えざる」、不滅の、「名付けることのできない」、「父」の「処女なる」霊*と「男性的」処女「バルベーロー*」とを。彼ら(1)は「力を」願った。沈「黙する活ける沈」黙が力の内に「現れ」た。「これらは栄光」と「不滅」、アイオーン*「　A　」諸アイオーン「B(A＋B＝±10)」、【55】「幾万の秘」義を司る者、三人の「男」性、三つの「子」孫、男性たちと男性の種族、「父の栄」光、大いなる「キリスト」の栄光、男性の子孫、種族、彼らが大いなるドクソメドーン・「アイオーン」を光「のプレーローマ*」の言葉「の諸力で」満たし「た」。

IV 55 11—56 11

その時、「大いなる」見え「ざる霊*」が塗油*†1した大いなる「キリストの」三「重の男」児、その力に「アイノン†2」という名「が」「与えられた者」は讃え「た」、「大いなる」見え「ざる霊」を、「男性的」処「女ヨーエール†3」を、「沈黙する沈」黙「の沈黙」、「偉」大「さ　±10　」言い「表せない　±10　」言葉「にできない　±10　」答える「ことのできない」、解釈「できない」、「最」初に「現れ」た者、告げ知らせることのできない、「　±10　」できない【56】「　±10　」不思議「　±10　」言い表せな」い「　A　」その「場所*」の沈黙の沈黙の偉大さ[の偉大さ]すべてを持つ者[B(A+B=±10)]を(讃えた)。三重の[男児]は讃え、[大いなる、見えざる、処女なる]霊に*[力を]願った。

§13 ユーエールとエーセーフェークの出現

IV **56** 11–22
その時、[その]場所で*[±5]が現れた[A 栄]光を見る[B(A+B=±10)][A の中に]富[±5 見えざる]秘義[B(A+B=±10)]沈黙の[±5 すなわち男性的]処[女ユーエール(1)が現れた]。[その]時、子[供の子供]エーセーフ[ェーク(2)]が[現れ]た。

---

§12

†1 「キリスト」とは、元来、ギリシア語で「塗油された者」を意味する(=ヘブライ語の「メシア」)。

†2 ギリシア語として解釈すれば、アイノスすなわち「賛美」もしくは「恐るべき(者)」という意味。

†3 後で(§13)出現する「男性的処女ユーエール」と本来は同一の存在なのが、この箇所でのみ「男性的処女バルベーロー」(§6その他)と混同され、入れ替わってしまっているものと思われる。

§13

(III)(1) 以下**45**–**48**頁は欠損。

(IV)(1) 「ブルース写本」所収の無題のグノーシス文書にも現れる女性的存在。そこでは「永遠の神」という意味だと説明されている。『ゾストゥリアノス』では「ヨーエール」という名で現れる(§12の注†3参照)。

(2) エーセーフェークはゾス**13** 7、**45** 2、11にも出る男性的存在(「エーフェーセーク」とも綴られる)。「子供の子供」は『ピスティス・ソフィア』『イェウの第二の書』にも出る救済者の呼称であるが、そこではエーセーフェークとは結びついていない。本書の文脈からいえば、「三重の男児」の願いによって出現したことのゆえにエーセーフェークが「子供(=三重の男児)の子供」と同一視されているのかもしれない。

§14 まとめ†1

IV 56 23—58 22

そして［このようにして、父］、母、子、五つ［の封］印(1)、無敵の力、すなわちあらゆる不滅の者たちの大いなる［キリスト］が完成した。【57】［　　］聖なる［　　］限り［　　］滅び［　　］諸力、*［栄光、］不滅［　　］彼らは出た［　　］教え［……(2)］［……(3)］。彼は［讃え］た、明かされない、隠された［秘義］を、［　　］覆われた［……(4)］［……］において［……と(5)］諸アイオーン［*　　玉］座［　　］そして［それ］ぞれ［　　］幾万もの、数［え切れない力］が彼らを取り巻いた。【58】栄［光］、［不］滅［……］そして［……(6)］父、母、子、先に［述べ］た［プレーローマ］*全体、五つの封［印］、［秘義］の秘［義　　］。これらは現［れ］た［……(7)］［……を(8)］司る［　　］と諸アイオーン［　　］［　　真に］真［なる　　］そして［……］永遠の［……(9)］［……］そして［真に］真なる永［遠］の諸アイオーン［……(10)］。

§15 プロノイアの顕現

IV 58 23—59 29

その時、[プロノ]イア[1]*が[沈黙]、霊*の[活ける沈]黙、父[の]言葉、[光]から出た。[　A　]【**59**】[父]がふところから[生み出した五つの]封印[B(A＋B＝±10)]。彼女は先に述べたすべての諸アイオーン*を通り[抜け]た。そして彼女は、栄光の玉座を、それらを取り巻く幾[万]もの、[無]数の天使を、諸[力]*と[不滅の]栄光を据えた。彼らは[一つの声]で、一つの響きで、黙ることのない[声]で[歌い]、賛美し、そして全員で、讃えている[　±10　]、父を、[母]を、子[を　±10　][先に]述べた[すべてのプレー]ローマ*を、すなわち[沈黙]から出た[大いなる]キリスト、[すなわ]ち不[滅]の子供テルマエール・テルマ

§14

†1　写本IIIは失われており、写本IVもひどく破損しているため内容がよく分からないが、新しい存在の出現が語られているのではなく、エーセーフェークの出現をもって「完成」した状態(「大いなるキリスト」)が賛美されているものと推定される。なお、写本の破損がひどいため、欠損量の表示はこの段落では一行分以上のものに限った。

〈IV〉(1)　「三重の男児」が三つ分に数えられ、ユーエール、エーセーフェークと合わせて「五つの封印」を構成するのであろう。

(2)　約一行半分の欠損。

(3)　約三行分の欠損。

(4)　約四行分の欠損。

(5)　直前の[……]と合わせて約二行分欠損。

(6)　直前の[……]と合わせて約一行半分の欠損。

(7)　約一行分の欠損。

(8)　約五行分の欠損。

(9)　直前の[……]と合わせて約二行分の欠損。

(10)　直前の[……]と合わせて約一行半分の欠損。

§15

〈IV〉(1)　写本には語尾しか残っていないので、「プロノイア」(特に§4参照)の他、「エンノイア(思考)」「アポロイア(流出)」等の復元も可能。いずれにしても、何らかの高次の女性的存在である。

カエール・[エーリ・エー]リ・マカル・マカル・[セート(セツ)[2]]、真[に真]なる活ける力を、そして彼と共にいる[男]性的[処女]ユーエールを、[エーセ]ーフェーク、[栄光を]捉える者[3]、子供の[子供]を、彼の栄光[の王冠]を、[　Ａ　]五つ[の封]印の[Ｂ(Ａ＋Ｂ＝±10)]を、[先に述べたプレー]ローマを(讃えている)。

§16 ロゴス(言葉)の出現[†1]

IV 59 29—60 22

【60】そこから大いなる、自ら生まれた(アウトゲネース)*活ける[言葉]、(すなわち)真の[神]、生まれざる本[性](フュシス)が[出た]。彼の名を私はこう言い表そう、[±3]aia[±5]thaōthōsth[1][±2]。彼は[大いなる]キリストの子、彼は言い表せ[ない]沈黙の子、大いなる、[見えざる、]不滅の[霊]*から出た者である。沈黙の[子]が[沈]黙と共に[………]現れた。[………][2]見え[ざる ±10 隠]された[±2 人]間[Ａ および]彼の栄[光の]富[Ｂ(Ａ＋Ｂ＝±10)]。[その時、]彼は明かされた[±10]に現れた。そして彼は四つの[アイオーン]*を[据え]た。言葉によって[彼]はそれらを据えた。

§17 ロゴスによる賛美と願い

IV 60 22―30

彼は大いなる、見え[ざる]、処女なる霊を*、[沈黙の]活ける沈黙[の]沈黙の内なる[父]の[沈黙]を(1)、人間が憩う場所を[讃え]た。[……]を通して[……]。

§18 アダマスの出現

III 49 1―16

【49】その[場所から]*大いなる光[の]雲、活ける力、聖なる不滅の者たちの母、大いなる力、(すなわち)ミロトエー(1)

IV 60 30―61 18

その[時]、その場所から*【61】光の[大いなる雲]、すなわち活ける[力]、聖なる不[滅]の者たちの、大いなる諸力*

---

(2)「不滅の子供」すなわち「三重の男児」の呼称だろうと思われるが(§45、50にも)、意味は不詳。三部構造になっているのは、「三重の男児」の三重性を示唆するものか。最後の「セツ(=セート)」は、以下で登場するセツと「三重の男児」との結びつきを先取りする付加であろう。

(3) 本文書ではエーセーフェークに付けられる決まり文句であるが、マニ教の文献ではこれが天地創造の神話において独立の神的存在として登場する(ギリシア語で「フェンゴカトコス」)。

§16

†1「言葉」という意味のギリシア語男性名詞であるが、人格化されている(例えばヨハ一1以下参照)。写本ではコプト語の等価語に置き換えられている場合が多く、その場合には本訳でも「言葉」と訳してある。従って、訳文での「言葉」という語が、そのまま普通名詞としての「言葉」を意味するのか、むしろ人格化された「ロゴス」と指すのかは、その都度の文脈次第である(この区別は必ずしも一義的ではない)。

§17

(IV)(1) 意味不明。

(2) 直前の[……]と合わせて約二行分の欠損。

§18

(IV)(1) 直前の[……]と合わせて約一行分の欠損。

†1 ギリシア語の「(エ) イ・ヘン」(=「汝は一」)を、写本IIIは音写し、写本IVはコプト語に訳している。「エア」については不詳。

が［出た］。そして彼女は、その名を私は「イエン・［イ］エン・エア・エア・エア」[†1]を三回繰り返すことによって呼ぶ者を生んだ。なぜなら［彼］はアダマス*、輝く光[†2]、人間から出た者、最初の人間*、万物*が彼から成った者、万物が彼へと(成った者)、彼なしでは何も成らなかった者[†3]だから。理解し得ない、理解し尽くせない父が出た。彼が上から下へ、欠乏*の除去のために降りたのである。

の母が出た［　±5　］。そして彼女は、その名を私は次のように呼ぶであろう者を生んだ。「［汝は一］、汝は一、汝は一、［　±5　エア・エア・］エア」[†1]。なぜなら彼はアダ［マス］*、［光から］出た［光］[†2]、［光］の目だから。なぜなら［彼］は最初の人間*、万物*が彼のゆえに［ある者］、万物が彼［に向けて］ある［者］、［彼なしでは］何もない者[†3]、欠乏*［の］除去のために［上から下へ］降りた、近づき得ず［理解し得ない父］であるから。

§19　ロゴスとアダマスの合体

III 49 16—22

その時、大いなるロゴス*、神的なアウトゲネース*と不滅の人間アダマス*とが互いに交わった。人間のロゴスが成った。そして人間自身は言葉によって成った。

IV 61 18—23

その時、［大いなる］、自ら生まれた(アウトゲネース*)神的な［言葉と］不滅の人間ア［ダマス］*とが混ざり合った。すなわち(この混合が)［人間］である。そして［人間は］言葉によって成った。

§20　ロゴスとアダマスによる賛美

III 49 22—50 17

彼は讃えた、大いなる、見えざる、理解し得ない、処女なる霊*を、男性的処女を、三重の男児を、【50】男性的［処女］ユーエールを、エーセーフェーク、栄光を［捉える］

IV 61 23—62 16

［彼は］讃え［た］、［大いなる］、［見えざる、把握でき*ない］、処女なる［霊］*を、［男性的］処女［バルベーロー］*を、三重の男［児］を、男［性的処女ユーエールを］、【62】［子］

者、子供の子供を、彼の栄光の王冠を、大いなるドクソメドーン・アイオーンを、その内にある玉座を、それを取り巻く諸力*、栄光、不滅を、先に述べた彼らのプレーローマ全体*を、大気的な地、神を受け容れる者、大いなる光の聖なる人間たちが似像*を受け取る場所を、沈黙する活ける沈黙の父に属する人間たちを、父を、そして先に述べた彼らのプレーローマ全体を(讃えた)。

供エーセーフェーク、栄光を捉える者を、[子供]の子供(1)を、彼の栄光の王冠を、大いなるドクソメドーン・アイオーンを、それらの中にある玉座を、それらを取り巻く[諸力]*、[栄光]、不滅を、先に[述べたプレーローマ]*全[体]を、大気的な地、[神を受け容れる]者、[沈黙]と[沈黙する]活ける泉の父の光[に属する聖なる]人間たちが[似像*を受け取る]場所を、父を、[先に]述べた[彼らの]プレーロ[ーマ全体]を(讃えた)。

§21 ロゴスとアダマスによる願い

III 50 17—51 5

大いなるロゴス*、神的なアウトゲネース*は、不滅の人間アダマス*と共に讃え、力と永遠の強さをアウトゲネースのために願った、四つのアイオーン*の完成(プレーローマ)のために。それらを通して現れるように、【51】[±5 すな]わち大いなる光に属する聖なる者たちの見えざる父

IV 62 16—29

大いなる、[自ら生まれた(アウトゲネース)*]神的な言葉は、[不滅の]人間アダマス*と共に[讃え]、力と[永遠の強さ]と不[滅]とを、自ら生まれた者(アウトゲネース)[のために願った]、四つの[アイオーン]*の[完成(プレーローマ)]のために。それらを通して、[大いなる光]に属する

---

†2 「人間(アダマス)」と「光」の結びつきは、両者がギリシア語で共に「フォース」という綴りで表現され得ることに由来する。

†3 コロ一16、ヨハ一3参照。

[III](1) 「ミロテア」という名でゾス**6** 30、**30** 14、三プロ**38** 14以下に登場する女性的存在と同一であろう。意味は不詳(ギリシア語で「運命の女神」か)。なお柱**119** 12以下では「ミロテアス」ないし「ミロテオス」という男性的存在が登場する。

§20

[IV](1) 写本の読みは「[　　]の栄光」。

の栄光と力とが。（この光とは）すなわち夜の似像*である（この）世へとやって来る（光である）。

§22　アダマスによる願い

Ⅲ 51 5—14

不滅の人間アダマス*は願った、彼らのために自分から子が生まれるようにと。彼（その子）が不動の、不滅の種族の父となるようにと。（そして）これ（その種族）を通して沈黙と声が現れ、そしてこれを通して、死せるアイオーン*が起こされ、それによって解消するようにと。

§23　四人のフォーステールとセツの出現

Ⅲ 51 14—22

そしてこのようにして上から大いなる光の力が出た、（すなわち）プロファネイア（「顕示」）が。彼女は四人の大いなるフォーステール*、ハルモゼール、オロヤエール、ダウィテ、エーレーレート†1*を、そして大いなる不滅のセツ*、（すなわち）不滅の人間アダマス*の子を生んだ。

聖なる［者たちの　±5　］父の［栄光と力］が現れるように。（この光とは）すなわち［夜の似像*である］（この）世へと［降って］くる（光である）。

Ⅳ 62 30—63 8

［その時、］不滅の［大いなる人間アダ］マス*は［願っ］た、【63】［自分］のために彼から子が生まれるようにと。［そして］彼（その子）が不動の、［不滅］の種族の父となり、これ（その種族）のゆえに沈黙と声とが現れるように、そしてこれのゆえに［死せる］アイオーン*が［起こされ、それによ］って］解消するようにと。

Ⅳ 63 8—17

［そしてこのようにして上から］大いなる光［の］大いなる力、（すなわち）「顕示」が出た。［そしてそれは］四人の［フォーステール］*、（すなわち）［アル］モゼール、オロヤエール、［ダウィテ、］エーレーレー［ト］†1*を、そして［大いなる］［不滅の］セツ*、（すなわち）［大いなる不］滅の人間［アダマス］*の子を生ん［だ］。

§24 ヘブドマスの完成

III 51 22—52 3

そしてこのようにして、隠された秘義の内にある完全なヘブドマス†1*が完成した。【52】もしそれが「栄光を受け取れ」ば、それは十一のオグドアス*となる。

IV 63 17—24

そしてこのようにして、完全なヘブドマス†1*が完成した。これは[隠された]秘義の秘義の内にあり、[±5]栄光を受け取り、[十一]のオグドアス*になった。四つのオグドアスによって[完成される]ために。

§25 フォーステールの伴侶の出現

III 52 3—16

そして父は頷いた。フォーステール*たちのプレーローマ*全体は喜んだ。彼らの伴侶†1が、神的なアウトゲネース*のオグドアス*の完成のために出た。「恵み」が第一の光アルモゼールに、「知覚」が第二の光オロヤエールに、「理解」が第三の光ダウィテに、「思慮」が第四の光エーレレート*に。これが神的なアウトゲネースの第一のオグドア

IV 63 24—64 10

[そして]父は[賛成した]。[そして]フォーステール*[たちの]プ[レーローマ]*もまた賛成した。伴[侶]†1たちが、神的なアウトゲネース*[の]オグド[アス]*の[完]成のために[現れ]た。【64】「[恵]み」が第一のフォーステール、[アルモ]ゼールに、「知覚」が第[二の]フォーステール、オロヤエールに、「[理解]」が第三の[フォース]テール、ダウ

---

§23 †1 この四者は『ヨハネのアポクリュフォン』(§23)、『ゾストゥリアノス』『三体のプローテンノイア』『メルキゼデク』等にも登場する。

§24 †1 何をどう数えると「七」になるのか不明。続く「十一のオグドアス」「四つのオグドアス」が何を指すのかも不明。

§25 †1 「恵み」「知覚」「理解」「思慮」ともギリシア語では女性名詞。人格化されている。

スである。

§26 フォーステールの補助者の出現

III 52 16—53 1

そして父は頷いた。光のプレーローマ*全体は喜んだ。補助者(1)たちが出た。第一に、大いなるガマリエールが第一の大いなる光ハルモゼールに、そして大いなるガブリエールが第二の大いなる光オロヤエールに、そして大いなるサムローが大いなる光ダウィテに、そして大いなるアブラサクス*が【53】［大いなる光］エーレレート*に。

§27 フォーステールの補助者の伴侶の出現

III 53 1—12

そして父の賛成の意志によって［彼らの伴］侶†1が出た。「記憶」が大いなる第一のガマリエールに、「愛」が大いなる第二のガブリエールに、「平和」が第三の大いなるサンブローに、「永遠の生命」が大いなる第四のアブラ

ィテに、「思慮」が第四の［フォース］テール、［エーレレ］ート*に。これが［神的な］アウト［ゲネース］の［第一のオグド］アスである。

IV 64 10—23

そして［父は賛成］した。そしてフォーステール*［たちの］プレーローマ*全体もまた［賛成］した。補助者（ディアーコーン）たちが［出］た。［第一に、］大いなるカマリエー［ル］が［大いなる］フォーステール、［アルモゼール］に、大いなるガブリエー［ルが大いなる］第二のフォー［ステール、オロヤエールに］、大いなるサンブローが［大いなる］第三のフォー［ステール］、ダウィテに、アブラサクス*が［大いなる］第四のフォーステール、［エーレ］レート*に。

IV 64 23—65 5

そして彼らに対する［父］の［賛成］によって（彼らの）伴侶†1が出た。［「記憶」］が第一の［大いなるガマリ］エールに、「愛」が［第二の］大いなるガブリエー［ルに、「平和」が］大いなる第［三のサンブローに］、【65】「永遠の生命」が大

サクスに*。このようにして五つのオグドアス†2*、合計四十、解釈できない力が完成した。

§28 ロゴスとフォーステールによる賛美と願い

III 53 12—54 11

その時、大いなるロゴス*、アウトゲネース*、〈および〉四つの光のプレーローマ*の言葉は讃えた、大いなる、見えざる、呼ばれ得ない処女なる霊*を、男性的処女を、大いなるドクソメドーン・アイオーンを、それらの中にある玉座を、それらを取り巻く諸力*、栄光、諸権威*、諸力を、三重の男児を、男性的処女ユーエールを、エーセーフェーク、【54】栄光を捉える者、子供の[子供]を、[彼の]栄光の王冠を、プレーローマ全体を、そこにあるすべての栄光を、限りのないプレーローマを、名付け得ない諸アイオーンを(讃えた)。それによって父を不滅の種族と共にある

§26 〔III〕(1) 写本の読みは「伴侶たち」。

§27 †1 「記憶」「愛」「平和」「(永遠の)生命」のいずれもギリシア語では女性名詞であり、人格化されている。

いなる[第]四のアブラサクス*に。そしてこのようにして五つのオグ[ドアス]†2*、合計四十、解釈できない[力]が完成[した]。

IV 65 5—30

[その時]、大いなる自ら[生まれた](アウトゲネース*)言葉、[および四人]のフォーステールのプレーローマ*全体は讃えた、[大いなる、][見えざる]、不[滅]の、名[付け得ない]処[女なる霊*]を、男性的[処女]を、大いなるド[クソメドーン]・アイオーンを、それら[の中に]ある玉座を、[それらを取り巻く]諸力*、栄光、[諸力、]諸権威*を、三重の[男児]を、男性的[処女]ユーエールを、エーセーフェーク、栄光を[捉える者]を、彼の栄光[の王冠]を、[プレーロ]ーマ全体を、近づき[得ない]プレーローマの中にある[すべての]栄光を、名付け得ない[諸アイオーン]を

†2 冒頭で描写された父、母、子それぞれのオグドアス(§4—8)、フォーステールとその伴侶からなるオグドアス(§25)、そして補助者とその伴侶からなるオグドアス(§27)。

§28 〔III〕(1) 写本IIIにはまず「第七十四の」と書かれており、これ

（1）第四の者と呼ぶために、そして父の種子*を大いなるセツ*の種子と呼ぶために。

§29 三重の男児とキリストの降下

Ⅲ 54, 11—55, 2

その時、万物*が動き、振動が不滅の者たちを捉えた。その時、三人の男児が上から下へ出て、生まれざる者たち、自ら生まれた者たち、生み出されたものの中へと生み出された者たち†1の中に入った。偉大さが出た、大いなるキリストの余すところのない偉大さが。彼（キリスト）は無数の、幾万もの、栄光の中の玉座を、それらを取り巻く四つのアイオーン†2*の中に据えた。（また）無数の、幾万もの諸力*、栄光、【55】不滅を（据えた）。そしてこれらはこのようにして出た。

§30 天の教会の成立

Ⅲ 55, 2—16

そして不滅の霊的な教会が、大いなる活けるアウトゲネース*の、（すなわち）真理の神の四つの光の中で増大した。父、母、子、そして〈先に〉述べた彼らのプレーローマ*全体

（讃えた）。［それによって彼らが父を不動の、不滅の、父］の種族と共にある［第四の者］と呼ぶ［ために］、そして［彼］らが［それ］を大いなる［セツ*］の種子*と呼ぶために。

Ⅳ 65, 30—66, 14

［その時］、万物*が［動き］、【66】［動］揺が不［滅］の者たちを捉えた。三重の男［児］が上から下へ出て、生まれ［ざる］者たち、自ら生まれた者たち、また生み出されたものの中へと［生み出された］者たち†1へと降りた時、大いなるキリスト［のすべての］偉大さに与る大いなる者が出た。そして彼は［四つの］アイオーン†2*［に］栄光の玉座を据えた。［そして］それらを無数の、幾［万もの諸力*］が、すなわち［栄］光と不滅とが取り巻いた。［そしてこのようにして］彼は出た。

Ⅳ 66, 14—67, 1

そして［不］滅の霊［的な教］会が、［大いなる］自ら生まれた［活ける言葉*］の、（すなわち）真理の［神］の［四人の］フォーステール*の中で高まった。［父、］母、子、そして［先

を、一つの声、一つの響き、そして休むことのない口で讃え、歌い、賞め讃えながら。幾万もを所有する五つの封印、諸アイオーン*を支配する者たち、将軍たちの栄光を担う者たち、〈彼らへ、〉ふさわしい者たちに啓示を与える命令が下された。アーメン。

§31 セツによる賛美と願い

III 55 16—56 3

その時、大いなるセツ*、不滅の人間アダマス*の子は讃えた、大いなる、見えざる、呼ばれ得ざる、名付け得ざる、処女なる霊*を、男性的〈処女を、三重の男児を、男性的〉(1)処女ユーエールを、エーセーフェーク、栄光を捉える者を、

が二次的に「第四の」と訂正されている。写本IVのこの箇所は破損している。「第四の」という訂正が正しいとすれば、『ダニエル書』(特に三25)との関連が想定される。本書の文脈においては、続く段落でまず「三重の男児」が出、引き続いて四番目に「キリスト」が出る。「三重の男児」が「不滅の種族」すなわちセツの種族と、そして「キリスト」が彼らと「共にある」者として「父」と、それぞれ重ね合わされているのであろう。

§29

に]述べた彼らの[プレーローマ*]を、[一つの声、一つの]響き、黙ることのない声で、全員で[讃え]、歌い、[賞め讃え]ながら[±4]。[幾万もを]司る[五つの封印]、[諸アイ]オーン*[を支配する]者たち、栄光を[担う]将軍たち、[彼らへ]、ふさわしい者たちに[啓示を与える]【67】命令が下された。ア[ーメン]。

IV 67 2—9

その時、大いなるセツ*、不滅の人間アダマス*[の]子は[讃えた]、[大いなる]、見えざる、[不滅の]、名付け得ざる[処女なる]霊*を、男性的[処女](1)を、三重の男[児]を、男性的処[女ユーエール]を、……

†1 天の諸存在が三層に、すなわち原初から存在する「生まれざる」者、次いで「自ら生まれた者」、そして先行する他の存在から(それ自身生み出されたものである領域へ)「生み出された者」に分類されている。

†2 IV 60 19以下(§16)参照。

§31

(III)(1) 写本には欠。コプト語に訳されてから起きたテキストの写し間違いと推測される。

(IV) 以下第10—23行が欠損。

彼の栄光の王冠を、子供の子供を、【56】大いなるドクソメドーン・アイオーンを、そして先に述べたプレーローマ*を（讃えた）。そして彼は自分の種子*を願った。

§32 プレーシテアの出現

III 56 4—13

その時、その場所*から大いなる光の大いなる力、プレーシテア(1)が出た。（すなわち）天使たちの母、光の母、栄光を帯びる母、四つの胸を持つ処女が。（彼女は）ゴモラとソドム(2)の泉から果実を実らせた、すなわち彼女の(3)内にあるゴモラの泉の果実を。彼女は大いなるセツ*を通して出た。

IV 67 24—27(1)

［　　　］大いなる［セツ*を通して　　　］

§33 セツが種子を受け取る

III 56 13—22

その時、大いなるセツ*は、不滅の子供によって彼に恵まれた恵みを喜んだ。彼は自分の種子*を四つの胸を持つ処女から受け取った。彼はそれを、自らと一緒に、第四†1のアイオーン*の中に、第三の大いなる光ダウィテの中に置いた。

IV 67 27—68 5

［彼は］不滅の［子によって彼に与えられ］た［恵みを喜んだ］、（すなわち）［自分の種子*を］【68】［四つの胸を持つ］処女(1)［………から受け取る］（という恵みを）。彼はそれを、［自ら］と一緒に四†1つのアイオーン*［の中に］、［大いなる］第三のフォーステール*、［ダウィ］テの中に置いた。

§34 サクラの創造

III 56,22—57,16

五千年†1の後、大いなる光エーレレート*は言った。「誰かに混沌*と陰府を支配させよう」。そして雲†2が現れた。【57】［その名は］質料*（ヒュレー）的なソフィア*（知恵）［±10 彼女は混沌の諸部］分を覗き見た。彼女の顔は［　±10　］のようであった。その姿［　A　］血［B（A＋B＝±10）］。そして［大いなる天］使ガマリエールは、［大いなるガブリエー］ル*、（すなわち）［大いなるフォーステ］ール、オロヤエールの補助者に向かって言った。（すなわち）［こう言っ］た。「天使が出て、彼が混沌と［陰府と］を［支］配する［ようにさせよう。］」その時、雲は［喜び、］二つのモナスとなって［出た］。それ［ぞれ］に光［があった］。

IV 68,5—10、68,26—31（1）

［しかし］五［千年］†1の後、大いなる［フォーステー］ル*、エーレーレート*は［言った］。「誰かに混沌*［と陰府］を［支配］させよう。」［そ］して［雲］†2が現れた。（2）……

［　　］彼女（雲）は［　　］した［　　］二つ［　　］彼女が［置いた］［　　から］出た［　　］。

---

§32

〈III〉（1）　ギリシア語で「満ちた女神」の意か。

（2）『創世記』（特に一八—一九）に出てくる町で、一般には背徳の象徴と見なされているが、ここでは——グノーシス主義一般の傾向に一致して——価値評価が逆転している。

（3）　おそらくプレーシテア。しかしソドムを指す可能性もある。

〈IV〉（1）　写本24—27行（行番号は底本校訂者による推定）に文字が残っているが、読めるのは26行目の「大いなる」のみ。

§33

†1　§23、50参照。写本IIIの「第四の」は誤訳あるいは誤記。

〈IV〉（1）　約一行分の欠損。

§34

†1　なぜ五千年なのか不詳。

†2『ヨハネのアポクリュフォン』においても、創造神話という同じ文脈で、ソフィア（知恵）、雲、光、玉座というモティーフが見られる（§28）。なおセツ教**68**,30も参照。

〈IV〉（1）　26—31という行番号は底本校訂者による推定。この6行中、読める単語はごく僅かしかない。欠損文字数の細かな表示は不可能。

（2）　以下第11—25行が欠損。

[　　A　　]彼女が上の雲[の中]に据えた[玉座　B（A+B=±5)]。

§35　十二人の天使の創造と派遣

III 57,16—58,7

[その時、]大いなる[天使]サクラ*は[自分と一緒にいる]ダイモーン、[ネブル]エールを[見た]†1。そして彼らは[一緒に]地の出産の霊†2となった。[彼らは助け]手の天使[たちを生んだ]。サクラは大いなる[ダイモーン、ネブ]ルエールに[言った]。「[十]二のアイオーンが*[　A　の]中に生[じ　B（A+B=±10)]アイオーン[　A　]世[B（A+B=±10)]。」大いなる天[使サクラ]はアウトゲネース*の意志に従って言っ[た]。【58】「[　±10　]七の数[　±10　]]。そして彼は[大いなる天使たち]に言った。「行け、そして君たち[のそれぞれ]が自らの[世を]支配せよ」。[これら]十二人*の[天使]はそれぞれ出て行っ[た]。

§36　十二人の天使のリスト

III 58,7—22

(1)[第一の]天使はアト[ート]、人間たちの[大いなる諸世]

IV 68,31—69,5

[………](1)【69】大いなる[天使]サクラ*は自分と一緒にいる[大いなる]ダイモーン、ネブ[ルエールを見た]†1。そして[彼らは一緒に地の]出産の霊と†2[なっ]た。[十]二の[天]使[　±10　]………(2)

IV 70,1—5

代から［±5］と呼ばれる者、［第］二はハルマス、［すなわち火の目］、第三［はガリラ、第］四はヨーベール、［第五はア］ドーナイオス、また［の名を］［サ］バオート*、第六［はカイン］、人間たち［の大いなる諸世代から］太陽と呼［ばれる者］、第［七はアベル］、第八はアキレッシナ、［第九はユベール］、第十はハル［ムピアエール］、第十一はアル［キル・アドーニン］、第十二［はベリアス］。［彼ら］が陰府［と混沌*］の支配者である。

【70】人間たちの世［代すべて］が太陽［と呼ぶ者］、［第七はアベル］、第八は［アキレッシナ、第］（1）九はユベール、［第十はハルム］ピ［アエール、第］……

§37 サクラの高慢と人間の創造

Ⅲ **58** 23—**59** 9

そして、［世の］基礎が据えられた後、サクラ*は彼の天［使］たちに言った。「私、私は［妬みの］神、私によらず［成った］ものは何もない（1）」。【59】［彼は］自分の本質を［信

---

§35

†1 サクラとネブルエールとの組み合わせはマニ教文献に見られる。

†2 天的な世界における生み出しと対照的に、地上世界のものを生み出す霊という意味か。

〔Ⅳ〕（1） 数文字―一行程度の欠損。

§36

（2） 第6行以下は欠損。

〔Ⅲ〕（1） 以下の十二人の天使のリストは『ヨハネのアポクリュフォン』（§31）のそれと基本的に一致している。

〔Ⅳ〕（1） 第6行以下は欠損。

§37

〔Ⅲ〕（1） イザ四六9、出二〇5参照。グノーシス主義の文献では、この言葉が創造神の無知と思い上がりの証拠として好んで利用される。ナグ・ハマディ文書ではアルコ§2、§23以下、起源Ⅱ§23以下、セツ教**53** 30以下、ヨハ・アポ§41以下を参

じていたのである[2]。その時、上から声が降って言った。「人間*が存在する、そして人間の子が」[3]。覗き見た似像*の高みにあるその声に似ている似像の下降のゆえに[4]、(すなわち)上なる似像が覗き見たことによって、第一の被造物が創られた。

§38 メタノイアの出現

III 59 9—20

これ(第一の被造物)のゆえにメタノイア[1]が成った。彼女は自らの完成と力とを父の意志と賛意によって得た。(すなわち)大いなるセツ*に属する大いなる力ある人間たちの不滅の大いなる不動の種族に対して彼(父)が示した賛意によって。それによって彼が、生み出された諸アイオーン*へと彼女を播き、彼女を通して欠乏*が満たされるようにと。なぜなら、彼女は上から降って夜の似像*である(この)世へと来たのだから。

§39 メタノイアの祈り

III 59 21—60 2

(降って)来た時、彼女は祈った、このアイオーン*のアルコーン*および彼から生じた諸権威*の種子*のために、(すな

IV 71 1—5

【71】(彼は)彼女を地で生み出された諸アイオーン*に蒔いた、彼女のゆえに欠乏*が満たされるようにと。なぜなら彼女は高みから降って、夜の似像*である(この)世へと来たのだから。

IV 71 5—11

[±5 祈るために]出た。このアイオーン*のアルコーンおよび彼[から]出る者たちの種子*、(すなわち)[±5]

わち)ダイモーンを生み出す神の、腐敗した、破壊されることになるそれ(種子)のために、また【60】アダム(1)*と大いなるセツ*の、太陽に似ている種子のために(祈った)。

§40 ホルモスの出現

III 60 2―8

その時、大いなる天使ホルモス†1が出た。このアイオーン*の腐敗した種子*から生まれた処女たち†2を用いて、ロゴス*によって生まれた聖なる器において、聖霊を通して、大い

神の、腐敗し[劣化した]それ(種子)のために、[そして]ア[ダム*、太陽、]大いなる[セツ*]の種子のために(祈るために)。

IV 71 11―18

その時、[大いなる]天使ホルモス†1が[出]た。このアイオーン*の腐敗した[種子*の]処女たち†2[を用いて]、言葉*によって生まれた[聖なる器において]、[聖]霊を通して、大い

照。

(2) 「盲信していた」という意味であろう。なお、欠損している文字の数の関係で多少の困難を伴うが、「信じていなかった」という否定形の復元が可能ならば、『ヨハネのアポクリュフォン』における創造神(ヤルダバオート)の描写(§38)――(自分の本質に)「不従順だった」――と一致する。

(3) 創造神の「思い上がり」の言葉に対して、『ヨハネのアポクリュフォン』では本文書と同じく「人間が……」という言葉で反駁がなされる(ただし本文書ほど単刀直入かつドラマティックにではない)。本文書の文脈では「人間」はアダマス、「人間の子」(もちろん「人の子」とも訳せる)はセツを指している(セツは「人の子」イエスと同一視される。§49等を参照)。

(4) コプト語原文のシンタックスが複雑で非常に理解し難くなっているが、要は、上から降ってきた「声」の主の姿に模して「第一の被造物」が創られたということであろう。旧約聖書の創造物語における創一26「われわれにかたどり、われわれに似せて、人をつくろう」のグノーシス主義的解釈である。

§38 (III)(1) 「悔い改め」を意味する女性名詞。人格化されている。

§39 (III)(1) 「アダマス」の誤記か。

§40 †1 ギリシア語なら、「逃避地、安全な隠れ家」といった意味の男性名詞。

†2 処女「たち」という複数形が何を意味するか不詳。

なるセツ*の種子を準備するために。

§41 セツの種子の撒布

III 60 9—18

その時、大いなるセツ*は来て、彼の種子*を持ってきた。そしてそれは生み出された諸アイオーン*——その量はソドムの数に等しい——に蒔かれた。ある人たちは、ソドムは大いなるセツの牧草地、すなわちゴモラだと言う。しかしある人たちは、大いなるセツは彼の苗をゴモラから取り、それを第二の場所に植え、これにソドムという名を与えたのだと言う。

§42 エドークラの種族の出現

III 60 19—61 1

これはエドークラ†1を通して出た種族である。なぜなら彼女が言葉によってアレーテイア†2とテミッサ†3、永遠の生命の種子*の起源を生んだからである。これ（永遠の生命）は自分たちの由来の知識*ゆえに耐える人々と共にある。これが、三つの世を通って†4【61】世へと出た、大いなる不滅の種族である。

なる［セツ*］の種子を準備するために。

IV 71 18—30

［その時］、大いなるセツ*は来て、彼の種子*を［持ってきた］。そ［して］彼はそれを地で［生み出された諸アイ］オーン*——［その量は数えきれず、］ソドム（の量）［に等しい］——に蒔い［た］。［しかし彼らは］それらを［大いなる］セツの［ソドム］、［すなわち］ゴモ［ラ］と［呼ん］だ。［大いなるセ］ツは［その種子をゴモラ］の泉［から運び］、［それを第］二［の場所］、［ある牧草地に植え］た。［これはソド］ム［と呼ばれた］。

IV 71 30—72 10

これは【72】エドークラ†1から現れ［た種族である］。なぜなら彼女が言葉によってアレーテイア†2とテミッサ†3を生んだからである。これが永遠の生命の種子*の、また自分たちの流出の知識*ゆえに耐えるすべての人々の起源である。これが、三つの［世］において†4［現れた］、大いなる不滅の［種族］である。

§43 洪水、火災、飢饉、疫病、偽預言者

III 61 1—15

そして洪水[†1]が起きた。アイオーン[*]の終りの予型として。しかしこれが世へと送られるのは、この種族のゆえである。大火災[†2]が地の上に来るであろう。そして、種族に帰属する者たちには、預言者たちおよび種族の生命を守る守護者たちを通して、恵みがあるだろう。この種族のゆえに飢饉と疫病が起きるだろう。しかしこれらは大いなる不滅の種族のゆえに起きるのである。この種族のゆえに誘惑が、偽預言者たちの偽りが流布するであろう。

§44 悪魔の活動

III 61 16—23

その時、大いなるセツ[*]は悪魔の活動を見た、そして彼の

IV 72 10—27

そして洪水[†1]が［起きる］であろう。アイオーン[*]の終りの［予型］として。［そしてこれが］世へと［来る］のは、［この］種族［のゆえ］である。大火災[†2]が地の上に来るであろう。［……（1）……活ける］種族の預言者たちと［守護者たちを通して］恵みが［あるだろう］。こ［の種族のゆえに］飢［饉］と疫病が［起］きるだろう。これ［らすべ］てはこの［大いなる不滅の種］族［のゆえに］起きるだろう。この［種族］のゆえに［誘惑］と［偽預］言者［たちの］偽りが流布するであろう。

IV 72 27—73 6

［その時］、大いなる［セツ］[*]は［悪魔］の活動を、【73】そ

---

§42
†1 意味不明、他の文献にも確認できない。
†2 「真理」を意味するギリシア語女性名詞。
†3 ギリシア語の「テミス」に由来する女性形の名詞。「掟」「法」の他、「正義」の意味にもなる。
†4 歴史を四つの時代（＝世）に区分する（「セツ派」特有のものか）理論が前提されているのかもしれない。

§43
†1 ノアの洪水（創六以下）。
†2 おそらく、ソドムとゴモラを滅ぼした火災（創一九）。

〔IV〕（1） 約一行分の欠損。

数多くの扮装、彼の計略を——これらは彼（セツ）の、不滅の、不動の種族に対して起きるであろう——また彼（悪魔）の諸力*と天使たちによる迫害を、そして彼らの迷い、すなわち彼らが自分たち同士で争う様子を（見た）。

§45 セツによる賛美と願い

III 61 23—62 13

その時、大いなるセツ*は讃えた、大いなる、呼ばれ得ない処女なる霊*を、【62】男性的処女バルベーロン*を、三重の男児テルマエール・テルマエール・へーリ・へーリ・マカル・マカル・セート（セツ）、真の真に活ける力を、男性的処女ユーエーエールを、エーセーフェーク、栄光を捉える者を、彼の栄光の王冠を、大いなるドクソメドーン・アイオーンを、その中にある玉座を、それらを取り巻く諸力*を、そして先に述べたプレーローマ*全体を（讃えた）。そして彼は、彼の種子*の守護者たちを願った。

§46 守護者の出現

III 62 13—24

その時、大いなる諸アイオーン*から四百の大気的な天

して彼の奸策と彼の計略を［見た］。すなわち彼が［不］動の種族にもたらすであろう（それらを）、（また）［彼の諸］力*と天使たちによる迫害を、そして［彼の迷］い、すなわち彼が（1）［彼に］逆らうであろう様子を（見た）。

IV 73 7—26

［その］時、大いなるセツ*は讃えた、大いなる、［不滅の、］見えざる、［名付け得ない、］［父の］処女なる［霊］*を、男性的処女バルベーロー*を、男児テルマエール・テルマカエール・［エ］ーリ・エーリ・マカル・マカル・セート（セツ）、真の真に活ける力を、男性的処女ユー［エール］を、［エー］セーフェーク、［栄光］を捉える者を、彼の栄［光］の王冠を、栄光を［与える］大いなるアイオーン*を、その中にある玉座、それらを取り巻く大いなる者たち、栄光、不滅を、そして先に述べたプレーロー［マ］*全体を（讃えた）。［そして］彼は彼の種子*の守［護者］たちを願った。

IV 73 27—74 9

［その］時、大いなる諸アイオーン*から四百の［大気の天］

使が出た。大いなるアエロシエールおよび大いなるセルメケル†1と一緒に。大いなる不滅の種族を、その果実を、そして大いなるセツ*に属する大いなる人間たちを、アレーテイアとテミッサの時間と時から、アイオーンとそのアルコーン*たちの、（すなわち）大いなる審判者たちが死へと判決した者たちの終りまで、守るために。

§47 セツの派遣

Ⅲ 62 24—63 4

その時大いなるセツ*は遣わされた、四つの大いなる光によって、【63】アウトゲネース*とプレーローマ*全体の意志において、大（1）いなる見えざる霊*、五つの封印、プレーローマ全体の贈り物と賛成を通して。

使が出た。アエロシエールおよび【74】大いなるセルメルケル†1と一緒に。（彼らが）大いなる不滅の種族の、［その］果実の、大いなるセツ*に属する大いなる人間たちの守護者である。［アレーテイア］とテミッサの時間と時［ ±3 から］これらのアイオーンとそのアルコ［ーン］*たちの、［また］大いなる［審判者］たちが死［へ］と判決した［人々の終］りまでの。

Ⅳ 74 9—17

その時、［大いなるセツ］*は遣わ［された］、［四人の］大いなるフォーステ［ール］*［によって］、アウトゲネ［ース*と彼らの］プレーローマ*全体の意志［において］、大いなる見えざる霊*、五つの封印、プ［レー］ローマ全体［の］贈り物と賛成［において］。

---

§44 （Ⅳ）（1）　悪魔（＝自分自身）またはセツを指す。

§46 †1　アエロシエールは直前の「大気的な（天使）」という形容詞のギリシア語原語「アエロシオス」からの造語か。「セルメ（ル）ケル」はブルース写本所収の無題のグノーシス文書において「セルメルケ」という名で言及される。

§47 （Ⅲ）（1）　写本の読みは「神」。

§48　セツの到来と救済活動

III 63 4—23

彼は先に述べた†1三つの到来を通り抜けた。（すなわち）洪水、大火災、アルコーン*たちと諸力*と諸権威*の裁きを。迷わされた彼女（種族）を救うために。世の和解によって、（そして）洗礼*によって、（すなわち）大いなるセツ*が、聖なる者たちが聖霊を通して生まれるために、処女によって自らのためにひそかに準備しておいた、ロゴス*によって生まれた体を通して（行なわれる洗礼によって）、（そして）隠された見えざるシンボルによって、（そして）世と世の和解によって、（そして）世と十三のアイオーン*の神との拒否によって、（また）聖なる者たちと言い表せない者たち、不滅のふところ、（そして）プロノイア*と共に最初に存在した父の大いなる光に呼び掛けることによって。

§49　セツの救済活動（つづき）

III 63 23—64 9

そして彼は彼女を通して天を超越する聖なる洗礼*を定めた、不滅の、【64】ロゴス*から生まれた者、活けるイエス、大いなるセツ*が着た†1者を通して。そして彼は十三のアイオーン*の諸力*を釘付けにし、導き入れられる者たちと追い

IV 74 17—75 11

（1）彼は先に述べた†1三つの到来を通り抜けた。（すなわち）洪水、大火［災］、アルコーン*たちと諸権威*と諸力*による裁きを。迷わされた彼女（種族）を救うために。世の［和解］（2）によって、（そして）体の［洗］礼*によって、（すなわち）大いなるセツ*が、［聖なる］者たちを聖［霊］によって再び生むために、処女によって［ひそか］に準備しておいた言葉によって生まれた［者］を通して（行われる洗礼）によって、（そして）見えざる、隠されたシンボルによって、【75】（そして）世と世の和解（3）によって、（そして）世と十三のアイオーン*の神との拒否によって、（また）聖なる者たち、言い表せない者たち、（そして）プロノイア*において［先に］存在した大いなる光の不滅のふところとによる呼び掛けによって。

IV 75 11—24

そして彼は、彼女を通して聖なる者と諸天を超越する洗礼*とを定めた、聖なる者、不滅の者、活ける言葉によって生まれたイエス、すなわち大いなるセツ*が着た†1者を通して。そして彼は、彼を通して十三のアイオーン*の諸力*を釘

出される者たちとを彼によって定めた。彼らを彼はこの真理の知識*の武器で、打ち破られることのない不滅の力で武装させた。

§50 随伴者の出現

III **64** 9—**65** 26

彼らの前に10大いなる随伴者イエッセウス・マザレウス・イエッセデケウス[†1]、(すなわち)活ける水[†2]が現れた。(また)大いなる将軍たち、(すなわち)大いなるヤコボス、テオペンプトス[†3]、イサウェールが、15(また)真理の泉を司る者たち、(すなわち)ミケウス、ミカル、ムネーシヌース[†4]が、(また)活ける者たちの洗礼*を司る者が、(また)浄める者たちが、(また)セセンゲンファランゲース[†5]が、(また)水

付けにし、20空しくした。彼らは導き入れられ、連れ出される。そして彼らは、真理の知識*の武器で、打ち破られることのない不滅の力で、武装される。

IV **75** 24—**77** 20

そして彼らは私の前に25大いなる随伴者たちを現し[た]。(すなわち)イエセウス・マサレウス・イエッセデケウス[†1]、活ける水[†2]を、(また)大いなる将[軍]たち、大いなるヤコブ、テオペ[ンプトス][†3]、【76】イサウェールを、(また)恵みを司る者メー[± 3]エールを、(また)真理の泉を司る者たち、ミケウス、ミカル、ムネーシヌース[†4]を、(また)5活ける者たちの洗礼*を司る者、(すなわち)浄める者セセンゲン

---

§48

†1 §43参照。

〔IV〕(1) 写本の読みは「彼女」。

(2) あるいは、「世[を殺すこと]」と補うべきかもしれない(次注参照)。

(3) あるいは、「世によって(または、世に対して)世を殺すこと」という意味かもしれない(前注参照)。

§49

†1 歴史上のイエスはセツの見掛け上の出現形態、いわばセツが「着た」衣服に過ぎなかったと見なされている。いわゆる「仮現論」の一種。

§50

†1 アダ黙**85** 30以下、ゾス**47** 5参照。

†2 ゾス**47** 5以下参照。

†3 「神から遣わされた者」の意。ゾス**47** 16以下参照。

†4 アダ黙**84** 5以下、三プロ**48** 18以下参照。

†5 ゾス**6** 11以下には「バルファランゲース」、ミケウスとミカル、セルダオーとエレノスが続けて登場する。なお写

の門を司る者たち、(すなわち)ミケウスとミカルが、(また)セルダオーとエライノスの山を司る者たちが、(また)大いなるセツ*の不滅の、力ある人々の大いなる種族を受け取る者たち、(すなわち)四つの光の補助者たち、大いなるガマリエール、大いなるガブリエール、大いなるサンブロー、大いなる【65】アブラサクス*が、(また)太陽が昇る道を司る者たち、(すなわち)オルセース、ヒュプネウス、ヘウリュマイウース†6が、(また)永遠の生命の休息への道を司る者たち、(すなわち)支配者(プリュタニス)ミクサンテールとミカノールが、(また)選ばれた者たち†7の魂*を保護する者たち、(すなわち)アクラマスとストレンプシューコス†8が、(また)大いなる力ヘーリ・ヘーリ・マカル・マカル・セート(セツ)が、(また)大いなる、見えざる、呼ばれざる、名付け得ざる、処女なる霊が、(また)沈黙が、(また)大いなる光ハルモゼール、(すなわち)真理の活ける神アウトゲネース*の、(そして)彼と一緒にいる者、(すなわち)不滅の人間アダマス*の場所†9が、(また)第二のオロヤエール、(すなわち)大いなるセツの、(そして)イエス、(すなわち)生命の者、来て律法の中にあるものを十字架につけた者の場所が、(また)第三のダウィテ、大いなるセツの子らの場所が、(また)第四のエーレレート*、子らの魂

バルファランゲース†5を、(また)生命の水の門を司る者たち、ミセウス、ミカルを、(また)上昇を司る者たち、セルダオーとエレノスを、(また)大いなるセツ*の聖なる種族と不滅の力ある人間たちとを受け取る者たちを、(また)四人の大いなるフォーステール*[の]補助者たち、大いなるガマリエール、大いなるガブリエール、大いなるサンブロー、大いなるアブラサクス*を、(また)太陽の昇る道を司る者たち、オルセース、ヒュムネオス、エウ[リ]ュ[メウース]†6を、(また)永遠の生命の休息への入り口を司る者たち、フリタニス、ミクサン[テー]ル、ミカノールを、(また)殺された魂†7*の[番人]たち、【77】アクラマス、ストレンプシューコ[ス]†8を、(また)大いなる力[テルマ]カエー[ル]・テルマカエール・エーリ・エーリ・マカル・マカル・セート(セツ)を、(また)大いなる、見えざる、不滅の、名付け得ない者、すなわち霊*と沈黙の内なる者を、(また)大いなるフォーステール*、アルモゼール、(すなわち)活けるアウトゲ[ネース]*と不滅の人間アダマス*と一緒に真理の神とがいる[場所]†9を、(また)オロヤエール、大いなるセツと生命の[イエス]、すなわち、来て律法の下にあるものを十字架につけた者とがいる場所を、(また)第三のダ[ウィテ]、大いなるセツの子らが憩う[場所]を、(また)[第]四

が憩う場所が、（また）第五のヨーエール（1）、（すなわち）天を超越する聖なる不滅の洗礼において洗礼を授けることができる者の名を司る者が（現れた）。

§51 救済の約束

Ⅲ **65** 26—**66** 8

しかし今から、【**66**】不滅の人間ポイマエール†1を通して、また呼びかけに、分離に、泉の洗礼*における五つの（1）封印にふさわしい者たちを通して、彼らは自分たちの受け手†2を教えられている通りに知り、そして彼ら（受け手たち）によ

本Ⅲでミケウスとミカルが山の名とされているのは翻訳ないし伝承の誤りであろう。

†6　オルセースとヘウリュマイウースについてはゾス**47** 17以下参照。ヒュプネウス（写本Ⅲ）とヒュムネオス（写本Ⅳ）は、どちらかが伝承の誤りだろうと思われるが、他文書に例がなく、またどちらも意味ありげなので（前者はギリシア語「ヒュプノス」＝「眠り」、後者はギリシア語「ヒュムノス」＝「賛歌」に由来するように見える）、どちらにも決めかねる。

†7　同一のギリシア語の異なる解釈だと思われるが、写本Ⅲの訳の方が意味的に自然であろう。

†8　ゾス**47** 3参照。

†9　四人のフォーステール（のアイオーン）のそれぞれに属する存在については、ヨハ・アポ§24—25参照。

のエーレーレート*、［　　　場］所［　　　］……（1）

Ⅳ **78** 1—10

【**78**】［　　　］彼、すなわち［聖なる不］滅のピマエール†1を通して、［また］分離［の］洗礼と*［彼らの］洗礼による言い表せない封印とにふさわしい者たちを通して、彼らは自分たちの受け手†2を［教えられていた］通りに知った†3、彼ら

（Ⅲ）（1）　なぜヨーエールがここで四人のフォーステールと並んで五番目と数えられるのか不明。本文書で語られたのとは別伝承に由来するのであろう。ここで言われている「洗礼を授ける者」が誰のことなのかも不詳（洗礼者ヨハネか）。

（Ⅳ）（1）　第21行以下は欠損。

§51

†1　ギリシア語の「ポイメーン」（牧者）と関係のある名称か。ヘルメス文書に登場する啓示者「ポイマンドレース」との関連も考えられる。

†2　ギリシア語の「パラレーンプトール」、救われた人間を天において迎え受け取る存在。§50（Ⅲ**64** 22、Ⅳ**76** 12）参照。

†3　Ⅰコリ一三12参照。

†4　ヨハ八52、トマ福・語録一参照。

って知られるであろう。[†3] 彼らは決して死を味わうことがないであろう。[†4]

［を通して］知ることによって。そして彼らは決して死を［味わう］ことがないであろう。[†4]

§52　賛美（洗礼式文）一

III 66 8—22

iē ieus ēō ou ēō ōua

真に、真に、イエッセウス・マザレウス・イエッセデケウスよ、活ける水よ、子供の子供よ、栄光の名よ。

真に、真に、(真に)存在するアイオーン*よ、

i　i　i　i

ē　ē　ē　ē

e　e　e　e

o　o　o　o

y　y　y　y

ō　ō　ō　ō

aaaa《a》

真の真に、ēi aaaa ōōōō,(真に)存在し、諸アイオーンを見る者よ。

真の真に、

a

IV 78 10—19、79 1—3

イエッセオス［oē］ō ēouō ōua,

真に、真に、イエッセオス・マサレオス・［イエッセ］デケオスよ、活ける水よ、子供の［子供］よ、すべての［栄光の］名よ。

真に、［真に、］永遠なる者よ、

i　i　i　i

［ē］ē　ē　ē

e　e　e　e

o　o　o　o

［yy］y［y］

ō　ō　ō　ō

a　a　a　a

［真に、真に］、oē［i aaaa］………(1)

e e
ē ē ē
i i i i
yyyyyy
ōōōōōōō(1)
永遠に存在する者よ。
真の真に、iēa aiō, 心において、存在する yaei eisaei
eioei eiosei†1

【79】永遠[に]、[心]の中にある[　　　　]永遠の者よ、y
[aei eisaei] e[io] eiei ose[i]†1

§53 賛美(洗礼式文)二

Ⅲ 66 22—68 1

汝のこの大いなる名が私の上にある。自ら生まれた完全

Ⅳ 79 3—80 15(1)

[この大いなる名が……]部[分……](2) [自]ら生まれ、

〔Ⅲ〕(1) または、「泉の洗礼における五つの封印による分離に」。

§52

†1 yaei eisaei はギリシア語で「永遠に永遠の子よ」([h]y[ie] aei eis aei)、eioei eiosei は「汝は汝がそれであるところのもの、汝は汝がそれであるところの者(ei[h]o ei, ei [h]os ei = You are what you are, you are who you are.)」と解釈できる。後者は出三14の変形であろう。

〔Ⅲ〕(1) aが一回、eが二回、ēが三回、iが四回、yが六回、ōが八回繰り返されている。iとyの間にoが五回入り、ōの数が七回だったらギリシア語のアルファベットの全母音(しかも正しい順序)のピラミッドができる。原本ではそうだったのかもしれない。しかし写本のままで正しいのかもしれない。

〔Ⅳ〕(1) 第20行以下は欠損。

§53

†1 儀式の際の身体的動作と関係するか。

〔Ⅳ〕(1) この段落は保存状態が非常に悪く、欠損部分の割合は、復元されている部分も含めて、全体の四分の三ほどにのぼる。欠損文字数の細かい表示はほとんど不可能。

（2) 直前の[……]と合わせて一行分の欠損。

なる者、私の外にあるのではない者よ。私は汝を見る、誰にも見ることのできない者よ。なぜなら、誰が汝を他の言葉で理解することができるだろうか。【67】汝を認識*した今、私は自らを変わらざる者と混ぜた。私は光の武具で武装した。私は光となった。なぜなら、恵みの見事な美しさのゆえに、母がこの場所にいたからである。そのため私は握っていた両手を広げた†1。私は私のふところにある光の富の円においてかたちづくられた。これ(この光)は、数多くの生み出された者に、非の打ちどころのない光においてかたちを与える。私は汝の栄光を真に言い表そう。なぜなら私は汝を理解*したのだから。sou ēis ide aeiō ois. おお、アイオーン*、アイオーン、沈黙の神よ、私は汝のすべてを賞め讃える。汝はわが憩いの場所、子よ、ēs ēs o e, かたちのない者たちの中にある、かたちのない者よ。人間を起こし、彼において私を、汝の不滅の名に従って、汝の生命へと浄める者よ。それゆえ生命の芳香が私の内にある。私はそれを水に混ぜた、すべてのアルコーン*たちの範型に従って。それによって私が汝と共に、聖なる者たちの平和の内に生きるために。永遠に、【68】真に、真に、存在する者よ。

自らを支⌈配する完⌉全なる者、⌈私⌉以外には見え⌈ない⌉者、⌈誰にも⌉見えない者よ。なぜなら、誰が⌈汝を⌉声と賛美⌈において⌉理解するだろうか。私は、⌈汝を認識*したので、汝の⌉不動性⌈と⌉混ざり合い、⌈武装した⌉。私は恵みと⌈光の武具を⌉身につけた。⌈私は光となった。⌉そして⌈それ⌉のゆえに⌈私は握っていた⌉両手を⌈広げた†1⌉。そして⌈私は⌉かたち⌈づくられた　　⌉⌈　　⌉を取り巻く⌈富の⌉覆い⌈　　⌉母⌈胎　　⌉似像*において⌈　　⌉⌈　　⌉真に⌈　　私は⌉汝を⌈理解したのだから⌉、⌈　　⌉する者のイエス、ēee aiee ois, ⌈おお、　　⌉【80】⌈　　⌉聖なる⌈　　⌉。⌈沈黙　　の⌉神よ、⌈　　⌉汝は⌈　　⌉子の憩い⌈　　⌉にある⌈る　　⌉⌈　　⌉場⌈所　　⌉人間、汝は⌈私を彼において⌉、汝の生命へと⌈浄めた⌉、⌈汝の⌉不滅の⌈名によって⌉。⌈それゆえ生命の芳香⌉がその内に⌈あ⌉る。それは⌈すべての⌉アルコーン*たちの洗礼*の⌈水⌉と混ざった。⌈それによって私が⌉汝と一緒に聖⌈なる者たちの平和の⌉内に生きる⌈ために⌉。永遠の⌈者⌉、真に、⌈真に存在する者よ⌉。

§54 後記一

III 68 1–9

この書物は、大いなるセツ*がこれを記し、太陽がその上に昇ったことがなく、また(それは)不可能な、高い山々の中に置いた。そして預言者たち、使徒たち、宣教者たちの日々以来、その名は彼らの心に上ったことがなく、また(それは)不可能だった。そして彼らの耳はそれを聞いたことがない。

IV 80 15–25

〔この書〕物は、〔大いなるセツ*が〕これを記し、〔太陽がその上に昇ら〕ず、また〔……〕ない〔……〕(1)、高い〔山の〕上に置いた。そして〔預〕言者〔たち ±10 〕使徒〔たちの日々以来……〕出〔……(2)そして彼らの〕耳〔は〕それ〔を聞いたことがない〕。

§55 後記二

III 68 10–69 5

大いなるセツ*がこの書物を百三十年(1)かけて書き記し、カラクシオーと呼ばれる山の中に置いた。時間と時代の終りに、神的なアウトゲネース*とプレーローマ*全体の意志に従って、跡を追えない、考えることのできない父の意志の贈り物を通してこれ(この書物)が出、大いなる救い主

IV 80 26–81 2

大いなるセツ*が〔この書物を〕【81】書き記し(1)〔た ±10 〕。彼は〔それを 〕置いた〔 〕……

---

§54

〔IV〕(1) 直前の〔……〕と合わせて約一行分の欠損。

(2) 直前の〔……〕と合わせて約二行半分の欠損。

§55

〔III〕(1) 創五3に、アダムは「百三十歳になったとき」セツをもうけた、とある。すなわちセツはこの世の創造からこの世に自分自身が出て来るまでの期間にこの書を記しておいた、ということであろう。

〔IV〕(1) 第3行以下は欠損。

のこの不滅の聖なる種族を、愛の内に彼らと共に住む人々を、大いなる、見えざる、永遠の霊*を、彼の独り子（モノゲネース）なる子*を、永遠の光を、【69】彼の大いなる不滅の伴侶を、不滅の知恵（ソフィア）*を、バルベーロン*を、永遠の内にあるプレーローマ全体を啓示するようにと。アーメン。

§56　写字生による後記

Ⅲ 69 6—17

エジプト人の福音書。神によって書かれた、聖なる、隠された書物。「恵み」、「理解」、「知覚」、「思慮」[1]が、これを書写した者、（すなわち）霊において愛されたエウグノーストス——肉*における私の名はゴンゲッソス——と共に、また不滅の内にある私の仲間の光と共にあるように。イエス・キリスト、神の子、救い主、ichthys[2]よ。神によって書かれた聖なる書、大いなる見えざる霊*について。アーメン。

§57　表題

Ⅲ 69 18—20

大いなる見えざる霊*の聖なる書。アーメン。

§56

〔Ⅲ〕（1） §25参照。

（2） 「魚」を意味するギリシア語の単語であるが、「イエス・キリスト、神の子、救い主」をギリシア語で書いて各単語の頭文字を並べるとこうなるので、キリスト教の象徴として用いられた。

真理の福音

荒井献訳

内容構成

説教で言及される主な観念

1　真理（§1、2、3、6、15、19、27、30、38、39）＝「父」によって啓示される人間存在の根元（§1、2、3、6「イエスが教えた道」、15、19「父の口」、27、30「光」、38「彼ら」＝「父の子ら」、

39)。

2 真理の父、万物の父　＝神的領域「プレーローマ」の中の至高神。「一者」(§17、18)、「善なる者」(§31、38、39)とも呼ばれる。

3 思考(§1、32他)、叡知(§1、32他)、深淵(§24、29、36)、聖なる霊(§17、19)、霊(§23、25)、息(§30、31)　＝至高神の属性の一つ、とくに「霊」または「息」は人間に働く救済原理。

4 プレーローマ(§1、28、30、36、37)　＝父と父に由来する万物・アイオーン・流出が充満する神的領域。

5 言葉(§1、16、18、30、32)　＝父の属性の一つであるが、人格化されて「救い主」(§1)あるいは「イエス」(§16)と同定される場合がある。

6 万物(§2、8、9、10、11、12、16、39)　＝父に由来し、プレーローマに充満している霊的存在で、「アイオーン」(§8、15、17、19、34)や「流出」(§14、20、37)と同じ存在と思われるが、同時に父を欠いている人間の欠落態をも意味している。

7 プラネー(§2、3、4、5、7、14、18、25、27、29)　＝父に対する「無知」に由来する「迷い」の人格化された存在。「つくり物」(被造物)の形成者で人間を罪に陥れ、イエスを十字架にかける。

8 忘却(§3、4、5)　＝プラネーに由来する、「認識」の反対概念。

9 認識・知識(§5、8、9、10、13、15、16、17、18、22、23、25、26、27、32)　＝人間は本来自己(「自己に属するもの」「自分のもの」§12、13)の根元としての「父」を認識することによって救済される。

10 イエス(§10、11、16)・キリスト(§31)　＝父の「言葉」あるいは「子」(§23、24)あるいは「名」(§34、35、36)として父のもとにあり、「身体」(§16)をとって、または「肉体のかたちをもって」(§24)地上に来臨し、プラネーによって「木」にかけられるが「父の知識の果実」となり(§7)、こうして彼の死が多くの人々のための命となった(§10、11)。

11 活ける者の活ける書(§10、12、15)　＝命(救い)に与るべき者の「啓示」のメタファー。この書を取って啓示する唯一の存在が「父の子」イエス。

12 啓示する、顕す(§5、10、12、15、17、19、20、23、30)　＝父のもとにある存在(救いの可能性)が顕されること。

§1 序言

【16】真理の福音(1)は、真理の父(2)から恵みを受けた者たちにとって喜びである。(恵みを受けたのは彼らが)プレーローマ*から来た言葉(3)*の力によって彼(父)を知るためである。それ(言葉)は父の思考と叡知(4)の内にあり、人々がそれに向かってソーテール(救い主)と呼びかけるものである(5)。それは、父を知らなかった者たちの救いのために彼がな

(1) 本文書の「書き出しの言葉」(incipit)。本文書のタイトルか(詳しくは巻末の本文書解説参照)。「福音」の用法はエフェ一13の場合に類似。

(2) アルコ§1参照。ヴァレンティノス派で多用――エイレナイオス『反駁』I, 15, 2; 20, 2-3など。

(3) 啓示の言葉か啓示者そのもの。後の文脈から見て、おそらく後者。ヨハ一1参照。

(4) ヴァレンティノス(プトレマイオス)派によれば、プロパトール(原父)とエンノイア(思考)からヌース(叡知)とアレーテイア(真理)が生まれ、これがプレーローマにおいて原初的「テトラクテュス」(四つのもの)を形成している(エイレナイオス『反駁』I, 1, 1(本シリーズ第一巻『救済神話』所収、「プトレマイオスの教説」二一〇―二一一頁)参照)。しかし、ここでは「思考」と「叡知」は「父」の属性。

(5) ヴァレンティノス(プトレマイオス)派において「救い主」(ソーテール)は「全プレーローマの実」と言われ、「肉となったロゴス」(ヨハ一1-14)と同定されている(エイレナ

すべき業《わざ》の名[1]だからである。【17】福音［の］名は希望の告知[2]であり、彼を求める者たちにとって発見[3]である。

第Ⅰ部　無知と啓示

一　プラネー（迷い）の支配

§2　無知に由来するプラネー

万物[4]*は彼らがそこから出たものを求めていた――そして彼らは把握し得ざる者、考え得ざる者[5]、あらゆる思考に勝る者の内にあった――ので、父に対する無知が不安と恐怖となった[6]。そして不安が霧のように濃くなったために、誰も見ることができなかった。それゆえに、プラネー（迷い）が力を得た[7]。彼女は自分の物質*に働きかけたが[8]、真理を知らなかったので、虚しかった[9]。彼女はつくり物*に取りかかり、力をもって美しく真理の代替物を作成した。

§3　プラネーは父にとって屈辱ではない

しかしこれは、把握し得ざる者、考え得ざる者にとって屈辱ではなかった。なぜなら、不安と忘却[10]と偽りのつくり物*は空虚であり、他方確立した真理は不変、不動、美の極致だからである。だから、プラネー（迷い）を蔑視しなさい。

§4　プラネーは霧の中

このように、彼女はそこに根を持たない。彼女は父について霧の中にあった。彼女は(そこに)いて、業《わざ》と忘却と恐怖を生み出した。これらによって中間(の場所)*にいる者ども(11)を誘惑し、とりこにする(12)ためである。

イオス『反駁』I, 8, 5(第一巻『救済神話』二四九頁)参照)。

(1)「ソーテール」(救い主)という名は「救い」(コプト語で「ソーテ」、ギリシア語で「ソーテリア」)という「彼がなすべき業」に由来か。

(2)「福音」はギリシア語で「エウアンゲリオン」。「告知」はギリシア語で「アナンゲリア」。語呂合わせか。

(3)箴八17、マタ七7、ルカ一一9、トマ福・語録二など参照。

(4)原語はptērif。男性(または中性)・単数形。これを受ける動詞は——多くの場合——複数形をとるので、集合名詞。他の文書と合わせるためもあって「万物」と訳したが、本文書では多義的に用いられている。父に由来しプレーローマに充満する霊的存在(「アイオーン」とほぼ同義——§8参照)、あるいはこれに象徴される人間を含むすべての被造物の全体など。ヴァレンティノス派に特徴的用語(三部教§2ほか多数。エイレナイオス『反駁』I, 14, 1など)。

(5)父の特性を表わす否定的形容詞の名詞化(§3、8参照)。ヴァレンティノス派の場合、エイレナイオス『反駁』I, 2, 1, 2, 5(第一巻『救済神話』二一三頁、二一六頁); 15, 5, 三部教§5、§6など。

(6)ヴァレンティノス派の場合、「不安」「恐怖」などの否定的に評価される感情は、総じて「無知」に由来する。エイレナイオス『反駁』I, 2, 2(ソフィアの場合、第一巻『救済神話』二一四頁)、三部教§25(ロゴスの場合)。

(7)「プラネー」はギリシア語で「迷い」の意。本文書では父に対する「無知」に由来する宇宙的力、あるいは人間の内なる否定的力(§25、27)としてキーワードの一つとなっている。プラネーは、ヴァレンティノス派の救済神話では「ソフィア」に類似し(エイレナイオス『反駁』I, 2, 2-6(第一巻『救済神話』二一四—二一八頁))、実際に「ソフィア」と「プラネー」が結びつけられている箇所も見いだされる(『反駁』I, 8, 4(同書二四六頁))。

(8)「自分の物質」とはプラネーに由来する物質のことであろうか。もしそうだとすれば、ここでもプラネーはヴァレンティノス(プトレマイオス)派の神話におけるソフィアとその機能において並行する。ここでソフィアのパトス

§5　プラネーは父に由来せず

プラネーの忘却は啓示されなかった。【18】それは父のもとにある［　±4　］ではない。忘却は、たとえ彼（父）のゆえに存在したとしても、父のもとに存在しなかった。それに対して、彼の内に存在するものは認識*である。それは、忘却が消失し、父が知られるために啓示されたのである。忘却は、父が知られなかったので、存在したのであるから、忘却は、父が知られれば、その時点から、存在しないであろう。

二　啓示者の来臨

§6　イエスによる啓示

これが、（人々によって）求められる者（イエス・キリスト）の福音である。これが完全なる者たち*に啓示〈され〉た。父の憐れみ[1]、隠された秘義[2]、イエス・キリストによって。彼は、忘却によって暗闇にある人々を照らした。彼は彼らを照らした。彼は（彼らに）道を与えた。この道が、彼が彼らに教えた真理なのである[3]。

§7　啓示と迫害

それゆえに、プラネーは彼に対して怒り、彼を迫害し、彼を圧迫し、彼を滅ぼした。彼は木に釘づけにされ[4]、父の知識*の果実[5]となった。しかしそれは、食べられたから、滅びをもたらすこと[6]はなかった。むしろそれは、それを食べた人々に発見によって喜ぶ（機会を）与えた[7]。彼は彼らを自らの内に発見し、彼らは彼を自らの内に発見したのである[8]。

§8 妬まざる父

把握し得ざる者、考え得ざる者、父は完全なる者であり*、万物*を生んだ方である。35 万物は彼の内にあり、万物は彼を欠いている。彼は彼らの完成を自らの内に保留し、それを万物に与えなかったからである。父は妬む者では(9)

(情熱、受苦)から「物質的存在」が起こり、それからこの世が起こったと言われている(エイレナイオス『反駁』I, 4, 2; 5, 4〔第一巻『救済神話』二二五—二三一頁〕)。

(9) コプト語の hinn oupetshoueit は、ここで副詞的に用いられている(「虚しく」)。これを「空虚(な場所)の中に」と訳して(ティルによる校訂本。以下、ティルと略記。巻末の本文書解説七章参照)、ここ——およびこの後の文脈——にヴァレンティノス派のソフィア神話(エイレナイオス『反駁』I, 4, 1; 5, 1-5〔第一巻『救済神話』二二三—二二四、二三三頁〕)との並行を見いだそうとする見解(メナールによる校訂本ほか。以下、メナールと略記。本文書解説七章参照)は、少なくとも言語的には無理と思われる(Arai, 55——本文書解説三七二頁の文献参照)。但し、プラネーにソフィア神話が反映している可能性はある。

(10) 「忘却」は認識(グノーシス)不可能性、「父」あるいは「真理」の反対概念(§5参照)。ヨハ・アポ§69、Ⅲ§58をも参照。

(11) ヴァレンティノス派の宇宙論では、プレーローマ界と物質界の「中間の場所」にいる人々。それに対応する人間論では、「霊的な人々」と「物質(または泥)的な人々」の「中間になる者」を意味し、いずれも「生魂的なもの」と呼ばれる(エイレナイオス『反駁』I, 5, 1, 5; 6, 1; 8, 3〔第一巻『救済神話』二二八—二二九、二三二、二三四、二四四—二四五頁〕)。三部教§36、44、52、64、65をも参照。但し、この概念はヴァレンティノス派に限定されてはおらず、『ソロモンの頌歌』二二2、『ピスティス・ソフィア』七にも見いだされる。

(12) ギリシア語で aichmalōtizein. エイレナイオス『反駁』I, 3, 5〔第一巻『救済神話』二二二頁〕、ロマ七23参照。

---

(1) ルカ一78参照。

(2) コロ一16、二2参照。

(3) マコ三14、ヨハ一四6参照。

(4) 同様の表現については、使一〇39、エイレナイオス『反駁』I, 14, 6(マルコス派)参照。イエスが天的「支配者たち」によって十字架につけられたという表象については、なかった。一体どのような妬みが彼とその肢体の間にあるだろうか。【19】というのは、もしこのアイオーン*が彼らの[完成を受け]取っていたなら、彼らは父[のもとに]来ることはできなかったであろうからである。彼は彼らの完成を自らの内に保留している。彼はそれを彼らに、彼への帰還として、完全に唯一の知識*として与えるのだ。彼は、万物を生んだ方であり、万物は彼の内にあり、万物は彼を欠いていた。

§9　教師イエス

ある人に対して無知な人々がいる場合、その人は彼らが自分を知ること、そして自分を愛することを望むものである。そのように、万物*が欠いていたものは、父についての知識*以外に一体何であろうか。彼は静かで気長な道案内(1)となった。彼は教場に現れた。彼は教師として言葉を語った(2)。自分の心の中だけで賢いと思っている者たち(3)が、彼を試みるために(4)やって来た。しかし、彼は彼らを恥入らせた。彼らは虚しかったからである。彼らは本当に賢くはなかったので、彼を憎んだ。

三　書物としての啓示

§10　活ける書の啓示

これらのすべての人々の後に、小さな子供たちも彼のもとにやって来た。父の知識*は彼らのものである(5)。彼らは堅《かた》くされた(6)後に、父の顔形を学んだ(7)。彼らは知り、知られた(8)。彼らは栄光を受け、栄光を帰した(9)。彼らの心の中に活ける者たちの活ける書(10)が啓示された。それは【20】父[の]思考と叡知の中に書かれており、万物*の初め以前(11)

から彼の把握不可能性(12)の内にあった。これは誰も手に取ることができなかったものである。(13) [5]なぜならそれは、それを手に取り屠られるであろう者(14)に保留されているのだから。あの書が顕れなかったならば、救いを信じた者の誰もが顕されなかったであろう。[10]それゆえに、憐れみ深い、忠実な人イエス(15)は、あの書を手に取るまで、耐え忍び、苦難を受けた。彼は自分の死が多くの人々のための命であることを知っているからである。(16)

Ⅰコリ二8、エイレナイオス『反駁』I, 30, 13(オフィス派あるいはセツ派)参照。

(5) 創二9、17「善悪の知識の木」、三3「園の木の果実」参照。

(6) 創二17「食べると必ず死んでしまう」参照。

(7) 創三4-5の蛇の言葉参照。人に滅びをもたらすエデンの園の木の実と、人に知識(グノーシス)・発見・命をもたらすゴルゴタの木(十字架)の実(イエス・キリスト)の逆対応。

(8) ヨハ一七21参照。

(9) 出三〇5参照。

- - - - - - - - - -

(1) ロマ二19、『トマス行伝』一〇、『ヨハネ行伝』二七参照。

(2) ルカ二46を示唆するか。「神殿」を「教場」(ギリシア語では paideutērion)に、「学者」を「教師」(コプト語で saf. 文字通りには「書記」の意)に替えたものか。

(3) マタ二一25/ルカ一〇21参照。

(4) マコ八11/マタ一六11、一九3、マコ一二15/マタ二二18、34/ルカ一〇25参照。

(5) マコ一〇14/マタ一九14/ルカ一八16参照、トマ福・語録二二をも参照。

(6) コプト語の tōk はギリシア語の sterizō「堅く据える、堅固にする、強める」に対応。後者には二世紀以後の教会で「堅信礼」(＝洗礼)用語として用いられた。グノーシス派の「堅信礼」を示唆するか。

(7) マタ一八10後半の言葉を示唆するか。マルコス派では入会者にこの言葉を告げたと言われる(エイレナイオス『反駁』I, 13, 3, 6)。Ⅰコリ一三12をも参照。

(8) ガラ四9参照。

(9) ヨハ一三31、ロマ八30参照。

(10) いわゆる「命の書」(終末の時に命に与るべく定められている人々の名簿)については、詩六九29、フィリ四3、黙三5、五2-9(「小巻物」)、一三8、二〇12、15、二一27、『トマス行伝』一一〇など参照。ここでは「活ける者たちの活ける書」は——イエス・キリストによる——命(救い)に与るべ

§11 遺言と命令としての書物

遺言[1]が開かれる以前に、死んだ家の主人の財産は隠されているように、万物*の場合も同様である。万物は、その父が見えないので、隠されている。彼(父)は自らに由来し、あらゆる場所*は彼に由来する。それゆえに、イエスが現れた。彼はあの書を身にまとった[2]。彼は木に釘づけにされた。彼は父の指令[3]を十字架に掲げた。おお、何という偉大な教えであろう。彼が自らを死に至るまで低めるとき[4]、彼に永遠の生命が着せられるとは[5]。彼は朽つべき襤褸を脱ぎ捨て、不滅性を着た[6]。それを誰も彼から取り去ることができない。彼は恐怖の虚しい場所[7]に入って行った後、忘却によって裸にされた人々のそばを通り過ぎた。彼は知識*と完成となり、[父の]心の中に【21】あることを告知した。教えを受けるであろう人々に[　±5　]教えるために。

§12 活ける者たちの書

しかし、教えを受けるであろう人々は活ける者たちの書の中に記されて[いる]。彼らが教えを受けるのは、自己自身についてである。(彼らは)それを父から受け、再び彼に向きを変える。万物*の完成は父の内にあるのだから、万物には彼のもとに昇る必要がある。だから、もし人が認識すれば、自分に属するもの[8]を受け入れ、それらを自分の方に引き寄せる。なぜなら、無知な者は欠けているからである。彼に欠けているものは大きい。彼を完成するであろうものを欠いているのだから。万物の完成は父の内にあり、万物には彼のもとに昇り行くことが必要であり、各自には自己に属するものを受けることが必要である。だから、彼は彼らを予め書き記しておいた[9]。彼に由来する人々にそれら(自己に属するもの)を与えるように準備して。

§13　父の指名——自己の認識

彼が予めその名を知っていた人々が、最後に呼ばれた[10]。だから、認識する人は、父がその名を口にした人なのだ。その名が呼ばれなかった人は、無知だからである。実際、もしその名が呼ばれなかったら、その人は誰に聞くことができようか[11]。なぜなら、最後まで無知である人は、忘却のつくり物であり[12]*、それ(忘却)と共に解体されるであろうから。もしそうでないなら、どうしてこの憐れむべき者どもに【22】名と(呼び)声がないのか。だから、もし人に認識*があるなら、その人は上からの者[13]である。もし彼が呼ばれるなら、彼は聞き、答え、彼を呼んでいる者へと向きを変え、彼のもとに昇って行く。そして、彼はどのようにして自分が呼ばれたかを知る。認識を得て、

き者の「啓示」のメタファーになっている。

(11)　エフェ一4参照。「命の書」との関わりでは黙一三8、一七8をも参照。

(12)　エイレナイオス『反駁』I, 2, 5(第一巻『救済神話』二一六頁)の to akatalēpton tou patros(「父の把握不可能性」)に当るか(メナール)。

(13)　黙五2-4参照。

(14)　黙五9、一三8参照。

(15)　ヘブ二17参照。

(16)　マコ一〇45、Ⅰテモ二6参照。

- - - - - - - - - -

(1)　ヘブ九15-17参照。

(2)　身にまとう「天的衣」のイメージ(Ⅱコリ五2参照)。

(3)　ギリシア語で diatagma。文脈から見て父の「遺言」としての「活ける書」に記されている「父の指令」。

(4)　フィリ二8参照。

(5)　ヨハ一二25参照。

(6)　Ⅰコリ一五53-54参照。

(7)　エフェ四9参照。

(8)　=自己自身。

(9)　ロマ八9参照。

(10)　イザ四三1、四五3、ロマ八29-30、ヨハ一〇3参照。

(11)　ロマ一〇14参照。

(12)　同じ表現がヒッポリュトス『全反駁』V, 7, 36(ナーハーシュ派)に見いだされる。

(13)　ヨハ三31、八23参照。

彼は自分を呼んだ者の意志を行ない[1]、彼の意に添うことを欲し[2]、安息*を受ける[3]。一人一人の名がその人に帰される。このようにして認識するであろう者は、自分がどこから来て、どこへ行くかを知る[4]。彼は、酔いしれていて、酔いから醒めた者のように、(自己を)知るのである。彼はおのれに帰って[5]、自分のものを整えたのである。

§14　プラネーからの連れ戻し

彼はプラネー(迷い)から多くの者どもを連れ戻した。彼は彼らに先立って彼らの場所に行った[6]。そこから彼らは(プラネーのもとに)移動して来ていたのである。彼らがプラネーを受け入れたのは深淵《バトス》のゆえである[7]。それは、自らを包むものが存在しないのですべての場所を包む者(父)[8]の深淵なのだ。彼らが、父を知らずに父の内にいたということ、そして彼らが、その内にいた者(父)を受け入れ、認識することができなかったので、(そのもとから)自分自身で出て来ることができたということは、実に驚くべきことであった。なぜなら、父の意志がこのように彼から出なかったのだから。彼が認識*として自らを啓示し、それによって彼のすべての流出[9]が結合するのだから。

§15　真理の文字——活ける書

これが活ける書の知識*である[10]。これを彼が【23】アイオーン*たちに、終りに、「彼の文字[11]」で啓示した。すなわちそれは、人がそれを読み、虚しいことを考えるような、音の文字(母音)でも音を欠く文字(子音)でもなく、それを認識する者だけが語る、真理の文字であることを啓示したのである。一つ一つの文字が、完全な書のように、完全な〈思考〉である。それらは一者なる父[12]によって書かれたからである。彼はそれらをアイオーンたちのために、文字によって彼らが父を知るように書いたのである。

§16 「言葉」賛歌(13)

父のソフィア*(知恵)が 20 言葉*を瞑想し、
彼(父)の教えがそれ(言葉)を語ると、

---

(1) ヨハ七17参照。
(2) Ⅱコリ五9参照。
(3) マタ一一29、『ヘブル人の福音書』三、四、オクシリンコス・パピルス六五四8—9参照。
(4) グノーシス主義の古典的定式。アレクサンドリアのクレメンス『抜粋』78, 2, エイレナイオス『反駁』I, 21, 5,『トマス行伝』一五、ヘルメス文書IV, 4にも同種の定式が見いだされる。
(5) ルカ一五7参照。
(6) 彼らが元来いた場所、つまり父のもと。
(7) ギリシア語でBathos(またはBythos). 多くの場合ヴァレンティノス派の神話で「父」の属性(エイレナイオス『反駁』I, 1, 1(第一巻『救済神話』二一〇頁); 11, 1; 21, 2)、あるいはその本質の形容(三部教**54** 21、**55** 26、**60** 18—22)として用いられる。
(8) 至高神の偉大さの形容句。フィロン『夢』I, 61-66、エイレナイオス『反駁』I, 15, 5(マルコス派), II, 31, 1(ヴァレンティノス派以外のすべてのグノーシス派)、復活**40** 39、三部教**53** 24参照。
(9) コプト語でtiēの複数形。この名詞は本文書(§18、§20、§37)以外ではほとんど用例がないので、正確な意味の決定が困難である。現在、一般的には(アトリッジ、マックリーも)emanations(流出)と訳される。訳者はかつてAbbilder(似像)と訳していたが(Arai, 61)、当時公刊されていなかった『三部の教え』(とくに**68** 1)との関連から再考して、ギリシア語のprobolē(流出)に対応し、父に由来する「万物」や「アイオーン」の別称と見る。
(10) ここで再び「活ける書」に言及されるが、§10—12とは別の方向に、すなわちこの書に記されている「文字」に関する教えに、議論が展開される。それは、人間が発音できる通常の文字ではなく、父を認識する者だけが語る「真理の文字」「完全な思考」である。霊的事柄の象徴としてのアルファベットの文字に関するヴァレンティノス派の思弁については、エイレナイオス『反駁』I, 14, 1-6(マルコス派)参照。ナグ・ハマディ文書では、マルサ**28** 1—**39** 25を見よ。

彼の知識*がそれを啓示した。
彼の栄誉がその上の冠、
彼の喜びがそれに和し、
彼の栄光がそれを高め、
彼の像*がそれを啓示し、
彼の安息*がそれを自らのもとに受けいれ、
彼の愛がその（言葉）中でからだとなり、
彼の信頼がそれを抱いた。
こうして、
父の言葉が万物*の中に出て行く、
【24】彼の心の果実として、
彼の意志《おもい》(1)の顔として。
言葉は万物を支え(2)、
彼らを選び、
万物の顔を受け入れ、
彼らを清め、
彼らを父へと、母(3)へと、帰らせる、
——限りなく甘美(4)なイエスが。

第II部　啓示の効果

四　結合をもたらす啓示

§17　欠乏を満し、一致を回復する啓示

父は自らの胸を開く。[5]――彼の胸が聖なる霊《プネウマ》である[6]――。彼は彼の隠されているものを啓示する。――彼の隠されているものは彼の子である――。こうして、父の憐れみにより、アイオーンたち*は彼を知り、父を探して労

---

(11)　訳者の復元(Arai, 97, n. 1)。これがその後一般的に採用されている(アトリッジも)。

(12)　ヴァレンティノス派では「一者」なる父を強調(エイレナイオス『反駁』I, 11, 3, 三部教**51** 8―9)。

(13)　§16は、一定のリズムを伴なった、「言葉」――としてのイエス――に対する賛歌になっている。

- - -

(1)　つまり、表現形態。

(2)　コロ一17参照。

(3)　「父」との関連で「母」に言及されるのは本文書でこの箇所のみ。前の文脈に出る「ソフィア」か、あるいは後の文脈(§17)に出る「聖霊」を指すか。ヴァレンティノス派の神話においては、「父」と共にアイオーンたちを生み出す「思考」(エイレナイオス『反駁』I, 1, 1〔第一巻『救済神話』二一〇頁〕)が母性的存在。また、ソフィア／アカモートが「母」と呼ばれている(『反駁』I, 5, 3〔第一巻『救済神話』二三〇頁〕)、他方、ヤコ・アポ(**6** 20)と『ヘブル人の福音書』六では、イエスの「母」が「聖霊」。

(4)　「甘美な」あるいは「甘美」はこの箇所以外(§25、28、36、37)では「父」への修飾語として用いられている。ギリシア語の glykytēs(甘い)は chrēstos(快い)と代替可能であり、さらに後者は christos と混同される場合が多いので、これがイエスへの形容詞として用いられたのかもしれない。「父」については§25の注(1)参照。

(5)　後の文脈から見ると、父の胸(＝聖霊)の中にあるものは「子」。ヨハ一18参照。

することを止め、それぞれの場所で彼のうちに安息し、これが安息*であることを知る。彼は欠乏*を満した後、姿かたち《スケーマ》(1)を解消した。——その姿かたちとは彼が仕えた世界《コスモス》(2)*である——。なぜなら、妬みと争いがある場所は欠乏であり、一致がある場所は完全だからである。欠乏が起こったのは、父が知られなかったためである。だから、父が知られれば、その瞬間から欠乏はもはや存在しないであろう。ある人の無知は、闇は光が現れれば消え去るように、その人が認識すれば直ちに消え去る。【25】そのように、欠乏も完全の中に消え去るのだ。この瞬間から姿かたちが見えなくなり、一者(父)との融合の中に消え去るであろう。今は彼らの業《わざ》(3)が同じく残されているのだ。(しかし)やがて一者が場所を満たすであろう。一者の内にそれぞれが自己を受け取るであろう。知識*の内に彼は自己を多様性から一者へと浄化するであろう。彼は物質《ヒューレー》*を炎のように呑み込むであろう。そして闇を光によって、死を命によって［呑み込むであろう］(4)。

§18 砕かれた器

そこで、もしこのことが私たち一人一人に起こったならば、私たちはとりわけ、家(5)が清いであろうか、一者のために安静であろうか、ということを考慮すべきである。それは、所々によくない器がある住居から引越しをした人のようなものである。彼らはそれら(よくない器)を打ち砕くであろう。そして、家の主人は被害を受けないであろう。むしろ〈彼は〉喜ぶであろう。悪い器の場所に完全で満されたもの(器)が(置かれるで)あろうから。これが【26】天から下された裁きである。それは一人一人を裁いた。それは、鞘から抜いた両刃の剣(6)で、両側で切る。語る者たちの心の中にある言葉が現れたとき、——それは音だけではなくからだとなった(7)——大いなる混乱が器たちの間に起こった。あるものは空《から》で、他のものは満されていた、すなわちあるものは備えられ、他のものは空《あ》けられ、あるものは清められ、他のものは砕かれていたからである。あらゆる場所が揺り動かされ、混乱した。そこには秩序も安定もなかったからである。プラネー（迷い）は苦悩した。何をすべきかを知らなかったので。彼女は心の中で困惑し、悲しみ、何も知らなかったので、やつれ果てた。認識*が彼女に近づいたとき、――これが彼女と彼女のすべての流出の滅亡である――プラネーは虚しい。何も彼女の内には存在しないからである。

§19 父と結びつける啓示

真理が現れた(8)。彼女のすべての流出がそれを知った。彼らは、真理と完全な力の内にあって父に挨拶（の口づけ）をした。それが彼らを父と結び付けたのである。なぜなら、真理を愛する者は誰でも――真理は父の口(9)であり、彼の舌は聖なる霊《プネウマ》であるから(10)――【27】真理と結ばれた者は、彼が聖なる霊を受けるときにはいつでも、彼（父）の舌によって父と結ばれるからである。これが父の啓示であり、彼のアイオーン*たちへの父の顕現なのだ

(6)「聖霊」については、§19、20、23参照。ヴァレンティノス派の神話では、ソフィア／アカモートが（エイレナイオス『反駁』I, 5, 3（第一巻『救済神話』二三〇頁））、あるいは父の「思考」が（『抜粋』一六）、それぞれ「聖霊」と呼ばれている。他方、ヨハ・アポII§13では、父の「思考」に当るバルベーローが「聖なる霊」。

(1) Iコリ七31、フィリ二7-8参照。
(2) マコ一〇45、フィリ二7-8参照。
(3) 文脈から判断して「欠乏」と「姿かたち」か。
(4) Iコリ一五54、IIコリ五4参照。
(5)「家」のイメージについては、ヴァレンティノス『断片』2（『絨毯』114, 3-6）参照。
(6) 黙三12、16、ヘブ四12参照。
(7) ヨハ一14参照。
(8) ヨハ一17参照。
(9) つまり言葉（ロゴス）を指すか。ヨハ一1、14参照。
(10) 使二3-4参照。

から。

五　存在に至らせる啓示

§20　かたちと名を与える啓示

彼は彼の隠されたものを啓示した。彼はそれを解明した。父以外に、存在する者は一体誰であろうか。すべての場所*は彼の流出[1]である。彼らは知った。すなわち、彼らは、完全なる人間[2]*に由来する子供のように、彼（父）に由来したことを。彼らは知った。すなわち、彼らはいまだかたちをも、その一つ一つを父が生んだ名をも受けていなかったことを。彼らは父の認識*によって、かたちを受けるとき、実際に彼の内にいるのに、彼らは彼を知ってはいない。しかし、父は完全である[3]。自らの内にあるすべての場所を知っているのだから。彼が望むなら、彼が望む者を啓示し、彼にかたちを与え、彼に名を与える[4]。そして、彼（父）は彼に名を与え、存在に至っていない者たちを存在に至らせる。彼らは自らを生んだ者（父）について無知である[5]。

§21　存在の根と実

ところで私は、いまだ存在に至っていない者たちが無である、とは言っていない。そうではなくて、彼らは彼（父）の内にある。彼が欲すれば、彼らは【28】来るべき時のように、存在に至るのだ。すべてのことが現れる前に、彼は自分が何を生み出すかを知っている。しかし、いまだ顕されていない果実は、何も知らず、何もしない。このように、それ自体が父の内にあるあらゆる場所*は、存在する者[6]に由来する。彼が、いまだ存在しないものからそれを立ち上げた者なのだ。なぜなら、根のない者は実もないからである。(7) 彼が自分について「私は存在するに至った」と考えても、彼は自ら滅びるであろう。それゆえに、全く存在しなかった者は、決して存在に至らないであろう。それなら、自分について、「私は影や夜の幻のように存在するに至った」と考えたがる者とは一体何者か。その人が受けた恐怖を光が照らすとき、彼は何も無かったこと知るのだ。

§22　夢と覚醒

このように、彼らは父に対して無知の内にあった。父を【29】彼らは見ていなかった。それ(無知の結果)は恐怖と混乱と不安定と二心と分裂であったので、これらによって働く多くの幻想と虚しい虚構があった。彼らは眠りに移され、混乱した夢の中にあったかのように。あるいは(それは)、彼らが逃げ行く場所であり、あるいは、他人を迫害した(果てに)無力となり、あるいは、殴り合いの中にあり、あるいは、自ら乱打を受け、あるいは、高い所から落ち、あるいは、翼がないのに空中に昇る。他の場合、人々は迫害する者がないのに彼らを殺すかのよ

(1)　コプト語で ti。「流出」を意味する tiē(§14の注(9)参照)の変化形と想定される。
(2)　「完全なる人間」は、グノーシス文書では一般的に至高神(父)を指すが、ここでは「原型アダム」(ヨハ・アポ§5、24、45、56)を指すか。
(3)　マタ五48参照。
(4)　『抜粋』31, 3(父に由来するアイオーンたちが、父の恵みによって「名とかたちと認識(グノーシス)」を受ける)参照。プトレマイオス派の神話でも、ソフィアは「存在において」のみならず(エイレナイオス『反駁』I, 4, 1〔第一巻『救済神話』二二一―二二三頁〕)、「グノーシスにおいて」「かたち」づくられる(『反駁』I, 4, 5〔同書二二七―二二八頁〕)。ヨハ・アポB§80をも参照。
(5)　§20全体については三部教§12、13参照。
(6)　出三14(七十人訳)参照。
(7)　マタ一三6/マコ四6/ルカ八6参照。

うにし、あるいは、自ら隣人を、彼らの血によって汚されたので殺すかのようにする。これらのすべてを通った者たちが目覚める時まで、彼らは何も見えない。彼らはこれらすべての混乱の直中にあった。これらそのものは何ものでもなかったのだ。無知を眠りのように、何ものでもないと見做して自らの外に棄て去る人々の場合も、同様である。彼らはその【30】働きをも現実のものと見做さず、夜の夢のように自らの背後に棄て去る。彼らは父の知識*を(朝の)光のように考える。誰でも、無知であった時に、眠っていた(時の)ように行なったことは、このようである。また彼が、目覚めた(時の)ように〈認識した〉場合も、同様である。また(それは)立ち帰って目覚めた人にとってよいことである。盲人の目を開いた人は幸いである[1]。

六　父への帰還をもたらす啓示

§23　子を啓示する霊

そして、霊*が彼を追いかけ、急ぎ来て、彼を起こそうとした。彼は地に倒れていた者に手を差し伸べた。彼はその者を足で立たせた。その者はいまだ起き上っていなかったので。彼は彼らに、父の認識*と子の啓示の可能性を与えた[2]。なぜなら、彼らが彼(子)を見、彼に聞くからである[3]。彼は彼らに彼(子)を食べさせ、彼を嗅がせ[4]、愛する[5]子を抱かせた。

§24　言葉を語る子

彼(子)は現れて、彼らに父——把握し得ざる者——について彼らに教えた[6]。彼は彼(父)の意志《おもい》を行ない[7]、彼らに心の中にあるものを吹き込んだ。(8)（こうして）多くの者が光を受けたとき、彼らは彼に向きを変えた。【31】なぜなら、物質*（の人々）は他所者《よそもの》で、彼の姿を見なかったし、(9)彼を知らなかったからである。彼は肉体*のかたちをもって(10)出て来たのだから。（しかし）何ものも彼の歩みを妨げなかった。朽ちざるものは捕え得ないものだから。(11)彼は父の心の中にあることについて語って以来、再び新しい事柄を語る。彼は欠乏*のない言葉をもたらしたのである。

§25　迷い出た者たちの道となった子

光がその口から語った。そして、彼の声が命を生んだ。(12)彼は彼らに思考と知恵と憐れみと救いと力の霊(13)を与え

（1）　マタ一一5／ルカ七22参照。
（2）　以上、創二7に基づく霊によるアダムの蘇生に関するグノーシス神話（アルコ§6、エイレナイオス『反駁』I, 30, 6, ヨハ・アポB§54—55、ヒッポリュトス『全反駁』V, 7, 6等）を背景とした、グノーシスの啓示による人間の覚醒について言及されていよう。
（3）　Iヨハ一1-3参照。
（4）　§7（十字架上のイエス＝命の果実）参照。
（5）　マタ三17／マコ一11／ルカ三22、IIペト一17等参照。
（6）　§9（教師イエス）参照。
（7）　ヨハ四34参照。
（8）　ヨハ二〇22参照。
（9）　フィリ二7参照。
（10）　原語の inousarx insmat を「見せかけの肉体をもって」と訳し、ここにグノーシス的「キリスト仮現説」の典型を見いだす学者たちもいるが（マリニヌ、ハールト、ティル、メナール）、私は（シェンケと共に、現在はアトリッジも）この訳を採らない。「肉体のかたちをもって出て来た」は、Iヨハ四2、IIヨハ7、ロマ八3、Iテモ三16等とほぼ同じ言表。トマ福・語録二八、三部教§12—13をも参照。
（11）　使二31、ヨハ一5、Iコリ一五43-46参照。§11（彼が自らを死に至るまで低めるとき、彼に永遠の生命が着せられる）をも参照。
（12）　ヨハ一4-5、八12、一七2-3、三プロ**46** 4—32参照。
（13）　イザ一一2（七十人訳）「力の霊」（pneuma ischyos）参照。ヨハ・アポB§71をも参照。

た——父の無限と甘美[1]から。彼は罰と咎を止めさせた。プラネー(迷い)と鎖の中にあって憐れみを求めている人々を彼の顔前から惑わしたのは、彼らであったからである。彼は力をもって彼らを滅ぼし、知恵をもって彼らを困惑させた。彼は、迷い出た者たちの道[2]、無知であった者たちの知識*、求めていた者たちの発見、揺らいでいた者たちの支え、汚れていた者たちの無垢となった。

§26　牧者としての子

彼は牧者[3]であって、迷い出なかった九十九匹の【32】羊を放置した。彼は出て行き、迷い出た一匹の羊を探した。彼は、それを見いだしたとき、喜んだ[4]。なぜなら、九十九は左手*にある数であり、その手はその数を持っている。しかし、一が見いだされると、数全体(百)は右(手)*に移るからである[5]。一を欠く者はこのようである。それは右(手)全体であって、欠いているものを引き寄せ、それを左手側から受けて右(手側)にもたらし、このようにして数は百となる[6]。彼らの声の中にあるものの徴[7]がこれ、すなわち父である。彼は安息日にも羊のために働いた[8]。彼はそれが溝に落ちたのを見いだしたのである[9]。彼は羊に命を与えた[10]。彼がそれを溝から引き上げて。それは、あなたたちが心の中で知るためである、——あなたたち、心の知識*の子らよ[11]——安息日とは何かということを。その日に救いがなおざりにされることはふさわしくない。それは、あなたたちが夜のない上からの日[12]について、また沈むことのない光[13]について語るためである。それは完全だからである。

§27　子らへの勧め

そこで、あなたたちは心から語りなさい。あなたたちは完全な日であり、あなたたちの中に、沈むことのない光が住まうことを。[14] 真理を求める人々と共に真理について語りなさい。また、彼らのプラネー（迷い）の内に罪を犯した人々のために認識＊（について）語りなさい。【33】躓いた人々の足を堅くし、病気の人々にあなたたちの手を伸ばしなさい。[15] 飢えた人々を養い、[16] 疲れた人々に安息＊を与え、起き上ろうとする人々を起こし、眠る人々の目を覚ましなさい。あなたたちは（剣のように）[17]引き抜かれた知恵なのだから。もし強さがこのようであるなら、[18] それは

（1）「父」にかかる「甘美」については、§28、36、37をも参照。この表象はヴァレンティノス派の神話で目立つが（エイレナイオス『反駁』I, 2, 2〔第一巻『救済神話』二一四頁〕、三部教**56** 11―15）、『ソロモンの頌歌』一16、22、24、一四3、一七7、一九1、二〇9、二五12、四一16など、グノーシス文書以外にも用例がある。§16の注（72）で言及したように、「甘い」は「慈悲深い」「善い」（chrēstos）とも代替可能なので、このイメージの聖書的典拠としては、ロマ二4、Iペト二3＝詩三四9（七十人訳）を挙げ得るであろう。

（2）ヨハ一四6参照。

（3）ヨハ一〇11参照。

（4）マタ一八12-13／ルカ一五4-6、トマ福・語録一〇七参照。

（5）古代オリエントにおいて、九十九までは左手で、百以上は右手で数えられる習慣があった。

（6）左は不完全、右は完全を意味している。前述の数の数え方を含めて、エイレナイオス『反駁』I, 16, 2（マルコス派）参照。

（7）九十九（左）から百（右）に移る一か。

（8）ヨハ五17参照。

（9）マタ一二11、ルカ一四5参照。

（10）ヨハ一〇10参照。

（11）「心の知識の子らよ（原文では inhēt（「心の」）で終る）」は、写字生が inhēt（「心の」）の重複に起因する見誤りのためにこの文脈23行目の inhēt と če の間から落したため、パピルスの同じ頁（第二二葉目）の最下段（38―39行目）に書き加え、この文脈に入るべきことを記号（#）で指示している。

（12）イザ六〇19-20、黙二一25、二二5参照。

（13）三部教**129** 1参照。

（14）Iテサ五5参照。

（15）マタ八3／マコ一41／ルカ五13。使四30参照。

（16）マタ二五35、37参照。

（17）ティルによる。

（18）Iヨハ二14、Iコリ四10、一〇22参照。

ますます強くなる。あなたたち自身に関わりなさい。あなたたちが自分自身から拒んだ者たちと関わってはならない。あなたたちが吐き出したものを食べるために、そのもとに帰ってはならない。(1) 錆びてはならない。虫がついてはならない。(2) あなたたちはすでにそれを捨て去ったのだから。あなたたちは悪魔の(住む)場所となってはならない。(3) あなたたちはすでに彼を滅ぼしたのだから。(4) あなたたちの妨げとなるもの、(すなわち)倒れている者たちを強めてはならない。それは責むべきものであるから。(5) なぜなら、無法(者)は合法(者)よりも圧迫するものだから。なぜなら、前者は無法(者)としてその業をなし、後者は合法(者)として他の人々の中でその業《わざ》をなすからである。だからあなたたちは、父の意志《おもい》を行ないなさい。あなたたちは、父から出た者なのだから。

第Ⅲ部　帰還のプロセス

七　甘美な魅惑としての救い

§28　子らを連れ戻す父の香り

なぜなら、父は甘美であり、彼の意志《おもい》の中に善きものがあるからである。(6) 父は、あなたたちのもの(7)について、あなたたちがその中で安息*を見いだすであろうことを知っていた。なぜなら、人々は実によって(8)あなたたちのものについて知るのだから。父の子らは【34】その香り(9)であり、彼らはその顔の恵みから出た者であるから。それゆえに、父はその香りを愛し、それをあらゆる場所に顕わす。もしそれが物質と混じり合うと、彼はその香りを光に向け、彼の安息の中でそれをあらゆる形、あらゆる音を越えて高くする。なぜなら、香りを嗅ぐのは耳ではなく、嗅覚を持つ息《プネウマ》だから。それが香りを自らに引き寄せ、父の香りの中に沈むのである。こうして、それ(息)は香りを(港に)連れて行き、それが出て来た場所へとそれを導く——最初の冷い香りから(引き離して)。香りは心魂的*つくり物[10]*の中にあるもので、氷った[11]冷たい水のようであり、それを見る人がそれは土であると考えるほど固くはない土の中にある。後になって、それは再び溶解するであろう。それ(息)がそれ(香り)を引き寄せると、それ(香り)は熱くなる。だから、冷たい香りは分裂から生ずる。それゆえに、信仰[12]が到来した。それは分裂を溶解し、愛の熱いプレーローマ*(充満)をもたらした。それは、冷たさが再び生ずることなく、完全な思考の統合が存在するためである。

(1) 箴二六11、IIペト二22参照。
(2) マタ六19-20/ルカ一二33/トマ福・語録七六参照。
(3) マタ一三43-45/ルカ一二24-26参照。
(4) ルカ一〇18、ヘブ二14、Iヨハ三8、黙一二9-11参照。
(5) コプト語の名詞 sohe が多義的なので、種々の訳が提案されている。私はメナール(=シェンケ)の訳(blame)を採った。アトリッジは「(あなたたちが彼らにとって)支え(であるかのように)」と訳しているが、原文にない補いが多すぎる。
(6) 「甘美」については§16の注(4)と§25の注(1)を参照。「甘美」と「善」が代替可能となる典拠の一つ。
(7) つまり本来的自己。
(8) マタ七16/ルカ六44参照。
(9) IIコリ二14-15、フィリ四18、エフェ五2参照(但し、ここでは犠牲の香り)。「父の香り」については、エイレナイオス『反駁』I, 4, 1(第一巻『救済神話』二一四頁)、三部教**72** 6—7参照。
(10) 原語は ouplasma impychikon。この文脈で著者は psychē(心魂)—psy̆chos(冷い)の語呂合わせをしている。
(11) 原語は ōte。この名詞は知られる限りのコプト語の語彙にはないので、種々の提案がなされているが、いずれもいまだ定説に至っていない。私はとりあえずアトリッジの訳を採った。
(12) nafte. §16の「信頼」と同じコプト語。

§29 連れ戻しの遅延――時を与えるため

これが、上から来る救いを待つ人々が【35】プレーローマ*を発見するための福音の言葉〈である〉。その姿が陰のない光であるこの人々[1]――彼らが待つ希望が待ち続けている間に、そのときにプレーローマが到来し始めたとしても、物質*の〈欠乏*〉は父の無限性を介して来たのではない。[2]父は欠乏に時を与えるために来た。もっとも誰も、不滅なる者がそのような仕方で来るとは言えないだろう。しかし、父の深淵は増大し、プラネー(迷い)の思いはそのもとにはなかった。[3]それ(思い)は不確かなものである。それは容易に(再び)立ち上るものである――そのもとに来た彼を発見するときに。彼はそれを連れ戻すであろう。なぜなら、連れ戻しが回心[4]と呼ばれるからである。

§30 不滅なる者の息

それゆえに、不滅なる者が息を吐き、罪を犯した者を追いかけた――彼が安息*を見いだすために。なぜなら、赦しは欠乏*の中にある光の残余、プレーローマ*の言葉だからである。と言うのは、医者は病のあるところに急ぐものであり、それは彼の内にある意志《おもい》だから。そこで、欠乏を持っている者はそれを隠さない。彼(医者)はその者に欠乏しているものを持っているからだ。こうして、欠乏を持たず欠乏を満たすプレーローマは、【36】彼が[5]自ら、[6]彼に欠乏しているものを満たす用意をしたものである――彼が恵みを受けるために。彼が欠乏していたとき、恵みを持っていなかったからである。それゆえに、恵みのない所に価値の低下が起こった。低められたもの[7]が受け入れられたとき、彼は彼に欠けているものを、プレーローマとして啓示した。これが真理の光の発見である。それ(真理)は不変であるから、彼を起き上らせた。

§31　父の塗油――キリストのメッセージ

それゆえに、彼らの間でキリスト[8]について語られた。それは、混乱していた者たちが連れ戻され、彼が彼らに油を塗るため[9]である。塗油*は、彼らを憐れむ父の憐れみである。ところで、彼が油を塗った者たちは完全になった者である。なぜなら、油を塗られている者たちは、満された器だから。しかし、あるもの(器)の塗油が溶解すると、それは空《から》になる。そして、欠乏*が生ずる原因は、その油がそれによって出て行くものである。なぜなら、そのとき、息がそれ(油)を、それ(息)と共にあるものの力によって、そのものを引き寄せるからである。しかし、欠乏がない者からは、いかなる封印も除かれことなく、いかなるものも空ではない。彼に欠けているものは、完全

---

(1)　ヤコ一17、Iヨハ一5参照。
(2)　以上の文章は、コプト語の本文が難解なため、訳者によって文意の採り方がまちまちである。私訳もそれらの中の一つの試みにすぎない。
(3)　プラネーは、父の「無限性」にではなく、その「深淵」に起因するが、それはあくまで父の外側に起こった、というのがこの文章の論旨と思われる(§2、14も参照)。
(4)　ギリシア語で「メタノイア」。「悔い改め」とも訳される。プトレマイオス派の神話におけるソフィアの「エピストロペー」(立ち帰り)(エイレナイオス『反駁』I, 4, 1-2第一巻『救済神話』二二五頁)、起源II(§30)におけるサバオートの「回心」参照。三部教ではロゴスの「回心」が「メタノイア」と呼ばれている(**81** 21―22)。魂§7では魂の「悔い改め」に基づく父による彼女の「子宮」の方向転換が主題となっている。
(5)　おそらく「父」。
(6)　おそらく「欠乏を持っている者」。
(7)　おそらく「父の認識《グノーシス》」。
(8)　この箇所だけに「キリスト」が言及されている。この後の文脈で「キリスト」(ギリシア語でChristos.「油注がれた者」の意)の「塗油」(ギリシア語でchrisma)について語られるからであろう。
(9)　Iヨハ二20、フィリ福§95「塗油(chrisma)によってわれわれは、クリスチャン(christianos)と呼ばれた」参照。ここには典礼としての塗油行為が示唆されている可能性があろう。ヴァレンティノス派の「塗油」については、右に挙げたフィリ福§95の他に、エイレナイオス『反駁』I, 21, 3参照。

な父が再び満たすであろう。彼は善なる者《アガトス》である(1)。彼は自分の種子*たちを知っている。彼らをパラダイス*に蒔いたのは彼なのだから。ところで、彼のパラダイス*は彼の安息*の場所である。

八　父の意志と名による帰還

§32　父の意志と言葉

これが【37】父の思考による完成である。そして、この者たちが父の熟慮の言葉である。父の言葉の一つ一つが、彼の言葉の啓示における彼の一つの意志の業《わざ》である。彼らがまだ父の思考の深淵《バトス》の内にあった間(2)、最初に現れたロゴス*(言葉)が彼らと叡知《ヌース》を啓示した。叡知は言葉を沈黙する恵み《カリス》の中で語る。彼は思考と呼ばれた(3)。なぜなら、彼らがまだ顕れなかったときに、その中にいたからである(4)。こうして、意志した者(父)の意志がそれを望んだときに、彼(言葉)が最初に現れた。そして意志とは、父が(それに)安息し、(それを)望むものである。何事も彼なしには起こらず、何事も父の意志なしには起こらない。しかし、彼の意志は探り難い(5)。意志は彼の足跡であり、誰も彼を知らず、誰も彼を探し出して捕らえることができない。しかし、彼が意志するとき、彼が意志するものは、父を意志することである(6)——たとえ外見(7)が神の前で(8)彼らの気に入らなくても。なぜなら彼は、彼らすべての初めと終りを知っているからである。すなわち、終りの時に彼は彼らに面と向かって尋ねるであろう(9)。ところで、終りとは、隠されていることについての知識*を受けることである(10)。そして、これが父である。【38】すなわち、初めがそこから出て来た者、そこから出て来た者すべてがそこに帰るであろう者である。そして、彼らは彼(父)の名の栄光と喜びのために現れたのである(11)。

§33　父の名は子

さて、父の名が子である。彼(父)は自ら存在し、彼を子として生んだのであるが、彼から出た者に最初に名を与えた者である。彼は彼(子)に、彼が持っていた名を与えた。[12] なぜなら彼は、彼——すなわち父——のもとに存在するすべてのものを所有する者だからである。彼は名を持っている。彼は子を持っている。彼(子)は見ることができる。[13] しかし、名は見られない。それ自体が、見られざる者(父)の秘義だからである。それ(秘義)は耳に達し、

---

(1)　マタ一九17/マコ一〇18/ルカ一八19、バルク**26** 1、ヨハ・アポ§9、三部教**61** 29参照。

(2)　アトリッジ/マックリーは inbathos の in- を冠詞の複数ととって、「彼らがまだ父のバトスであった間」と訳す。しかし、アトリッジが自ら指示している三部教**60** 16—22を見ても、また、右の本文と並行句をなす真福断片、**60** 18を見ても、in- は「……の中に」を意味する先行詞と採り、伝統的私訳の方が妥当と思われる。

(3)　ロゴス(言葉)を指すか。

(4)　以上、「父」「バトス」「思考」「カリス」「ヌース」「ロゴス」は、ヴァレンティノス派の神話論の頂点をなす、「先在した完全なアイオーン」群の個々の名称を想起させるが(エイレナイオス『反駁』I, 1, 1(第一巻『救済神話』二一〇—二一一頁))、それぞれの関係は右の「アイオーン」相互の関係と対応していない。

(5)　ロマ一一33参照。

(6)　父がその意志を排他的に貫徹することか。この箇所の翻訳はコプト語本文をどこで切るかによって、訳者により大幅に異なっている。私はアトリッジ/マックリーに従った。

(7)　父がその意志を排他的に貫ぬいた結果が外から見られる容態ということか。

(8)　「神」は『真理の福音』でここ以外に言及されない。おそらく、このフレーズは感嘆詞。いずれにしても——グノーシス神話に一般的な——「父」の下位に位置付けられる「造物主」ではなかろう。

(9)　Iコリ一三12参照。

(10)　ヨハ一七3参照。

(11)　エイレナイオス『反駁』I, 1, 2(「これらのアイオーンは父の栄光のために流出された」、第一巻『救済神話』二

それ（耳）はすべて彼（子）によりそれ（名）をもって満たされる。なぜなら、父の名は呼ばれることなく、それは子において顕となるからである。

§34　名の偉大さ

こうして、名は大いなるものである。一体誰が彼のために大いなる名を発音することができるであろうか。それができるのは、名が彼のものである彼（子）自身と、その中に父の名が憩うた名の子ら、[1]——再び彼ら自身彼の名の中に憩うた名の子ら——以外にないであろう。父は生まれざる者である[2]がゆえに、彼（子）を自分のために名として生み出した——彼（父）自らがアイオーン*たちを、父の名が彼らの頭上に主としてあるように[3]、整える以前に。これが【39】真《まこと》の名であり、それは彼の命令により、全き力によって堅く立っている。なぜなら、この名は（人間の）言葉から（成る）ものではなく、彼の名は名称から（成る）ものでもなく、それは見られざるものだからである。彼（子）だけが彼（父）を見るから、彼（父）は彼（子）だけに名を与えた。彼（父）だけが彼（子）に名を与えることができる。なぜなら、存在しないものは名を持たないからである。存在しないものにいかなる名が与えられるというのであろうか。しかし、存在するものは名と共に存在する。そして、彼（存在する者）だけがそれ（名）を知っている——彼に（どのような）名を与えるかを。これが父である。子は彼の名である。[4]だから、彼はそれ（名）をものの中に隠さなかった。そうではなくて、それは実在した。子〈に〉だけ彼は名を与えた。だから、名は父のものである——父の名が子であるように。憐れみは、父のもと以外に一体どこに名を見いだすのであろうか。[5]

§35　真の名——本来の名

しかし、いずれにしても誰かが憐人に、こう言うだろう、「自分以前に在った者に名を与える者とは一体どのような者か――子供たちが、〈彼らを〉生んだ【40】者から名を受けないかのように」と。ここでまず、われわれに必要なのは、名とは何なのかということを理解することである。それは、真《まこと》の名である。それは、父に由来する名なのではない。[6] 名とは何なのかということを理解することである。それは、本来の名にほかならないからである。[7] だから彼は、各人がそれを手に入れるような仕方で、他の人々(がしている)ように貸付《ローン》として名を受けたのではない。そうではなくて、それは本来の名である。それを彼に与えた者は誰もいない。そうではなくて、完全なる者*(子)自身がそれを発語する時までは、それは名付け得ず、発音し得ないものである。彼の名を言い、彼を見ることができるのは、ほかならぬ彼(子)なのである。

一一頁)、三部教**64** 8、20—21、**68** 4—**69** 14参照。

(12) ヨハ一七12、フィリ二9、ヘブ一4参照。

(13) 「子」は「彼(父)の把握可能性」(エイレナイオス『反駁』I, 2, 1〔第一巻『救済神話』二一三頁〕)。三部教**63** 10—16をも参照。

(1) エイレナイオス『反駁』I, 21, 3(「彼の名が憩うたすべての人々に平和があるように」)、三部教**58** 36—**59** 1参照。

(2) このテーマについて詳しくは三部教§2参照。

(3) フィリ二9-11参照。

(4) §33参照。

(5) §31参照。

(6) 訳者の提案による読み(Arai, 64, n. 2)。アトリッジもこれを採用。

(7) čaeis inren. ギリシア語の kyrion onoma に当る(ライデン・パピルス**14** 45参照)。「真の名」「本来の名」の宗教史的由来と意味付けについて詳しくは、Arai, 66-72. = 荒井献『原始キリスト教とグノーシス主義』三〇〇―三〇三頁参照。

九　帰還のゴール

§36　安息の場所

彼の愛する名が[1]彼の子であることが彼の気に入ったとき、そして、彼が彼(子)に、すなわち深淵《バトス》から出て来た彼に[2]、名を与えたとき、彼(子)は彼(父)の隠されたことについて語った——父に悪なきことを知って。それゆえに、彼(父)は彼(子)を送り出した——彼がそこから出て来た場所*と彼の安息*の場所を語り、【41】プレーローマ*と彼の名の偉大さと父の甘美[3]を賛美するために。各自が出て来た場所について、彼は語るであろう。そして、彼(各自)は自らの立ち上げ[4]を得た所に再び急ぎ帰り、あの場所——彼が立った場所——から受け取るであろう[5]。あの場所から食料を受け、養育を受け、成長を受けて[6]。そして、彼自身の安息の場所は彼のプレーローマである。

§37　父とその流出

そして、父のすべての流出はプレーローマ*たちであり、彼のすべての流出の根は、彼らすべてを彼の内で成長させた者(父)の中にある。彼は彼らにその定めを与えた。そこで、各自は顕されている。それは、彼ら自身の思考によって〈……〉[7]ためである。なぜなら、彼らが彼らの思考を送り出す場所、あの場所は彼らの根だからである。それは至高の高みまで、父に至るまで、彼らを支える。彼らは彼の頭《かしら》[8]を持っており、それは彼らにとって安息*である。彼らは支えられ、彼に近づいた。こうして彼らは口づけよって彼の顔に与った[9]、と言う。しかし、彼らはこのような仕方で顕にはならない。【42】なぜなら、彼らは自ら(の力で)高められたのではないからである[10]。彼らは父の栄光に欠けてはおらず[11]、彼を小さい者とも、冷酷な者とも[12]、怒る者とも[13]考えておらず、むしろ悪がなく、揺ぎなく、甘美で[14]、彼らが存在する以前にすべての場所を知っており、教えを受ける必要のない方[15]であると考えていた。

（1）アトリッジ／マックリーの読みを採用。私はかつてティルの読みを支持し、“ein Name, den sie aussprechen”（「発語される彼の名」）と訳していた（Arai, 65, n. 1）。

（2）アトリッジ／マックリーに従って「すなわち」を「彼に」かけた。ティルとシェンケは「彼が」にかけている。

（3）§25、28参照。

（4）§21で「立ち上げる」と訳した動詞 teho aret の名詞的用法。アトリッジ／マックリーはこれを establishment と訳し、essential being（本質）の意味に採って、ヘブ一3、三14、一一1の hypostasis を指示している。確かに三部教**54**$_{28}$、**68**$_{6}$、**93**$_{24}$などでは「本質」に近い意味で用いられているが、「ロゴス」について言及している**96**$_{17-24}$では teho aret の元来の意味を保持しているように思われる。「ロゴスは……最初に自分自身を……立ち上げた。それはちょうど、父が……最初に立ち上げたものの原因となったのと同じである」。

（5）アトリッジ／マックリーに従った。この訳文には「受け取る」の目的語が無いが、その後の文脈の「食料」その他が間接的に目的語として機能しよう。シェンケ、ティル、ハールトその他多くは「受け取られる」（＝連れ去られる）と訳すが、原文の動詞は能動形である上に、このように訳すと「あの場所」は「地上」を示唆する（ティル）ことになって、文脈に合わなくなる（次注参照）。

（6）このイメージは、三部教では、地上ではなく、プレーローマ界でのこと（**62**$_{12}$、**69**$_{30}$、**104**$_{22}$、**126**$_{32}$）。

（7）ここには写字生の脱文が想定される。「完成される」（シェンケ、ハールト）とか「上昇する」（グローベル）などの動詞が提案されているが、いずれも確実ではない。

（8）三部教**118**$_{34-35}$では、ロゴスが人間の「霊的」部分の「頭《かしら》」と言われている。新約ではエフェ一22、四15、コロ一18、二10、19参照。

（9）フィリ福§55b参照。「新婦の部屋」（同§68、73、76、79）の秘義を指すか。

（10）マタ一八10参照。

（11）ロマ三23参照。

§38　父と幸いなる者

これが、測り難く大いなるものの上から[1]（自己を）所有している者たちのありようである。彼らは唯一の者、完全な者*、彼らのために存在している者を待っている。そして、彼らは陰府に降らず、妬みを持たず、呻くことなく、自らの内に死を持たない。そうではなくて、安息*にある者の内に安息している。彼らは真理をめぐって苦しんだり、空転したりはしない。むしろ、彼ら自身が真理である。そして、父が彼らの内にあり、彼らが父の内にある[2]。彼らは完全で、真に善なる者の内にあって分かたれず、いかなるものに欠けておらず、むしろ安息にあり、霊にあって新鮮である。そして、彼らは根に聞くであろう。彼らは、彼（父）がその中で根を見いだし、彼の魂[3]を損わないものに関わるであろう。これが幸いなる者たちの場所*であり、これが彼らの場所である。

§39　父の子らの場所

その他については、彼らの場所*にあって知ってもらいたい——私が安息*の場所に来た後に、なお何かを言うのは、【43】私にふさわしくないということを。むしろ彼にあって、私がその中で存立するであろうということ、万物*と兄弟たちの父にいつも関わるべきであるということを。彼らの上に父の愛が注がれ、彼らの直中に彼の欠乏*はないのである。彼らは真理において顕となる者である。なぜなら、彼らは真理と永遠の生命において存在し、完全なる光[4]について語るから。それ（光）は父の種子[5]*に満たされ、彼の心とプレーローマ*の中にある。彼の霊*はその（光の）中にあって喜び、それ（光）が内に存在した者を祝福する。彼は善なる者だから[6]。そして彼の子らは完全で、彼の名にふさわしい。彼は父であり、彼が愛するのはこのような子らだからである。

(12) ヨブ三〇21参照。
(13) ヨブ六4参照。
(14) §25、28、36参照。
(15) ヨブ三22参照。

---

(1) グノーシス主義に特徴的な「父」(至高神)の修飾語、例えば、ヨハ・アポ§9、三部教**52**[26]、**54**[20]、エイレナイオス『反駁』I, 2, 1(第一巻『救済神話』二一三頁)参照。
(2) §7参照。
(3) この場合は「生魂」というグノーシス主義に特徴的な用語ではなく、『魂の解明』の「魂」と同様に、より一般的用法。
(4) §30参照。
(5) Iヨハ三9参照。
(6) §31、38参照。

三部の教え

大貫　隆訳

内容構成

第Ｉ部　始源論

一　序

§1　【51】われわれが至高のことがらについて語るためには、まず万物[*]の根源である父から始めるのが適当である。われわれはこの父について語る幸いをほかでもない彼から受け取っているのである。

二　父

§2　唯一なる者、万物の創造者

彼は彼自身の他にはまだ何も存在するに至っていない時から、すでに存在した。父は数字の一のように唯一である。なぜなら、彼は最初の者であり、彼だけがただ一人在る者だからである。とは言え、彼は独居者のような仕方で一人なのではない。そうでなければ、どうして彼は「父」であり得ようか。なぜなら、どのような「父」にも、もう一つの名前、つまり「子」がついてまわるものだからだ。しかし、ただ一人唯一なる者、すなわち、ただ一人の父は、幹と枝と実をそなえた根のような仕方で存在するのである。彼についてはこう言われる。――彼は本来の父であり、誰も彼を真似たり、変えたりすることはできないと。このゆえに彼は本来の意味での一者なのであり、神なのである。なぜなら、彼にとって神、あるいは父である者は誰もいないからである。彼は生まれざる者であり、彼を生んだ者、あるいは彼を造った者が他にいるわけではないからである。[1]
すなわち、誰かの父である者、あるいは誰かを造った者には、さらに彼自身の父、あるいは造った者が存在するのである。確かにそのような者が、彼によって生じた者、あるいは彼が造り出した者にとっての父あるいは造り主となることは可能である。しかし、そのような者は(われわれの言う)本来の意味での[2]父でも神でもない。なぜなら、**【52】**そのような者には[彼を生み]出した者[と]彼を造り出した[者]がいるからである。従って、他の誰もそれを生み出したことがない者とは、本来の意味での父と神ただ一人のことなのである。万物*を生み出し、造り出したのは彼である。彼には初めも終りもない。

---

(1) 三部教はヴァレンティノス派の枠内で生み出された文書である。しかし、例えばプトレマイオスの神話(本シリーズの第一巻『救済神話』に収録)が、同じようにヴァレンティノス派に属しながら、至高の存在として、男性的な「原父」と女性的な「シゲー」の「対」を置くことから始まるのに対して(エイレナイオス『反駁』I, 1, 1〔本シリーズ第一巻『救済神話』二一〇―二一一頁〕)、三部教は「ただ一人唯一なる者」としての「父」から始まる。確かに、この「父」からやがて「子」が生成することが予想されているが、「父」と「対」関係を構成するような独立の女性的存在は考えられていない。「シゲー」(沈黙)は「父」の在り方の一つに過ぎない(**55** 37、**57** 5)。この理由から、三部教はヴァレンティノス派の中でも、とりわけ「一元論的」な系譜に帰せられる。以後、「ただ一人」、「唯一なる者」、あるいは「唯一性」という表現が現れる箇所(**58** 1、**66** 30、**68** 30、**110** 35、**112** 8―9他)は、原則として常に、この至高の「父」の意味で読むべきである。

また、三部教が至高の存在から女性性を排除して、男性性で一元化することは、やがて§24で語られる「過失」を、他のヴァレンティノス派のように女性的アイオーン・ソフィアに帰さず、男性的アイオーン・ロゴスに帰していることと、女性原理の排除という点で軌を一にしている。

(2) 「本来の意味での」の原文は、直訳すると「主人としての権威において」。これは通常のコプト語にはない言い回しである。おそらくギリシア語の「キュリオース」(kyriōs＝文字通りには「主人らしく」の意)を人工的にコプト語に移したものと思われるので、このギリシア語の通常の語義で訳す。以下随所で現れる。

§3　初めも終りもない者

彼はただ単に終りを持たない——彼は生まれざる者であるために不死なのである——というに留まらず、その永遠までの存在、彼が現にそれであるところのもの、現に彼がそれとして確立されているところのもの、現に彼がそれによって偉大であるところのものにおいて、揺らぐことのない者でもある。彼は現にそれであるところのものを自ら放棄することはないであろうし、他の誰も彼を強制して、望みもしない終りを生み出させることもないであろう。彼はかつて彼を初めて在らしめるような者を持ったことはない。これがまさに彼が不変不動である在り方である。彼が現にそれであるところのもの、まさに彼がそれであるところのもの、彼がその偉大さを備えて在る在り方から彼を引き離すことのできる者は、誰もいないだろう。彼を動かすことができない所以である。また、彼を何か別の在り方へ変化させたり、減じたり、変えたり、矮小化したりすることは誰にもできない。なぜなら、彼は——真実の意味でそうなのだが——不動不変の者として、不変性を身にまとっているからである(1)。

この彼(父)は、生まれることも死ぬこともない者であるがゆえに「初めも終りもない者」と呼ばれるに留まらない。むしろ、始まりも終りもないことが現に彼の在り方であるように、**【53】**その偉大さにおいて達し難く、その知恵において近づき難く、その権威において把握し難く、その甘美さにおいて究め難い者である(2)。

§4　善なる者、欠乏なき者

優れた意味において、一人彼だけが善なる者、生まれざる父、全く欠乏*なき者、すなわち、彼によって生まれてくるものすべて、あらゆる徳、あらゆる価値に満ち満ちた《満ち満ちた》者である。しかも彼にはそれ以上のもの、つまり悪意のなさが備わっている。それは、彼が持っているものはすべて与えるためであることが明らかになるためである。[3] その際、彼自身は達し難い存在として、与えることによって苦しむということがない。なぜなら、彼は与えるものにおいて富み、授ける恩恵において安らぐからである。

さて、彼(父)はそのような在り方とかたちの者、それほどまでに偉大なる者であるために、太初から彼と共に在った者は他には誰もいないのである。また、彼がその中に現にいる場所*とか、あるいは、そこから出てきたとか、あるいは、やがてそこへ帰ってゆくことになるだろうとかいうような場所も存在しない。また、彼がそれを範型*にして働くというような原型も存在しない。また、彼が業《わざ》をなす時に、困難が彼について回るというようなことはない。また、彼の手元にまず質料*(ヒューレー)が用意されていて、そこから彼が(さまざまなものを)造り出すということでもない。[4] また、彼の中にある実体(ウーシア)が在って、それから彼が(さまざまなものを)生み出すとい

(1)「なぜなら」以下は構文が混乱している箇所。われわれの訳は、H. W. Attridge/E. Pagels, The Tripartite Tractate, in: H. W. Attridge (ed.), *Nag Hammadi Codex I (The Jung Codex)*, *Introduction, Texts, Translations, Indices*, Leiden 1985, Vol. 1, pp. 159-337; Vol. 2, pp. 217-497(=以下アトリッジと略記)の該当箇所の修正提案に従うもの。E. Thomassen, *Le Traité Tripartite (NH I, 5)*, Quebec 1989(=以下トーマスセンと略記)の該当箇所は、「なぜなら、彼が不動の者、不変性を身にまとって不変の者である在り方は、本当にそのような具合だからである」。

(2) 真福**24**$_{9}$、**31**$_{20}$、**33**$_{33}$、**41**$_{3}$、**42**$_{8}$参照。

(3)「それは」以下は訳者によって解釈の違いが大きい箇所。アトリッジは「それは、誰であれ[何がしかを]持つ者は、彼に負っていることが明らかになるためである」。しかし、文脈上は本文に示した解釈(トーマスセンに従う)の方が適切であろう。

(4)「質料」(ヒューレー)を「イデア」、「神」と並べて、その存在を端的に前提して議論を始めるしかないもの、つまり根本原理の一つと見做したプラトン主義哲学の伝統(例えば、プラトン『ティマイオス』51A-52C、アルキノス『プラトン哲学要綱』Ⅷ章)に対する反駁。

うのでもない[1]。また、彼と共に働く者が別にいて、彼(父)が行なう業のために共に働くというのでもない[2]。この種のことを口にすることは無知に他ならない。むしろ(こう言うべきである、彼は)善であり、欠乏がなく、【54】完全で、満ち足りていると。なぜなら、彼自身が万物*だからである。

§5　語り得ざる者、摑み難き者

考えられ、語られ、見られ、あるいは了解される限りの名前のうちのどれ一つとして、彼にふさわしいものはない。たとえそれらがどれほど栄光に満ち、畏れおおく、誉れに満ちたものであろうとも。もっとも、彼を讃えようとする者がそれぞれの力に応じてそれら(の名前)を語って、彼に栄光と誉れを帰すことは確かに可能である。しかし、彼自身の存在そのもの、その在り方そのもの、そのかたちそのものについて言えば、(人間のいかなる)知力も彼を知解することはできず、いかなる言葉も彼を表現できず、いかなる目も彼を見ることはできず、いかなる身体*も彼を摑むことはできないのである。――彼の究め難き偉大さ、摑み難き深さ、測り難き高さ、限りなき意志[3]のゆえに。生まれざる者(父)の本性はこの通りである。それ(本性)は他の何かに手を着けることもなければ、限定された物であるかのように(何かに)結び合わされるものでもない。むしろ彼は感覚によって初めて知覚されるような顔も姿も持たないままに、存立しているのである。それゆえにこそ、彼は「摑み難き者」でもあるのである。もし彼が摑み難き者であるのならば、そこから帰結することはこうである。すなわち、彼は知り得ざる者、いかなる思考によっても知解し得ざる者、いかなる物によっても見られ得ざる者、いかなる言葉によっても語り得ざる者、いかなる手によっても触り得ざる者である。

§6　自分自身を思考する者

ただ彼だけが在るがままの【**55**】自分自身、自分自身のかたち、大きさ、偉大さを知る者である。彼は自分自身を思考し、自分自身を見、自分自身に命名し、自分自身を把握することができる。彼だけが自分自身にとっての思考[4]、自分自身にとっての目、自分自身にとっての口、自分自身にとってのかたちである。彼は彼が考えるところのもの、彼が見るところのもの、彼が語るところのもの、彼が把握するところのものである。彼自身は知解し得ざる者、語り得ざる者、究め難い者、不易の者である。と同時に、彼は養う者、喜ぶ者、真実なる者、満ち足りた者である。彼が思考するところ、彼が見るところ、彼が語るところ、彼が抱く思考はあらゆる知恵を越え、あらゆる知力を越え、あらゆる栄光を越え、あらゆる美、あらゆる甘美、あらゆる偉大、あらゆる深み、あらゆる高みを越えている。

（1）「父なる神」と「子なる神」が同じ「実体」（ウーシア）を共有するとしたニケーア信条（後三二五年）に凝縮されるキリスト論に対する反駁と見る説がある（トーマスセン）。

（2）例えばヨハ一1-3に代表されるような考え方に対する反駁とも考えられるが、「原父」と「シゲー」という至高の「対」の共働関係から他のすべての存在を導出するプトレマイオスの教説のような見解に対する反駁でもあり得る。この場合は、目下の文章はヴァレンティノス派そのものの内部での論争を反映するものとなる。

（3）コプト語で「意志」と同じ綴りになる「隔たり」と訳す提案がある。但し、三部教では「意志」が重要なキーワードの一つである（**55** 35、**72** 1など）。

（4）プラトン主義における「神の自己思惟」の学説を前提するもの。それによれば、神は思考力をそなえた叡知的存在であるが、至上最善の存在であるがゆえに、その最初の思考にふさわしい対象も自己自身でしかあり得ず、従ってその思考は永遠の自己思惟となる（アルキノス『プラトン哲学要綱』X章）。「自分自身を見る」については、特にヨハ・アポ§12を参照。

§7　自己啓示への意志

さて、彼はその本性において知られざる者であり、私がこれまで述べてきた偉大さもすべて彼に属するものであるが、それでももし彼がその豊かな甘美さのゆえに、彼を知る知識*を授けようと一度欲するとすれば、彼にはそうすることができるのである。彼の意志[1]、それが彼の力である。しかし、今はまだ彼は自分自身を沈黙の中に保っている——大いなる者として、また、(やがて)万物*を永遠の存在へと呼び出す原因者として。

【56】言葉の本来の意味で、彼(父)は自分で自分を語り得ざる者として生むのである。なぜなら、彼だけが自ら生まれ、自分自身を思考し、あるがままの自分を知っているからである。驚嘆と栄光と誉れと賛美に値するもの、それを彼は彼の無限の偉大さ、究め難き知恵、測り難き権威、味わい難き甘美さのゆえに生み出すのである。彼はこのようにして自分自身を、栄光と、驚くべき、かつ愛すべき誉れを備えた者として生み出した。彼は自分自身に栄光を帰す者、驚嘆する者、賞め讃える者、また愛する者である。

§8　潜在的な御子

彼には御子(息子)がいる。その子は彼の中に置かれて、(彼について)沈黙を守る者、語り得ざる者の中に在る語り得ざる者、見られ得ざる者、摑み難き者、知解し難き者の中に在る知解し難き者である。こうして彼(御子)は永遠に彼(父)の中に存在する。父は、われわれがすでに述べた通り、生まれざる仕方で(存在するが)、(その父は)彼(御子)[2]がその中で自分自身を認識する者、ある考えをもって彼(御子)を生んだ者である。それは彼(御子)についての考え、すなわち、【57】彼(御子)についての知覚、すなわち、彼の永遠の存立についての[　±10　]である。しかし、これ(父の考え)は、本来の言い方で呼ぶとすれば[3]、本来は沈黙と知恵と恵みのことである。

三　御子と教会

§9　御子＝最初に生まれた者

父は、〔誰も彼に先立って存在〕せず、〔彼の他〕には生まれざる存在はない者として、言葉の優〔れた〕意味で存在する。〔御子〕についても〔それと〕ちょうど同じで、〔彼〕も優れた意味で存在する。すなわち、彼の先にも後にも《前にも》他の御子は存在しないのである。これゆえに、彼は最初に生まれた者であり、独り子なのである。「最初に生まれた者」というのは、彼に先立つ者（子）が誰もいないからである。他方、「独り子」というのは、彼の後に続く者（子）が誰もいないからである。加えて、彼（御子）は彼（父）の実を結ぶ。[4] しかし、その実はあまりの偉大さのゆえに誰も見ることはできない。それでも彼（父）は溢れるばかりの甘美さのゆえに、それ（実）が知られることを欲したのである。彼はえも言われぬ力を現して、それに彼の大きな雅量を結び付けた。

（1）真福§32参照。

（2）以下パラグラフの末まで、三人称・男性・単数形の代名詞「彼」がさまざまな文法的な格で連続し、正確な指示関係を確定することが困難な箇所。文脈上もっとも適当と思われる指示対象を括弧内に補う。

（3）習慣の意味で、「通常の言い方では……である」と訳すこともできる。

（4）後続の§34では「救い主」のこと。プトレマイオスの教説では「プレーローマの星」であるイエス（別名「キリスト」、「救い主」）のこと（エイレナイオス『反駁』I, 2, 6〔第一巻『救済神話』二一七―二一八頁〕）。真福**18**$_{25}$、**23**$_{35}$も参照。

§10　先在の教会（エクレーシア）

初めから存在するのは御子だけに留まらない。教会（エクレーシア）もまた初めから存在する。もっとも、御子が独り子であることがこの発言と矛盾すると考える人（がいるかもしれない）。しかし、事柄の秘義性のゆえに、そうはならないのである。【58】なぜなら、父はただ一人であり、ただ彼（御子）[1]にとってだけ父であることを現したが、御子についてもそれと同じだからである。すなわち、彼（御子）は、生まれざる者あるいは始まりなき者であるという理由から、自分自身にとっての兄弟なのである。そこで、彼は自分自身を父［と共に］［賛］美し、［彼（父）に栄］光を帰し、（彼を）賞め讃え、そして［愛］する。彼（御子）はまた彼（父）[2]が「始まりもなければ、終りも〈ない〉」配剤に従って、子と認める者である。なぜなら、事柄はそのように定められているからである。

彼の子孫たちは、数え切れず、限りもないので、分けることができない。これらの存在は御子と父からいわば接吻によって生じてきた。この接吻は、多くの者たちが善良で飽くことなき想いから接吻を交わす場合[3]のように、その数は多くても、唯一の接吻なのである。これがもろもろのアイオーン*のアイオーンに先立つ時から存在する多くの人間たち[4]から成る教会のことである。これが優れた意味で、「アイオーンのアイオーン」と呼ばれるものである。これが聖なる不朽の霊の本性であり、その上に御子が安息しているものである。なぜなら、それは彼の本質であり、父が御子の上に【59】安息しているのと同じだからである[5]。

四　アイオーンの流出

§11　語り得ざるアイオーンたち

教会は父と御子がその中に在る配剤と性質の中に［±10］在る。このことは私がすでに初めから述べてきた通りである。それゆえ、それ（教会）は無数のアイオーン*を生み出すことに基づく。彼［ら］自身も、教会がその中に在る資質と配剤によって、無数[6]に生み出すのである。これらのものが［その（＝教会の）交わりである。］それは彼らがお互いの間で、ま［た］、彼らから出てくる者たち［との間で］、また、御子――彼の栄光のために彼らは在るのである――との間で［造り上げる］ものである。まさにこのゆえに、かの場所[7]*の完成である[8]彼（御子）のことを知解するとが不可能である（ように）、どのような言説をもってしても彼らのことを語ることはできない。

（1）文法的には再帰的に「ただ自分自身にだけ」と訳すこともできる。
（2）トーマスセンは本文を**56** 30—35に基づいて修正し、「自分自身を」。
（3）コプト語で綴りが似ている「愛」の誤記だとする説がある。ヴァレンティノス派の神話論あるいは儀礼行為において「聖なる接吻」が一定の役割を果たしたことは、本巻に収録されたフィリ福§31からも推定される。新約聖書の中ではロマ一六16、Ⅰコリ一六20、Ⅱコリ一三12、Ⅰテサ五26に「聖なる接吻」の言及がある。
（4）人間の創造は§50以下で初めて主題とされるから、この箇所に「多くの人間たち」と出るのは、話の順序としては不整合であるが、プレーローマの教会が§50以下で言及される人間たちの原型として考えられているのであろう。
（5）このプレーローマの教会を範型として、やがて§43では「ロゴスのプレーローマ」、つまり中間の世界にも「教会」が成立し、さらに§70では地上にも「肉にあるわれわれ（の）教会」が成立する。この三層構造は、目下の箇所で「父」が「御子の上に」、「御子がその（プレーローマの教会）の上に」安息する構造の三層性に対応している。なお、この後者の三層構造は、新約聖書の中のパウロ文書に見られる教会論（教会はキリストのからだ、キリストは教会の頭、キリストの頭は神――Ⅰコリ一一3、エフェ一10、22参照）を合成したものである。後続の**118** 30—35、**123** 11—22も参照。
（6）トーマスセンの読解に従う。アトリッジは「言葉で説明し［難］い仕方で」。
（7）直後（**59** 26）に出る「これらの下の場所」と対比されたプレーローマのこと。
（8）原文の過去時称を現在形に修正して読む。

なぜなら、彼らは語り難く、名付け難く、知解し難き者たちだからである。彼らだけが自分たちに名前を付し、自分たちを思考することができる。なぜなら、彼らはこれらの下の場所にその根を張った者ではないからである。[1]かの場所に属する者たちは、その組成において、語り難く、数え難い。それ（組成）は生まれざる者（父）の在り方、性質、喜び、嬉しさであり、名付け難く、名状し難く、知解し難く、見られ得ず、把握し難い。これが父性のプレーローマ*である。こうして、彼の充満はアイオーンの【60】［ ±10 ］を生み出すものとなる。

§12　種子としての先在

彼らは永遠の思考の中に在った。なぜなら、父は彼らにとっていわば一つの思考であり場所*であったからである。さて、（プレーローマの）世代が据えられたとき、［万］物を支配する者*が、（なお）欠けている［もの］を捉［えて］、［ ±10 ］から引き［出し］たいと欲した。［彼は］彼の中［に在った］者たちを引き出した。[2]それでも彼は、現にそうである［ままであ］り続ける。すなわち彼は、水がどれほど溢れ出ても尽きることがない泉なの［である］。彼らがこの父の思考の中にいたのである。とはつまり、隠された深淵（バトス）の中にいた限り、確かに深淵の方は彼らのことを知っていた。しかし、彼らの方は、自分たちがその中にいるその深淵を知ることができなかった。それればかりではなく、彼らには自分たち自身を知ること、あるいはそもそも（何かを）知ることができなかった。ということはすなわち、彼らはあくまで父と共に在ったのであって、彼ら自身のために存在していたのではないということである。むしろ彼らは種子*の状態で存在していたのであり、それゆえいわば胎児として存在していたことが知られるのである。彼（父）は彼らを思考として[3]生み出し、種子の状態に置いたのである。だから、彼がやがて生み出すべき者たちは、いまだ彼から【61】生じてきていなかったのである。

§13 「胎児」の能力と不完全性

初めに彼らを思考した者、すなわち父は、ただ単に彼らが彼のために存在するようにというのではなく、彼ら自身のためにも存在するようにと、また、単に彼らが[彼の]思考の中に思念上の存在として在るというのではなく、彼ら自身のためにも在るようにと、(彼らの中に)一つの思考を種子*を蒔くように蒔いた。(4) 彼(父)は、彼らのために一体何[が存在す]るのかを(5)分か[らせ]ようと、恵み深くも[最]初のかたち[を与え]た。それは彼らに[彼らのために存]在する父とは誰なのか[を認]識させるためであった。彼は彼らをして「父」という名を一つの声を通して与えた。それ(その声)は告知した。——存在するものはその名によってこそ存在していること、彼らは存在するようになったことでその名を持っていること、たとえ彼らがその名に気付かなくても、その名には崇高さが宿っていることを。(6)

---

(1) プレーローマから「境界」(**76**32、**82**12)によって区切られた下方の世界(特に地上世界)のこと。**91**22、**95**10参照。
(2) トーマスセンの補充による。
(3) 「思考」に当たる語は原文ではギリシア語の「ロゴス」(logos)。ここでは通常の語義の範囲内で用いられており、§24以下でプレーローマの最下位のアイオーンとして登場するロゴスとは区別することが必要である。なお、アイオーン(複数)が「父の思考」として成立する次第は、イデアを至上最善の神の自己思惟から導出する中期プラトン主義(アルキノス『プラトン哲学要綱』IX、X、XIV章)以来の学説に対応する。§6注(4)も参照。
(4) アイオーンたちは「父」の中に「種子」あるいは「胎児」として存在しているが、その彼らの中に「父」を探し求める「思考」を潜在的に付与したということ。同じ関係は、やがて中間界のロゴスとその子孫の間でも繰り返される。**95**22―28を**83**18―22と比較せよ。
(5) トーマスセンは「彼らのために父が[存在す]ることを」。
(6) 「父の名」について、真福§33―35参照。

さて、子供というものは、まだ胎児のかたちをしているときでも、彼（の種）を蒔いた者を全く見たこともないのに、（必要なものを）十分備えているものである。[1] それゆえに、彼ら（アイオーンたち）にはただ一つのことが残されていた。すなわち、彼（父）が存在することを知って、その存在する者が何であるかを究めることを願って、彼を尋ね求めることである。しかし、完全なる父は善なる者であるので、彼らが彼の思考の中にだけ在り続けることにはこだわらず、むしろ彼らもまた存在するようになることを許したのと同じように、やがて彼は再び彼らに恵みを働かせて、存在する者、すなわち、永遠に自己自身を知る者が、何であるのかを知らしめるであろう。【62】［1 ……（途中2文字が辛うじて判読可能）……］かたち［2 ±5 ］存在する者が何であるのかを知る［ために］[2]。それはちょうどこの（地上という）場所で人々が生まれる場合と同じである。すなわち、人々は生まれると、陽の光の中に置かれて、彼らを生んだ者たちを目で見ることになるのである。

　父は*万物を小さな子供を生み出すように、泉の雫のように、［葡］萄の花のように、［花弁］のように、［11 ±9 ］の若芽のように、生み出した。彼らには養［分］と成長と*欠乏のな［いこ］とが必要なのである。（しかし）彼はそれ（欠乏からの自由）をしばらくの間留保した。彼はそのことを初めから考え、初めから保持し、（初めから）見ていたにもかかわらず、彼の中から最初に現れてきた者たちに隠したのである。[3] それは妬みからではなく、むしろ*アイオーンたちが初めから欠乏からの自由を手にすることがないようにするため、その結果彼らが父の栄光の座にまで思い上がることがないようにするため、彼らが自分たちだけの力でそれを手に入れたなどと思い込むことがないようにするためであった。にもかかわらず彼は、彼らにとっての善について完全なる観念を彼らに授けた。それは恵みを働かせて彼らを存在させたいと思ったのと同様に、彼らが――彼が欲するときに――欠乏のない者になるためであった。

§14　御子から父の啓示を受ける

さて、彼（父）が彼自身の中から出てきた者たちに光として立てた者、彼らがそれに因んで名付けられた者、これが御子である。彼は満ち満ちていて、完全で、欠けるところがない。彼（父）は彼（御子）を彼（父）の中から出てきた者と[4]結び付けて、生み出した。【63】［彼は ±14 ］［栄光[5]］に与る。一人一人がそれぞれ［彼（父）を］彼（御子）によって受け入れるであろう［仕方[6]］に応じて、万物*［ ±4 ］。もっとも彼（父）[7]の偉大さは、彼らがまだ彼（御子）によって彼（父）を受け入れていないときには、そのようなものではない。

しか［し］、彼（御子）が存在するのである。［彼（御子）が］その中に固有の仕方、［固有の］かたち、固有の偉大さをそなえて存在している部分[8]、（彼らには）彼（御子）を見る［こと］が可能であり、［彼］らが彼（御子）について知［ること］を語ることも可能である。なぜなら、彼ら（アイオーン*）は彼（御子）を着、彼は彼らを着ている[9]からである。

（1）同様の比喩は真福**22** 35、**27** 11—15にも見られる。
（2）トーマスセンによる復元。
（3）すなわち、終末において初めて啓示されるということ。後続の**126** 10—15を参照。
（4）文脈上は複数形で、先行する第34行の「彼自身の中から出てきた者たち」（アイオーンたち）を受けるべきところであるが、原文は三人称・男性・単数形。
（5）トーマスセンの復元。
（6）トーマスセンの復元。
（7）以下第14行あたりまで、三人称・男性・単数形の人称代名詞「彼」がさまざまな文法的格で連続し、正確な指示関係および文意が読み取りにくいため、訳者によって解釈が大きく異なる。私見に従って、最も蓋然性の高い解釈を括弧内に補充する。
（8）つまり、プレーローマの部分としてのアイオーンたち。
（9）「着る」は「運ぶ」とも訳せる語であるが、御子は父を啓示するために彼らの間にいるということ。**128** 24と**129** 3—5との関連で「着る」と訳す。

すなわち、彼らは彼を把握することができる［からである］。しかし、彼（御子）は、（同時に）その在り方において無比の者である。それは父が（彼らの）それぞれから栄光を受け、自己自身を啓示するためである。また、彼（父）はその語り難さのゆえに、隠されており、見えざる者であるから、彼らが彼を賛美するのは知力によるのである。それゆえ、彼（父）の崇高さがどのようなものであるかは、彼らが彼について語り、彼を見るに至る次第に（明らかで）ある。彼は啓示され、その溢れるばかりの甘美さのゆえに讃えられる。

§15　霊的なる者たち

しかし、恵みをもって〈　〉[1]そして、沈黙に対する「賞讃」は永遠の世代であり、彼らは知力をそなえた子孫である。それと同じで、ことば[2]による「配剤」*も霊的な発出である。これら二つのもの（賞讃と配剤）は、ともにことばに属するものであるがゆえに、**【64】**彼（ことば）の子孫［の］種［子］*であり、思考であり、さらにまた、永遠まで生き続ける根である。彼らは自分たちで生まれてきた者たちであるかのように見えながら、（実は）父の栄光を現すための知力、霊的なる者たちなのである。

声も霊も知力もことばも必要ない。なぜ［なら］、したいと思うことのため［に］働［く］必要が、彼らにはないからである。むしろ、彼（父）の中から出てきた［者たちも］、彼（父）がそれまで存在［してきた］のと同じ仕方で存在するのである。すなわち、彼らも欲するところをすべて生み出すのである。

彼らが考えをめぐらすところの者、彼らがそれについて語る者、彼らがそれを目指して動いてゆく者、彼らがそのもとに置かれている者、彼らが賛美して栄光を帰す者、この者には子供たちがいるのである。[3]彼らの生産的な力は、すなわちこれである。つまり、彼らは、自分たちがそこから出てきた者たちに似て[4]、互いに助け合うのである。彼らは生まれざる者たちと同じように互いに助け合う。

§16 父の自己伸長と御子

父は、万物*の上に君臨するその高さに応じて、知られざる者、摑み難き者であって、その偉大さと大きさは、もし仮に彼が自分を突然、不意に、アイオーン*の中の高き者たちすべてに現していたら、必ずや彼らは滅びてしまっていたに違いないほどである。まさにこのゆえに、彼はその力と疲れを知らない精力を、彼が現にそうであるものの中に、**【65】**引き留めたのである。[彼は]言葉に言い表し難く、[また、]名付け難く、あらゆる知力と言葉を[越え]ている。

しかし、その彼が自分自身の身を延ばした。そして、彼が引き延ばしたもの、それが堅固さ、場所*、万物*のあるべき所を据えたものである。彼には一つの名前がある。すなわち、「彼によって」[5]という名前である。という

(1) 写本の本文に損傷はないが、「しかし」と「そして」の二つの並列の接続詞がこの順で連続し、構文が成り立たない箇所。おそらく、一定量の文章が書き飛ばされているのであろう。

(2) 「ことば」は原文では「ロゴス」。しかし、ここでは、§24以下で登場する「ロゴス」のことではなく、「御子」が「父」の「ことば」として、「賞讃」と「配剤」と呼ばれる霊的な者たち(アイオーン)を生み出す。

(3) 第16行の「彼らが考えをめぐらすところの者」以下第21行の「この者」までは、すべて「父」のこと。その「子供たち」とはプレーローマのアイオーンのこと。但し、「この者」を目的格、「子供たち」を単数に読み換えて、「彼らはこの者を御子として持っている」と訳す提案がある。

(4) 「父」に「御子」を加えてのことか。

(5) 字義通りには「彼(それ)によって……が生じたところ

のは、彼は存在する者［たち］のために労したゆえに万物の父*なのであるから。[1] 彼は彼を尋ね求めようという考えを（彼らの中に）蒔いておいた。［14 ±5 ］の豊饒さは、彼が存在することを彼らが認識すること、そしてかつて存在した［も］のが何であるのかを問うことの中にある。これ（神の自己伸長）が彼らに、喜び、養分、歓び、豊かな照明として与えられたものであり、これ（豊かな照明）は、彼が（彼らと共に）労する労苦、彼の知識*、彼が彼らと結ばれることである。これがすなわち、御子と呼ばれ、事実御子であるに他ならない。なぜなら、彼は万物であり、彼が誰であるのか彼らが知っている者だからである。彼は（自分に）衣服をまとう。[2] これが御子と呼ばれる者である。彼らは彼（御子）が存在することを認識する。彼らは彼（御子）を尋ね求めていたのである。これ（御子）が父として存在する者、語り得ざる者、認識し得ざる者である。これ（御子）が最初に存在するようになった者である。

§17 父の名としての御子

彼（父）を認識すること、あるいは彼を思考することは誰にも不可能である。それとも、誰にもせよ、それほどに高き者に向かって、（言葉の）優れた意味で（万物に*）先立って在る者に向かって、近づくことができようか。むしろ、彼について考えられたり【66】《考えられたり》、語られたりするあらゆる名前は、彼の栄光を讃えるために持ち出されるもので、彼を讃えようとする者それぞれの能力に応じて、ただ彼の足跡を辿ろうとするものに過ぎない。さて、彼（父）が万物を生み出し、（万物に自分を）知らしめるために、自分の身を延ばしたときに彼の中から現れてきた者、彼こそは偽りなくすべての名前［9 ±4 ］。彼こそは、優れた意味で、唯一の最初の者、父の人間である。彼のことを私はこう呼ぶ、

かたちなき者のかたち、

からだなき者のからだ、
見えざる者の顔、
語[り得ざる者]のことば、
知[解]し得ざる者の知力、
彼から流れ出る泉、
植えられた者たちの根、
据えられた者たちの神[3]、
彼が照らす者たちの光、
彼が望んだ者たちの望み、
彼が配慮する者たちの配慮、
彼が賢くした者たちの賢さ、
彼が力を与える者たちの力、
彼が集める者たちの集まり、

の者(もの)」。「原因」の概念を種々に区分した古代哲学の術語の一つ。ヨハ一3も参照。

(1)「彼には一つの名前がある」以下ここまでを次のような挿入文として訳す提案がある。「彼は彼らのために労しながら、万物の中に住む、——これ(「万物」)は彼(父)の名前である。これ(名前)によって彼は「万物の父」なのである」。

(2) **63** 12—13参照。

(3) トーマスセンは「ひれ伏す者たち」。

探し求められる者たちの啓示、
見る者たちの目、
息をする者たちの息、
生きる者たちのいのち、
万物と結ばれた者たちの一致。

彼らすべては唯一なる者[1]（父）の中に在る。彼（唯一なる者）の方は自分自身をあますところなく被っている[2]。彼が彼の唯一なる名前で呼ばれることは永久にない。彼らも互いに一致して、同じように唯一なる者であり、また、万物でもある。彼は身体的に分かたれることも、与えられた名前に分割されて、ある仕方ではこれ、【67】［別の仕方］ではこれという具合にはならないのである。

彼（父）は［2±3　］において変わることがなく、彼が［考］え出した［名］前に変転して、今はこれ、別の場面ではこれ、今はそれ、別の［時］にはまた別のものになるということもない。むしろ、彼は徹底して全体である。［彼は］永久に、かつ、同時に、万物を成す個々の存在そのものである。彼は彼らすべてがそれであるところのものである。――万物の父として[3]*。万物は彼である。なぜなら、彼は自分自身を知っている者、あらゆる特性のすべてである者だからである[4]。彼には力がある。〈彼は〉目で[5]［あり］、すべてを認識する。なぜなら、すべてを自分自身で完全に見、御子とかたちをもっているからである。それゆえに、彼の力と特性は数え難く、彼が彼らを〈それをもって〉生み出した産出のゆえに、前代未聞[6]なのである。彼のことばの生み出したもの、彼の命令、彼の万物は数え切れず、分割もできない。彼は彼らを――とはつまり彼自身のことである――知っている。なぜなら、彼らは唯一の名前の中に在って、語っているからである。彼が（彼らを）生み出すのは、彼らがそれぞれの特質において存在しながらも、唯一性の中に在ることが明らかになるためである。そして、彼は万物に向かって直ちにはその多数さを現さず、彼の中から出てきた者たちに、彼が（彼らと）等しい者であることも、まだ現さなかった。

五　アイオーンの生命

§18　アイオーンたちの生産性

さて、彼の中から出てきた者たちすべて、とはつまり、アイオーンの中のアイオーンたち*は、【68】（彼の）生産的な本性から［流］出し、産出した者たちである［がゆえに］、彼ら自身も生産的本性のものである。彼らは父に栄光を［帰し］た。なぜなら、彼（父）が彼らの存立の原因となったからである。これがわれわれがすでに初めに述べた[7]こと、すなわち、彼（父）はアイオーンたちを根、泉、そして父として[8]造り出すということ、また、彼らが栄光を帰すのは彼であるということである。

彼らは生み出した。なぜなら、彼らには知識*と知恵とがあるからである。そして、彼らは、自分たちが万物*の知識と知恵から現れてきた者であることを知った《知った》。もし仮にアイオーンたちの一人一人がそれぞれ立ち上

（1）**51** 18—30参照。
（2）**64** 37—**65** 1参照。
（3）トーマスセンの解釈に従う訳。
（4）トーマスセンは直後の文章との区分および構文解釈の点で異なる訳文を提示しているが、説得的ではない。
（5）トーマスセンの解釈に従う。アトリッジは「目」に当たる語を前置詞に解して、「〈彼は〉彼が認識するすべてを超えている」。
（6）トーマスセンの解釈に従う。
（7）**62** 6—11、**64** 1、**66** 15—19参照。
（8）複数形。

がって賛美したとすれば、彼らはきっと「父こそは万物なる方である」に類する賛美を献げて終っていたことであろう。(1)この理由から、彼らは、栄光を帰すための賛美の歌を歌いながら、彼らがその中から出てきた方の唯一性の力によって、互いに混じり合い、結び合い、一つとなるように導かれたのである。彼らはプレーローマ*の集会から父にふさわしい賛美を献げた。それ(プレーローマ)は多数であるのに、一つのようであった。なぜなら、彼らはそれを唯一なる方(父)への賛美として献げたからであり、自らが万物である方のもとへ彼らはやってきたのだからである。

§19　第一、第二、第三の栄光

【69】さて、これが[アイオーンたち](2)が、万[物]*を生[み出]した方に向か[って]献げる賛美であり、不死なる者たちの初穂(3)であり、永遠の賛美である。なぜなら、それ(賛美)はアイオーンたちの間から、完[全]で満ち満ちた方のゆえに、生きた、完全な、満ち満ちたものとして生じてきたものだからである。それ(賛美)は、完全さと交わりにおいて賛美を献げた者たちを、満ち満ちた者、完全なる者*とした。なぜなら、それはちょうど、欠けるところ[なき]父が賛美を受けるとき、その賛美を[彼を]賛美する者たちに[返して](4)、彼らもまた彼がそれであるところのものに他ならないことを明らかに[する]のと同じだからである。

　彼ら(アイオーンたち)に与えられた第二の栄光の原因は、彼らが恵み[を]――それによって彼らは、父のゆえに、互いの間で実を結ぶことにな[っ]たのである――認識したときに、父から彼らの上にもたらされたものである。その結果、ちょうど彼らが父の栄光のために生み出した(5)のと同じように(6)、彼らも完全なる者として現れるために、(父に)栄光を帰しながら現れてきた。

彼らは、彼らとともに生み出された自律性と力に従って、第三の栄光[7]の父である。[8] 彼らはそれぞれが個々別々に存在し、それぞれ望むところに一致して賛美を献げるということがないからである。[9] 彼ら（第一と第二の栄光[10]）は最初のものであると共に第二のものである。こうしてこの二つのものはいずれも完全で、満ち満ちている。なぜなら、それらは完全で満ち満ちた父から出現したものであり、完全なる方を賛美することから現れてきた完全なる者たちだからである。

しかし、第三のものが結ぶ実はそれぞれのアイオーンの意志とそれぞれの特性がもたらした栄光である。父には力がある。[11] **【70】** それ（第三の栄光の実）は豊［かで］、しかもその［思］考力において完全なものである。それは（ア

（1） アイオーンが個別に献げる賛美の歌は、一致して献げるそれ（後続参照）に比べて価値が低いということ。「父こそは万物なる方である」は、三部教の著者が属するヴァレンティノス派の教会（共同体）で使われていた賛美歌の一つの冒頭の歌詞かも知れない。洗礼に係わる文脈でも同じような引用の仕方が見られる。128 20―129 8参照。

（2） トーマスセンの復元。

（3） Iコリ一五20参照。ここで「初穂」は、アイオーンたちがその生産性（§18参照）によって生み出す三段階の「栄光」、つまり、彼らよりさらに下位のアイオーンのうちの第一の段階を指す。「栄光」の三つの層については後続の二三九頁注（1）参照。

（4） トーマスセンの解釈による。アトリッジは「［彼を］賛美するその賛美に耳を傾けて」。

（5） アトリッジは本文を修正して受動態で訳す。

（6） 誰（何）を指すのか不詳。アイオーンたちによって第二段階で生み出された存在（「第二の栄光」と呼ばれる者たち）のことか。

（7） 「第三の栄光に属する者たち」の意。

（8） アトリッジは過去時称に修正して読む。

（9） アイオーンたちが個別に献げる賛美は、一致して献げるそれよりも価値が低いことは、すでに§18注（1）で述べられている。トーマスセンは全く逆に、「彼らはそれぞれが個別に存在するのではなく、その望むところに一致して賛美を献げるために……」。

（10） 「彼ら」は、後続の文脈から推すと、「第三のものが結ぶ実」と区別された「第一の栄光」と「第二の栄光」、あるいは、そのそれぞれの「実」のこと。

イオーンの間の）一致から生じているものであるとともに、個々のアイオーンそれぞれからのものでもある。これ（実）が彼（父）の愛するもの、その上に彼が支配するものである。なぜなら、それ（第三の栄光の実）はそれ（完全な思考力）によって父に栄光を帰すからである。

それゆえ、彼らは知力の中の知力、すなわち、ことばの中のことばであることが明らかである。彼らは長老の中の長老であり、位階の中の位階として、相互に層を成している(1)。このように栄光を帰する者たちのそれぞれは、自分の場所、自分の高み、自分の住まい、自分の安息、とはつまり、それぞれが献げる栄光を持っているのである。

§20　プレーローマが父を探究する

父を讃える者たちにはすべて、子孫の誕生が永久に続く。彼らは互いに助け合うことによって生み出す。なぜなら、流出は無限で量り難いからであり、しかも、父の側には、彼の中から現れてき［た］者たちに対する——すなわち、何か彼に似たもの、等しいものを生み出したことに対する——妬みもないからである。彼（父）は生み出しつつ、自分を現しながら、万物の中に在る。彼はそうしたいと思う者（たち）を父にするが、その彼らの父は彼である。（同じように、彼はそうしたいと思う者を）神とするが、その彼らの神は彼である。彼は彼らを万物とするが、その〈彼らの〉全体が彼である。これらすべて大いなる【71】名前は、本来はそこに置かれているものなのである。それら（の名前）には、アルコーンたちと共にこの世に生じてきた天使たちが、永遠なる者たちと何も似ていないにもかかわらず、与っているのではあるが(2)。

アイオーンの全組織には、父を完全なかたちで発見しようとする熱望と欲求がある。そして、これこそが彼らの間の非の打ち所のない一致なのである。父は自らを永遠に啓示するが、彼らが彼を探そうとして思考の対象とするような仕方では、彼らに知られることをまだ望まなかったのである。なぜなら、彼は自分の究め難き先在性を(自分一人に)保[留]しているからである。

父こそはアイオーンたちに根源的な衝動を与えた者である。なぜなら、彼らは彼へと通じる道の途上に在ったからである、ちょうど倫理の学校へ向かうかのように。彼は彼らの間に、彼らが見ることのできない彼自身に対する信仰と祈りを広げた。また、彼らが知解することのできない彼自身に対する確かな希望、実り多く、しかも見えざるものを見究める愛(アガペー)、永[遠]の知力についての心地よい理[解]、祝福、とはすなわち、豊饒と自由を(広げ)、彼らの思考の上に、父の栄光を望む者としての知恵を(広げた)。

§21　父の霊の働き

いと高き父が知られるのは、【72】彼自身の意志による。[3] とはすなわち、万物*の中に息づく霊*のことを言うのであり、この霊が彼らに知られざる方を尋ね求めようという思いを引き起こすのである。それはちょうど、誰かがあるよい香りに引かれて、その芳香の原因となっている物を探し出そうとする場合と同じである。まして、父の香りは並のそれよりはるかに優れているのである。なぜなら、[その][4]甘美さはアイオーン*たちを言うに言われぬ快

(11)　おそらく二次的な挿入文。すでに67 15にもほぼ同じ文章が現れている。

(1)　第一から第三までの三つの層。

(2)　§46以下で初めて登場するアルコーンと天使たちを先取りするもの。彼らにも「父」あるいは「神」という「大いなる名前」が与えられる(100 28―30参照)のは二次的な事態だということ。

(3)　字義通りには、「彼らは父、すなわち、いと高き方を、彼の意志によって知る」。

楽に引き入れるからである。それ(甘美さ)はまた、彼らに彼——すなわち自分を彼らが一致して認識してくれることを願う者、彼らが彼らの中に蒔かれた霊によって互いに助け合うことを望[む]者——と結ばれてみたいという思いを引き起こす。

彼らは大きい。また、大きな重さ[1]の下にある。しかし、言葉には表現できない仕方で更新を遂げる。なぜなら、彼らが知解し難き仕方でその中に置かれている方、その方から彼らが分かたれることは不可能だからである。

彼らは父の栄光について黙し、それについて語り得る者[2]についても、語[ら]ないだろう。しかし、彼からかたちを受け取るだろう。彼は自[分を]現した、——彼について語ることは不可能である[にもかかわらず]。

彼ら(アイオーンたち)は彼を思考の中に隠されたかたちで持っている。それゆえに[3]、彼らは確かに父がそのかたち、その本性、その大きさにおいてどのようであるかについては黙している。【73】しかし、アイオーンたちは彼の霊*によって、彼が語り得ざる者、把握し得ざる者であることを知るに値する者とされた。彼が彼らに彼を知解し、彼について語ることを許すのは、彼の霊、とはつまり、彼に対する探究の足跡を通してなのである。

アイオーンたち、[すなわち]父の特性と力はすべて、名前をもっている。なぜなら、彼は多くの名前の中に在るからであり、(それらの名前は)互いに混じり合い、調和し合っているからである。彼らが彼のことを語ることができるのは、ことばの豊饒のゆえである。それはちょうど、父がただ一人でありながら、その特性と名前において数え切れない方であるのと同じ事情である。

§22　流出の本質

万物*——それは存在する方から存在する——[の]流出は、あたかも彼らを生む者から放棄されるかのように、互いに分離する仕方で生じたのではない。むしろ、彼らの誕生は(外へ向かっての)伸長に似ている。なぜなら、父が愛する者たちに向かって自分自身を伸長するからである。その結果、彼から生じてきた者[たち]は、彼ら自身も彼となるのである。(4)

今の時代(アイオーン)*は確かに一つでありながら、いくつかの時代に分かれ、その時代がいくつかの年に分かれ、その年がいくつかの季節に分かれ、その季節がいくつかの月に分かれ、その月がいくつかの日に分かれ、その日がいくつかの時間に分かれ、その時間がいくつかの分に分かれる。ちょうどそれと同じことが【74】真のアイオーンについても言える。すなわち、それは一つでありながら、多数であり、小さな名前と大きな名前のそれぞれが、彼を理解することができるところに従って栄光を受けるからである。もう一度類比で言えば、泉は現に在る泉にほかならないにもかかわらず、やがて流れとなり、湖となり、運河となり、水路となるように。あるいは、ある根が木の下、実をつける枝々の下で広がるように。あるいは、人間のからだが分かち難い仕方で肢体の肢体まで、主たる肢体から従のそれまで、大から小まで、区別されているのと同じように。

---

(4)「父」または「香り」を指す。「香り」については真福§28、「プトレマイオスの教説」(エイレナイオス『反駁』I, 4, 1〔第一巻『救済神話』二二四頁〕)、フィリ四18、エフェ五2も参照。

---

(1)「父」に対する無知あるいは熱望の重さの意。

(2) 誰を指すのか不詳。「御子」のことか。

(3) アトリッジは「なぜなら、彼から」と訳し、次の文章との間に一定量の脱文を想定する。われわれはトーマスセンの読みに従う。

(4) トーマスセンは本文を修正して、「彼らも存在するようになるためである」。

六　ロゴスによる不完全な産出

§23　第三の栄光のアイオーンたちの自由意志と知恵

さて、アイオーンたち*が第三の実として、自由意志を備えて、また、知恵を備えて生み出されてきた。それ(知恵)は彼(父)が彼らに恵みとして与えて、思考能力としたものである。しかし、彼らは一致から生じたもの[1]に従って栄光を献げることを欲しない。それ(一致から生じたもの)はプレーローマ*の中にいる者それぞれが献げるべき栄[光]のことばのために生み出されたものであった[のに][2]。彼らは万物*と共に栄光を献げることも欲しない[3]。彼らはまた、初めにあの深淵[4]の上に、あるいは彼の場所*の上に在った他の者と共に(栄光を献げることも)欲しない。ただ、いと高き名前と場所の中に在る者(父あるいは御子)だけを別として。また、(もし)彼(個々のアイオーン)が、(栄光を献げたいと)望む方(御子)から受け取り、【75】それを彼の上にいるその方(御子)のために自分に引き受けるのでなけれ(ば)。また、(もし)彼(個々のアイオーン)がいわば彼自身を生み出して、あの方(御子)を通して、彼(御子)がそれであるところのものと共に、彼自身を生み出し、彼の上に到来した者(御子)と共に、彼の兄弟(御子)によって、自分自身を更新し、彼(御子)を見て、彼に事柄を請い求めるのでなけれ(ば)[5]。――彼とはつまり彼の上に到来したいと欲した者(御子)のことである。

さて、このような事態にするために、栄光を献げたいと願った者(御子)は何も彼(個々のアイオーン)にこのこと[6]については語らないのである。例外はただ一つ、プレーローマの中では語ることに限界が定められていること[7]、それゆえに彼らは父が把握不可能であることについて沈黙を守るということである。彼らが語るのはただ、そ

の彼(父)をそれでも把握したいと欲求する者についてだけである。(8)

§24　ロゴスの過失と父の意志

(しかし)一つのアイオーン*の上に、その知解不可能性を敢えて把握してみたい、20(そして)それを、また特に父

---

(1)　あるいは「合意から生じたもの」。プレーローマを指す。

(2)　プレーローマの中にいる存在は、それぞれのことばでプレーローマの栄光を讃えるべきだということ。

(3)　以下**75** 9まで、「彼」、「彼ら」、「……する者」という表現が連続し、それぞれが誰を指すのか、きわめて曖昧である。加えて、それぞれの文の構文も明瞭ではないために、明解な翻訳は不可能である。欧米語ではさまざまな翻訳が提案されているが、相互に違いが大きい。但し、細部は別として、大きな論旨については、ほぼ意見が一致している。すなわち、この箇所の主題は、第三の栄光として生み出されてきたアイオーンたちのプレーローマでの在り方である。彼らはプレーローマの一番低い層に位置するため、相互の間で、あるいはさらに上の層に位置する他のアイオーンたちとの間で、自分をどう位置付けるかが問題になる。

すなわち、①アトリッジによれば、彼らは、「父」あるいは「御子」だけを別として、それ以外の他のアイオーンたちとは賛美の業を共にしない。ただ、「彼の上にいる(到来する)者」、つまり「御子」によってだけ、自己更新を遂げ、「事柄」、すなわち、「父」についての認識を求め始める。あるいは、②トーマスセンによれば、それぞれのアイオーンは、どこまで他のアイオーンと一致して、あるいは自分より上位のアイオーンと共同で、「父」に賛美を献げることができるかどうかによって、プレーローマの中での位階を昇って行く。

①と②のどちらもかなりの程度、想像力の産物であるが、以下では一応①に従って、括弧内に必要な補充を行なう。なお、次の§24で語られるロゴスの過失は、この段落で語られた第三の栄光のアイオーンたちが内包している問題性の極点にほかならない。

(4)　原語はギリシア語。トーマスセンは「位階」を意味する別のギリシア語の書き損じとする。

(5)　「父」についての認識のことか。

(6)　直前(**75** 8)に出る「事柄」のこと。

(7)　エイレナイオス『反駁』I, 11, 1 の報告によると、ヴァレンティノス派の系譜に属するあるグループは、プレー

の表現し難さを賛美したいという思いが生じた。彼は唯一性からのロゴスである[1]*［ので］、一つ（のアイオーン）なのである。万物*の合意から出た者でも、彼らを生み出した者――とはつまり、万物を生み出した者、つまり父のことである――から出た者でもないにもかかわらず。

このアイオーン（ロゴス）は、知恵を与えられて、それぞれその思考の中に父が先在するようになった者たちの一人であった。彼らが生み出されるのは、彼（父）が欲するところによる。[2] このゆえに彼は賢い本性を授かっていたので、隠された秩序を探究した。彼は賢い実（知恵の実）であるからである。万物と共に生み出された自由意志こそが、この者（ロゴス）が自分の欲することを**【76】**行ない、それを誰も止めることができないような結果となった原因であった。

それゆえ、ロゴス――これがその者である――の意図は善きものであったのである。彼は立ち現れたとき、父に栄光を帰した。たとえ、それがやがては不可能なることに手を着けることにつながったとしても。というのは、彼はある完全なる者*を生み出そうと欲したのである。彼自身が関与していなかった合意に基づいて、あるいは彼に命令権はなかったにもかかわらず。

このアイオーンは互いに助け合いながら生み出されてきた者たちの中の最後の者で、その大きさも小さかった。そして彼は、万物との合意に基づいて、父の意志の栄光のために、何か他のことをなす前に、思い上がって、過剰な愛（アガペー）から行動した。彼は完全なる栄光の周りに在るものに向かって突き進んだ。なぜなら、このロゴスが生み出されたことは父の意志に反して起きたことではないからである。つまり、彼（ロゴス）の猛進も彼（父）なしには起きないであろう。しかし、父は彼を彼らのために、とはつまり、存在するようになることが適当だと彼が考えた者たちのために[3]、生み出したのである。

しかし、父と万物は彼から離れた。それは父が定めた境界*が固くされるためであった。――というのは、それ[4]は、(ロゴスが父の)把握不可能性を摑もうとしたことからではなく、むしろ、【**77**】父の意志から生じたものだからである。――それはまた、今や生じてきた事物が、やがて生じるべき経綸[5]*(オイコノミア)となるためであった。それ(経綸)は、もし生じるのであれば、プレーローマ*の啓示によって生じるのではないはずであろう[6]。それゆえ、この(一連の)動き、とはつまり、ロゴスを論難するのは適当ではない。むしろ、われわれはロゴスのこの動きに関しては、こう言うべきなのである。――それはそうなるべく定められた経綸[の]原因であると[7]。

ローマとその下の領域を区切る「境界」(三部教では**76** 32、**82** 12に言及がある)の他にも、プレーローマそれ自体の内部で、至高神をそれ以外のすべてのアイオーンから区切る「境界」があるとした。われわれの箇所の「限界」はこの意味の「境界」かも知れない。

(8) 個々のアイオーンは自分たちについてだけ、何かを語り得るに過ぎないということ。あるいは「その彼をそれでも把握したいと欲求する者」とは、とりわけ次の§24以下に登場するロゴスのことか。

---

(1) 原語がギリシア語で男性名詞。ヴァレンティノス派の歴史の中では、プトレマイオスと共にいわゆる西方派(イタリア派)を代表するヘラクレオンが、ヨハ一3に施した注解の中で、やはりロゴスをプレーローマより下の領域の創造者として扱ったと伝えられる(オリゲネス『ヨハネ福音書注解』II, 14)。

(2) 時系列上の整合性からすれば、この文全体が過去時称になるべきである。トーマスセンはそのように修正して読む。

(3) 直後で言及される「経綸」の領域のこと。後注(5)参照。

(4) 「境界」あるいは「ロゴス」を指す。

(5) ロゴスによって経綸されるべき下方の世界のことで、空間的な意味合いが強いが、同時に時系列の中で働く「父」の「摂理」の意味も含む。以下で頻出する。

(6) 構文が難解な箇所。前後の文脈との整合性からすれば、「……生じるのではない」の否定形は肯定形であるべきである。そのため、トーマスセンは前の文も含めて本文を修正し、「プレーローマの啓示において、やがて来るべき経綸――それが存在しないというようなことは、適切なこと

§25　ロゴスの自己分裂

さて、確かにロゴス*はそれを自分自身で、しかも完全で単一なる者として、彼が［欲］求した父の栄光のために生み出したのである。しかし、彼は、確固たるものとして手に入れようと欲したものを、かえって影と影像*と模写*として生み出してしまった。なぜなら、彼は光の輝きに耐えることができず、下にある深淵（バトス）の方を眺めてしまい、心を二つに分けてしまった（疑ってしまった）からである。分裂はここに由来する。彼は深い錯乱に陥った。また、彼の疑いと分裂からは、転向、忘却、自己自身と（真に）存在する〈ものについての〉無知が（由来する）。

彼が自分を高い者としたこと、また、把握不可能な者を把握しようとする彼の期待は、彼にとっては堅いものとなって、その心の内に在った。しかし、彼が（今や）われを失ったときに、病気が彼の後から追いかけることになった。それ（病気）は彼の疑いから生じてきた。すなわち、彼が父——その崇高さは無限の者——の栄光に達することができなったという事実から。彼（ロゴス）は彼（父）に達しなかった。彼を把握しなかったからである。

§26　ロゴスの半身（完全なる者）の帰昇

さて、彼（ロゴス）*が自分の中から【78】唯一性に属するアイオーン*として生み出した者[1]は、プレーローマ*にある彼のものと彼の同類の者のもとへ昇って行ってしまった。彼は（他方で）欠乏*を抱えることになってしまった者[2]と、彼の幻想［から］生じてきた者たちをもろともに投げ棄てた。なぜなら、彼らは［彼の］ものではないからである。

さて、自分を完全なる者として生み出した者（ロゴス）は、（実際に）自分からそれ[3]を生み出してみると、男性の相手から見棄てられた女性のように、弱くなってしまった。

彼の考えと思い上がりから生じてきた者たち〈は〉、それ自体として本来欠乏を抱えた者から生じ[た]ものである。しかし、この理由から(4)、彼の中にある完全なる者*は彼(欠乏を抱えた)を放棄し、(本来)自分のものである者たちのもとへ、[自ら]昇って行った。彼は彼(欠乏を抱えた者)のための想起としてプレーローマに[在]った。それは、彼が[やがて]彼の[思い]上がりから救われる[ため](5)である。

高きところへ駆け昇った者、および(6)彼を自分のところへ引き寄せた者(7)は、無為のままではいなかった。むしろプレーローマの中で一つの実を結ぶことによって、欠乏の中にあったものを転倒させたのである。

ではないであろう――のために生じた事物……」と訳す。

(7) 三部教は、過失の主語を男性的なアイオーンであるロゴスとし、しかも、その過失性を免責する点で、同じヴァレンティノス派の中でも、女性的アイオーンであるソフィアに同じ過失の責任を負わせる系譜(例えば、エイレナイオス『反駁』I, 2, 2(第一巻『救済神話』二二四頁)に報告されたプトレマイオスの教説)から区別される。ヨハ・アポ§26も参照。

---

(1) 過失の後、われを失ったロゴスは二つの半身に自己分裂する。彼が「唯一性に属するアイオーンとして生み出した者」とは、そのうちのいわばプラスの半身を指し、後続の第18行に出る「彼の中にある完全なる者」と同じ。ロゴスの二分割については、後続の**85** 25―**86** 10も参照。

(2) 前注(1)で述べたロゴスのマイナスの半身。

(3) 三人称・男性・単数形。指示対象はよく分からない。前注(2)を付した「欠乏を抱えることになってしまった者」か。

(4) 本文が不鮮明で判読が困難な箇所。トーマスセンの読みに従う。

(5) 後続の**81** 30―32参照。

(6) 直前の「高きところへ駆け昇った者」を指す。

(7) 「父」あるいは「御子」のこと。

§27 ロゴスの別の半身（思い上がり）から物質的な者たちが生成する

（ロゴス*の）思い上がった考えから生じてき［た］者たちは、プレーローマ*と似ているが、彼らはその（プレーローマの）模写*、影像*、影、幻想に他ならず、理性（ことば）も光も欠いていて、空虚な考えに属するものであって、いかなる者から生み出されたものでもない[1]。それゆえに、【79】彼らの最後は再び彼らの初めのようになるであろう。つまり、［存］在してはいなかったものから出てきたように、やがて存在しなくなるものへと、再び戻ってゆくであろう。しかし、彼らは、彼ら自身としては、彼らに［与］えられた名前——これは［彼らの］影に過ぎない[2]——よりも、はるかに大きく、強く、［美し］い。彼らは模［写］によって美しい。なぜなら、影像の［姿は］その美し［さ］を、それがその影像であるもの［か］ら受け取るものだからである。

さて、彼らは自分たち自身について、自分たち自身によって存在しており、始源を持たない者たちなのだと考えた。というのも、彼らには彼らよりも先に存在するものが他に何も見えない［か］らである。このゆえに、彼らの生［き］方は不従順で、彼らが［その］おかげで存在するようになった方に対して、身を低めることもなく、［反］抗的であった。

彼らは互いに覇権を握ろうと欲し、虚［栄］心［から］支配しようとした。その際、彼らが所持していた栄光に、やがて生じてくるはずの組成[3]［の］原因が含まれていたのである。

彼らは高いところに在る者たちの模写であった。彼らはそれぞれに対する覇権を求める思いに陥った。——それぞれがその影である名前の大きさを競って。それぞれが（自分の名前は）彼の仲間よりも大きいという幻想をいだきながら。

これら他の者たちの考えは無為のままではいない。むしろ彼らがその影である［者たちの］場合と似て、彼らが考えることはすべて、彼らにとっては【**80**】潜在的な息子たちなのである。彼らが（一度）考えた者たちは、彼らの子孫となった。このゆえに、彼らの子孫として多くの者たちが、戦士、闘士、荒らす者、反抗する者として現れてきた。彼らは不従順な者、覇権を好む者である。この［種］の他のすべての存在はこれらの者たちから（出てきたの）である。

七　ロゴスの回心

§28　ロゴスの「悔い改め」

さて、ロゴス*は（このようにして）存在するように［なった］者たちの原因となったが、なお一層錯乱の中に在り続けた。彼は驚嘆して目を見張った。彼が見たのは、完全さの代わりに欠［乏］*、一致の代わりに分裂、安定の代わりに混乱、安*［息］の代わりに騒乱であった。彼には、彼らを抑えて、［混乱を愛］さないようにさせることが「できなかった」。また、それを滅ぼすこともできなかった。彼は、一度万物*と彼の高きところが彼から離れたとき(4)以来、完全に無力だったのである。

（1）文意がよく通らない箇所。おそらく、「真の意味で存在すると言える者から生まれたのではない」の意。

（2）後続の第29―30行の「それぞれがその影である名前」という表現との整合性では、「［彼らは］その影に過ぎない」となるべきである。トーマスセンはそのように修正して読む。以下第11行まで、欠損した本文の復元が困難な箇所。

（3）**77** 10の「経綸」とほぼ同じ意味。

（4）前出**76** 30―32参照。

自分たち自身のことを知らないままに存在するようになった者たち、彼らは自らがそこから出てきたプレーローマ*のことも知らなければ、自らが存在するようになったことの原因者についても知らなかった。

ロゴスはそのような不安定な状態にあったので、プレーローマにおいて父の栄光となった流出に類するもの[1]を、引き続き生じさせることはできなかった。むしろ彼は、【81】小さな弱い者たちを造り出した。彼らは、［彼］自身もそれによって妨げられていたのと同じ病気[2]によって、［妨］げられていた。（両者を）一つにするものは、［この］相似た状態である。これが、それ自身で初めから存在したわけではない事物の原因となったものである。

欠乏を抱えたこれらのものをこうして造り出した者、彼は、自分のゆえに理性に即さずに生じてきてしまったものを裁いたその時まで、彼らと闘って裁きに至ったのである。そしてこの裁きが彼らの破滅となったのである。彼らは破滅に抵抗して闘った。その際、怒りが彼らの後を追いかけた。なぜなら、それ（怒り）は彼らの（間違った）考えと反抗から（彼らを）受入れ、救［う］者だからである。それ（反抗）からの立ち帰り、それが「悔い改め」（回心）とも［呼］ばれるもの［なのである］。ロゴスは［別の］意見と別の考えに立ち帰った。［彼は］悪しきものから離れ、善きものへと立ち帰った。

§29　ロゴスの想起と祈り

この立ち帰りの後には、（真に）存在する者たちへの想起と、（反対に）自分自身を善きものへと立ち帰らせた者（ロゴス）*のための（彼らの）祈りが続いた。彼（ロゴス）が最初に請願し、想起したのは、プレーローマ*にいる者であった[3]。その次に（彼が想い出したのは）自分の兄弟一人一人、しかし、常に彼ら相互のこと、それから彼らすべてのこと、しかし、彼らすべてに先立って父のことであった。【82】（アイオーン*たちの）一致[4]による祈りは、彼が自己自身と万物*に立ち帰る上での助けとなった。なぜなら、彼において、彼が初めから存在する者たちを想起するに至った一つの理由は、彼らが彼のことを想起したことだったからである。この想起こそが、彼を遠くから呼んで、立ち帰らせるものなのだ。

§30　心魂的な者たちの生成

彼のすべての祈りと想起は、(すでに述べた)[5]あの境界*の枠内ではあるが、数多くの力[6]となった。なぜなら、彼の思考においては、無為のままでいるものは何もないからである。それらの力は、模写*からの力たち[7]に比べれば、はるかに善く、かつ大きかった。模写に属する者(力)たちは、［偽り］[8]の本質に属するからである。模写の幻［想］と空虚で傲慢な思［い］[9]から、彼らは現にそうであるものになったのである。逆に、これらの者たち[10]は、前もって彼らのことを知っていた［思］考から生じてきたのである。前者の者たちは何に属するであろうか。それらは忘却と重い眠りに似ている。また、錯乱した夢を見る者たち

(1)　すでに**58** 33で言及された「アイオーンのアイオーン」のこと。
(2)　**77** 28(訳文では**77** 30の直後)参照。以下**83** 12では同じようにロゴスが、**93** 18では心魂的な者たちと物質的な者たちの両方が抱える「病気」について語られる。**94** 17では「女性性」と同義。真福**33** 1―5、**35** 30―**36** 3参照。
(3)　プレーローマに登っているロゴスのプラスの半身のこと。**78** 20―22参照。
(4)　トーマスセンは「嘆願」。
(5)　**76** 32参照。
(6)　いわゆる「心魂的な者たち」のことで、§27で述べられたいわゆる「物質的な者たち」と区別される。
(7)　§27の「物質的な者たち」のこと。
(8)　トーマスセンは「闇」。
(9)　トーマスセンの読みに従う。
(10)　「心魂的な者たち」のこと。

に似ている。すなわち、夢見る者は、疲れていると、重い眠りがその後を追いかけてくるものである。一方、後者の者たちは、彼(ロゴス)にとっては、光の中で太陽が昇るのを凝視しているような者たちに似ている。そのような者たちがそこで真に甘美な夢を見るということが起きたからである。[1]【83】それは直ちに思考(想起)[2]の流出を終らせた。彼らにはもはや実体が[なく]、もはや誉れも[な]い。[3]

彼ら[4]は、たとえ模写[よりも]優れていたとしても、先在の者たちと同等ではなかった。それでも彼らをそれら(模写)よりも高いものとする[もの]は、ただ、彼らが善き考えから出てきた者たちだということだけである。[5]なぜなら、彼らは、生じてきた(ロゴスの)病気から出てき[た]のではないからである。すなわち、先在者(父)を尋ねた者(ロゴス)による善き考え(から彼らは出てきたのだから)。彼は祈ったのち、自分を善[き]も[の]に向け、彼らの中に、栄光に満ちた先在者を探し、かつ祈る性向を植えつけた。彼は[ま]た、彼らの中に、彼についての思考とある反省とを蒔いて、彼らが自分たちよりも大いなる者がすでに存[在]することに気付くようにした。[6]もっとも、彼らは、それ(先在する者)が一体何であるかを、まだ理解していなかったのではあるが。彼らはその思考《思考》によって、互いに調和と愛[情]とを生み出すと、一致と合意の内に行動した。なぜなら、彼らは一致と合意から、存在するようになったのであるから。

§31　二つの秩序の闘い

さて、彼ら(物質的な者たち)*は覇権を好む度合において彼ら(心魂的な者たち)*よりも激しかった。なぜなら、彼らは彼らの上に置[か]れた最初の者たちよりも、【84】はるかに思い上がっていたからである。彼らはいまだ自らを低めることをしなかった。彼らは、自分たちが存在するのは自分たち自身によるのであり、自分たちは初めなき者たちなのだと考えたのである。[7] 彼らが最初に彼ら自身のやり方で生み出したとき、二つの(存在の)[秩]序が互いに誹り合った。彼ら(二つの秩序)は(それぞれの)在り方から覇権を求めて互いに闘ったのである。その結果、彼らは誹り合いの度合に応じて、諸々の権威と実*[体]のもとへと沈んで行った。覇権とそれに類する他のあらゆるものを追い求めて。この理由から、虚栄の心が彼らすべてを覇権を求める欲望[に]引きずってゆくのである。彼らの内の誰一人として、[23 ±5]を想起せず[8]、それに同意することもないままに。

他方、思考の[力]たちは[先]在者の働きのうちに[準]備されていた。彼らはその働きに似る者たちであ[る]。なぜなら、この種類の者たちの秩[序]は、互いに調和してい[た]からである。しかし、それは模写*の者たちの秩序に向かって戦い、他方、模写の者[たち]の秩序は、(先在者に)似る者[たち]に向かって戦いを挑み、怒りから単独でそれに抵抗した。**【85】**この理由から、それ[9][1 ±13]彼ら[2 ±13]

(1) 以上、主題的に真福§22と類似。

(2) 原文は三人称・女性・単数形であるが、指示対象が不鮮明。直前の「夢」(女性名詞)では意味が通じ難い。アトリッジは三人称・男性・単数形に修正して、「ロゴス」と読むことを提案している。

(3) この文章と直前の文章の繋がりはよく分からない。ロゴスがその思考から心魂的な者たちを生み出す(流出する)ことを一定の段階で止めたので、彼らには「それ以上の」実在性(ウーシア)も誉れも与えられなかったということか。

(4) 原文の三人称・男性・単数形を同・複数形に修正して読む。

(5) トーマスセンの校訂に従う。アトリッジは、「なぜなら、彼らは善き考えに出る者ではないからである」と読むが、これでは文脈が通じない。

(6) **61** 5—11に並行。

(7) **79** 12—19を参照。

(8) トーマスセンの読解に従う。アトリッジは「高き思いを抱かず」。

(9) 三人称・女性・単数形。但し、「……ということが起きた」という意味の非人称用法の可能性がある。

互いに、多くの［ ±13 ］必然［ ±13 ±13 ］彼らが威勢を強め［ ±13 ］彼は堕ちることを望まず(1)［ ±13 ±13 ］と彼らの妬み、［ ±13 ］(2)、怒り、暴力、欲望、ひどい無知が、雑多な物質*、さまざまな力を生み出す。それらは無数［に］、かつ互いに、混じり合う。他方で、彼らの生成の原因となったロゴス*、彼の知力は、やがて高きところから彼のもとに到来するであろう［希］望の啓示を見上げている。

八　救い主の流出

§32　ロゴスの期待

（プレーローマ*へ）移動したあのロゴス(3)*には、いと高き方への希望と期待がある。闇に属する者たち、彼らから彼はあらゆる点で身を引き離した。というのも、彼らは彼に逆らって戦い、彼の前にへりくだらなかったからである。しかし、彼は、あの思考から出てきた者たち(4)に関しては、満ち足りていた。また、そのようにして上へと急いだ者、また、高きところの境界*の内部にいる者、すなわちロゴスは、欠乏*の中に在る者のことを思い出し(5)、目に見えない仕方で、彼をあの思考のゆえに存在するようになった者たち(6)の間に生み出したのである。彼らと共にいた者(7)に従って。（やがて）彼に高きところから光が昇って、（彼を）活かす者——これは先在のプレーローマの兄弟愛に満ちた考えによって生み出された者(8)のことである——となるまで。

§33　全プレーローマによる代願

万物の父*のアイオーンたち*に——彼らはそれまで苦難を知らなかったのである——（こうして）生じてきた過失を、彼らは、あたかもそれが自分たちのもの（過失）であるかのように、注意深く、悪［意］なしに、この上なく優しく受け入れた。**【86】**万物［[1]がそれを受け入れたのは］、彼らが欠［乏*］について、あの唯一なる者［[2]か］ら学ぶためであった。この［者］を通して［[4]だけ］彼らすべてが、その欠乏を取り除く［[3]力を得］たのである。

彼のために[9]生じた秩［序］は、高き［ところ］へ昇っ［て］行った者[10]によって、また、自分自身のうちからそれ[11]を彼のために生み出した者[12]によって、そしてまた、全き完成によって、生［じてきた］のである。その高きところへ昇って行った者は、その欠乏の中に在る者のために、アイオーンたちの流出——それは（真に）存在する者たち[13]に従って生じてきていたのである——との間で、執り成す者となった。さて、彼が彼ら（アイオーンたち）に向かって祈ったとき、彼らは喜んで、快く、そして一致した合意の下に、欠乏の中に［在る］者を助けることに同意した。彼ら

（1）トーマスセンの読解に従う。
（2）途中±3文字の微かな痕跡が読み取れる。トーマスセンはそれを「そねみ」と復元。
（3）§26で二つに分裂したロゴスのプラスの半身。
（4）プレーローマのアイオーンたちのことか、あるいは「心魂的な者たち」（§30）のことか、はっきりしない。後注（24）を付した同じ表現から推せば前者。
（5）§26で二つに分裂したロゴスのマイナスの半身。**78** 5参照。
（6）プレーローマのアイオーンたちのこと。
（7）おそらく御子のこと。
（8）「救い主」のこと。
（9）「彼」は、文脈から推すと、プレーローマの外に残されて、欠乏の中に在るロゴスの半身。「……ために」は原因ではなく、目的を表す。
（10）原文の複数形を単数形に修正。
（11）三人称・男性・単数形。指示対象がはっきりしない。文脈上は直前の「秩序」を受けたいところであるが、これは女性名詞。
（12）前注からの帰結として、やはり指示対象が不明瞭。おそらく「父」か「御子」のこと。
（13）「父」、「御子」、「教会」のこと。**57** 9—35参照。

は互いに集まり、親切な思いから、高きところから、父によって、その栄光のために、助けが行なわれるべきことを、父に請い求めた。なぜなら、その欠乏の中に在る者は、プレーローマ*――それは父が自分に引き寄せて、啓示し、欠乏の中に在る者に与えたもの[1]である――がそれを望むのでなければ、他の仕方では全き者となり得ないであろうから。

§34 プレーローマの合意が生む実（救い主＝御子）

彼らは、その同意に基づいて、わき上がる心の喜びの中に、その実を生み出した。それ（実）は（彼らの）同意の産物、単一なるもの、万物*に属するものであり、父を体現するもの[2]である。その父とはすなわち、アイオーンたち*が彼らのあの兄弟のために栄光を讃え、助けを請い求めたときに、（その求めに）思いを潜めた方であり、（彼らの）願いには、その父も共に加わっていたのである。それゆえ、彼らがその実を生み出したのは、自ら進んで、また、喜んでのことであったのである。そして彼（父）は、啓示することに同意した。すなわち、彼が彼らと一つであることを。これ（一つであること）が彼の愛する子のことである。

【87】さて、万物*によって慕われる御子は自らを、彼らの上に上着として被いかぶせた。それによって彼はあの欠乏*の中に在った者には完全さを回復し、完全なる者たちには強さを与えたのである。この者こそ、正当にも、「救い主」、「贖い主」、「心地よき者」、「愛しき者」、「請願を受ける者」[3]、「キリスト」、「定められた者たちの光」と呼ばれる者であり、彼がその間から生み出されてきた者たち（アイオーンたち*）と結ばれている。なぜなら、彼は彼に与えられていた「ところの」確立の業《わざ》の名前となったからである[4]。それとも、「御子」以外の何か他の名前が彼のことを語り得るだろうか。というのは、すでに述べたように[5]、彼は父についての知識*であり、彼らがその父を

認識することを願った者だからである。

　アイオーンたちは、彼らが賛美する父の体現者――これについてはすでに述べた[6]――を生み出しただけではなく、彼ら自身のそれをも生み出した。すなわち、栄光を讃えるアイオーンたちは、彼ら自身を体現する容貌をも生み出したのである。それらは彼(救い主)にとっては、王に従う軍勢のように生み出された。なぜなら、思考に属する者たちの間には、強力な友情と相互に混じり合う調和があるからである。彼らはさまざまな容貌で現れてきた。それは、今や助けられるべき者が、自分が助けを求めた者たちを見るようになるためであった。彼はそれ(助け)を自分に与えてくれた者をも見るのである。

　われわれがすでに言及した合意の実[7]は、万物の権威*の下にある。なぜなら、父がその中に(＝実、すなわち、救い主の中に)万物を置いたからである。初めに在った者たちであれ、現に在る者たちであれ、やがて在るようになる者たちであれ。【88】彼には(そうすることが)できたのである。彼はその中に(＝実の中に、すでに)置いてあった者たちを現したのである。(しかし)彼はそれらの者たちを、それ(実)に委ねたのであって、与えたのではない。彼(実＝救い主)は、最初から彼に与えられていた権威と事柄が必要とする力に従って、万物の経綸*(オイコノミア)を導いた。彼がその啓示を開始し、仕上げた次第はこのようであった。

---

(1)　**78** 24では、ロゴスのプラスの半身について同じことが言われていた。ここでは、おなじことがマイナスの半身にも起きる、という意味か。但し、そのためには、「……与えた」の完了時称が障碍になる。
(2)　字義通りには「顔かたち」。
(3)　字義通りには「人々が顔を向ける者」。
(4)　トーマスセンは本文を大幅に修正して、「なぜなら、彼は存在する者たちの名前を着ながら、存在するようになったからである」。
(5)　**65** 17―34参照。
(6)　**86** 28参照。
(7)　**86** 25参照。

§35　救い主（御子）の出現

その中に父が住み、万物*が住む者（救い主）は、視力を欠いたあの者[1]に現れた。彼は、完全なる光を輝かせ、自分たちの視力を探し求めた者たちのことを、彼に教えた。まず彼は、言葉に尽くし難い喜びの中で、彼を完全な者*とした。彼は自分自身のために、彼を完全な者とし、個々の者（が備えているべきもの）を彼に与えた。なぜなら、これが最初の喜びの資質だからである。[2]彼はまた、彼（悔い改めたロゴス*）の中に、目には見えない仕方で、あることばを植えつけた。それは知識*へと定められているものである。彼はまた彼に、自分に対して不従順な者たちを分離して、投げ棄てる権威*を与えた。このようにして、彼（救い主）は彼（ロゴス）に自分を現したのである。

しかし、彼（ロゴス）のゆえに存在するようになった者たち、彼らに彼（救い主）は、彼らを凌駕する[3]一つのかたちを現した。彼は彼らに突然現れて、稲妻のように彼らから身を引くことによって、彼らに衝撃を与えた[4]。彼はまた、彼ら相互の間の紛糾に終りを告げるために、その突然の出現によって、**【89】**それを止めさせた。彼らはこのことについて、あらかじめ知らされてはいなかったし、予期もせず、認識*もしていなかったのである。

§36　二つの秩序それぞれの反応

それゆえに、彼らは恐れて、倒れた。なぜなら、彼らは彼らに向かってきたその光の衝撃[5]に耐えることができなかったからである。この出現者は、二つの秩序にとっては、衝撃であった。

あの思考に属する者たち[6]がいみじくも「小さな者たち」と名付けられているように、彼らの内には、「小さな」

観念が宿っているのである。――いと高き方――これは彼らよりも先に存在する方である――が存在するということについて、さらには、やがて明らかとなるであろう、そのいと高き方を見上げて驚くための種子*が彼らの内に蒔かれているということについての観念が。この理由から、彼らは彼の啓示を歓迎し、彼を拝んだ。彼らは彼についての確信的な証人となった。彼らは、今や生じてきたその光を承認した。なぜなら、彼らは彼らに敵対する者たち[7]よりも強いからである。

しかし、模写*に属する者たちの方はひどく恐れた。なぜなら、彼らは初めに、彼について、この種の容貌をしているとは聞いていなかったからである。そのために、彼らは無知の穴の中に落ち込んでしまった。この(穴の)ことを、人々は「外の闇」、「カオス*」、「奈落」、「深淵」と呼んでいる。彼(救い主)は思考に属するものの秩序を高いところに置いた。それは彼ら(模写の者たち)よりも強かったからである。

彼ら(模写の者たち)は、言葉では表現し難い闇の上に支配するにふさわしい者であった。というのは、それ(闇)は彼らのもの、彼らに割り振られた持ち分だからである。彼は彼らに承認した、彼らもやがて生じてくるべき経綸*(オイコノミア)にとって役に立つ者となることを。**【90】**それ(経綸)を彼ら[8]は知らなかったのではあるが[9]。

(1) 欠乏の中に在るロゴスの半身。
(2) 原文の三人称・複数形を三人称・男性・単数形に修正。
(3) トーマスセンは「嘲笑」。
(4) この文章については、全体としてトーマスセンの構文解釈に従う。
(5) トーマスセンの本文修正に従う。アトリッジは「出現」。
(6) 心魂的な者たちのこと。
(7) 直後の「模写に属する者たち」、すなわち「物質的な者たち」のこと。
(8) 原文の三人称・男性・単数形を三人称・複数形に修正。
(9) トーマスセンの読解に従う。アトリッジは本文を修正して、「それは彼が彼らに割り振った経綸である」。

存在するようになったものの、欠乏*に陥ってしまった者（ロゴス*）に対する啓示と、彼のゆえにやがて生じてくるであろう事物[1]に対する啓示の間には、巨大な差異がある。なぜなら、彼（救い主）は彼（欠乏に陥った者）には、その内面で自分を現したからである。というのは、彼は彼と共におり、彼と共に苦しみ、彼を少しずつ落ちつかせ、成長させ、高め、さらには、彼が彼（救い主）を見て喜ぶように、自分を彼に与えるからである。それに対して、（プレーローマ*の）外側にいる者たちに対しては、彼は急いで、しかも不意を突いて自分を現したに留まり、しかも、彼らに自分を見させることもなく、突然立ち去ってしまったのである。

九　ロゴスのプレーローマ

§37　ロゴスのへりくだりと創造の開始・霊的な者たちの生成

欠乏*の中に在ったロゴスが*照明を受けたとき、彼のプレーローマ*が始まった。彼は初めに自分を煩わせた者たちを遠ざけ、彼らとは混じり合わなかった。彼はあの高慢な思いを棄て去り、初め彼に不従順であった者たちが、いまや彼に向かって身を屈めて、へりくだったとき、平安と結ばれた[2]。彼はまた、自分の兄弟たちが彼を尋ねてきてくれたことを喜んだ。彼は彼に現れて助けとなってくれた者たちに、栄光と賛美を献げ——なぜなら、彼は彼に反抗した者たちを遠ざけ（ることができ）たからである——、偉大さと定められた仕方で彼に現れた者たちとを賞讃し、賛美した。

彼は活ける顔の明瞭な模像*を生み出した。それら（の模像）は善きものの間で心地よきもの、存在するものの間に存在するものであり、美しさにおいても彼らに似ているが、実際には彼らに匹敵はしないものである。というのも、彼らは彼(救い主)との合意——すなわち、彼らを生み出した者(ロゴス)と【91】その彼(ロゴス)に自分を現した者(救い主)との間の合意——からの者たちではないから〈である〉。しかし、彼(救い主)は知恵と認識*をもって働く、ロゴスを完全に自分に結び付けながら。この理由から、彼(ロゴス)から出てきた者たちは、真に存在するもの[3]が大きいように、大きいのである。[4]

§38 霊的な者たち

彼は、彼に現れた者たちの美しさに驚嘆した後、その訪問に感謝した。ロゴス*はこの業《わざ》を、彼を助けてくれた者たちを介して行なったのであるが、それは(今や)彼によって存在するようになった者たちが固くされ、何か善きことを受け取るようになるためであった。彼は考えた、(今や)彼から生じてきたすべての者たち(霊的な者たち*)の組織のために、それが固まり、彼らを確かに立ててくれるものとなるように祈ろうと。この理由から、彼が意図して生み出した者たちは、車に乗っているのである。[5] それはちょうど、存在するようになった者たち、現れた者

(1) 次の§37以下で生成してくる事物、特に§43以下の「経綸」のこと。
(2) 原文の三人称・複数形を三人称・男性・単数形に修正。
(3) プレーローマか「父」のこと。
(4) この後§44あたりまでの論述は、使われている概念においてあまりに抽象的、論の運びにおいて非常に不鮮明である。しかし、本来のプレーローマの外、その下側に、すでに§27で生成しているいわゆる「物質的な者たち」、同じようにすでに§30で生成している「心魂的な者たち」の二つと並んで、しかも、両者の上側に、価値的にも上位の者たちの存在が終始前提されている。この点から推すと、§37で生成する者たちがその存在に他ならないと考えられる。続く§38も同じ者たちについての論述である。以下、この者たちのことを、便宜的に「霊的な者たち」と表現することにする。
(5) 「車」は天体(星辰)のこと。プラトン『パイドロス』

たちと同じであり、下方のあらゆる事物の場所*を彼らが超えてゆき、彼らがそれぞれの場所を、現に確定されているかたちで、受け取るためである。[1] このことは、模写*に属する者たちにとっては、破滅であるが、あの思考に属する者たちには善き業であり、《あの思考に属する者たちには》誰が苦難の中にありながら一つであったあの秩序からの者であるか、自分たち自身の力で存在するようになったのではない種子[2]*であるか、を啓示するものである。

さて、その現れた者は、父との調和を体現するものであった。彼はあらゆる恵みから成る上着[3]であり、食物[4]であった。ロゴスが祈りながら、栄光と誉れを讃えながら生み出した者たちにとって。【92】これが彼（ロゴス）が栄光を讃え、賛美した者である。彼が祈りを献げた者たちを見つめながら。彼が生み出した模像*が彼らを完全な者*とすることになるようにと。

ロゴスは彼らの間の助け合いと約束に対する希望をますます膨らませた。なぜなら、彼ら（の間）には喜びと溢れるほどの平安と穢れを知らぬ快楽があったからである。彼が生み出した者たちは、彼らがまだ彼のもとにいない時に、彼がまず最初に想起した者たちであった。彼らには完全さがそなわっている。《彼が生み出した者たちはまず最初に想起した者たちであった。》

今や（現れて）見えるものになった者（救い主）が彼のもとにあり、彼（ロゴス）は万物*を貫いて完全なる父への希望と信仰の中に在る。彼（救い主）は彼に自分を現したが、まだ彼と一つになってはいない。それは今や生じてきた者たちが光を見上げることによって、滅びてしまわないためである。なぜなら、彼らは（まだ）その崇高な大きさを受け入れることができないだろうから。[5]

§39　ロゴスの思考のさまざまな別称

自分の堅固さを取り戻し、彼のゆえに存在するようになった者たちの上に支配するようになったロゴスの思考は、「アイオーン」*とも、彼が定められたところに従って生み出したすべての者たちのための「場所」*(トポス)とも呼ばれた。それはまた、「救いの会堂」とも呼ばれる。それは、彼が自分を拡散から、とはつまり、雑多な思考から癒し、単一の思考へと立ち戻ったからである。同様にそれは、彼が自分に取り戻し、自分にだけ与える安息*のゆえに、「貯蔵庫」とも呼ばれる。【**93**】それはまた、一致が生み出す実に希望をかけて自分を彼に与えた者、すなわち、彼に現れた者の喜びのゆえに、「花嫁」とも呼ばれる。それはまた、彼が自分に逆らった者たちの上に(今や)揮っている支配を喜びながら取り戻した安定のゆえに、「王国」とも呼ばれる。それはまた、「彼が」自分の上に着[た]喜びのゆえに、「主の喜び」とも呼ばれる。その時、彼の側には光があって、彼の中にある善きものに答えていた。自由の観念も(彼の側にあった)。

§40　ロゴスのアイオーン(プレーローマの模像)

われわれがすでに言及したアイオーン[6]*は、互いに争い合う二つの秩序[7]を超えたところにある。それは支配する

247B、『ティマイオス』41E参照。

(1)「存在するようになった者たち」と「現れた者たち」は、おそらく直後に言及される「模写に属する者たち」(物質的な者たち)と「あの思考に属する者たち」(心魂的な者たち)のこと。彼らも「霊的な者たち」と同じように、「車」(天体)に乗る存在で、三層の位階を構成すると考えられているのであろう。§44参照。

(2) **79** 12―19で物質的な者たちについて述べられたのと正反対。

(3) **63** 12―13、**87** 2―3参照。

(4) **65** 19参照。

(5) **64** 28―37で「父」と「アイオーンの中の高き者たち」について言われたことの再現。

(6) **92** 26を指す。

者たちの仲間でもなければ、病気や虚弱というもの——すなわち、(あの)思考と模写*に属するもの[1]——とも馴染まない。

ロゴス*が喜びに満たされて、その中に身を置いたアイオーンは、(確かに)物質*の姿をしていた。しかし、それは同時に、原因——とはつまり、自分を現した者(救い主)のことである——によって固くされるものであった[2]。すなわち、それ(そのアイオーン)は(上の)プレーローマ*の中にあるもの——すなわち、存在する者(父)のこの上ない歓喜から生じたもの——の模像*であった。それ(そのアイオーン)は、自分を現した者(救い主)の容貌に接した喜びに溢れて、また、歓喜と驚きと[3]、自分が請い求めたことの約束に溢れて、「御子」としての根拠(ロゴス)、本質、力、かたちを手にしていた[4]。それは彼(救い主)が望んだ者、心地よく思った者、**【94】**愛をもって請い求められた者である。それは一つの光であり、立てられることを望む欲求であり、教えに向かって開かれており、啓示を見る〈ための〉目であった。それはこれら(の資質)を高きところの者たちから受けていたのである。それはまた、経綸*(オイコノミア)より下にある事物に逆らって考えるための知恵でもある。それはまた、語るためのことばであって、この種類の事物を完成するものである。

§41　ロゴスのプレーローマの構成員

これらのものが、それ(そのアイオーン)*と共に、(上の)プレーローマ*のかたちに従って、かたちづくられた者たちである。これらの者には彼らに現れた父たち[5]がいる。彼ら(父たち)のそれぞれは、それぞれ一つの顔の印刻を受けている。それらの顔は男性性のかたちである。なぜなら、それらは病気——とはつまり、女性性——から出てきたものではなく、すでに病気を自分の後ろへ乗り越えた者から出てきたものだからである。それ(そのアイオーン）は「教会」（エクレーシア）という名前を持っている。なぜなら、彼らはその一致において、自らを啓示した者たちの集会の一致に似ているからである。[6]

光の模像*として存在するようになったこの（アイオーン）もまた、それが唯一の光の――とはつまり、万物の*――模像である限り、完全である。たとえそれがその模像であるところのものには劣っているとしても、分割不可能な資質をしている。なぜなら、それは分割不可能な光の体現（顔）なのであるから。（上の）アイオーンたちのそれぞれのかたちに従って生じてきたこれらの者たちは、確かにその本質においては、われわれがすでに言及したもの（上のアイオーン）の中にある。

しかし、その力においては、それと等しくはない。というのは、それ（力）は彼らのそれぞれの内に（別々に）あるからである。彼らは互いに混じり合うことによって、互いに等しくなっている。【**95**】しかし、それぞれは自分自身のもの（個性）を放棄してしまったわけではない。[7] このゆえに、彼らは情念なのである。というのは、情念は病気

（7） 心魂的な者たち（右の者たち）と物質的な者たち（左の者たち）のこと。

（1） この文脈では、「思考」は心魂的な者たち、「模写」は物質的な者たちのこと。**81** 2では前者、**83** 12では後者の抱える「病気」と「小ささ」の言及がある。

（2） 「原因」は先行する「物質」と対。おそらく古代ギリシア哲学の伝統に従って、後者が素材因、前者が能動因という意味。

（3） トーマスセンの修正に従う。原文は「全き心」。

（4） 今やロゴスの中間界にも「御子」が生成したということ。次の文が述べる「救い主」とこの「御子」の関係は、上のプレーローマのアイオーンたちと「救い主（御子）」の関係（**87** 1―10）と並行し、それを再現するもの。

（5） トーマスセンの読みに従う。

（6） 上のプレーローマ内の「教会」（§10）に似ているということ。やがて下の地上にも、「肉に在る教会」（**125** 4―5）が生成するから、目下問題になっているのは、その両者の中間に生成する「教会」である。§43も参照。

（7） 多数性・個別性は唯一性・単一性に価値的に劣るとい

のことであるから。なぜなら、それらはプレーローマの一致から生まれてきたものではなく、父あるいは彼（父）に属する万物、およびその意志との一致を受け取る前のあの者*（ロゴス）から出てきたからである。

しかし、このことはやがて生じてくるべき経綸*にとって重要なことであった。なぜなら彼らには、［下］なる［領］域にあるもろもろの場所*を通りすぎることが認められたからである。その諸々の場所が彼らの突然の、しかも素早い出現を受け止めることは、彼らが一人一人別々に出現するのでない限り、不可能であろう。[1] 彼らの到来は［必］然である《である》。なぜなら、あらゆることが彼らによって初めて完成されるのだから。

§42　ロゴスに委託された任務

さて、以上をまとめれば、初めに在ったもの、［現］に今在るもの、やがて在るようになるであろうもの、[2] ロゴス*はこれらすべてについての見通しを与えられたのである。なぜなら、彼は、（今や）存在する事物のすべてに対する経綸*（オイコノミア）を委ねられたからである。

確かに、既にいくつかのものは、生じて然るべき事物の中にある。[3] しかし、やがて生じてくるべき種子*（霊的な*者たち）は、彼が受けた約束のゆえに、まだ彼の中に在る。なぜなら、それ（約束）はやがて生じてくるべき種子に係わるものであるから。彼はまた、彼の子孫を生み出した。[4] すなわち、彼が孕んだ考えを明示するために。しかし、約束の種子は、存在するようになるまで、もうしばらくの間守られる。それは、宣教の業《わざ》に定められた者たちが、救い主の到来によって、また、彼と共なる者たち——これは最初から存在した者たちのことである——によって、父を知る知識*とその栄光へと定められるためである。

一〇 経綸

§43 ロゴスのプレーローマの秩序(教会)

さて、彼が献げた【96】祈りと[その祈り]ゆえに起きた[立ち]帰りからすると、ある者たちはやがて滅び、別の者たちはやがて救われ、さらに別の者たちがやがて分離されることは、適当なことである。彼はまず最初に、あの現れた方(救い主)——彼(ロゴス)*は万物*に対する権威*をこの方から受けたのである——からの力を用いて、不従順な者たちに対する刑罰の準備を整えると、彼から離れた。彼は下の領域に身を置いて、高きところから離れていた。外側に在るすべてのものの経綸*(オイコノミア)を整え終わり、そのそれぞれに場所*を割り振って与えるまで。ロゴスは万物を美しく整えたとき、まず最初に自分自身を、一つの根源および原因として、また、生じてきた

うこと。ここでの個別性は、上のプレーローマ内の「第三の栄光」のそれ(69 24—30)を再現するもの。

(1) ロゴスのプレーローマから地上までの領域も、以下(特に§44)で述べられるように、三つの層で構成される。その途中の「諸々の場所」を貫いて下降し、地上に出現するということ。101 13—14と125 4—5を参照。

(2) 「初めに在ったもの」、「現に今在るもの」、「やがて在るようになるであろうもの」は、順に、上のプレーローマ、ロゴスのプレーローマ、下の経綸の世界(§43以下)を指す。

(3) 物質的な者たちと心魂的な者たちの生成を指すと思われる。次の文は「種子」、すなわち、霊的な者たちの生成(§37)をなお未来のこととして述べるから、ここで語り手は§37以前に身を置いて、まとめを行っていることになる。

(4) §37の霊的な者たちを指すと思われる。この文章では語り手は§37以後に身を置いて語っている。しかし、次の文章では再び§37以前の視点に戻っている。すなわち、目下の§42の語り手の視点は、時系列上でみると前後に混乱している。

者たちを統括する者として立ち上げた。それはちょうど、父が彼自身の後から最初に立ち上げたもの（上のプレーローマ*）の原因となったのと同じである。さて、彼（ロゴス）は、すでに存在していた模像*――すなわち、彼が［感］謝と栄光の中に生み出した者たち――を整えた。それから彼は、栄光の中に生み出した者たちのための場所を整えた。それ（その場所）は、人呼んで、先在の「楽園」(1)*、「歓喜」、「食物に満ちた喜び」あるいは「喜び」と言われるものである。そして、それは、プレーローマの中に在るあらゆる善きものの像*を模している。

その次に彼は、王国を整えた。それは兄弟愛や大いなる雅量など、あらゆる心地よきことに満ち満ちた都市、また、【97】聖霊と強い力――すなわち、ロゴスが生み出し、力をもって据えた力――が満ち満ちて、彼らを治めている都市のようであった。それから彼は教会の場所(2)（を整えた）。それ（教会）はこの場所で集まり、父に栄光を帰しているあの（上の）アイオーン*たちの間に在る教会のかたちをしていた。

その後で彼は、信仰と希望か［らの］従順――これらはロ［ゴ］スが、（彼に）光が現れた時に(3)、受け取っていたものである――のための場所（を整えた）。その次に彼は、摂理――とはすなわち、祈り［と］嘆願のことである――の場所（を整えた）。これら（祈りと嘆願）の後には、赦しが、また、やがて現れるべき者についてのことばが続いた。

§44　霊的な者たち、心魂的な者たち、物質的な者たちの三層

さて、すべての霊的*な場所*は、ある霊的な力の中に在る。それらは、あの思考に属する者たちから(4)は、離れている。なぜなら、その力は一つの模像*として存在しており、それ（模像）はプレーローマ*をロゴス*から分離するものだからである。

他方、彼らに来るべきことにつ［いて］予言させる力は、あの思考に属する者たち(5)、すなわち、存在するようにな

った者たちを、(万物に)*先立って存在する者(父)の下に導くものの、彼(先在者)と共にあった者たち[6]を直接見ることで存在するようになった者たち[7]と混じり合うことを許さないからである。

あの外側の思考に属する者たち[8]も、より劣った身分の者たちである。彼らはプレーローマの像*を体現している。とりわけ、名前、すなわち、そのおかげで彼らが美しくなった名前に与ることによって。

「立ち帰り」はあの思考に属する者たち[9]の下にある。また、裁きの法、すなわち、滅びと怒りの法も彼らの下にある。彼らよりも低いところにいる者たち[10]を分離する力も彼らの下にある。それは彼らを遠くに投げ棄て、**【98】**あの思考からの者たちと[11](その)「立ち帰り」の上に広がることを妨げる力である。すなわち、恐れと困惑と忘却と驚愕と無知、さらには幻想による模写*として生じてきた下位のものも、高きところの名前によって呼ばれる。これらのものから高[慢]と覇権欲と不従順と[虚]偽の中に生まれてきた者たち[12]には、いかなる知識*も存在し[な]

(1) 創三8以下参照。
(2) **94** 21参照。
(3) **88** 8—27参照。
(4) 以下§44全体にわたって、「あの思考に属する者たち」という表現が頻出する。これは両義的な表現で、一方では上のプレーローマのアイオーンを(**85** 22、27、**87** 24)、他方では心魂的な者たちを指す(§30、**89** 9、**91** 27参照)。このため、§44でも、それぞれの箇所でいずれを指すのか断定が難しい。目下の箇所では上のプレーローマのアイオーンたちの意か。以下、注(5)、(8)、(9)、(11)に記す提案も推測の域を出ない。
(5) おそらく心魂的な者たちを指す。
(6) おそらく上のプレーローマのアイオーンたちを指す。
(7) 霊的な者たち。
(8) おそらく心魂的な者たちを指す。
(9) おそらく心魂的な者たちを指す。
(10) すなわち、第三の層(最下層)に位置する物質的な者たち。
(11) おそらく心魂的な者たちを指す。
(12) 第三の層(最下層)に生成するアルコーンたちを指す。§46、47参照。

い。

彼(ロゴス)はそれぞれに名前をつけた。それは二つの秩序が名前の中にあるからである。あの思考に属する者たちと似像*に属する者たちは、「右の者たち*」、「心魂的な者たち*」、「炎の者たち」、「中央の者たち」と呼ばれる。あの高慢な思考に属する者たちと模写の者たちは、「左の者たち*」、「物質の者たち*」、「闇の者たち」、「最後の者たち」と呼ばれる。

§45　模像のアイオーンたち(右の者たち)と模写の者たち(左の者たち)の結合

さて、ロゴス*は、模像*と似像*と模写*のそれぞれをその秩序の中に立てた後(1)、模像のアイオーン*をそれに逆らうすべての者たちから、(彼らに染まらないように)純粋に保った。なぜなら、それは喜びの場所*であるから。彼は、あの思考に属する者たちには(2)、彼が(すでに)自分自身から脱ぎ棄てていた考え(思考)(3)を明らかにした。それは彼らを物質との交わりに導くためであり、彼らの組織と住処のためである。また、彼らが悪しきものへの誘惑からは弱い衝動しか生み出さないようにするため、また、自分たちの領域の栄光を度を越して喜んで、解消されてしまうことにならないため、むしろ、彼らが患っている病気をよく見るようになるため、**【99】**彼らをそのような弱さから癒す力を持ったただ一人の方に対する愛と持続的な探求を生み出すようになるためであった。

さて彼は、模写に属する者たちの上にも、美しい言葉を置いて、彼らをかたちづくらせた。彼は彼らの上にも裁きの法を定めた。彼はまた彼らの上に諸々の力を定めた。それ(力)は(彼らの)根が覇権への欲求[から]生み出していたものである。彼は彼[ら(力)を]彼らの上に支配者として[立て]た。それは、美しい言葉の助けによってか、あるいは法の脅かしによってか、あるいは覇権への欲求の力によってか、いずれであれ、この秩序が保たれて、それ(秩序)を悪しきものへと損なってしまった者たちにとって(再び)秩序となり、ついにはロゴスが経綸*(オイコノミア)のために有益であるとして、彼らに満足するようになるためであった。

§46　二つの秩序を位階制にする

さて、ロゴス*は二つの秩序が覇権をめぐる欲求において同じであることを知っている。彼は彼らに対して、また、他のすべての者たちに対しても、その欲求を承認した。彼は(彼らの)それぞれにそれぞれの位階を与えたのである。そして彼は(彼らに)命じて、それぞれをある場所、ある活動の統括者とならせ、自分よりも高い位の者には、場所を譲って、その者が別の場所と別の活動を統括するようにさせた。なぜなら、彼(それぞれの者)は、(それぞれの)存在の様態に応じて、彼に割り振られた活動において指導力を揮うべきだからである。

この結果、天使たちと天使長たちの間で、位の高さと低さに応じて、ある者たちは命令する者、ある者たちは従う者【100】(の違い)が存在することになる。そして、彼らの活動は種々さまざまで、互いに異なっているのである。それぞれのアルコーン*は、生まれてきた時に彼に割り振られた種族と役割を備えながら、守備についていた。なぜなら、彼らそれぞれは経綸*(オイコノミア)を委託されたのであり、指揮権を持たない者は誰もおらず、諸々の天の[果]てから地の果てまで、まさに[地]の諸々の基まで、地の下に至るまでの王権を持たない者はいないからである。王たちがおり、主人たちがおり、[命]令する者たちがいる。ある者たちは刑罰を下し、別のある者たち

---

(1)「模像と似像の秩序」が心魂的な者たち、「模写の秩序」が物質的な者たちを指す。「似像」は第三の独立の秩序ではない。

(2) 心魂的な者たち。

(3) §25で言及されたロゴスの思い上りと彼の「悔い改め」(§28)を指す。

は裁きを下し、さらに別のある者たちは安息*を与えて、癒し、別のある者たちは教え、さらに別のある者たちは守備に着いている。

§47 （第一の）アルコーン（造物神）

彼（ロゴス）*はこれらすべての［アル］コーン*たちの上に、一人のアルコーンを置いた。それは誰にも命じられることのない者であった。彼は彼らすべて——とはつまり、ロゴスが彼の思考によって、万物の父*を体現するものとして生み出していたものである——の主であった。この理由から、彼（そのアルコーン）はあらゆる名前によって飾られている。［このことは］彼を体現するものである。なぜなら、彼はすべての特性とすべての栄光に属する者だからである。彼はまた、「父」[1]、「神」、「造物主」、「王」、「裁き人」、「場所*」、「住まい」、「法」とも呼ばれる。

ロゴスは彼を手のように用いて、下の領域に在るものに働きかけて、それを整えた。また彼（ロゴス）は彼（造物神）を口として用いて、予言されるべきことを語った。

彼（造物神）が語ったこと、それを彼は実行する。それらが偉大で善で、驚くべきものであることを見たとき、彼は満足し、そして喜んだ[2]。【101】まるで彼が自分一人の考えでそう語り、そう実行する者であったかのように[3]。というのも、彼は知らなかったのである。彼による動きは、（実は）彼をその望むところへと定められた仕方で導く霊によるものであることを。

§48 造物神の創造の業

さて、彼（造物神）の中から生じてきたものについては、彼がそれらについて語ると、それらが生じてきた。すなわち、われわれがすでに模像*に関する議論のところで言及した霊的*な場所*のかたちに倣って。[4]

彼はただそのように働い[た]というに留まらない。彼はまた、彼に属する経綸*(オイコノミア)の父に任命された者として、自分自身と種子*によって生み出しもしたのである。しかし、(これは実は)選ばれた霊によるのであった。この霊が彼を[通して]、下なる場所へ降りてゆくはずのものなのである。[5] 彼は[た]だ彼自身の霊的な言葉を語るだけではな[く]、目には見えない仕方で、霊によっても(語るのである)。その霊が彼(造物神)自身の本質よりも偉大なるものを呼び出し、生み出すのである。[6]

彼はその本質において「神」であり、「父」であり、その他すべて誉れある名前であるから、これらのものを彼自身の本質から出てきたものと考えた。彼は自分に従う者たちには安息*を、反対に彼を信じない者たちには刑罰を定めた。[7] また、一つの楽園*、一つの王国、その他、彼よりも前から在るアイオーン*(上のプレーローマとロゴス*のプレーローマ)の中に存在するあらゆるものが、彼のもとにも在る。[8] それらは、それらに結び付けられている(造物神の)思考のゆえに、(単なる)印刻よりも価値あるものである。(しかし)それ(その思考)は【102】影あるいは上着のようなものである。存在するものが実際にどのように存在しているのか、彼には見えないからである。彼は自分のために、彼がしようとすること、言おうとすることを助ける働き手と仕える者たちを置いた。なぜ

(1) 上のプレーローマの「父」(唯一性)と違うことに注意。§20注(2)参照。
(2) 創一31-二2参照。
(3) イザ四四5-6、21、四六9参照。
(4) **97** 16—21参照。
(5) **91** 21—23、**95** 10—14参照。霊的な者たちは地上まで下降して、「肉にある教会」(**125** 4—5)となる。
(6) ヨハ・アポ§56参照。
(7) 旧約聖書の「律法の書」(モーセ五書)を指す。
(8) **96** 29をより下位のレベルで再現するもの。

なら、彼はどこでも働くところには、彼の美しい名前によって、彼を体現するもの（徴）を残したからである。彼が考える(1)ところを行ない、かつ語ることによって。

彼は自分の場所には、出現したあの光と霊的［なるもの］の模像*を造った。それらは彼の本質から出［た］ものであった。というのは、このようにして、それらは至る所で、彼によって飾りつけられ、それらを任命した者の徴によって清い(2)からである。こうして立てられたものは、楽園、王国、安息*、約束(3)、彼の意志に仕える無数の者たちである。これらは（それぞれ）所領を持った主人であるが、それでも（彼らの）主なる者、すなわち、彼らを任命した者の支配下にある。

彼（造物神）は、彼から(4)あの光――とはつまり、源泉であり、組織体(5)であるもの――について、このように十分に聞かされた後、彼らを下の領域に在る事物の美しさを司る者とした。目には見えない霊が彼をこのように動かし、**【103】**彼自身に仕える者(6)を通して経綸を支配したいと思わせたのである。彼はこの者（仕える者）を手のように、口のように(7)、あるいは、彼自身の顔であるかのように、自分自身のためにも用いた。彼が生み出すものは、秩序、脅迫、恐れである。その結果、無知を働［い］た者たちが(8)［ ±8 ］守るべきものとして［彼らに与えられ］た秩序を蔑ろにする(9)であろう。なぜなら、彼らは彼らの上に［過］酷に君臨する［ア］ルコーン*［たち］の［枷］に繋がれているのだから。

§49 物質界の組成

物［質］*からの構成体の全体［は］三つに［分］かれる。まず、霊［的］*なロゴス*が幻［想］と高慢から生み［出し］た強い力、彼はこれを第一の霊的な秩序の中に［置］いた。次いで、これらの力が覇権への欲求から生み出した者たち、これを彼は中間の場所[10]*に置いた。なぜなら、彼らは覇権を求める力［であって］、（彼らより）下に在る組織（構成体）に対して、強制力と拘束力をもって、主人として振る［舞い］、命令するからである。（その次に）妬み、嫉妬、その他すべてこの種の産物から生じてきた者たち、これを彼は奴隷の秩序の中に置いた。それは彼らが最後の（＝残された）事物を管理し、現に存在する者たちとこれから生じるすべての誕生を指揮するためである。突然致命的な病気が生じてくるのは彼らを通してである。また、彼らは、彼らがそこに由来する場所、*あるいは彼らがやがてそこへ帰ってゆく場所で、なにがしかの存在となるために、産み出すこと（生殖）を求めてやまない。[11]この理由から彼は彼らの上に、いくつかの命令する力を任命したのである。それら（の力）は［絶］えず物質に働きかけ、【104】現に存在する者たちの子孫が同じようにに絶えず存在し続けるようにするのである。なぜなら、これが彼らにとっての栄光だからである。♀∨∨∨∨∨∨∨∨∨∨∨∨∨ ——[12]

（1） 原文の未来形を現在形に修正。
（2） トーマスセンは「徴づけられている」。
（3） 「楽園、王国、安息、約束」の原語は、いずれも不定冠詞が付された複数形である。
（4） ロゴス、あるいは、すでに**101** 4—5で言及され、直後の**102** 32にも再び現れる「霊」を指す。
（5） ロゴスのプレーローマの組織性（**91** 15—16）のことか。
（6） 単数。但し、**104** 35では複数で出る。
（7） **100** 30—35で造物神自身がロゴスの手と口と言われていることの再現。
（8） トーマスセンの復元に従って、三人称・複数形で読む。
（9） トーマスセンは反対に「秩序を正しく保つ」。
（10） 霊的な者たちの領域、心魂的な者たちの領域の下に、第三の層（最下層）として存在する物質の領域それ自体の中にも、上から、①「霊的な秩序」、②「中間の場所」、③「奴隷の秩序」（後出）の三つの層が分かれているということ。
（11） トーマスセンの読解に従う。
（12） 写本の写字生が第Ⅰ部の終りを示すために入れた記号。

第II部　人間論

二　人間の創造

§50　人間の創造は最後に行なわれる

さて、物質は自分のかたちを通して流れ、現に存在する不可視性が力から、彼らすべてに［ ±5 ］一つの原因〈である〉。なぜなら、彼らは［ ±5 ］彼らよりも先に生み出し、かつ［滅］ぼすからである。右［側］の者たち*(1)［と］左側の者たち*(2)の中間［に］置かれた思考は、［生殖］の力である。最［初］の者たち(3)が、い［わば］、身体から（地面に）投じられて、その（身体の）後をついてゆく影のように、自分たちの似像*にしたいと思うもの、すなわち、可視的な創造の根源であるもの(4)、つまり、模像*と似像*と模写*を美しく飾るもののあらゆる準備、――これらのものが生じてきたのは、養育と教育と整形とを必要としている者たちのためである。すなわち、（その者たちの）小ささが(5)、ちょうど鏡の中の像のように、少しずつ大きくなるためである。まさにこの理由から彼は最後に人間を創造したのである。まずは前もって準備を整え、彼のために造り出しておいたものを彼に提供しながら。

§51　造物神とその天使たちも参与する

人間の創造は存在する他のものすべてのそれと同じである。霊的な*ロゴス*が目には見えない仕方で彼（造物神）を動かし、その造物神と彼に仕える天使たちを［通］して、彼（人間）を完成したのである。【105】彼ら（造物神に仕える天使たち）は、［彼（造物神）が］彼のアルコーン*たちと協議をめぐらしたときに、大［挙］して、その制作を助けたのである。

地的人間［は］あたかも影のようである。だから、それは万物*から切り捨てられた［者たち］に似ている。それ（地的人間）は彼らが右の者*も、左の者*も、それぞれが順番に、それぞれの在り方に従って[6]［9　±8　］[7]のかたちを与えながら、全員で準備したものである。

§52　三つの部分から成る人間

欠乏*に陥［って］、いわば病気にな［って］いたロゴス*が生み出した［　±7　］[8]は、彼に似ていなかった。なぜなら、彼はその最初のかたちを与えたとき、それを忘［却］と無知と［欠乏］、それに［その］他すべてこの種のものの中で、生み出したからである。なぜなら、彼（ロゴス）こそが、無知の中にある造物神を使って（そうすることによって）、いと高き者（父）が存在することを彼が学び、また、自分がその方を必要としていることに彼が気付くように図った者だからである。これ（霊的ロゴス）こそ預言者が「活ける霊」、「いと高きアイオーン*の［気］息」、

（1）心魂的な者たちのこと。
（2）物質的な者たちのこと。
（3）「最［初］の者たち」の復元はきわめて不確実。104 6の「……不可視性が力」の対象もはっきりしない。「力」か。
（4）先行する「自分たちの似像にしたいと思うもの」、後続する「模像と似像と模写を美しく飾るものの準備」と同格。
（5）115 6で語られる「（人間の）卑小さ」と同じ。
（6）トーマスセンの読解に従う。
（7）トーマスセンは「人間」と復元。
（8）トーマスセンは「そのかたち」と復元。

「見られざる[者]」と呼[んだ]ものである。そして、そのかたちこそ、最初は死んでいた力にいのちを与えた活ける魂なのである[1]。なぜなら、死んでいるものとは無知のことだからである。

最初の人間の魂について、われわれが次のように説明するのは適切なことである。すなわち、それは霊的なロゴスからきているのだが、造物神はそれを自分自身に属するものと考えているのである。なぜなら、それは、呼吸する者が口からそうするように、彼(造物神)を通してきているからである。造物神はまた、彼の本質からいくつかの魂を下方に向かって送り出した。なぜなら、彼もまた、【106】父の像*から生じてきた者として、生み出す力を持っているからである。左の者たち*も、いわば彼ら自身の固有の人間たちを生み出した。なぜなら、彼らもまた存〈在〉の模写*を持っているからである。

霊的本質は唯一のものであり[2]、単一な似像*である。[そして、]その病は[多様]なかたち[へと]限定を受けたことである。それに対して、心魂的な本質*(について言えば)、その限定は二重である。なぜなら、それはいと高き方に対する認識*と告白を有する一方で、(思い上がった)考えへの傾きのゆえに、悪にも傾斜しているからである[3]。また、物質的本質(について言えば)、その行く道はさまざまであり、多くのかたちをしている。その病は種々のかたちで生じてきた。

最初の人間は混ぜ合わされて造られた物、混ぜ合わされた被造物、左の者たち*と右の者たち*の供託物である。彼は霊的なことばであるが、その考えは、彼がそこから存在するようになったところの二つの本質それぞれの間に、分割されている。

§53　楽園の中の三種類の木

この理由から、こう言われるのである。すなわち、彼（人間）のために楽園*が備えられて、彼が三種類の木から食物を得るようにされたのだと。(4) なぜなら、それは三重の秩序をした庭であり、歓びを与えるものであったからである。

彼（最初の人間）の中に在る高貴な本質はそれよりも、もっと高いものであった。それ（高貴な本質）は創造に関与はしたが、彼らを傷つけはしなかった。(5) それゆえ、彼らは命令を発し、脅かし、彼の上に大いなる危険、【107】つまり死をもたらした。彼（造物神）が彼（最初の人間）に味わうことを許したのは、ただ悪しきことだけであった。そして、二重の実をつけたもう一本の木から食べることを［彼に許］さなかった。まして、生命の木から［彼が］食べることは［許］さなかった。それは、(6)彼（人間）が彼ら（が）［　±7　］(7)名誉を得ることがないようにするためであった。また、彼［らが］蛇と呼ばれる悪の力によって［……ためであった。］それ（蛇）はあらゆる悪の力よりもはるかに狡猾である。それ（蛇）は（思い上がった）思考と欲求に属する事柄を定めることによって、その人間を欺

(1) 創二7参照。
(2) 写本の判読が困難な箇所。トーマスセンは「(一つの)名前」と読む。
(3) トーマスセンの読解に従う。
(4) 価値としての「生命の木」（創二9、三22）、価値と反価値の混合物としての「善悪の知識の木」（創二9、三3）、反価値としてのその他の木。118 21―27で「三種類の人間」が「三種類の実」を結ぶと言われることを参照。
(5) 「彼ら」は造物神と共に最初の人間の創造に関与したアルコーンたち。「傷つけはしなかった」は、文脈上意味がよく分からないが、語源的には「打ち叩きはしなかった」の意。「彼ら（アルコーンたち）を強制はしなかった」というほどの意味か。
(6) トーマスセンと共に単数に読んで、「人間」を指すと解する。
(7) 約7文字分の欠損。「に匹敵する」、「と一致しない」、「が（それに）に駆られて」などの復元提案がある。

いた。それ[1]は彼をして戒めを破らせて、死ぬべき者とした。そして彼（人間）はその場所（楽園）にあったあらゆる歓びから追放されることになった。[2]

§ 54　失楽園の意味

さて、彼（最初の人間）のゆえに起きたこの追放は、彼が模写*と似像*の領域に属するものを享楽することから追い出されたときに起きたことなのである。それは摂理（プロノイア）*の業《わざ》であった。従［って］、次のことが分かるであろう、すなわち、永久に善であって、その中にあの安息*の場所が在る永久の歓びを受けるそのときまで、時は短いということが。これはあの霊*が定めたことなのであった。すなわち、彼（霊）は最初にこう考えたのである。――人間は（先ず）大いなる悪、すなわち死、すなわち万物*についての完全なる無知を味わい、そのことから生じてくるはずのあらゆる悪しきことを経験し、また、それらの中に宿る動揺と屈託を経た後に、大いなる【108】善、すなわち永遠の生命、すなわち万物*についての確固たる認識*とあらゆる善なるものの贈与に与るべきであると。[3]その（最初の）人間が犯した違反のゆえに、死が支配した。[4]それ（死）は［あたかも］王国のように許された明らかな支［配］のゆえに、人間たちを殺して止まないものとなった。（しかし、このことは）、われわれが先にも述べた摂理、（つまり）父の意志によるのである。

第Ⅲ部　終末論

――＜＜＜＜＜＜＜＜＜＜＜＜＜＜＜＜＜＜＜＜＜＜＜＜[5]

一二　神学の多様性

§55　二つの秩序がもたらす哲学説の混乱

二つの秩序のそれぞれ、すなわち、右の者たち*と左の者たち*が、両者の中間に置かれた思考――とはつまり、彼ら相互の間を編成するもののことである(6)――によって、共に集められると、彼ら(二つの秩序)は同じ業《わざ》をなそうとして競い合うことになる。すなわち、右の者たちは左の者たちの真似をし、左の者たちも右の者たちの真似をすることによって。そして、しばしば悪い秩序の方が愚かな仕方で彼らの悪を行ない始めようとすると、賢い秩序の方も、暴力を揮う者の顔つきのもと、あたかも自分も暴力を揮う者の力であるかのように、悪を行なおうと競い合うのである。しかし逆に、今度は賢い秩序(7)の方が善なることを行ない始めようとすると、(悪しき)秩序の方がそれ(賢い秩序)を真似るのである。というのは、悪しき(8)秩序の方もそうしたいと競い合うからである。(すでに)確立された(二つの秩序に属する)事物は【109】こういう次第であるが、互いに似ていないものの似像*として生成

(1)　原文の三人称・男性・単数形を三人称・複数形に修正。
(2)　創三23-24参照。楽園の中の「生命の木」と「知識の木」に対する評価は、グノーシス主義の神話ごと、あるいはグループごとに異なる。「善悪の知識の木」をプラス(「生命の木」をマイナス)に見るのは、例えば、ヨハ・アポ§59―61、アルコ§7。起源Ⅱ§54は両方ともプラス、反対にフィリ福§94bは「善悪の知識の木」をマイナスに評価している。
(3)　悪を人間の教育にとって必要なものだとする目的論的な神義論の典型。悪に対する造物神の責任はその分だけ免罪される。
(4)　ロマ六12参照。
(5)　写本の写字生が第Ⅱ部の終りを示すために入れた記号。
(6)　104_{9-11}参照。
(7)　トーマスセンの読解に従う。アトリッジは「愚かな秩序」と読み換える。
(8)　原文は「隠された」。トーマスセンの修正に従う。

してきた事物[1]についても同様である。[2]

いまだ教示を受けていない者たちは、現に存在する事物の原因を知ることが出来ずにきたのである。この理由から彼らは(さまざまな)別の(説明の)仕方を持ち出してきた。すなわち、ある者たちはこう言う[3]。現に存在する事物は摂理(プロノイア*)によって存在しているのだと。これは、被造物の運動の恒常性とその調和に[目を]凝らす者たちである[4]。また別の者たちは、それはそれとは何か異質なもの[5]なのだと言う。これは、諸力*が互いに調和せず、無法で、悪をなすことを凝視する者たちである[6]。また別の者たちは、現に存在する事物は、そう在るべく定められているのだと言う[7]。これは、この問題に没頭した者たちである。また別の者たちは、それは自然に即したことなのだと言う[8]。また別の者たちは、それはそれ自体で在るものなのだと言う[9]。しかし、すべての大衆は、目に明らかな限りの諸要[素][10]を把握したに過ぎないから、その知るところは(以上述べた)彼らよりも多くはないのである。

§ 56　ギリシアの賢人と異民族の憶見

ギリシア人たちと異民族(バルバロイ)の間で賢者となった者たちが立ち向かった諸々の力は、幻想と虚しい考えに従って生じてきたものであった。これらの者たちの間から出た者たちは、互いに争いながら、しかも彼らの内部で働いている反抗心に駆られて、模倣と傲慢と幻想的思考のうちに、彼らが知恵と考えたものについても発言したのである。しかし、模写*が彼らを欺いたので、【110】彼らは実際には迷妄を摑んだに過ぎなかったのに、真理を摑んだと思い込んでしまったのである。(それは)ただ単に個々の小さな名辞においてだけではなく、諸力*たち自身が彼ら(賢者たち)を欺いて、彼ら(諸力)こそが万物*であるかのように見せかけて、彼ら(賢者たち)を妨げているのである。

このために、この秩序は自分自身との軋轢に落ち込むこととなった。それはあの［支配する］アルコーン*（造物神）の子［孫たちの］うちの一人[11]——造物神は彼よりも先に存在しているのである——の傲慢な敵意のせいであった。

この理由から、いまだかつて何も、誰とも何とも一致してこなかったのである。哲学然り、医学然り、修辞学然り、音楽然り、論理学然りであって、（これらは）単なる憶見と理屈に過ぎない。（その結果、）混乱した駄弁が支配することになってしまった。それも支配する者たち、また、彼らに考えを吹き込む者が説［明］できないことによるのである。[12]

（1）人間を含む物質界の個物のことか。
（2）トーマスセンの読解に従う。
（3）以下ではさまざまな哲学説が列挙されるが、これと非常によく似た記事が、エウⅢ**70**1—22、知恵Ⅲ**92**6—**93**4にも見られる。
（4）ストア派の自然学を指す。
（5）三人称・男性・単数形で、直前の「被造物の運動」と「恒常性」のいずれをも受け得るが、後続の文脈との関係では「被造物の運動」と取る方がよい。
（6）決定論的な自然学あるいは歴史観に対する反論。
（7）ストア派の宿命論。
（8）「自然に即して生きる」はストア派の自然学と倫理学の有名な定型句。
（9）エピクロス派。
（10）「諸要素」の原語はギリシア語で「ストイケイア」。古典期ギリシアの哲学以来の長い伝統を有する術語であるが、ヘレニズム時代にはかなり語義が変化していた。新約聖書では「世を支配する諸霊」（ガラ四3、9　コロ二8、20）あるいは「自然界の諸要素」（Ⅱペト三10、12）の意味で用例がある。
（11）§47で語られた造物神に従うアルコーンたちの一人を指す。「サタン」（ヨブ一6-12、二1-7他）のことと見る説がある。
（12）この文章は部分的に復元が困難で、翻訳も不確実。

§57 ヘレニズム・ユダヤ教徒

さて、ヘブライ民族から生じてきたもの、これらも書かれたのはギリシア人に倣って語る物質的*な者たちによってである[1]。それらすべてを考えた者たち、いわば右側の者たちの力、彼ら（ヘブライ人）すべてを動かして、ことばと似像*で思考させる力、これらの力を彼ら（ヘブライ人）は持ち出した。彼らは真理を摑もうと試み、彼らの内に働いているそれらの混乱した力を用いたのである。その後で彼らは混乱のない秩序、確固として立っているもの、父の似像の似像[2]として置かれた唯一性に到達した。それ（唯一性の似像）は【111】その本性においては目に見えないものではないが、［知］恵がそれを覆い隠してしまっているために、真に見えない者（父）のかたちを保持しているに過ぎない[3]。このため、［多］くの天使たちもそれを見るには至らなかったのである。

§58 義人と預言者たち

われわれがすでに言及した別のヘブライ人たち、つまり、義人と預言者たちは、幻想や模写や覆われた思考では何一つ考えず、何一つ語らなかった《何一つ語らなかった》。むしろ、それぞれは彼の内側で働いている力によって、そうしたのである。彼（それぞれ）は彼が見たもの、また、聞いたものに聞きながら、それらを「信頼に足る仕方で」語った。その際、彼らの間には、彼らの内で働いていた者たち[4]に倣って、互いに調和が保たれていた。それは互いの間の結びつきと調和を、とりわけ彼らよりも高い者[5]への告白によって保っていたからである。

そして彼らよりも偉大な者（造物神）が存在する。彼が置かれたのは、彼らが彼を必要とするからである。霊的*ロゴスが彼らの中に（＝彼らと共に）高き者（父）を必要とするものとして彼を生み出したのである。すなわち、あの思考に従う希望と待望として。これがすなわち救いの種子*である。それは光り輝くことば、すなわち、あの思考とその産出、その流出のことである。

われわれがすでに言及した義人と預言者たちは、彼らの父祖たちがその偉大な者に関して残していった告白と証言を保持している。――その父祖たちは【112】その［希］望を求め、（それに）聞くことを待望しながら生きた者たちである。――だから、彼［ら］（義人と預言者たち）の内には、祈りと探求の種子が蒔かれているのである。それは堅信を求めた多くの者たちの中に蒔かれているものである。それ（種子）は現れて、彼らを高き者（父）を愛するように、また、これらのことを唯一性[6]に係わる事柄として宣べ伝えるように導く。

§59 解釈による異端説の発生と存続

その唯一性が、彼らが語ったとき、彼らの内で働いていたのである。彼らの見るところ、語るところは、彼らに見ることと言葉を与えた者たちが大勢であったにもかかわらず、（互いに）異なるものではなかった[7]。

(1) 元来はヘブライ民族の独創に成ることが、早くからギリシアの思想家によって剽窃されたとするユダヤ教の護教論に伝統的な考え方。キリスト教会もこれを好んで引用した。エウセビオス『福音の準備』XIII, 12, 1, アレクサンドリアのクレメンス『絨毯』V, 14, 97, 7参照。

(2) トーマスセンは「似像」の重複筆写と見做す。

(3) この文章の真意はよく分からない。われわれは全体として、否定的な意味で読む。――ヘブライ人が到達した「唯一性」が、真の「唯一性」（§2）の似像に過ぎず、真に不可視のものではないにもかかわらず、ヘブライ人のいわゆる「知恵」がそれを覆って、あたかも真に目に見えない存在であるかのようにしている。

(4) 先行する「彼の内で働いている力」と同じで、心魂的な者たちのこと。

(5) 造物神のことか。

(6) §2参照。

(7) ごくわずかな文字の修正で、「大勢であったゆえに、しばしば互いに異なっていた」という正反対の意味の否定文に訳すこともできる（トーマスセン）。

そのため、このことに関して彼らの語るところを聞いた者たちは、そのいずれの点も退けることがない。むしろ彼らは、書かれているものを、改変して受け入れたのである。彼らはそれら（書かれているもの）を解釈することによって、数多くの異端を生み出してきた。その異端は今の時に至るまでユダヤ人の間に存在し続けている。そのある者たちは、神は唯一で、古い書物を公に語り伝えた神である、と言う。[1] また別の者たちは、多くの神々がいる、と言う。[2] また別の者たちは、神はその本性において、単純で単一の心だ、と言う。また別の者たちは、彼（神）の働きは、善と悪を措定することと結びついている、と言う。[3] さらに別の者たちは、彼（神）こそは、存在するようになったものをそう在らしめた者だ、と言う。また別の者たちは、【113】彼が（そのように）働きかけたのは、［天］使たちを［通］してなのだ、と言う。

さて、この種の観念が多様であるのは、（彼らの）聖書の種類とかたちが多様であるということであり、彼らの律法の教師たちが生み出したものに他ならない。

§60 「救い主」に関する預言者たちの宣教

しかし、預言者たちの方は、何一つ自分自身の思惑から語ったことはなく、むしろ彼らのそれぞれが救い主の宣教を通して見たこと、聞いたことを（語ったのである）。これ（救い主）が彼（それぞれの預言者）が宣べ伝えた方である。なぜなら、彼ら（預言者たち）の宣教の眼目は、彼（それぞれの預言者）が救い主の到来――とはすなわち、この（目下問題の）到来のことである――について宣べ伝えたことであるから。[4]

預言者たちはあるときは、それ（救い主の到来）がなおこれから起きることであると語っているが、また別のあるときには、救い主自身が彼らの口を通して、やがて救い主が到来して、それまで彼のことを知らなかった者たちを憐れむことを告げているかのようである。

彼らは何一つ互いに打ち明け合うことはなかった。むしろそれぞれが、彼（救い主）について語るべく力を受けた働きに基づいて、また、彼が見ることを得たあの場所(5)*に基づいて、彼がやがてそこで生まれ、その場所からやがてやってくるであろうと考えるのである。それまで彼らのうちの誰一人として、彼がいずこからやってくるのか、あるいは誰によって生まれるのか、知っている者はいなかったのである。むしろ、彼らが語るに値する唯一のこと(6)は、彼が生まれるであろうということ(7)、そして、苦難を受けるであろうということ(8)、このことである。彼が先在していたこと、また、彼が永遠であって、ロゴス*に由来する生まれざる者(9)、苦難を受けることのない者として(10)、肉*の内に在るようになったこと、【114】これらのことが彼ら（預言者たち）の考えに浮かんだことはなかった。

---

(1) 旧約聖書以来のユダヤ教の正統信仰の立場。以下では反対に、古代末期のユダヤ教内のさまざまな分派的な立場が列挙されるが、そのすべてを資料的に確定することは困難である。

(2) 元来キリスト教とは無関係にユダヤ教の周縁部で発生した、いわゆるユダヤ教的グノーシス主義に属するグループのいずれかか。

(3) イザ四五7、死海文書の内クムラン第一洞穴から発見された『宗規要覧』の三18参照。

(4) 三部教の著者がこの箇所で提示していることが、旧約聖書の預言者たちの宣教の真の意味だということ。

(5) **100** 29で造物神が「場所」と言われていることに注意。

(6) トーマスセンに従って、中性的に訳す。アトリッジは「彼」。

(7) イザ七14、ミカ五1、3のような典型的なメシア予言か。

(8) イザ五二13—五三12参照。救い主の受難については、次の§61（**114** 34、**115** 4—5）でも言及がある。

(9) ロゴスから生成する「救い主」については、§62注(1)参照。

(10) 「苦難を受けることのない者として」は、一見するところでは、直前で「苦難を受けるであろう」と言われているのと、旨く適合しない。これは三部教のキリスト論をどう捉えるかという問題と直結する重要な問題である。三部教は、次の§61も示すように、救い主の受肉を強調するが、

そして、彼らが彼のやがて現れるべき肉について語るように促された説明は、次のようなものである。すなわち、彼らは、それ（肉）は彼ら全員[1]によって生み出されたもの、但し、あらゆるものに先立って霊的ロゴス*——すなわち、存在するようになった事物の原因者——に由来するものだと言う。救い主がその肉を受けた者（すなわち、霊的ロゴス）は、光を啓示した時に、それ（救い主の肉）を、（救い主の）出現を約束することばとして、種子*の状態で孕んだのである。なぜなら、それは存在しているものの種子であるが、彼（霊的ロゴス）が最後に生んだものであるから[2]。しかし、これが父が救いの啓示を委ねた者、あの約束を成就する者、（肉の）生活の中への到来のためにこれらすべての道具が準備された者、そして、それを使って降ってきた者である。彼の父はただ一人であり、ただ一人真に彼の父である者、見えざる者、知り得ざる者、その本性において摑み得ざる者、その意志とかたちにおいてただ一人神である者、自分自身を彼らに見させ[3]、知らしめ、摑ませることをよしとした者である。

一三　救い主の受肉とその同伴者たち

§61　救い主の受肉と受難

われわれの救い主が自発的な同情によってそうなったもの、それに彼らもなった[4]。なぜなら、（一方で）彼が（自らには）望まない受難において自分を現したのは、彼らのためであったからである。（他方で）彼らは肉*および心魂*となったからである。すなわち、これが彼らを支配している世界であり[5]*、彼らは滅びの内に死を迎える者となった。しかし、（そのような仕方で）［存在］するようになった者たち[6]を【115】見えざる人間[7]が見えざる仕方で教えた。彼は救おうと考えた者たちのために彼らの死を身に引き受けたばかり[8]ではなく、彼らがからだと心魂を備えて生まれたときに陥った卑小さをも受け[9]［入れ］たのである。それは、彼自身が、からだと心魂をもった幼子として孕まれ、生まれることに自分を委ねた者であるからである。

それら（からだと心魂）を共有する者たち、それまで倒れていたが（救い主の出現とともに）光を受けた者たちの間に[10]、彼は彼らを超えた高い者としてやってきた。というのは、彼は罪も染みも穢れもなしに自分を孕ませた方であるからだ。彼は（この世の）生活の中へと生まれ、その生活の中にいたが、それは彼らとかの者たち[11]のどちらも、受難と、動因者たるロゴス*に対する変わりやすい憶見との内に、からだと心魂になってしまうことに定められていたからである。しかし、彼（救い主）の方は、われわれがいましがた言及した者たちのもとから到来するもの（からだと心魂）を、自らに引き受けた者なのである。

十字架上に受難するのは肉のみであって、霊的な本性は受肉後も不変であり、受難もしないということであろう。

（1） 中間界のもろもろの存在。

（2） トーマスセンの本文修正に従う。

（3） 後続の**115** 4—5の「（救い主が）救おうと考えた者たち」のこと。

（4） 後続の**115** 4—5の「（救い主が）救おうと考えた者たち」のこと。

（5） あるいは「時代」。原語はギリシア語の「アイオーン」に相当するコプト語。

（6） おそらく「霊的な者たち」、あるいは次の§62で言及される「同伴者たち」のこと。

（7） 文脈から推すと、「救い主」のこと。

（8） 救い主（イエス）の死を強調する点で、真福**20** 28—30参照。

（9） **89** 9—10では心魂的な者たちの属性。

（10） 「それら（からだと心魂）を」以下ここまでについて、トーマスセンは全く異なる構文解釈で、「光を受けながら、倒れてしまった者たちと彼らが共有するその他のすべての点においては」。この場合、この文章は、「光」（救い主）を一旦受け入れた者たちの中からも、最終的には何人かが「倒れた」（滅びた）ことがすでに判明した時点、すなわち終末を先取りするものとなる。

（11） 「それら（からだと心魂）を共有する者たち」と「それまで倒れていたが、（救い主の出現と共に）光を受けた者たち」。

§62　受肉の同伴者たちとその受難

彼（救い主）は、あの動揺の後に経綸*（オイコノミア）によって自分自身のもとへと立ち返ったロゴス*が見た栄光に満ちた光景と（それ以後ロゴスが抱くことになった）揺るぎない思考とから生じてきた。(1) 彼と共に到来した者たちが、からだ、心魂*、確固不動、事物の判断力を授けられたのも、それと同様であった。彼らは（すでに）救い主の（地上への到来の）ことを考えた時に、自分たちも共に到来することを（前もって）考えていたのである。しかし、彼らが（実際に）やってきたのは、彼（救い主）が（そのことに）気付いたとき(2)であった。

彼らもまた欠乏*から生み出された者たちに比べれば、肉*による流出においてもはるかに高貴な者としてやってきた。【116】なぜなら、彼らもまた、救い主のからだと「同じ」ように、啓示によって、また、彼との結合によって、からだの流出を受けたのであるから。これら別の者たち（同伴者たち）は、唯一の本質(3)に属する者たちであった。実にそれは霊的*な本質である。しかし、その経綸(4)は異なっている。これとそれとはそれぞれ別のものなのである。ある者たちは受難と分裂から来たために、癒しを必要としている。それとは別の者たちは、祈りからきた者たちであるから、倒れた者たちの面倒を見るように委任されたときには、病気の者たちを癒すのである。この者たちは、すなわち使徒と福音宣教者のことである。彼らは救い主の弟子であり、教師であるが、教えを必要としている。(5)

それでは一体なにゆえ、彼らも(6)受苦——受難から生み出された者たち(7)が共有する受苦——を事実共にしたのだろうか、もし仮に彼らがからだにおいて救い主と共に生まれてきたのは、経綸によるのだとすれば。しかも、その救い主は受難を経験したことがないのだとすれば。(8)

救い主こそは唯一のもの、(9)とはすなわち、万物*の模像*を体現するものである。この理由から彼は分割不可能性のかたちを保持しているのである。(彼の)受難不可能性はそこ(分割不可能性)から生じてくる。他方、彼らの方は[10]個々に現れてきた事物の模像である。この理由から、彼らは下方の領域に植えられた物のためのかたちをもらい受けたとき、その範型*から分割を引き継いだのである。これ(下方の領域)が[すなわ]ち、【117】悪に与[るも]の(領域)であり、悪は彼らが到達したその[場]所*の[中]に在るのである。なぜなら、(あの)意志が万物*を罪の下に閉じ込めたからであるが、それは彼(父)が(まさに)その意志によって、万物を憐れみ、そうして彼らが救われるためであった。なぜなら、ただ一人の者(救い主)がいのちを与えるべく定められ、自余のものはすべて救いを必要としているからである。[11]

---

(1) ここでロゴスから「救い主」が生成するのは、§34、35でロゴスにプレーローマの「実」(御子)が「救い主」として出現することの再現。二人の「救い主」は§70で同定される。

(2) 「気付いた」を綴りのよく似た「愛した」の誤記と見る説がある。なお、ここで語られる救い主の同伴者たちの受肉は、霊的な種族が地上に下降して、「教会」を形成することとほぼ同義である。§41注(1)参照。

(3) §2参照。

(4) ここでは「働き」の意。

(5) 後続の**118** 35、**123** 11―22と同様に、教会を「キリストのからだ」と見るパウロの考え方と用語法(ロマ一二、Iコリ一二)を前提する箇所。これらの箇所を読み合わせて判断すると、目下の段落で語られている「受肉の同伴者たち」は、そのまま、地上に下降した霊的種族、すなわち、三部教を生み出したグノーシス主義者(ヴァレンティノス派)のことであり、彼らこそが本来の意味での「教会」と呼ばれる。彼らと同時代の正統主義教会(いわゆる大教会)は、「心魂的な者たち」としてそれとは区別される(**121** 25―38、**122** 12―27参照)。もっとも、目下の段落によれば、救い主の受肉に同伴する霊的種族も「受難と分裂から来たために、癒しを必要としている」ことになるが、これは後続の§70から見ると、決して不合理ではない。

(6) 受肉の霊的同伴者たち。

(7) 心魂的な者たちと物質的な者たち。

(8) §60注(10)参照。

(9) §2参照。

(10) 受肉の霊的同伴者たち。

§63　宣教の業

それゆえ、それ（自余のもの）がこの賜物を受ける恵みに与り始めたのは、このような理由によるのである。それ（賜物）は、それを他の残りの者たちに語り伝えるにふさわしいと「イエスに」判断された者たちによっ「て」、宣べ伝えられた。なぜなら、イエス・キリストの約束の種子*が（彼らの）中に置かれているからである。われわれが啓示と結「合」の業《わざ》によって仕えているのは、この方（イエス・キリスト）である。その約束には、教えを受けること、彼らが初めからそれであったところのものへ立ち帰ることが含まれる。彼らはそこ（彼らが初めからそれであったところのもの）からの一滴[1]を保持しているので、そこへと再び帰って行くことになるのである。これがすなわち、「救い」と呼ばれるものである。それは捕らわれの身からの解放であり、自由を受けることである。――捕らわれの身とは、その場所で支配を揮っていた無知に隷属していた者たちの状態のことである。反対に、自由とは、無知が支配を揮い始める前から存在する真理についての知識*のことである。それは永遠に初めも終りもなく、何か善なるもの、事物の救いであり、奴隷の本性――とはつまり、彼らが苦難を受けて苦しんでいたもの――からの解放である。[2]

虚栄を求める卑小な考えによって生み出された者たち――虚栄とはすなわち、【118】彼らを覇権を求める思いへと「導」く考えのゆえに、さまざまな悪に通じてゆくものである――、この者たちが自由という宝を得たのである。子供たちを見守る恵みの豊かさによって。それ（宝）は苦難を転倒させるもの、ロゴスが最初に自分自身から分離して、投げ棄てたもの――ロゴスがそれらのものの存在の原因者となったのであった――にとっては（やがて）滅びとなるものである。なぜなら、彼はそれらの滅びを経綸の終りまで保留し、それまでそれらが存在することを許したのである。それは、(それまでに)起きるべく定められたことにとって、それらがなお有用であったためである。

一四　人類の三区分

§64　光に対する異なる反応

人類はその本質において、霊的*、心〈魂〉的*、物質的*の三種類に分かれて、存在するようになった。この点でそれはロゴスの三種類の在り方を保持しているのである。すなわち、そこ(ロゴスの三種類の在り方)から、物質的な者たち、心魂的な者たち、霊的な者たちが生み出されてきたのである。これら三つの種族の本質は、それぞれの本質が結ぶ実によって知られる。(3) 彼らは最初は知られていなかった。むしろ、救い主が到来して、聖徒たちを照らし、それぞれが何者であるかを明らかにしたときに(知られたのである)。

霊的な種族は、いわば光からくる光、霊からくる霊のようなものであって、彼らの頭《かしら》が出現したとき、直ちに彼のもとへ走り寄った。(4) それは直ちにその頭《かしら》のからだとなり、(5) 突然の啓示によって、認識*を授けられた。

心魂的な種族はいわば火から発せられる光であって、【119】彼らに出現した者についての認識を授けられることをためらい、ましてや信仰をもって彼のもとへ駆け寄ることには、それ以上にためらった。(6) 彼らはむしろ声によっ

(11) ロマ五17-19参照。

(3) 内容については§53、文言についてはマタ七16、ルカ六43-44参照。

(1) **62**[8]「泉の雫」参照。

(4) ヨハ三21参照。

(2) ヨハ八31-38参照。

(5) §10注(5)、§62注(5)参照。

て教えを受けた。そして彼らはそれで十分であった。なぜなら、彼らは約束によれば、希望から遠くなく、いわば担保として、やがて来るべきことへの保証を受けたからである。

しかし、物質的な種族はあらゆる点で異質である。それは暗闇のようであって、光の輝きから身を隠す。なぜなら、光の出現はそれを滅ぼしてしまうからである。[1]そして、それはその大いなる出現[2]をまだ受け入れていなかったし、主が自分たちに現れることに憎しみを抱いていたからである。

§65 三つの種族の終末論的運命

さて、霊的*種族はあらゆる点で完全な救いを受けるであろう。反対に、物質的*種族は、彼(救い主)に逆らった者として、あらゆる仕方で滅びるであろう。また、心魂的*種族は、生み出されたときに中央に在って、その置かれ方も善なるものと悪しきものへ二重の定めを受けているので、[3]見棄てられる方へか、あるいは完全に善なるものの方へか、直ちにその定められた脱出をする。

§66 心魂的な者たちの運命(その一)

(すなわち、)ロゴス*がいと高き方を想起し、救いを求めて祈ったときに、彼の思考の先在の範型*に従って生み出した者たち、この者たちには[直]ちに救いがある。[4]彼らはこの救いの観念(ロゴスがプレーローマ*を想起した観念)のゆ[えに]、完全に救われるであろう。天使であれ、人類であれ、この(種族の)者たちが彼(ロゴス)によって生み出されてきた次第は、彼(ロゴス)自身が生み出されてきた次第に、【120】似ている。彼らも、自分たちよりも高い方が存在するという告白と、その方に向かっての祈りと探求の度合に応じて、[5]彼らを生み出した者たちの救いに与るであろう。なぜなら、彼らは善き秩序からの者たちであるから。この者たちはこれから起こるべき救い主の到来とすでに起きた彼の出現を告知する務めに定められた。天使であれ、人間であれ、この者たちへの（告知の）務めに派遣されたとき、事実彼らは彼らの存在の本質を受領したのである。(6)

§67 心魂的な者たちの運命（その二）・物質的な者たちの運命

反対に、覇権を求める思いから生じてきた者たち、すなわち、彼（救い主）に逆らった者たち——彼らは、その思いが生み出した者たちである——の襲撃から生じてきた者たちは、混乱の中にあるゆえに、直ちにその終りを迎えるであろう。

確かに、覇権を求める思いから生み出されてきた者たちで、束の間だけそれを手中にしたに過ぎない者たちも、やがて栄光の主を賞め讃え、（自らの）憤りを棄て去るならば、彼らのそのへりくだりの対価を受けるであろう。そして、それは永久に残るであろう。

しかし、名誉欲のために慢心し、一時の栄光を愛し、権力が彼らの手に委ねられたのはほんの束の間のことに過ぎないことを忘れ、まさにそのために神の子が【121】*万物の主かつ救い主であることを告白せず、怒りからも

(6) ヨハ・アポ§25に似た表現がある。

(1) ヨハ三20参照。
(2) トーマスセンの本文修正に従う。アトリッジは「唯一性」。
(3) 106 9—11参照。
(4) トーマスセンは「退けられること［なく］」。
(5) 83 19—20参照。
(6) 「存在の本質」を受領するのが救い主の到来と出現の後であるということは、個々人の救いあるいは滅びの運命が至高神（三部教では「父」）の永遠の決定において先決されているとする、いわゆる決定論に対立する。§64も参照。

悪しき者たちとの類似からもいまだに抜け出していない者たち、——この者たちは彼らの無知と思慮の無さ——とはつまり、受難のことである——のゆえに、失われてしまった者たちと共に、裁きを受けるであろう。彼らの内で逸れて行ってしまった者は誰であれ（そうなるであろう）。その上もっと悪いことには、彼らは主に対してふさわしくないことを仕出かすことになったが、それは左*の諸力*たちが彼らの上に働いて、彼（主）の死にまで至らしめたためである。彼らはこう言った、「もし万物の王と定められた者が殺されてしまえば、われわれが万物のアルコーン*になることができよう」と。（こう言いながら）彼ら、すなわち、人間と天使たち——とはつまり、右の者*たちの善き秩序ではなく、むしろ混乱からの者たち——は、これをまさに実現しようと、夢中になっていたのである。そして彼らは自分たちのために真っ先に名誉を選んだが、それはほんの束の間の願望と欲求に過ぎない。

それに対して、永遠の安息*への道は、右の者たちで救われるべき者たち[1]にとっては、へりくだりを通して救いへと至る。彼らは主を告白し、教会の意[2]にかなう事柄についての思い（を養い）、教会と共にへりくだる者たちへの賛美の歌を（献げた）後、——（すなわち、）そうすることが教会の意にかなうことを彼らの全能力が及ぶ限り（行なって）、その悩みと苦しみに、教会にとって何が善であるかを知っている者として、参与することで——やがては［教会の］希望に共に与るであろう。

【122】すなわち、左の秩序に由来する人間と天使たちの問題、すなわち、彼らの道がどのように滅びに通じているかについては、こう言うべきである。彼らはただ単に主を否み、彼に奸計をめぐらしたというだけではない。彼らの憎悪と妬みと嫉妬は教会にも向けられていた。そして、これこそが、動揺して教会を試みるに至った者たちの滅びの原因なのである。

一五　回復の道のり

§68　選ばれた者たち（霊的種族）の救い

「選び」[3]とは救い主とからだと本質を共にするものである。なぜなら、それは彼（救い主）との一体性と結合の点で、新婦の部屋*に似ているからである。というのは、キリストは、その（選び）[4]のために、あらゆる場所に到来したが、「召命」が占めるのは、新婦の部屋を喜び、新郎と新婦の結合を喜ぶ者たちの場所[5]だからである。「召命」に与えられる場所は模像*たちのアイオーン[6]*であり、ロゴスがまだプレーローマ*との結合を果していない場所である。

この場所で、教会に属する人間[7]は幸福であり、喜び、希望を抱いている。それ（その場所）は、それを考えた方の経綸*（オイコノミア）に従って、霊*と魂*とからだに分かたれた。その中にいる人間（救い主）は唯一の存在、すな

（1）§66で言及された心魂的な者たちのこと。

（2）§62注（5）参照。心魂的な者たちが代表するいわゆる「大教会」（正統主義教会）とは区別される。

（3）後続の「召命」と区別された霊的種族、すなわち、グノーシス主義者のこと。いずれもヴァレンティノス派に独特な用語で、西方派（ヘラクレオンの断片三七＝オリゲネス『ヨハネ福音書注解』XIII, 51）と東方派（アレクサンドリアのクレメンス『抜粋』XXI, 1; LVIII, 1）の別なく確認される。「召命」については§74以下参照。

（4）原語のギリシア語「クレーストス」は「至善なる者」とも訳すことができる。ヨハ・アポ§20注†1参照。

（5）「新婦の部屋」、すなわちグノーシス主義者の「教会」の戸口（外側）のこと。

（6）§40参照。

（7）霊的種族＝グノーシス主義者のこと。

わち、万物*であり、彼が彼らすべてであった。そして、彼は父からの流出を持っている。【123】諸々の場所がそれ(流出)を受け入れる度合に応じて。そして、彼が肢体を持っていることは、われわれがすでに述べた通りである。[1] 救いが告知されたとき、完全なる人間[2]*は直ちに認識*を受け取り、急いで自分の唯一性のもとへ、そこから彼がやってきた場所*へと立ち帰った。しかも、あの場所へ、すなわち、彼がそこからやってきた場所、彼がそこから流出してきた場所へと、喜びの内に立ち帰ったのである。

しかし、彼の肢体(について言えば)、彼らは教えを受ける場所を必要としている。[3] それは、飾られたそれらの場所の中にあるから、それらを通して、ちょうど鏡を通すかのように、模像*と原型に対する類似性を受け取り、ついには教会のからだの全肢体が同じ一つの場所に在ることとなり、全きからだであることが明らかにされた暁には、一挙に回復されるに至る。――すなわち、プレーローマ*への(万物)の回復が〈起きるのである〉。

§69 プレーローマへの上昇としての救い

それ(肢体から成る教会)は初めから互いに一致し合う調和、すなわち、父のための調和を持っている。その結果、やがて万物*は彼(父)を体現するものとなる。(万物の)回復はまず万物が御子が何であるのか、すなわち、彼こそは救いであり、把握し難い父に通じる道[4]、先在者への回帰であることを明らかにした後初めて、さらにまた、あの高きに座す者、理解し「難き」者、言い表し難き者、【124】目で見ることのできない者、把握し難き者の中で、万物が自分たちを明らかにし、そうして救われた後初めて、終りになって(起きるのである)。それはただ単に、左側の者*たちの支配からの脱出、あるいは、右側の者*たちの権力からの解放であるにとどまらない。これらの者たちそれぞれについて、われわれはその奴隷であり、子供たちなのであり、誰であれ再び彼らのものとなる以外には、素早く彼らの手を逃れることはあり得ないと考えたのであった。しかし、救いとは上昇のことでもあり、プレーローマ*の中にある階梯のこと、また、すべて名付けられ、それぞれのアイオーン*の力に従って自分たち自身を知解した者たちのことである。それはまた、静寂なるものの中へ入ってゆくことである。その場所では声も認識*も知解も必要なく、光も彼らを照らす必要がない。むしろ、あらゆるものが光であるから、光がそれらを照らす必要はないのである[5]。

§70 万物、御子、救い主にとっての救い

救いを必要とするのは、ひとり地的人間たちだけではない。天使たち、模像*たち、そして、諸々のアイオーン*と[光り]輝く驚嘆すべき諸々の力から成る自余のプレーローマ*もまた、救いを必要としているのである。それゆえわれわれは、他の者たちに係わる事柄について、困惑するまでもないのである。かえって御子自身も、万物*の救い

---

(1) **116** 8―20、**118** 34―35参照。
(2) 前注(1)に同じ。
(3) 文言上は**116** 18―20と一致するので、「彼ら」は霊的種族を指すとも取れるが、そうすると、霊的種族は救い主の出現に「直ちに」反応したと繰り返し明言されることと矛盾する。類似の文言は**119** 3で心魂的な者たちについても用いられているから、「彼ら」は心魂的な者たちと解する方がよいであろう。しかし、この場合は、「彼ら」を(教会の)「肢体」とする言い方が、心魂的な者たちを「新婦の部屋」(教会)の「外側」にいると見做す二九七頁の注(5)の箇所と矛盾するように思われるかも知れない。おそらく三部教の著者にとって、自分が所属するグノーシス主義者(ヴァレンティノス派)の「教会」と正統派の大教会との関係付けが、単純な線引きで解決できない比較的難しい問題であったのであろう。§77注(11)も参照。
(4) ヨハ一四6、真福**18** 18―21、**31** 28―35参照。
(5) 黙二一23参照。

主の立場にありながら、救いを必［要とし］たのである。(1)【125】それは人間となられた方であり、肉*に在るわれわれが彼の教会として(2)必要とするあらゆることのために、自分自身を献げた方である。さて、その彼が彼の上に下ってきたことば(3)から初めて救いを受けたとき、そのとき、自余の者たち、すなわち、彼を自分の身に受け入れた者たちもすべて、彼から救いを得たのである。なぜなら、（救いを）受けた者を受け入れた者たちは、彼の中に在るものをも（同時に）もらい受けたのであるから。

肉に在る人間たちの間で、彼(4)——彼（父）から最初に生［まれた者］、彼（父）の愛、肉の中にやってきた御子——が救いを与え始めた。天にいる天使たちは、地上に住んで、彼（御子）の仲間となることをよしとされた。このため、彼は「父の天使たちの救い」と呼ばれるのである。(5)彼は、万物の下で彼（父）を求める知識*のゆえに苦労していた彼らを強めた。それは彼が他の誰にも勝って恵みを与えられていたからである。

§71 選ばれた者たちの受難の意味

彼（父）は彼（御子）のことを最初から知っていた。なぜなら、彼（御子）は、いまだ何も生じていなかったときに、彼（父）の思考の中にいたからであり、彼（父）が（後に）彼（御子）を啓示した者たちも(6)、（その時はまだ）彼の（思考の中に）在ったからである。その彼（父）はほんの束の間だけ（地上に）留まることになる者（救い主）の上に欠乏*を置きはしたが、それは彼のプレーローマ*にとって栄光となるためであった。なぜなら、彼（父）が不可知な者であることが、彼が彼の好意を現して、［自分を知らしめるに至った(7)］ことの原因なのであるから。【126】（人間が）彼（父）についての認識*を得るということが、彼に妬みがないことの証であり、彼の溢れるばかりの甘美さ——これはすなわち、第二の栄光のことである——の証である。彼が（人間に）認識を生み出す者でありながら、不可知性の原因者ともされてきたのも、それと同じ事情によるのである。彼(父)はその認識を終始、隠されて摑みがたい知恵の中に保持したので、[8]ついには*万物は父なる神を探し求めて、疲れてしまった。それはいまだかつて誰も自分の知恵、自分の力で見つけ出したことのない父である。(むしろ)彼が自分を与えて、彼が与えた大いなる栄光と彼が与えた原因——すなわち、彼への終りなき感謝[9]——について、豊かな思考を彼らに認識させるのである。彼(父)は自分の計画を動かすことのない者である。それゆえに、本性において知り難い父にふさわしいものとなった者たちに、永久に自分を現し、彼らをして彼自身を、彼の意志において認識させるのである。

*認識とそれに含まれる善きものを得るべきであると彼(父)が初めに考えた者たち、その彼らを(まず)無知とその苦しみの経験に到達させるということ、これは父の熟考、すなわち知恵であった。それは彼らが悪しきことどもを味わい、その中で自分たちを訓練するためであった。[10]それはちょうど[35 ± 3]ほんの束の[間[36]

---

(1) 上のプレーローマの外側にいる限り、その内部への上昇(**124** 13)がなお必要だという意味。

(2) 上のプレーローマの教会(§10)、ロゴスのプレーローマ(中間界)の教会(**97** 5—9)に対応する地上の教会。

(3) ヨルダン河で受洗の際にイエスの頭上に下った聖霊と天からの声(マコ一9-11、マタ三13-17、ルカ三21-22)のことか。

(4) トーマスセンと共に三人称・男性・単数形で読む。アトリッジは三人称・複数形で読んで、受動態に訳す。

(5) 三部教の著者の教会で用いられていた賛美歌の一編の冒頭の句による引用かも知れない。後続の§71、73にも同じようなパターンでの引用が頻出する。

(6) 上のプレーローマのアイオーンたち。

(7) トーマスセンの復元提案に従う。

(8) **62** 14—26参照。

(9) 上のプレーローマでは、「父」への感謝と賛美の度合いが個々のアイオーンの存在あるいは位階を決定する。**69** 7—14、20—24、§18注(1)、§19注(9)、§23注(3)参照。

(10) **107** 30—**108** 12と同じ目的論的・教育論的神義論。

±15」ためであり、永［遠］に存続する［善なること］どもを享［受するためであった］。【127】彼らには変転があり、絶え間ない断念があり、彼らに逆らう者たちからの告発[1]があるが、（彼らはそれらを）高きに在る者たちのための身の飾り、また、賛嘆として耐えている。

ここから明らかになることは、父を知るに至らないであろう者たちの無知というものが、彼ら自身に由来するものだということである。[2]彼らに彼についての認識を与えたのは、彼に属する一つの力であった。優れた意味での認識が、「すべて思考されるものについての認識」、「宝」——さらに知識を*増し加えるために追加すれば、——「最初から知られていた事柄の啓示」、「調和と先在者に至る道[3]」と呼ばれることを彼らに認識させたのは、その力なのである。すなわちそれ（認識）は、権勢という欲求の世界（経綸）*の中での自分たちの持ち物を投げ捨てる者たちが増えるということである。そうして、やがては終りが初めと同じようになるであろう。

§72 洗礼と信仰告白

さて、優れた意味で存在し、万物*がその中へと入って行き、その中に在ることになるであろう洗礼*、この唯一の洗礼の他にはどんな洗礼も存在しない。この洗礼は、父なる神と御子と聖霊に（結ばれる）救いである。[4]これら（三つ）の名前——これらはすなわち、福音の唯一の名前である——に対する信仰の告白が行なわれ、【128】彼ら（万物）が自分たちに語られたこと——すなわち、彼ら[5]が存在するということ——を信じるならば。ここから、彼らが存在することを信じた者たちは、救いを得ているのである。すなわちこれが、目には見えない仕方で、父と御子と聖霊を二心なき信仰において摑むことなのである。そして[6]、彼らは彼ら（父、御子、聖霊）について証言し、揺るぎない希望の中に、彼らのことを把握した。それは、彼らのもとへと立ち帰ることが、彼らを信じた者たちの完成となるためであり、父が彼ら（信じた者たち）と一つとなるためである。――それは彼らが信仰の内に告白した父であり、神であり、彼らが認識*のうちに自分と結ばれることを許した方である。

§73　洗礼のさまざまな別称

われわれが先に言及した洗礼[7]*は、「それを二度と脱ぐことのない者たちのための衣服」と呼ばれる[8]。なぜなら、それを着た者たち、救いを得た者たちが、それを身に帯びるからである。それはまた、「真理の倒れることのない確証」とも呼ばれる。それ（洗礼）は揺らぐことも、動かされることもない仕方で、回復された者たちを摑むが、それは他でもない彼らの方がまさにそれ（洗礼）を摑むからである[9]。それ（洗礼）は静寂と安逸のゆえに、「沈黙」と呼ばれる。それはまた、彼を認識したということを知って［いる］者た［ち］の一致と分かち難さのゆえに、「新婦の部屋*」とも呼ばれる。それはまた、【129】「沈むことがなく、炎のない光」とも呼ばれる。なぜなら、それは光

（1）　原語はギリシア語「アイティア」。
（2）　§66注（6）で触れた決定論を排して、「父」の責任を免除しようとする論理。
（3）　以上「　」を付した語句はすべて、著者の教会で使われていた賛美歌の冒頭の歌詞による引用かも知れない。ただし、トーマスセンとアトリッジで「　」に括る範囲が異なる。われわれの訳は構文の点ではトーマスセン、「　」の範囲の点ではアトリッジに近い。
（4）　マタ六19参照。
（5）　「父」、「子」、「聖霊」のこと。
（6）　以下の文章は、原文では、二つの副文が並列の接続詞で並べられただけの一種の破格構文であり、翻訳も不確実である。
（7）　**127** 25参照。
（8）　以下、洗礼に対するさまざまな呼称が列挙される。これらも著者の教会で使われていた賛美歌あるいは式文の冒頭の語句の引用かも知れない。§70注（5）、§71注（3）参照。
（9）　フィリ三12、ガラ四9でのパウロの論理と正反対。

を発するのではなく、それを身に帯びた者たちを光にしてしまうからである。すなわち、それ(光)がこの者たちを着たのである。それ(洗礼)はまた、「永遠の生命」、とはつまり「不死性」とも呼ばれる。さらにそれは、優れた意味で全体的で、単純なものに準じて、また、快適で、分割できず、動かされず、欠乏*がなく、揺るがないものに準じて、その名を呼ばれ、無視された者たちのために在るものにまで(至る)[1]。

実際、それは「万物」*以外のどんな呼称で呼ぶことができようか[2]。すなわち、たとえ人はそれ(洗礼)を無数の名辞《名辞》で呼ぶとしても、それらは(あくまで)一つの言い方に過ぎない。彼(父)はあらゆる言葉を超え、あらゆる声を超え、あらゆる知力を超え、あらゆる個物を超え、あらゆる沈黙を超えている。彼がそれであるところのもの、まさにそれに他ならない者たちの場合も、それと同じである《それと同じである》。彼(父)が言い表し難く[3]、知解し難い仕方でそれであるところのもの、彼らがそのようなものとして見いだすものがこれ(洗礼)である。それは認識した者たちの間に在るためのものであり、彼らが把握した方——とはつまり、彼らがその栄光を讃えた方——によるものである。

一六　「召命」の救い、結び

§74　これまでの論述のまとめ

「選び」[4]に関することについては、【130】本来ならば、確かになお多くのことをわれわれは語らなければならないとしても、(ここでは再び)「召命」——とはすなわち、右側*の者たちに対する呼称のことである——の問題に立ち戻ることが必要である。また、それについて考えることを忘れることは適切ではない。われわれはすでにこのことについて論じた。前述の範囲ですでにある程度十分だとすれば、どうしてわれわれは部分的にしか語らなかったことになるのか。というのは、私はすでに次の点を語ったのである。すなわち、すべてロゴス*から生じてきた者たちは、悪しき者たちの裁きからであれ(5)、彼らに逆らう者たちの怒りからであれ(6)、彼ら(悪しき者たち)からの離脱(7)——とはつまり、高いところにあるもののもとへの立ち帰りのことである——からであれ、あるいは、祈りと先在の者たちに対する想起からであれ(8)、あるいは、善き業《わざ》による救いを受けることへの希望と信仰からであれ(9)、善き秩序からの者たちであるがゆえに、(救いに)ふさわしい者たちと見做されたのである。彼らの生成には、あの存在する方に由来する考えという原因がある。

さらに(私は)、次のことも(語った。)ロゴスが目には見えない仕方で、自発的に、彼らと交わるようになる以前に、あのいと高き方がその考えを加えたのである。そしてそれは、彼らが彼を[必要と](10)していたためであった。

【131】 すなわち、彼らの存在の原因者である彼を。彼らは救われたとき、思い上がって、自分たちより以前には何

(1) 最後の「無視された者たちのために在るもの」は本文が壊れていて、翻訳が困難な箇所。われわれの訳はトーマスセンの修正提案に従っているが、正確な文意はよく分からない。

(2) トーマスセンの本文修正に従う。アトリッジは「それは『神』以外のどんな呼称で呼ぶことができようか。なぜなら、それは万物なのであるから」。

(3) 以下パラグラフ末まで、構文が混乱していて、文意がうまく読み取れない。

(4) §68参照。

(5) **81** 8—14参照。

(6) **97** 35—36参照。

(7) **81** 20—25参照。

(8) **81** 27—28、**82** 10—14参照。

(9) 「善き業」については、目下のパラグラフの末尾と**135** 2—3参照。「希望と信仰」については、**85** 17にロゴスに関して類似の発言がある。

(10) トーマスセンは「信頼」。

も存在しないなどとは、考えなかった。むしろ、自分たちの存在には初めがあることを告白し、自分たちよりも先に存在する方を知りたいと欲したのである。

さて、(私が)もっとも多く(語ったのは)次のことである。すなわち、彼らは稲妻のように現れた光を崇拝し、それが彼らの救いのために現れたことを証したのである。

ロゴスから生まれてきた者たち、つまり、彼らだけが善き業《わざ》を達成するだろうとわれわれが述べた者たち[1]だけではなく、彼らが善き秩序に基づいて生み出した者たちもまた、満ちあふれる恵みのゆえに、安息*に与るであろう。覇権への欲求から生み出されてきた者たちは、自分たちのうちに権力欲の種子*をもっているものの、善き業に対する報いを受けるであろう。もし、彼らが——すなわち、行動した者たち、善なるものへ予め定められた者たちが——意識してそう願い、虚しい、束の間の名誉心を棄て去りたいと思い、束の間の名誉の代わりに、【132】栄光の主の戒めを[行]ない、永遠の御国を嗣ぐ者となるならば。

§75　キリストの御国

さて今やわれわれは、彼らに与えられた恵みの原因と結果と起動因とを[結]び付けることが必要である。なぜなら、右側の者*たちすべての、また、混ぜ合わされていない者たちと混ぜ合わされた者たちの救いについて、すでに述べたこと[2]をここでわれわれが(もう一度)語ること、彼らを互い[に]結び付けることは、適切なことだからである。そして、安息*——これは[すなわち]、彼らがどのように信じたかの証明である——に関しても、これをそれにふさわしい論述をもって取り扱うことが(必要である)。なぜなら、われわれはキリストの中にある御国を告白するならば、あらゆる多様なかたちと不同性と変転(の世界)から脱出したことになるのであるから。それは、やがて終りが、単一であった初めと同じように、単一な存在を受け取るからである。そこでは男も女もなく、奴隷も自由人もなく、割礼も無割礼もなく、天使も人間もなく、キリストがすべてにおけるすべてとなるのである。[3]

初めに存在していなかった者のかたちは、どうなるのだろうか。それは存在するようになることが分かるだろう。また、奴隷である者の本性は何なのか。彼は【133】自由人と同じ場所*を受けるだろう。なぜなら、彼らは次第次第に、卑小な言葉だけにはよらず、（むしろ）本性において、啓示を受けるようになり、やがては声のみによって信じることになるからである。同じようにして、かつて在ったものへの回復は単一なのである。事物の働きを増大させると共に、それらを楽しんでもいたために、存在するようになった事物の原因たるべく定められ、世界（経綸*）の上に君臨したある者たちは——これはすなわち、天使と人間のことである——、御国と力づけ［と］救いを受けるだろう。さて、これ[4]がその理由である。

§76　「召命」（心魂的種族）の履歴

彼らは、肉*において現れたあの方が、それまで知られたことも、語られたことも、見られたこともない神の子であると、二心なく信じた。彼らはそれまで崇拝していた神々と、諸々の天と地の上にある主たちを、投げ棄てた。まだ彼（受肉した者）が彼らを（自分のもとへ）召す前、彼がまだ幼子であったときから、彼がもう宣教を始めたことを彼らは証言した。[5]そして、彼が死んだ人間として墓の中に置かれたときには、［今度］は天［使］たちがこう

（1）**82** 10—14、**119** 17—18参照。
（2）§66、67参照。
（3）Ⅰコリ三13、ガラ三28、エフェ一23、コロ三11参照。
（4）アトリッジは「これ」が「以上」の意味で§75を指すと解するが、われわれはトーマスセンと共に§76以下を指すものと解する。

考えた。彼は【134】死んでいた者からいのちを「得て」、なお生きていると。[1]

彼ら[2]は、彼らのために神殿で行なわれていた無数の崇拝行為と奇蹟とを望んだが、それらを別の一つ(崇拝)のために放棄するのである。[3]告白こそが、彼らを彼のもとへ赴かせて、彼らにそうなさしめる力なのである。

彼らは繰り返し(救いの)準備を受け入れなかった。それを彼らが拒んだのは、かの場所*からまだ彼が送られてきていなかったからである。むしろ、彼「ら」は、キリストは「あの」場所[4]、すなわち、彼らも彼も共にそこからやってきた場所にいるのだと考え、彼らが仕え、崇拝し、さまざまな借り物の名辞の下に――と言うのも、それら(の名辞)は、本来それらによって呼ばれるべき者(ロゴス)*に与えられたものなのだ[5]――奉仕していた神々と諸々の主ための場所の一つを彼に「与え」たのである。

§77 「召命」(心魂的種族)の認識と来るべき報い

しかし、彼らは、彼の昇天の後に初めて、彼が彼らの主であり、彼の上にいかなる主もいないことに気付く経験をしたのである。[6]彼らは彼に自分たちの王国を手渡し、自分たちの玉座から立ち上がり、自分たちの王冠から遠ざかった。

しかし、彼は彼らに自分を現した。その理由は、すでにわれわれが述べたように、彼らが救われ、善き考え「へ立ち」帰り、「33 ±5 」まで。【135】「 ±8 」仲間と天使たち「 ±4 」そして、彼らがそれ[7]のために行なった(ところの)多くの善き業《わざ》(が)。このよう「にして」、彼らは選ばれた者たちを益する務めを委ねられたのである。彼らは自分たちの受難を天にまでもって行く。それは彼らが、消えることも誤ることもない「裁き」で、永久に裁かれるためである。[8]彼らは彼ら[9]のために留まり、ついには彼らすべてが(現下の)生活[10]に入り、また再び、彼らの［か］ら［だ］を地上に［残し］て、この生活［か］ら出［て］ゆく［ま］で。彼らは［　±6　］彼らすべてに仕え、［あらゆ］る場所で聖徒たちの上に振りかかる苦［難］、迫害、［艱］苦を［彼ら］と共にする。［悪］しき者たちに仕える者たちは――悪［は］滅びて然るべきであるゆえに――［　±2　］の中にある。しかし、あらゆる世界の上に在る［　±6　］――これはすなわち、彼らが持っている善き考えと交わりのことである――のゆえに、教会は、報い［を与える方の手か］ら救いを受けた暁には、彼らのことをよき仲間として、また、信頼に値する僕《しもべ》として、思い出すであろう。[11] 真に、新［婦の部屋］*にある［恵］みと［　±1　］［　±8

(5)　具体的にはルカ二41-52などの記事が著者の念頭にあるのかも知れない。真福§9（特に**19** 17―20）参照。

---

(1)　マコ一六6、マタ二八5-6、ルカ二四5-7参照。

(2)　本文が壊れていて構文の読解が非常に困難な箇所。「彼ら」は直前の「天使たち」ではなく、さらにそれ以前に出る「彼ら」、すなわち、「召命」（心魂的種族）を指す。

(3)　原始キリスト教団がエルサレム神殿を中心とするユダヤ教の秩序から脱出したことを言うのであろう。ヨハ四20-24参照。

(4)　文脈から推すと、偶像崇拝の場所（神殿）のこと。直前の「かの場所」が上のプレーローマを指すことと混同しないよう要注意。

(5)　§39でロゴスの思考に対して与えられたさまざまな別称を参照。「借り物の名辞」については、フィリ福§59、真福**40** 9―14も参照。

(6)　救い主の昇天後に真の了解に到達するという点でヨハ二22、一三16参照。「救い主」以外にはいかなる王権も存在しないという意識については、アルコ§37、起源§136、アダ黙§43の「王なき世代」、あるいは「王なき完全なる種族」参照。

(7)　三人称・女性・単数形。後出の三一一頁注(2)を付した「それ」と同じで、おそらく「教会」を指す。

(8)　本文が壊れていて、文意が取りにくい箇所。トーマスセンの読解に従う。

(9)　「選ばれた者たち」を指す。

(10)　**115** 18参照。

(11)　「選ばれた者たち」（霊的な種族）と「召命」（心魂的な者たち＝大教会）の微妙な関係づけについては、§68の二九九頁注(3)参照。

］彼女の家の中に在る［32 ±1 ］［33 ±7 ］思考の中に［33 ±1 ］［34 ±4 ］与え、［34 ±2 ］する者を。(1)【136】キリストはそれと共に在り、(2)［万］物の父*の待望である。なぜなら、それは(3)彼らのために［天］使［たち］と道案内と仕える者たちを生み出すであろうから。彼らの考えがそれに(4)とって快いものであることを、アイオーン*たちがやがて思い出し、彼らが考えるすべてのこと［に対して］、彼らに報いを与えるで［あろう］。彼（キリスト）は彼らの間から流出した者である。それは、キリストが彼の抱いた意志を［実行し、そして］教会の偉大さを生み出し、それらを教会に与えたのと同じように、（今度は）教会が［これ］らの者たちのための思考となるためである。彼（キリスト）は人間たちに永遠の住まいを与える。その中に彼らは住むであろう。(5)欠乏*への誘惑を断ち切るならば。そして、プレーローマ*の力が、先在のアイオーンの大いなる雅量と甘美さとによって、彼らを引き上げてゆくならば。

§78 来るべき終末

［28 ±6 ］が現した［光で］彼らを照らしたときに、彼が持っていた者たち、彼らすべての誕生の実態（本性）は、以上のようなものである。ちょうど彼の［29 ±8 ］［30 ±2 ］在ることになるであろう［30 ±8 ］彼の［31 主も］ちょうどそれと同じように［31 ±2 ］［32 なぜなら］変化［も］、［変］化した者たちの中にしか存［在］しないのだから。(6)【137】［1 ］［2 ］［3 ……（途中2文字判読可能）……］［4 ……（途中2文字判読可能）……］［5 ……（途中3文字判読可能）……］ところの［6 ±12 ］彼によって［7 ±12 ］値打ち。(7)す［でに私が［述べたよう］に、(8)物質的*な者たちは最後まで留まった後、滅びるであろう。な

ぜなら彼らは彼らの名［11前を］与えないであろうから。もし彼らが再び［13　±9　］ものに立ち戻ってゆくならば。それはちょうど彼ら［14　±10　］彼らは存在しないので［15　±9　］しかし、彼らは［17その中で］彼らの間に在った［16時には］有用であった。(9) たとえ初めは［18　±9　］としても。もし［19　±9　］彼らが彼らに［逆らうために］予め保持していた権［力］に［従って］、何か別のことをするために。というのも、私はこれらの言葉を絶え間なく使［って］いるものの、その意味［を］まだ分かっていないのである。(10) 何人かの［26長老たちは　］
［27　偉］大さ【**138**】［1　］
［2　］［3 ……………………(途中1文字判読可能)……………………］
［4 ……………(途中2文字判読可能)……………］［5 ……………(途中4文字判読可能)…………… すべ］
6ての［　±11　天］7使［　］
言8葉［と］トランペット［の音］。(11) それ（言葉、トランペットの音）は麗しい東方から、新婦の［部屋］*の中で、10完全

(1) 構文上の前後関係は不詳。
(2) 三人称・女性・単数形。おそらく「教会」を指す。
(3) 前注(2)と同じ事情。
(4) 前々注(2)と同じ事情。
(5) ヨハ一四2参照。
(6) 第32行の行末の±6文字、第33行の行頭の±2文字の推定復元はアトリッジによるが、非常に不確実。
(7) 構文上の格は不詳。
(8) **118** 10—14、**119** 19—20、**121** 38—**122** 4参照。
(9) **118** 13参照。
(10) アトリッジは写字生の書き込みと見做す。しかし、写字生の任務は与えられた写本を複写することであって、個々の単語を取捨選択する余地はないはずである。従って、この挿入文が写字生の筆に由来すると考えるのは、まず一般論として困難である。さらに、すでに書体学的な視点から確認されていることであるが、三部教の写字生はわれわ

なる恩［赦］（和解）を告知するだろう。それはすなわち、父なる神の愛［である］。［[13] ±9 ］[14]の力に従って［ ±9 ］[15]偉大さの［ ±9 ］[16]甘美さ［ ±9 ］[17]彼の。(1) 彼は［自分］自身をその偉大さに啓示する［[18] ±8 ］[19]彼の善良さ［ ±8 ］[20]賛美と支配［と栄光］はイ［エス］・キリスト、(2) 主、［救い］主、愛に満ちた方に属するすべての者の救［い］主によって。［彼］の聖なる霊に［よっ］て。[25]今から後、［代］々に至るまで、永遠の永遠まで。アーメン。(3)

× ×［× × × × × × × × × × × × × × × × × × ×］

れの文書だけではなく、同じ写本Ⅰの中では、第一文書（『使徒パウロの祈り』）、第二文書（『ヤコブのアポクリュフォン』）、第三文書（『真理の福音』）も筆写している。われわれの箇所の挿入文に言う「これらの言葉」が具体的にどの単語を指すのかは、残念ながら、曖昧で特定できないが、同じような趣旨での挿入文は、私が見るところ、同じ写字生の手になる他の文書の本文には認められない。

以上の理由から、われわれの箇所の挿入文は、写字生ではなく、最初にギリシア語原本をコプト語に移した翻訳者の筆に帰されるべきであろう。すでに§2注（2）で述べたように、原語のギリシア語に奴隷的に引きずられた無理な造語でのコプト語訳が認められることも、そのことを裏付けるものである。とすると、三部教のコプト語本文は、ギリシア語の原本を必ずしも十分に理解できていない人物による稚拙な翻訳だということになる。もし仮に前記の「これらの言葉」がグノーシス主義文書にはかなり一般的で頻度の高い単語（例えば直前の「権力」）を指すものだとすれば、その稚拙さは相当なものだと考えなければならない。この翻訳者が翻訳対象のギリシア語原本にどこまで共感を覚えているかも、かなり疑わしい。

(11) 構文上の格は不詳。

---

(1) 構文上の格は不詳。

(2) トーマスセンの読みに従う。

(3) この直後には、第Ⅰ部と第Ⅱ部の末尾と同じように、第Ⅲ部の終りを示す××××という表示があった痕跡が僅かながら読み取れる。従って、通常の後書き書名は元来なかったと考えなければならない。つまり、この文書は無表題文書なのであって、『三部の教え』という呼称は、研究者の命名によるものである。

解説　トマスによる福音書

荒井　献

一　教父たちの証言

『トマスによる福音書』に対する教会教父たちの証言については、私はすでに小著『トマスによる福音書』（講談社学術文庫、一九九四年、二一―二三頁）の中で、次のように報告している（再録に当り、若干の修正をした）。

まずヒッポリュトスが、二三〇年頃、グノーシス主義の一派、ナーハーシュ派に関する報告の中で「トマスによって書かれた福音書」に言及し、その一部を引用している（『全反駁』V, 7, 20）。次いでオリゲネスが、二三三年に著わした最初の『ルカ福音書講解説教』（I, 2〔ルカ一1‐4〕）の中で、「多くの人々」が厚かましくもつくり上げた異端的福音書を列挙し、『バルトロマイ福音書』と共に、『トマスによる福音書』に言及している。さらにカイザリアのエウセビオスが、有名な『教会史』（三二四年）の中で『トマスによる福音書』を、異端者たちにより「使徒たち」の名で偽作された「外典」の一つに数え、これを『ペトロ福音書』と『マッテヤ福音書』の間に配置している（Ⅲ, 25, 6）。これに次いでシデのフィリッポスも、彼の『教会史』断片（四三〇年頃）の中に、「多くの古人」は「これらの文書は異端者たちの著作である」と言って、いわゆる『トマスによる福音書』を、『ヘブル人福音書』や『ペトロ福音書』と同様に、正典から「完全に」排除した、と記している。彼によれば、『トマスによる福音書』は、『エジプト人福音書』、『十二使徒の福音書』、『バシリデースの福音書』などと共に、「偽福音書」に属するという。

要するに、『トマスによる福音書』は三世紀初頭以降、他の「外典」諸文書の一部と共に異端出自の偽作として、キリスト教正統を担う教父たちによって、ようやく結集されつつあった新約聖書「正典」から排除されていたのである。

他方注目すべきは、一連のギリシア教父たち（エルサレムのキュリロス、シケリアのペトロス、偽フォティオス、偽レオンティオス、コンスタンティノポリスのティモテウス、そして最終的には七八七年の第二回ニカイア司教会議の条文）が『トマスによる福音書』をマニ教徒によって採用された、あるいは彼らによって偽作された福音書であると証言し、これを貶しめていることである。

『トマスによる福音書』がマニ教徒の間に流布していたことは事実である。このことは、中部エジプト、ファイユーム出土のコプト語マニ教文書（『教理要綱《ケファライア》』『トマス詩篇』など）や吐魯蕃《トゥルファン》出土の中世ペルシア語マニ教文書に『トマスによる福音書』との並行句がかなり多く見いだされ、他方ラテン教父の代表的人物アウグスティヌスによって批判されている『基本書と呼ばれるマニの手紙』の書き出しが、『トマスによる福音書』の「序」と類似している事実によって確認されるところである（アウグスティヌス『基本書と呼ばれるマニの手紙反駁』一一、『マニ教徒フェリクス反駁』一・一。それぞれ三九六年、四〇〇年の著作）。

要するに、『トマスによる福音書』に関する教父たちの証言は、いずれも三世紀以降のものであり、彼らの属する正統的教会の立場（初期カトリシズム）から見れば、この福音書は「異端の書」であり、教会共同体から排除さるべきものであった。実際、この福音書は一九四五年にナグ・ハマディで発見されるまで、実に千数百年の間、エジプトの地下に隠されていたのである。

二　写本

『トマスによる福音書』は、ナグ・ハマディ文書の第Ⅱ写本に、『ヨハネのアポクリュフォン』（本シリーズ第一巻『救済神話』所収）の次に第二文書（**32**頁10行から**51**頁28行）として収められているものであり、その後にはさらに『フィリポによる福音書』（本巻所収）、『アルコーンの本質』、『この世の起源について』（共に第一巻所収）、『闘技者トマスの書』（第三巻所収予定）が続いている。本文の欠損は比較的に少ない。

『トマスによる福音書』で使用されているコプト語は、全体としてサヒド方言であるが、部分的に準アクミーム方言の要素も見いだされる。

トマス福音書も、ナグ・ハマディ文書の大半と同様に、ギリシア語本文のコプト語訳と想定される。しかも、トマス福音書と部分的に並行するイエス語録を含む、ギリシア語のオクシリンコス・パピルスも発見されていた。

三　オクシリンコス・パピルスとの関係

オクシリンコス・パピルスとは、ナグ・ハマディ文書発見以前に、前世紀から今世紀初頭にかけて、エジプト中部のオクシリンコス（現在のアル＝バフナサ――ｖ頁の地図参照）で発見されたギリシア語パピルス群の総称である。このパピルス群の中の分類番号一と六五四と六五五にイエス語録が含まれていた。これらのイエスの言葉集が元来ど

オク・パピ　六五四		トマス福音書
一―三	序	序
三―五	語録　一	語録　一
六―九	二	二
九―二一	三	三
二一―二七	四	四
二七―三一	五	五
三二―三九	六	六
四〇―四四	七	七
オク・パピ　一		**トマス福音書**
裏面　一―四	語録　一	語録　二六
四―一一	二	二七
表面　一一―二一	三	二八
二二	四	二九
二三―三〇	五	三〇＋七七
三〇―三五	六	三一
三六―四〇	七	三二
四一―四四	八	三三
オク・パピ　六五五		**トマス福音書**
A欄　一―一七	語録　一	語録　三六
一七―二三	二	三七
B欄　三〇―三八	三	三八
三九―五〇	四	三九

の文書に属していたのか――この問題はパピルス公刊以来学界の争点になっていたが、それらが『トマスによる福音書』の一部であったことがナグ・ハマディ文書の発見によって明らかになったのである。

まずオクシリンコス・パピルス（以下オク・パピと略記）と『トマスによる福音書』の並行箇所を表示しておく。

この表から見て明らかなように、トマス福音書の序と語録一―七はオク・パピ六五四に、トマス福音書語録二六―三三はオク・パピ一に、トマス福音書語録三六―三九はオク・パピ六五五に、それぞれ並行している。しかも、語録の配列順序も、トマス福音書とオク・パピが全体として対応している。

ところで、オク・パピの中、少なくとも一、六五四、六五五は二世紀後半から、三世紀にかけて筆写されたものであることがパピルス学上の検証によって確定されている。これに対して、トマス福音書を含むナグ・ハマディ文書は、四世紀前半に筆写されたと想定される（巻頭の「序にかえて」vii頁参照）。つまり、時代的にはオク・パピの成立がトマス福音書よりも古い。

同様のことが内容的にも妥当する。右に確認したように、オク・パピの一部とトマス福音書は全体として並行する。しかし、両本文の語録を比較してみると、主題は同じでも、本文の長さが違っていたり、並行本文の内部でも両本文の間に微妙な相違がある場合が多い。詳しくは冒頭に触れた小著『トマスによる福音書』二七頁を参照していただきたいが、要するに、オク・パピの語録よりもトマス福音書の方にグノーシス的要素が多いのである。『トマスによる福音書』所収のイエス語録は時代が下るにつれて――あるいはギリシア語からコプト語に移されていく過程で――グノーシス主義的要素が強化されていったと想定される。とすれば、内容的にもオク・パピのイエス語録がトマス福音書よりも前期の段階を示すといえるであろう。

しかし、以上の事実は、オク・パピのイエス語録をコプト語トマス福音書のギリシア語原本の一部と見做す論拠とはならない。右の表で示したように、例えばオク・パピ一の語録五は、その前半がトマス福音書語録三〇に、その後半が七七の後半に、それぞれ対応している。すなわち、この場合オク・パピの語録の後半がトマス福音書ではオク・パピとは異なる文脈に置かれている。こうしてみると、オク・パピのイエス語録とトマス福音書は、「トマス」の名によって編まれた類似の語録集の相異なる二つの版本であった可能性が出てくる。

以上の諸事実から、オク・パピのイエス語録集とトマス福音書の関係については、次のように想定することができよう。(1)オク・パピは時代的にも内容的にもトマス福音書より以前の段階に属する。(2)しかし、両者の間に直接的依存関係はない。(3)オク・パピのイエス語録を含むギリシア語トマス福音書とコプト語トマス福音書の原本となったギリシア語トマス福音書が並在していた。この両ギリシア語トマス福音書は――後述するように――おそらくシリアのエデッサで成立したシリア語トマス福音書に遡るであろう。

三　文学様式・内容

『トマスによる福音書』という表題は、ナグ・ハマディ文書でも多くの場合そうであるように、文書の末尾(51 27–28)に後書きされている。そして本書の場合も、この表題は本書の「書き出しの言葉」(incipit)を受けて事後的に付加された可能性がある。この「言葉」は、本書の「序」に当る。――「これは、生けるイエスが語った、隠された言葉である。そして、これをディディモ・ユダ・トマスが書き記した」。

この文書におけるイエスの「隠された言葉」には、多くの場合イエスの男女の弟子たちによる問いにイエスが答えるという枠組がある。しかし、この枠組は形式上のことであって、実際は「序」に即応して、本書の文学形式はイエスの「言葉」集――イエス語録――である。

この意味におけるトマス福音書には一一四個のイエスの言葉が収められている。但し、この文書のイエス語録を一一四に分けたのは、本文の最初の校訂本の編者であって(後述の校訂本①)、私もこの伝統的分類に従っているに過ぎない。数え方によっては、一一四より多くも少なくもなる。それほど、「言葉」の枠組は形式的なのである。

イエスの語録集といえば、すぐ思い出されるのがいわゆる「Q文書」のことである。これは、マタイとルカがそれぞれの福音書を編むに際して、共に資料として用いた(もう一つの資料がマルコ福音書)と想定されるイエスの語録資料である(Qは「資料」を意味するドイツ語 Quelle の頭文字)。このQ文書は、マタイ福音書とルカ福音書に共通するイエスの言葉から復元された仮説上の資料で、それが実在しているわけではない。しかし、最近の研究によれば(佐藤研「Q文書」、木幡藤子・青野太潮編『聖書の方法と諸問題』現代聖書講座第2巻、一九九六年所収参照)、これはイエスの言葉の単なる伝承群ではなく、マタイ、マルコ両福音書以前に、時代的にはマルコ福音書と並んで、すでに「文書」として編まれていた「語録福音書」（あるいは「半福音書」）である、とさえ想定されている。もし、この仮説が正しいとすれば、Q文書に想定された文学形式（語録福音書）とほぼ同種の文学形式を有する福音書が実在し、それがこの度『トマスによる福音書』として出現したということになる。実際このトマス福音書には、マタイ、ルカ両福音書に共通するイエス語録（つまりQ）に並行する語録が、全語録の中、約三分の一存在するのである（前掲「対照表」三一六頁参照）。ここから、Q文書とトマス福音書の語録の一部を時代的にマルコ福音書以前にまで、さらにはイエス自身にまで遡らせ、「新しいイエス像」を再構築する試みさえ出てきた（例えばバートン・L・マック『失われた福音書——Q資料と新しいイエス像』（秦剛平訳）青土社、一九九四年、ジョン・ドミニク・クロッサン『イエスの言葉』（秦剛平訳）河出書房新社、一九九五年）。

　しかし、文書としてのQ資料が「語録福音書」の文学形式を有していたかどうかという問題は別にしても、私を含めてトマス福音書を専門に研究している者たちの間では、トマス福音書（後述するように、その成立年代は二世紀の中頃）をQ文書（その成立年代はマタイやルカ福音書の成立年代——八〇年代——以前）に直接結びつけて、前者を後者の拡大とみなす仮説は支持されていない。この仮説を裏付けるためには、トマス福音書の中でマタイとルカに共通するイエス語録とQ文書とを慎重に比較検討しなければならない（私の検討結果については、前掲小著『トマスによる福音書』参照）。それを別としても、文書化されたQ資料においては、イエス語録がイエスの生涯の順序に添って配列・編集されていたと想定されているのに対して、トマス福音書ではイエス語録の配列がイエスの生涯枠とは全く無関係なのである。

　トマス福音書の内容（一一四個のイエス語録）がどのような原則によって配列・構成されているのか——この問題をめぐってはいくつかの提案が提出されているが、いずれも定説にはなっていない。各語録がいくつかのテーマあるいはキーワードの共通性によって緩やかに結合されている部分も見いだされるが、全体として内容構成上の原則は認められない、というのがむしろ共通意見であろう。問題はむしろ、トマス福音書所収のイエス語録と正典四福音書(マタイ、マルコ、ルカ、ヨハネ)、特に共観福音書(マタイ、マルコ、ルカ)所収のイエスの言葉との関係である。

四　四福音書との関係

先に表示した対照表(三一六頁)を見ていただければ分かるように、トマス福音書のイエス語録にはヨハネ福音書所収のイエスの言葉と——内容的に対応する場合は散見されるが——直接並行関係にあるものは見いだされない。他方、共観福音書と並行する語録は、一一四個中七二個あり、新約聖書に書かれていない、イエスの未知の言葉(アグラファ)は、残りの四二個となる。

まずアグラファについて。これらの中には——すでにオクシリンコス・パピルス発見当時以来——伝承史的に比較的古い時代に(イエス自身にまで?)遡る可能性が想定されているイエス語録が若干存在する(七七の後半、九八など)。しかし、これらの語録も——後述する——この文書の編集視点(グノーシス主義)から解釈することが可能である限り、それが伝承の古層に遡る可能性を決定的に証明することは困難である。いずれにしても、その他の大半のアグラファはグノーシス主義の立場から創作された可能性が高いと思われる。

次に、共観福音書と並行する語録の伝承史的あるいは編集史的位置付けについては、今日においても依然として意見が分かれている。主としてアメリカのプロテスタント系の研究者たち(ヘルムート・ケスター、ベントリー・レイトン、マルヴィン・M・マイヤーなど——校訂本②③参照)は、トマス福音書のイエス語録を総じて共観福音書伝承と並ぶ、あるいは部分的にはそれよりも古い伝承に位置付ける。それに対して、ドイツのカトリック系の研究者(最近ではミハエル・フィーガー――校訂本④参照)は、トマス福音書の語録の本文に共観福音書の本文が前提されていると見る。

私はまず、トマス福音書の語録の中に、共観福音書伝承とは別系統の伝承を反映しているものが存在することを認めるにやぶさかではない。トマス福音書が成立した二世紀の中頃には、文書化された諸福音書(「書物」)のほかにイエスの言葉伝承(「生ける声に由来すること」)が存在していたこと、しかも当時のヒエラポリスの司教パピアス自身が、彼の著作といわれる『主の言葉の説明』の中で、「書物に由来することが、永続する生ける声に由来することほどに私に役立つとは、私は考えてこなかった」との発言さえしているからである(パピアス『断片』二(佐竹明訳)、荒井献編『使徒教父文書』講談社文芸文庫、一九九八年)。二世紀後半に『異端反駁』を著わしたリヨンの司教エイレナイオスさえ、少なくとも彼のもう一つの著書『使徒的宣教の証明』の中で同種の教会「伝承」に訴えている(大貫隆「エイレナイオス」、荒井献編『新約正典の成立』日本基督教団出版局、一九八八年、二三五頁以下参照)。

しかし他方、トマス福音書所収のイエス語録の中には、明らかに共観福音書本文を前提していると判断されるものも存在する。とりわけ、マタイやルカのいわゆる「編集句」がトマス本文の中にも認められる場合、後者は前者に依ったと判断せざるをえないであろう。もっともマイヤーは、この場合、トマス本文の写字生が語録を筆写する際に、それを他の福音書の本文と調和させてた可能性をも考慮すべきであるという(後述三三七頁に参照文献として挙げた『Q資料・トマス福音書』一二六頁)。たとえ、そのような可能性を考慮に入れたとしても、それが筆写のどの段階でなされたのかを証明する術もなく、いずれにしてもトマス福音書現本文で判断する限り、この福音書に共観福音書の本文を反映している語録が存在することは認められなければならない。(個々の語録の伝承史的・編集史的位置付けに関する私見については、前掲小著『トマスによる福音書』、第Ⅱ部「トマス福音書のイエス語録――翻訳と注」一一三―一八七頁中の「注解」を参照。)

五　神話・思想

『トマスによる福音書』は、右に確認したようなイエス語録という文学形式にも制約されて、語録の背後にある神話論を推定することが困難である。そのために、この「解説」の冒頭で言及したように、この福音書がナーハーシュ派やマニ教徒によって読まれていたことは事実であるとしても、その出自を即知のグノーシス派のいずれかの中に特定することは、今のところ成功していない。それでも私は小著『トマスによる福音書』(前掲、五四―五五頁)においてトマス福音書が前提している神話論の痕跡を、次の諸点に関する限り、確認しておいた。

(1) 天地は消え去る(語録一一、一一一)。

(2) 至高者としての「父」のほかに「真実の母」が「命」の根源として想定されている(一〇一)。

(3) 「神々」、とりわけ「神」(創造神)は消極的に評価されており(三〇、一〇〇)、「盗賊」(二一)あるいは「強い人」(三五)(いずれも創造神か)は否定の対象とされている。その結果、「神の王国」は多くの場合、「父の王国」あるいは「王国」と言い換えられている(三、二二、四六、一一三)。

(4) イエスは「同じ者」としての「父」から「出た者」であり(六一)、「すべての上にある光」である(七七)。

(5) 人間は「光から来た」「光の子ら」であるが(五〇)、現実には「身体」とりわけ「肉体」の中にあって、それ(「光」あるいは「霊魂」としての本来的自己)を認識していない(二九、八七、一一二)。

(6)「自己」を認識した者にとって、「自己」の支配領域として「父の国」は現臨している(三、一一一、一一三など)。

(7)「はじめのあるところに、終わりがある」(一八)。

このような神話論を背景にして、人間の本来的自己(「光」「霊魂」)が至高者(「父」)と本質的に同一であることを、人間に「言葉」を通して告知するのが、トマス福音書では「父」の「子」「生けるイエス」なのである。この意味で彼は福音書の冒頭(語録一)で、「この言葉の解釈を見いだす者は死を味わうことがないであろう」と約束する。したがって、この「生けるイエス」(序)は、共観福音書では復活以前に地上で語られたイエスの言葉と並行する言葉を語ってはいるが、初めから地上を超えた存在である。この福音書のイエス語録にヨハネ福音書との対応(「父」「光」「命」「真理」など)が見いだされるのは決して偶然ではないと思われる。キリスト理解について言えば、トマス福音書は共観福音書よりもヨハネ福音書に近いであろう(もちろんヨハネ福音書では、トマス福音書におけるごとく、イエスの復活の出来事さえ止揚されてはいない)。

こうして「自己」と「父」との同一性の認識を志す者には、「単独者」になること(語録四、一六、二三、四九)、男女を超えて「一人」になること(二二)、「生ける霊」になること(一一四)が勧められる。この「単独者」が男性でイメージされている限り、女性は男性にならなければ「生ける霊」とはならない(一一四)。しかし、ペトロをはじめとする男弟子とマグダラのマリヤやサロメなどの女弟子の間に、トマス福音書では全く差別がない。マリヤに対するペトロの差別的発言は、イエスによって厳しく退けられ(一一四)、父とイエスとの同質性はサロメに伝えられ、彼女はイエスに「私はあなたの弟子です」と告白している(六一)。

このようにトマス福音書のイエス語録は、グノーシス的原理によって「解釈」することを求められてはいるが、ここでもう一度、この福音書はイエスの語録集であることを想起したい。ここに集録され、編集された語録には、もちろんグノーシス主義という解釈原理が導入された以後に、それの直接的言表として採用されたものもある(アグラファの大半はそうであろう)が、元来はそれ以前に成立していた語録も伝承の過程で当然存在していた。それゆえに、一つ一つの語録を編集者の視点(グノーシス主義)のレベルで解釈するか、その視点が導入される以前の伝承(その多くはユダヤ人キリスト教出自)のレベルで解釈するかによって、意味付けが違ってくることに注意を促したい。例えば語録一二のような「義人ヤコブ」のゆえに「天地が生じた」という発言は、視点の置き所によってグノーシス的にもユダヤ人キリスト教的にも解釈可能である。

六　成立年代・場所・原語

先に言及したように、コプト語トマス福音書のイエス語録と部分的に並行句を有するギリシア語オクシリンコス・パピルスは、二世紀の後半から三世紀にかけて筆写されたことが明らかにされている。しかも、このパピルスにはトマス福音書の「序」に当たる部分が含まれている(オク・パピ六五四・一―三)。とすれば、トマス福音書のギリシア語版は、遅くとも二世紀後半には成立していたと思われる。

次にこの「序」には、トマス福音書所収の「生けるイエスが語った、隠された言葉」は「ディディモ・ユダ・トマス」によって書き記されたと言われていることに注目したい。イエスの十二使徒の一人である「トマス」(マタ一〇3、マコ三18、ルカ六15)が「ユダ」と結びつけられ、しかも「ディディモ」(ギリシア語で「双子」の意)と呼ばれて、イエスの「双子の兄弟」と見做されるのは、東シリアのエデッサ教会出自の伝承の特徴である(『トマス行伝』、ナグ・ハマディ文書ではトマス福音書をも含む第Ⅱ写本の第七文書『闘技者トマスの書』など）。そしてエデッサには、遅くとも二世紀前半にはキリスト教が伝えられており、これは初めから、混淆宗教的・ユダヤ人キリスト教的・グノーシス主義的・禁欲主義的特色を帯びていたものと想定されている。そして、このような特色はまさにトマス福音書の特色と重なるのである。しかも、トマス福音書のコプト語にはシリア語の名残りが散見される。こうしてみると、トマス福音書の原本は元来シリア語で記され、二世紀の中頃にはシリアのエデッサで成立していたと想定されよう。それがいつ・どこでギリシア語に移されたのかは不明であるが、ギリシア語版からコプト語に移されたのはエジプトにおいてであることは確実である。トマス福音書のコプト語版は四世紀前半に筆写されたとすれば、二世紀中葉から約二百年の間に、トマス福音書はシリア語からギリシア語を介してコプト語に移され、この間に改訂・増補が行なわれたことは当然推定されるところである。実際、オクシリンコス・パピルス所収のトマス福音書のギリシア語語録とコプト語語録の間には、本文上の長短や内容上の差異も部分的に見いだされることは、すでに言及した通りである。また、コプト語トマス福音書所収のイエス語録の中にも四組の「二重記事」（ダブレット）が見いだされ（語録五六／八〇、三九／一〇二、五五／一〇一、四八／一〇六）、対応する語録を比較してみると、グノーシス的要素に濃淡が確認される場合もある（とりわけ四八と一〇六）。ただ、二百年の間のどの段階で語録本文に改訂・増補の手が加えられたかを決定することは、残念ながら今のところ不可能としか言いようがない。

七　翻訳底本・参照文献

本巻所収の私訳（以下「岩波版」と略記）は、小著『トマスによる福音書』所収の私訳（以下「講談社版」と略記）の改訂版である。講談社版の私訳を作製するに際しては、以下に挙げた校訂本の①を底本とし、②と③をも参照した。

これを改訂して岩波版の私訳を作ったのであるが、この度は④をも参照して改訂作業を行なった。本シリーズ、ナグ・ハマディ文書全四巻では、Nag Hammadi Studies 双書所収の校訂本を原則として翻訳の底本としている（『トマスによる福音書』の場合は③）ので、今回はこの③を十分に検討の上、私訳を作製した（この③は校訂者と英訳者が違うので注意されたい。前者はレイトン、後者はラムディン）。

① A. Guillaumont, H. -Ch. Puech, G. Quispel, W. Till, Yassah ‘Abd al Masīh, *Evangelium nach Thomas. Koptischer Text herausgegeben und übersetzt*, Leiden 1959. このドイツ語版のほかに英語版、フランス語版あり。

② *The Gospel of Thomas. The Hidden Sayings of Jesus*, New Translation, with Introduction, Critical Edition of the Coptic Text, & Notes by M. Meyer, New York 1992.

③ The Gospel according to Thomas, edited by B. Layton, translated by T. O. Lambdin, in: *Nag Hammadi Codex II, 2-7*, Vol. I, edited by B. Layton, Leiden 1989, pp. 52-93.

④ M. Fieger, *Das Thomasevangelium. Einleitung, Kommentar und Systematik*, Aschendorff, Münster 1991.

なお、私訳の傍注における「ギヨモン等」は①、「マイヤー」は②、「レイトン」「ラムディン」は③、「フィーガー」は④を指す。

参照文献はトマス福音書の場合限りなくあるが、その主なものは講談社版に挙げてあるので、ここには再録しない。ただ一書、（昨年、つまり講談社版——一九九四年刊——の後に）その邦訳が公刊され、この度の岩波版の私訳作製のために参照した文献を挙げておく。

ジョン・S・クロッペンボルグ等『Q資料・トマス福音書――本文と解説』（新免貢訳）日本基督教団出版局、一九九六年。

この本の中でトマス福音書の訳注を担当しているのはマルヴィン・W・マイヤーで、彼は前掲校訂本②の編訳者と同一人物である。したがって、私訳の傍注で「マイヤー」とあり、彼の異訳が挙げられている場合は、この本の邦訳（新免訳）から引用されたものである。但し、新免氏はマイヤーの英訳のみによって邦訳している。その結果、邦訳それ自体は日本語表現として分り易いが、コプト語原文から離れた訳文が散見される。しかし、この本におけるマイヤーの解説なども優れているので、これを参照文献に加えておく。

解説　フィリポによる福音書

大貫　隆

一　写本

『フィリポによる福音書』はナグ・ハマディ文書第Ⅱ写本の第二十七葉の表側、頁数では51頁の第29行から、第四十四葉の裏側86頁の第19行に、同写本の第三文書として筆写されている。先行する第二文書は『トマスによる福音書』、後続する第四文書は『アルコーンの本質』である。

このコプト語の『フィリポによる福音書』がギリシア語原本からの翻訳であることは、他の多くのナグ・ハマディ文書の場合と同様、ギリシア語からの無数の借用語が例外なくすべての頁に、推定ではおそらく全単語数の三割前後の分量で、繰り返し現れることから見て、疑問の余地はない。そして、コプト語へのこの翻訳は、第Ⅱ写本全体が作成される(後四世紀半ば)以前に完了していたはずであり、第Ⅱ写本に収められたものはその二次的、あるいは三次的な転写であると考えられる。使用されているコプト語は、上部エジプトの中心的な文学言語でもあったサヒド方言であるが、隣接するアクミーム方言と準アクミーム方言からの影響が若干認められる。

各頁に含まれる行数は平均三十五行、それぞれの行の文字数は平均二十六文字である。字体は終始鮮明で、大きさも一定しており、非常によく訓練された写字生の手に成るものであることは一目瞭然である。この点、例えば第

I写本の『三部の教え』の写字生の杜撰さとは対照的である。ただし、残念なことに、文字面の保存状態はナグ・ハマディ文書全体の中でも悪い方に属する。

すなわち、すでに最初の第51頁において、頁下端でのパピルスの欠損が文字面にも及び、下から六行分に喰い込んで、それぞれの行に二文字から十文字の欠損をもたらしている。この本文欠損は、その後、頁を追うごとに、ちょうど真夏の入道雲のように上と横に拡大し続け、第67頁あたりからは、高さは下から十七行にまで及び、広さは、下九行分について、それぞれの行の左半分(奇数頁)あるいは右半分(偶数頁)に及んでいる(§76、80、84、88、89、94a、97、102b、106、107a、116ａｂ参照)。

文字面の上端での欠損は下端ほどではないが、やはり最初の第51頁から始まって71頁まで、頁を追うごとに、下に向かって文字面に喰い込み、最大三行目まで、文字数にして二文字から八文字分の欠損をもたらしている。

これらの欠損部で失われた本文を復元することは、非常に困難である。例えば『ヨハネのアポクリュフォン』の場合のように、並行する別の写本が存在すれば、それに基づいた復元がかなりの箇所で、かなりの確度で可能になる。しかし、『フィリポによる福音書』の場合には、第II写本に収められたものが唯一の伝存写本であるために、そのような可能性はないわけである。それでも多くの研究者がさまざまな復元の提案を行なっているが、いずれも前後の文脈と欠損部の推定の文字数を唯一の手掛かりにした推測に過ぎず、確実さとはほど遠い場合が多い。本巻の翻訳では、そのような場合について、提案されている復元を参考までに適宜選択して、訳注に掲げるに留めている。

二　内　容

『フィリポによる福音書』は、一見して明らかなように、抜粋集であり、一定の内容を論理的あるいは物語的な連続性において、提示しようとするものではない。さしあたり問題にできるのは、(1)個々の抜粋がどのような内容を持っているか、さらには、(2)抜粋集全体として、どこまで内容的あるいは神学的な統一性を示し得るかということである。

1　内容によるパラグラフの分類

(1)まず最初に注目したいのは、一定のグノーシス主義救済神話を前提した上で、その中から特定の場面（トポス）を切り抜いてきたというタイプの抜粋である。話を簡潔にするために、『フィリポによる福音書』の該当するパラグラフとその内容、他のグノーシス主義グループの救済神話でそれに主題上、あるいは文言上対応すると思われる文書（ただし主要なもの）とその該当箇所を一覧表にすると次のようになる。後者をヴァレンティノス派とその他の

フィリ福	内　容	ヴァレンティノス派	その他のグループ
§13	アルコーンたちの策謀	エイレナイオス『反駁』I, 5, 6 三部教§48	ヨハ・アポ§56 起源§66—67 アルコ§5
§16a、40	アルコーンたちの思い違い あらゆるものを支配する聖霊	エイレナイオス『反駁』I, 5, 3 三部教§47	起源§68 アルコ§6

§26b、61b	天使と模像（人間）の合一	エイレナイオス『反駁』I, 7, 1	
§35、36、39	エカモート、不妊のソフィア 死のソフィア	エイレナイオス『反駁』I, 4, 1	起源§22、62
§40	右のもの、左のもの	エイレナイオス『反駁』I, 5, 1 三部教§44、50、52	起源§35
§41	アダムの高貴さ	エイレナイオス『反駁』I, 5, 6	ヨハ・アポ§56 起源§44―47
§42	蛇の誘惑	三部教§53	ヨハ・アポ§62 起源§103―104 アルコ§9
§63a、107b	中間の場所	エイレナイオス『反駁』I, 5, 3; 6, 4; 7, 1 三部教§49	
§69b	天的人間、下方にいる者		ヨハ・アポ§45、80 起源§43―47、132―134、141 アルコ§33―34
§77、106、127	諸力にはグノーシス主義者を捕らえることができない	エイレナイオス『反駁』I, 24, 3-6	アルコ§33
§99a	過誤からの世界の生成	エイレナイオス『反駁』I, 2, 2; 5, 1	ヨハ・アポ§26、29
§102b、120	人の子、人の子の子		ヨハ・アポ§45

グループに分けたのは、後述するように、『フィリポによる福音書』の思想史的な母体を考える際に、いずれにしてもヴァレンティノス派との関係が最も重要な論点になるからである。

ヴァレンティノス派あるいはその他のグノーシス主義グループの神話の該当箇所との対応は深浅さまざまで、逆対応の場合も含まれる。例えば、『フィリポによる福音書』§42の誘惑する蛇は、マイナスの存在である点でヨハ・アポ§62には順対応するが、蛇を「教示者」としてプラスに評価する『この世の起源について』§103―104と『アルコーンの本質』§9には、逆対応となる。しかし、いずれにせよ、ここに挙げた抜粋のそれぞれの背後に、一定のグノーシス主義救済神話が前提されていることは明らかであろう。多くのグノーシス主義グループにとって、救済神話は彼らの神観、宇宙観、人間観、歴史観の物語的な表現に他ならなかったから、これらの抜粋はいわば、「教理的」抜粋と呼ぶことができよう。しかし、ここで直ちに、前提されている神話が挙げられた抜粋すべてについて同一であるのか、あるいは、複数のそれぞれ異なる神話なのかという問いが生じてくる。そして、この問題は後述するように、『フィリポによる福音書』の内容的・神学的な統一性の問題と密接に関係することになる。

(2)同じことは、キリスト論を内容とする抜粋についても言える。すでに翻訳本文に先立つ「序」において、「キリスト(イエス)の到来と働き」の見出しのもとに列挙したパラグラフに加えて、さらに次の抜粋がキリスト論について発言するか、あるいは、少なくともキリスト論に関わる発言を含んでいる。§12a、17c、20、21、23b、23c、27a、33、72c、91。

(3)第三の抜粋グループは、洗礼、聖餐(エウカリスティア)、救済、塗油、新婦の部屋という儀礼行為について発言するもので、該当する箇所はすでに前述と同じ「序」において、それぞれの見出しのもとに列挙されている。これら五つの儀礼行為がヴァレンティノス派のものであることは、ほとんどの研究者が一致して認めているところである。

すなわち、該当するパラグラフはすべて、ヴァレンティノス派の何らかの文書から抜粋されたものと考えてよい。

(4)第四の抜粋グループは、目の前の現実の世界のあり方についての認識と価値判断、さらには、その現実の中をどう生きてゆくべきかという倫理を提示するものである。すなわち、一定の神話あるいは教理を踏まえながらも、(1)と(2)のグループのように、その神話あるいは教理自体を論述の直接の対象とはしないで、むしろその神話あるいは教理に身を置いたときに、現実がどう見えてくるか、従って、どう生きるべきかを問題にするのである。『フィリポによる福音書』においては、このグループに属するパラグラフが数の上では一番多いと思われる。やはり翻訳本文に先立つ「序」で、「クリスチャン」、「この世」、「死と生」、「復活」、「ヘブライ人」、「肉・肉体」、「認識」、「霊」などの見出しのもとに列挙されたパラグラフがこれに属する。

興味深いのは、このグループに属する抜粋のいくつかが、前述の意味での現実理解あるいは倫理的な勧告を、実にイメージ豊かな比喩で表現していることである。この視点から改めて§7（冬に蒔く者が夏に刈り取る）、40（役畜と野獣）、43（神は染色工）、52（挽き臼の石の下を回る驢馬）、54（レビの染色工場）、58（動物の共喰い）、61b（女は男を、男は女を犯す）、115（この世の農業と神の農業）、119（子供、奴隷、家畜のために、それぞれに相応しい食物を調達する主人）を読み直していただきたい。いずれの比喩からも、語り手の日常生活の具体的なひとこまが手に取るように浮かび上がってくるではないか。私の意見では、これら一連のイメージ豊かな比喩表現こそは、『フィリポによる福音書』の最大の魅力を成すものである。その共通したイメージ喚起力から判断して、これらのパラグラフは元来同一の語り手にさかのぼり、抜粋されて『フィリポによる福音書』に収録される前の段階では、同一の出典に属していたと見てよいであろう。

その他にも、次のグループ分けが可能と思われる。(5)終末論を内容とするもの（§4、10、63a、125a、126a）、(6)旧約聖書の特定の箇所への言及とそれに対する解釈を含むもの(§15、42、71、79、84、92、94a、94b)、(7)同様に新約聖書の特定箇所への言及、あるいは明示的な引用とそれに対する解釈を含むもの(§23b、55b、69d、72a、72b、76、111b、123b、125a)、(8)一部(7)と重複するが、「主(彼)が言った」あるいは「ロゴスが言った」という導入句によって、全体として、あるいは部分的に「主のことば」として明示されているもの(§17c、18、23b—26b、34、55b、57、69a、69d、72a、97、123b)。

2 内容的・神学的統一性の問題

内容的に以上のように分類されるパラグラフは、どこまで統一的に解釈することが可能だろうか。特定のグノーシス主義グループの救済神話あるいは教理を基準にすれば、すべてのパラグラフが、言わばジグソーパズルのように、一つの余りもなく、統一的な図像に収斂するのだろうか。

この問いに関しては、ヴァレンティノス派の儀礼から統一的に読むことができる前記の第三のグループは当然として、それ以外のパラグラフも同派の神話を準拠枠とすれば、統一的な解釈が可能だとする見解が、研究史の早い時期から、かなり有力である(特にJ・E・メナールについて、この解説の第六章の参照文献②参照)。例えば、一方でエイレナイオスが報告する「プトレマイオスの教説」(第一巻『救済神話』二〇七頁以下参照)には、プレーローマの第一のキリスト(『反駁』I, 2, 5)、プレーローマから地上へ下るソーテール(救い主)の別名としての第二のキリスト(同I, 3, 1)、マリヤから生まれる第三のキリスト(同I, 7, 2)という、三人のキリストが相互に区別されて登場するが、他方で『フィリポによる福音書』のキリスト論もやはり三人のキリストを区別していて、§100の「完全なる人間」がプトレマイオスの言う第一のキリスト、§102bと120の「人の子」は第二のキリスト(ソーテール)、§15のキリストと、

§123b、123cのロゴス、およびイエスは第三のキリストに対応する、という具合である。

しかし、このような解釈にはかなりの無理がつきまとう。まず、目下の例に即して言えば、プトレマイオスでは、プレーローマの第一のキリストは聖霊と「対」を成すが（エイレナイオス『反駁』I, 2, 5）、『フィリポによる福音書』の§23cで「聖霊」と「対」関係に置かれていると読めるのは「ロゴス」（第三のキリスト）である。しかも、「ロゴス」はプトレマイオスでは、ゾーエー（生命）と「対」を成すアイオーンとして、第一のキリストとも別の存在である（エイレナイオス『反駁』I, 1, 1）。

同じような、微妙なズレは§35、36、39、55aのソフィア像についても言える。これらのパラグラフで「死のソフィア」、「小さいソフィア」、「不妊のソフィア」と呼ばれているソフィアは、エカモート（§39）と並んで言及されていることが示すとおり、広い意味でのヴァレンティノス派の神話論に属することは間違いない。しかし、例えばプトレマイオスの神話には、アカモート（エカモート）のさらに下位に、前記のような名前で呼ばれるソフィアが登場することはないのである。

このように、広い意味でのヴァレンティノス派の神話論に属することは間違いないパラグラフでさえ、ヴァレンティノス派のある特定の神話の枠組みの中に、余すところなく押し込むことは不可能である。というのも、本巻所収の『三部の教え』の解説で詳論されている通り、ヴァレンティノス派は早くから西方派（ローマ）と東方派（アレクサンドリア）の二つの拠点に分かれたのみならず、その神話論も、時間の経過とともに、複雑な変容を遂げたからである。『フィリポによる福音書』はヴァレンティノス派の神話から統一的に解釈できるという主張も、ヴァレンティノス派の中のどの下位グループの神話が最も適合的なのかを特定できるわけではなく、実際には、東西さまざまな下位グループの神話を折衷的に引照する他はないのである。

加えて、いくつかのパラグラフの発言は、もはや広義のヴァレンティノス派神話論の内部でのズレとしては説明がつかないほどに、ヴァレンティノス派の神話論と異なる考え方を示している。最も顕著な例は、§63aと107bが「中間の場所」を「不完全なる者」のために用意された「死」の場所としていることである。このような一義的に否定的な位置付けは、§63aの注(11)にも記したように、「中間の場所」を正統主義教会の信徒たちの場所として、文字通り中間的に価値付ける通常のヴァレンティノス派の用語法とは明らかに異なっている。おそらく、「中間の場所」は――ヴァレンティノス派以後であるか、あるいは、すでに彼ら以前においてそうであったのかは別として――ヴァレンティノス派の枠を超えて、古代末期の地中海世界においてその都度違った価値付けのもとに、幅広く用いられていたのだと考えなければならない。§63aと107bはそのような領域からの抜粋であると思われる。

その他、同じ主題について、複数の抜粋が互いに矛盾する発言をしている場合が認められる。(1)例えば、人間がまとっている「肉」については、§23c(後半)、108の肯定的な評価と、§22、23b、62、63a、72c、123aの否定的な評価が、仮に§23c(前半)を仲介項と見做しても、なお未調停のまま残されている印象が拭えない。(2)また、§15はキリストの到来以前には、小麦とそれから作られるパンは存在せず、人間も動物たちと同じように、野生の植物を食べて自分たちを養っていたと言う。ところが§58は、人間が地を耕し始め、小麦とパンを食べるようになったときに、動物たちも初めて食物を見いだしたと言う。(3)最後に、「使徒(たち)」に対する評価は概ね積極的であるが(§35、47、65、67d、91、95)、消極的ないしは否定的評価(§17b)も含まれている。

以上の証拠に照らすならば、『フィリポによる福音書』はある特定のグノーシス主義の神話論を枠組みとしては、統一的に解釈できないとするのが妥当な結論であろう。合計一二七のパラグラフを抜粋・収集した者自身も、読者にそのような統一的解釈を求めてはいないのだと考えなければならない。そもそも彼は自分の収集したものが、読者を得て読まれることをどこまで期待しているのであろうか。『フィリポによる福音書』の「著作目的」に関わるこの問題については、次章で文学ジャンルの問題を検討した後に、改めて考えてみることにしたい。しかし、前記の結論を踏まえて、すでにこの時点で一つの重要な事実を確認することができる。それは同じ写本で直前に置かれている『トマスによる福音書』との違いである。『トマスによる福音書』も抜粋集である点では『フィリポによる福音書』と変わらない。第Ⅱ写本が二つの福音書を並べて収録したのも、おそらくその辺りの理由によるものと思われる。しかし、『トマスによる福音書』の編著者は、その冒頭の語録一を「この言葉の解釈を見いだす者は死を味わうことがないであろう」という主の言葉で始めている。すなわち、明らかに意識して、集められた合計一一四の語録全体の統一的(グノーシス主義的)な解釈を読者に迫っているのである。『フィリポによる福音書』の編著者は、それとは対照的に、そのような統一的解釈を期待していないのであり、そのために必要な神学的な組織化も図ってはいないのである。勿論、彼もまた、入手した文献から手当たり次第、無原則に抜き書きしたわけではなく、一定の関心を基準にして取捨選択を行なっているはずである。その関心とはどのようなものなのか。この問いは、すべてのパラグラフの内容の最大公約数を求めることに等しい。最近のM・L・ターナーの研究(後続第六章の文献⑬)は、「世界に存在する悪の起源と本質」、「人間に到達可能な最高の存在の可能性」がそれだと言うが、なお問題提起の域を出るものではない。

三　文学ジャンルと使用目的

すでに前章で繰り返し示唆したように、『フィリポによる福音書』は単一の基礎文書からの抜粋ではなく、複数かつ多様な文書(伝承)を資料とする抜粋集である。複数の資料からの抜粋集であっても、取捨選択の仕方によっては、内容的および文学的な統一性を確保することはある程度可能であろうが、技術的な困難が大きいこともまた確かである。『トマスによる福音書』はこの困難を超えて、全体の統一的な解釈を可能とするための内容的なまとまりに加えて、文学的にも全体を「主の言葉集」として統一的に提示している。これに対し『フィリポによる福音書』は、内容的に統一的な解釈を期待していないのみならず、文学的な形態の上での統一性も乏しい。

「主の言葉」と呼び得るものは、『フィリポによる福音書』にも確かに散見する(本解説第二章、1「内容によるパラグラフの分類」の項の末尾参照)。しかし、その導入句に「主が言った」と並んで「ロゴスが言った」も現れるように、形態的に一定しない。分量的にも抜粋集全体を「主の言葉集」として提示するには、とても足りない。このため現在では、個々の抜粋を指すのに、『トマスによる福音書』の場合のような「語録」ではなく、「パラグラフ」(§)の呼称を用いるのが通例となっている(パラグラフの区分をめぐる問題については第六章で後述する)。

「主の言葉」以外には、以下のような文学的ジャンルが個別に見いだされる。但し、「箴言」と「倫理的勧告」は実際には重なり合うことが多い。それぞれの項に挙げるパラグラフはあくまで例示的なものであり、ここに挙げられていないパラグラフの大半も、多かれ少なかれ倫理的な勧告と見做すことができる。

倫理的勧告 §7、45、59、62、112、122b、122c他
箴　言 §1、4、5、10、16b、20、22、24、25、27b、29、37、38、56、57、93、102a他
譬　え §7、40、43、48、52、54、115、119
論　争 §17a、21、23a、23c、61d、69d、90a
釈　義 §17c、19、23b、39、47、53
論　考 §13、16a、40、44、99a、103—104abc、123b、123c、124、125a、125b

さらに、抜粋集全体の文学的性格をより厳密に確定し、その使用目的について考える上では、次の三つの事実が注目に値する。

(1)すでに「序」の一覧表で示したように、共通の主題を扱うか、重要なモティーフを共有するパラグラフがブロックとしてまとめられることなく、むしろ、全編のここかしこに分散している。例えば「ヘブライ人」を主題とする§1、6、17b、46、「ソフィア」を主題とする§35、36、39、55a、「復活」を主題とする§4、21、23a、63a、67c、76、90a、92、95がそうである。

(2)抜粋の長さは、僅か一―三行から成るもの(§5、20、31、38、46、50、57、62、96b、99c他)から、写本の各頁の文字面の半分以上にわたるもの(§113、118、119、123b、125a)まで、まちまちである。しかし、長いものは最後の四分の一に集中している。

(3)ヴァレンティノス派の儀礼(洗礼、聖餐、救済、塗油、新婦の部屋)に関連するものの大半は後半部分に含まれる。

これら三つの事実は、『フィリポによる福音書』が現在示しているパラグラフの配列が全くの無造作の産物ではなく、一定の編集の手を経たものであることを示唆するように思われる。この福音書(抜粋集)の編著者が複数の抜粋を主題的な共通性を基準にして近くに集めるという工夫を施していることは、例えば§69a―70(外側と内側、上方と下方)などから明らかである。にもかかわらず(1)の例のように、主題的に連続する抜粋が逆に分散されるについては、そうした方が読者を退屈させないというような、いわば美学的な理由も勿論考えられるが、いわゆるキーワードによる結合、あるいは連想に基づく結合という、主題的な結合とはまた別の編集原理がそこに働いているためでもあり得る。例えば、§6は先行する§5と「ヘブライ人」ではなく、「キリスト」/「クリスチャン」のキーワードで結合されている。同じように、§46も§45と「ヘブライ人」ではなく、「信仰は受け」/「主を受け入れる」、§55aは後続の§55bと「不妊のソフィア」ではなく、「マグダラのマリヤ」、§63aは先行する§62と「復活」ではなく、「肉」、§67cも先行する§67a、67bと「復活」ではなく、「模像」をそれぞれキーワードとして結合されていると見ることができる。

(2)と(3)については、資料上のまとまりという理由も考えられるものの、今度は純粋に抜粋の長短を基準に、長いものを短いものから区別して、後半あるいは最後の四分の一に意図的にまとめている可能性が大きいと思われる。以上のような観察を踏まえるならば、『フィリポによる福音書』は読者に読まれる場合を想定して、配列にそれなりの工夫を施した訓言集であるとするのが、最も妥当な判断ではないかと思われる。

さて、ヘレニズム期の地中海文化圏では、多くの抜粋集が作られた。メレアグロス(前一世紀)とフィリッポス(後一世紀)の編纂した詞華集『花冠』(後一〇世紀にビザンチンの学者によって、『ギリシア詞華集』に選択的に編入)、後二世紀の訓言集『セクストゥスの金言』(ナグ・ハマディ文書の第XII写本にも含まれる)とA・ゲリウスの『アッティカの夜』、ユダヤ教ラビ文献の『ピルケー・アボト』、アレクサンドリアのクレメンス(後二/三世紀)の『絨毯』(特に第八巻)と『テオドトスからの抜粋』、エウセビオス(後四世紀前半)の『福音の準備』、ストバイオス(後五世紀前半)の『詞華集』などが有名である。その他、ディオゲネス・ラエルティオス(後三世紀前半)などのいわゆる古代哲学の学説史家が名前のみ伝える抜粋集まで含めれば、枚挙にいとまがない。ナグ・ハマディ文書の中でも『トマスによる福音書』がここに属することは、すでに繰り返し述べてきた通りである。

これらの抜粋集の多くは公刊を意図したものであるが、あくまで私用の備忘録または資料集として作成されたものも含まれる。アレクサンドリアのクレメンスの『絨毯』第八巻と『テオドトスからの抜粋』はその典型であり、

A・ゲリウスの『アッティカの夜』とストバイオスの『詞華集』は、子息の教育のために編まれている。また、抜粋された文章に対する編著者の価値判断も一様ではない。勿論、抜粋対象に積極的な価値を認めたがゆえの抜粋集が数の上では多いものの、反対に反駁を目的とするものも存在する。アレクサンドリアのクレメンスの『テオドトスからの抜粋』は、いつの日か近い将来に、ヴァレンティノス派のテオドトスの「グノーシス」のまやかしを暴露するための資料集であった。エウセビオスの『福音の準備』も、キリスト教の真理性がギリシア哲学の伝統に優ること、後者は前者の文字通り「準備」に過ぎないことを弁証するために行なわれたギリシア哲学からの抜粋集である。

この観点から見るとき、『フィリポによる福音書』は改めてどう性格付けることができるだろうか。一方で編集的な工夫を施している以上は、純粋に私用のためだけの資料集ではなく、読者を想定しているわけである。しかし、他方では、内容的・神学的に全体の統一的な解釈を迫ってはいないのであるから、その読者が不特定多数の広範囲の読者であるとは考えにくいであろう。むしろ、気心の知れた仲間内で使われることを意図した訓言集と言うべきであろう。抜粋対象に対する編著者の姿勢は、言うまでもなく、反駁ではなく、共感である。

四　編著者の思想とその系譜

『フィリポによる福音書』は抜粋集であり、しかも個々の抜粋の出典は、すでに見たように、単一ではなく、複数であるから、思想史的系譜の問題は、原則として個々の抜粋ごとに検討されなければならない。しかし、そのような検討は個別研究に委ねるとして、ここでは抜粋集全体の編著者の思想史的系譜を確認するに留めたい。

この編著者がヴァレンティノス派にきわめて近いところにいた人物であることは、広い意味での同派の神話論と儀礼行為に関係する抜粋の多さから判断して、まず間違いない。但し、これもすでに確認したように、彼がヴァレンティノス派のどの下位グループの近くにいたのかは特定することができない。また、彼は同派以外のグノーシス主義グループの神話論にもアクセスできる位置にいたと考えなければならない。そればかりではなく、彼が集めた抜粋には、グノーシス主義的というより、むしろ、正統信仰の立場に近いか、それに適合するものも、少なからず含まれている(§45、46、53、56、74、101、108、112)。勿論、それでも彼の軸足はグノーシス主義(正確にはキリスト教的グノーシス主義)の世界観の側に置かれていると見るべきであるが、特定の神話あるいは教理の体系にはもはやコミットしようとはしていないようにも見受けられる。

なお、この編著者の名前は分からない。確かに文書のあとがきには、「フィリポによる福音書」と明記されているが、この「フィリポ」は、いわゆる「使徒」たちの中ではフィリポだけが、しかも§91に一度だけ、明言を持って言及されていることに基づいて、事後的に、つまり、ギリシア語原本より後の写字生によって行なわれた虚構であると思われる。

五　成立年代・場所

ギリシア語原本の成立年代は、唯一のコプト語写本を含むナグ・ハマディ文書第II写本全体が、すでに述べたように(第一章)、後四世紀前半に作成(筆写)されたものであるから、この時期を下限とすることになる。

本文の内証から推すと、当然のことながら、ヴァレンティノス派の神話論がかなりの程度展開を遂げた時代、すなわち後二世紀の後半以降を考えなければならない。最近はこれに加えて、§57と69aを主な論拠として、『フィリポによる福音書』の編著者が『トマスによる福音書』を文献資料の一つとして使っているとの見解が表明されている（第六章、参照文献⑬）。仮にそうであれば、『トマスによる福音書』の著作年代（本巻に収録された荒井献氏による同書の解説参照）も、『フィリポによる福音書』のギリシア語原本の成立年代の上限を決定する上で重要になる。しかし、『トマスによる福音書』にも全く同じような資料（出典）問題が存在するから、『フィリポによる福音書』の§57と69aが現在の形での『トマスによる福音書』から直接抜粋されたものだと決めてかかることはできない。

外部証言としては、古代キリスト教会の周辺に『フィリポによる福音書』という名前の福音書が存在したことについては、すでにナグ・ハマディ文書の発見以前から、正統主義の立場に立つ教父――特にサラミスのエピファニオス（後四世紀）『薬籠』（XXVI, 13, 2-3）、コンスタンティノポリスのティモテウス（後六世紀）『異端論者の受入れについて』（PG 86, 1, 21c）、ビュザンツの偽レオンティウス（後六世紀末）『分派について』（III, 2）――と後四世紀頃のグノーシス主義文書である『ピスティス・ソフィア』（I, 42-44）による直接間接の証言が知られている。

この内、ティモテウスと偽レオンティウスの二人の証言は、文書の内容については報告せず、『フィリポによる福音書』という名前の福音書が『トマスによる福音書』と共にマニ教徒の間で重用されていたことだけを伝えている。ナグ・ハマディ文書第Ⅱ写本の『フィリポによる福音書』も『トマスによる福音書』の直後に置かれているという状況証拠から、上記の二人の教父が証言する同名の福音書と同一視する説が研究者の間では有力である。エピファニオスが証言する同名の福音書の場合は、彼によって短く引用されている文言が、ナグ・ハマディ文書第Ⅱ写本の『フィリポによる福音書』に直接並行する記事を持たないために、両者の同一性は今なお論争されており、決着を見ていない。仮に同一だとすれば、ナグ・ハマディ文書第Ⅱ写本の『フィリポによる福音書』のギリシア語原本は後三世紀後半には成立していたと考えなければならないことになる。

ギリシア語原本の成立場所を推定することは、外部証言が一切ないためにさらに困難であるが、アンティオキアを中心とする西シリア説（第六章、参照文献⑧）とエデッサを中心とする東シリア説（同、⑨、⑩）が提案されている。§19と§53にそれぞれ「キリスト」と「イエス」の「シリア語」での等価語が説明的に言及されていることがギリシア語とシリア語が重複し合う地域を示唆すること、また、ナグ・ハマディ文書第Ⅱ写本で直前に置かれている『トマスによる福音書』の場合も、その原本はシリアに由来する可能性が強いことなどがその根拠である。しかし、いずれも状況証拠以上のものではない。

六　翻訳の底本・参照文献・パラグラフ区分

翻訳の底本としては、次の三つを適宜相互に突き合わせながら用いている。

① W. Till (hrsg. u. übers.), *Das Evangelium nach Philippos*, Berlin 1963 (*PTS* 2).

② J.-E. Ménard, *L'Évangile selon Philippe, Introduction, Texte, Traduction, Commentaire*, Strasbourg 1967.

③ B.Layton, *The Gospel according to Philip*, in: idem (ed.), *Nag Hammadi Codex II, 2-7 together with XIII, 2, Brit. Lib. Or. 4926 (1), and P. Oxy. 1, 654, 655*, Leiden 1989, pp. 142-214.

参照した欧米語訳と訳注での略号表記は次の通りである。

④ R. Mcl. Wilson, *The Gospel of Philip, introduction, translation, commentary*, London 1962＝本文の傍注においてウィルソンと略記

⑤ 上記の底本①に付されたドイツ語の対訳＝ティル

⑥ 上記の底本②に付されたフランス語の対訳＝メナール

⑦ R. Kasser, Bibliotèque Gnostique VIII/IX: L'Évangile selon Philippe, *RThPh* 20 (1970), 12-35, 82-106.＝カッセル

⑧ M. Krause, Das Philippusevangelium, in: W. Fœrster (Hg.), *Die Gnosis II*, Zürich 1971, S. 92-124.＝クラウゼ

⑨ H.-M. Schenke, Das Evangelium nach Philippus, in: W. Schneemelcher (Hg.), *Neutestamentliche Apokryphen I: Evangelien*, Tübingen 1987, 5. Aufl., S. 148-173.＝シェンケ

⑩ B. Layton, The Gospel according to Philip, A Valentinian Anthology, in: idem, *The Gnostic Scriptures*, New York 1987, pp. 325-353.＝レイトン

⑪ 上記の底本③に付された英語の対訳（なお W. W. Isenberg, The Gospel of Philip, in: J. M. Robinson, ed., *The Nag Hammadi Library in English*, Leiden 1988^{3}, pp. 139-160 も参照）＝アイゼンバーグ

⑫ Y. Janssens, L'Évangile selon Philippe, in: eadem, *Évangiles Gnostiques dans le Corpus de Berlin et dans la Bibliothèque Copte de Nag Hammadi, Traduction française, Commentaire et Notes*, Louvain-la-Neuve 1991, pp. 97-153.＝ジャンセン

C.-J. de Catanzaro, The Gospel according to Philip, *The Journal of Theological Studies* 13 (1962), 35-71 は残念ながら参照できなかった。最近の研究文献では、次のものを参照している。

⑬ M. L. Turner, *The Gospel according to Philip, The Sources and Coherence of an Early Christian Collection*, Leiden 1996.

最後にパラグラフの区分の仕方について一言しておかなければならない。『フィリポによる福音書』が抜粋集で

あることにいち早く気づいて、これを合計一二七のパラグラフに区分することを提案したのはH・M・シェンケであった(H.-M. Schenke, Das Evangelium nach Philippus. Ein Evangelium der Valentinianer aus dem Funde von Nag-Hammadi, *ThLZ* 84, 1959, Sp. 1-26, その後少し改訂したかたちでJ. Leipoldt/H.-M. Schenke, *Koptisch-gnostische Schriften aus den Papyrus-Codices von Nag-Hammadi*, Hamburg-Bergstedt 1960, S. 33-65, 81に再収録)。前記の校訂本①—③と欧米語訳の大半が、細かな点(特にパラグラフの冒頭と末尾の文章の帰属)での判断の違いを別とすれば、原則としてシェンケの区分に従っている。

しかし、その後シェンケ自身が自分の翻訳の改訂を重ねる内に、いくつかのパラグラフについて当初とは異なる区分の必要を確信するに至った。しかし、他方で彼の区分がその間国際的に研究者の間で一般化したことに鑑み、前掲の現時点での彼の最終訳⑨では、無用な混乱を避けるために、当初の合計一二七のパラグラフ番号は保持しつつ、そのいくつかを必要に応じてａｂｃ……の下位記号によって区分し直している(§9a、9b等)。但し、抜粋集としての全体の性格を考えれば当然のことであるが、下位区分ａｂｃ……の符号を付されたいずれのパラグラフも厳密には「下位区分」ではなく、場合によっては、それぞれ独立のパラグラフとして読むことが期待されている。

われわれもシェンケのこの新しい区分をそのまま採用したが、それはあくまで便宜的な処置であって、シェンケの内容的な判断にまで常に賛成するものではない。パラグラフをどう区分するかは、そのまま内容的な解釈の問題でもあるから、それぞれの読者の主体的な判断で新しい区分が試みられても一向に構わないのである。事実、上記の欧米語訳の内でアイゼンバーグはパラグラフへの区分そのものを完全に放棄しており、レイトンは全く新しい区分を試みている。参考までにシェンケ(S)とレイトン(L)の区分を相互に対照しておけば、次頁の表のようになる。

パラグラフ区分対照表

S	L	S	L	S	L	S	L	S	L
1	1	27b	26	61a	53	82a	73	107a	90
2	2	28	27	61b	53	82b	73	107b	90
3	2	29	27	61c	54	83	74	108	91
4	3	30	27	61d	54	84	75	109a	92
5	3	31	27	62	54	85	75	109b	92
6	3	32	28	63a	55	86	76	110a	93
7	4	33	29	63b	55	87	77	110b	93
8	4	34	30	63c	56	88	77	111a	94
9a	5	35	31	64	56	89	78	111b	94
9b	5	36	31	65	57	90a	79	112	95
10	6	37	32	66	58	90b	79	113	96
11	7	38	33	67a	59	91	80	114	97
12a	8	39	34	67b	59	92	80	115	98
12b	8	40	35	67c	59	93	81	116a	98
13	9	41	36	67d	59	94a	82	116b	99
14	10	42	36	68	60	94b	82	117	99
15	11	43	37	69a	61	95	83	118	99
16a	12	44	38	69b	61	96a	83	119	100
16b	13	45	39	69c	61	96b	83	120	101
17a	14	46	39	69d	61	97	84	121a	101
17b	14	47	40	70	62	98	84	121b	101
17c	15	48	41	71	63	99a	85	122a	102
18	16	49	42	72a	64	99b	85	122b	102
19	17	50	43	72b	65	99c	85	122c	102
20	18	51	44	72c	65	100	86	122d	102
21	19	52	45	73	66	101	86	123a	103
22	20	53	46	74	67	102a	87	123b	104
23a	21	54	47	75	67	102b	87	123c	104
23b	21	55a	48	76	68	102c	87	124	105
23c	21	55b	48	77	69	103	88	125a	105
24	21	56	48	78	70	104a	88	125b	106
25	22	57	49	79	70	104b	88	126a	106
26a	23	58	50	80	71	104c	88	126b	106
26b	24	59	51	81a	72	105	89	126c	107
27a	25	60	52	81b	72	106	90	127	107

〔注記〕 この翻訳と解説の校正作業中に H. M. Schenke, *Das Philippus-Evangelium (Nag-Hammadi-Codex II, 3), neu herausgegeben, übersetzt und erklärt (TU 143)*, Berin 1997 が落掌した。そこでは前記⑨のシェンケ訳に基づく改訂訳とそれを支えるコプト語の校訂本文が注解と共に提示されているだけではなく、パラグラフの区分も下位区分(abc…)のレベルでかなり大幅に変更されている。しかし、本巻のパラグラフ区分については、無用な混乱を避けるために、変更を加えず、前記⑨のシェンケ訳の区分を保持することにした。

解説　マリヤによる福音書

小林　稔

一　写　本

訳出文書を収めたベルリン写本は、最初の六頁が欠損している。また、第11―14頁も失われている。そして、第19頁の3―5行目に「マリヤによる福音書」と記されている。

この三行を本文に入れて、「……した時、彼らはマリヤのやり方で福音を[告げるため]、また宣べるために行き始めた」と読まれたこともある。さらに、同じ写本のすぐ後に続く『ヨハネのアポクリュフォン』(第一巻『救済神話』所収)の冒頭部分と見做されたこともある。しかし、当の『ヨハネのアポクリュフォン』をはじめ、同じ写本が収める他の文書、『イエスの知恵』(本シリーズ第三巻『説教・書簡』所収)も『ペトロ行伝』のコプト語版(ラテン語訳によって欠損部分を補充されたギリシア語本文は、小河陽訳『ペトロ行伝』(『聖書外典偽典7　新約外典Ⅱ』、教文館、一九七六年、一七―八九、三七七―四一二頁)がある)も、いずれも末尾に表題を持っている。そして、この三行だけが、一行に一つの単語という、他とは違った書き方である。これらの点から見て、やはり「マリヤによる福音書」は表題であろう。

第7頁冒頭の内容は明らかに欠損部分の続きである。もしも失われた六頁全部をこの文書が占めていたと仮定すれば、『マリヤによる福音書』はその写本に収められた四つのグノーシス文書中、最初に綴じられ、元来は写本冒頭十八の頁と第19頁目最初の5行に収められていたことになる。

先に宣べたように、1―6頁と11―14頁が完全に失われているほか、残存している八つの頁は上部と下部に少々損傷があり、その他インクが消えて読めなくなっている箇所もある。

二　文学様式・内容・構成

欠損する冒頭については知る由もないが、残存している限りでは、物語の枠組みの中に、長い啓示の言葉が二つ収められている。

(1)　第一の啓示は救い主の言葉。『イエスの知恵』、『救い主の対話』、『フィリポに送ったペトロの手紙』(いずれも第三巻『説教・書簡』に所収)など、グノーシス文書によくあるように、復活したイエスと弟子たちとの対話である。弟子たちが問いを出し、救い主が答える。

(2)　救い主が語り終えて去ってしまうと、弟子たちは異邦人宣教という課せられた使命のあまりの大きさに悲しむ。ここでマリヤが登場し、救い主の恵みが留まり、保護を与えるはずだと言って、彼らを励ます。そこで、マリヤだけが知っている救い主の言葉を弟子たちに話すよう、ペトロが彼女に求める。使徒たちの知らない秘密の教えがマリヤに語られるというとき、『トマスによる福音書』などでは、マグダラのマリヤをさすので、ここでも「マリヤ」は彼女をさすと見做してよいであろう。

(3)　ここで第二の啓示の言葉が始まる。残念ながら、その話から四つの頁が欠けている。残っているものによれば、マリヤは主の顕現に言及し、諸権威(おそらく惑星天の支配者たち)に尋問されながら昇って行く心魂について叙述する。

(4)　彼女が話を終えると、ペトロとアンドレアスが否定的な反応を示す。これは『トマスによる福音書』語録一一四と対応している。それに対し、レビが、救い主は彼女をふさわしいものとしたこと、彼女をよく知っていること、実際彼女を弟子たちよりも愛したことを、彼らの思い起こさせる。この叱責をもって彼らは集まりを解散し、宣教に出かけて行く。

このうち最後の部分(3)の末尾と(4)にあたる二頁あまり)には、全く同じものではないが、傍注に訳出しておいた並行ギリシア語断片(ライランド・パピルス四六三)がある。

三　資料と編集

第二の啓示(3)がマリヤの独壇場であるのに対し、第一の啓示の言葉ないし対話(1)には、残っている限りではあるが、彼女の役割が全く見えない。また第一の、救い主の弟子たちに対する啓示内容(1)と第二の啓示(マリヤが告げる救い主の話、(3)の内容との間に、矛盾はないものの、有機的なつながりが見えない。これらのことから、二つの独立した材料が第一の啓示への反応を語る部分(2)によって結合されたのだと考える人々がある。確かに新約諸文書にも、二つの言葉を第一の言葉に対する反応と第二の言葉への導入の役割を担った地の文で結合する手法が見られる。ただ、二つの材料が、著者が用いた広い意味での材料でなく、すでに文書資料だったとまで言うのは難しいように思われる。

第一の啓示と第二の啓示には密接なつながりが見えないので、何らかの意味での二つの材料が使われているとしても、第二の啓示に対する反応を述べる物語部分(4)は第一の啓示(1)と対応している。「『……われわれは……完全なる人間を着て、彼がわれわれに命じたそのやり方で、自分のために(完全なる人間)を生み出すべきであり、福音を宣べるべきである、救い主が言ったことを越えて、他の定めや他の法を置いたりすることなく』。(レビがこのように言った)とき、彼らは[告げるため]、また宣べるために行き始めた」(18 15—19 2)は、第一の啓示の結び「人の子がいるのはあなたがたの内部なのだから。あなたがたは彼の後について行きなさい。彼を求める人々は見いだすであろう。それで、あなたがたは行って、王国の福音を宣べなさい。私があなたがたのために指図したこと、それをこえて何かを課するようなことをしてはならない。法制定者のやり方で法を与えるようなことはするな」(8 18—9 3)を踏まえているようだからである。この限りで、二つの材料を使った著者は両者をかなりの程度で一つの物語の中に組み込んでいると言えよう。

ただ、欠損部分が大きいので、確定的なことは言えないが、表題『マリヤによる福音書』はもっぱら後半にしか合っていないと言わざるをえない。

四　グノーシス主義内部での系譜

前半部の救い主の啓示では、物質は消滅するが、それはただ、組み合わせによって存在するものが、個別性を失って本性に戻るだけだとか、罪というものは存在せず、罪を犯す人間が存在するので、人が死ぬことによって物質世界の問題が解消するとか、パトスが無秩序をもたらすとか言われる。さまざまな問題は個々の人間の中にあると言われているようである。マリヤを仲介とする第二の啓示では、心魂が欲望や怒りといったパトスから解放されて昇ってゆく様が語られている。その限りでは、物質さえも悪とは見做されていない。そこにはイラン型の本質的二元論が入る余地はなさそうである。

訳者には、これら二つの啓示内容がキリスト教に依存しているとは思えない。後のキリスト教の中にも存在する思想であるが、他宗教にも共通して見いだされるものであり、イエスの使信と関わりなく生じうるものだからである。イエスのことも一貫して救い主と言われており、残っている限りではあるが、「イエス」の名が一度も出ないことも注意を引く。しかし物語部分に登場するのはマリヤ、ペトロ、アンドレアス、レビとその仲間の弟子たちといった、キリスト者たちが大切にする人々である。

その限りで、西方系のキリスト教的グノーシス主義と位置付けてよいかと思われる。

五　成立年代・場所・言語

場所については内容的に西方系と言えるだけで、詳細は不明。

書かれた年代も不明。シュミット(C. Schmidt)らは、コプト語写本を五世紀の初めとしている。ロバーツ(C. H. Roberts)は、並行ギリシア語断片を三世紀の初めのものとしている。

六　翻訳底本・参照文献

この文書の存在は一八九六年から知られており、部分的には訳出もされていたが、一九五五年、ティル(W. C. Till)によってテキスト全体が公にされた。

公刊された本文としては、これに新しい読み方を提案した以下の改訂版がある。

① W. C. Till/H-M. Schenke, "Das Evangelium nach Maria", in: *Die gnostischen Schriften des koptischen Papyrus Berolinensis 8502*, 2. Aufl., Berlin 1972, pp. 24-77.

② R. McL. Wilson/G. W. MacRae, "The Gospel of Mary (BG 1)", in: D. M. Parrott (ed), *Nag Hammadi Codices (V, 2-5 and VI with Papyrus Berolinensis 8502, 1 and 4* (*NHS* 11), 1979, pp. 453-471.

③ A. Pasquier, *L'Evangile selon Marie* (BG1) (*BCNH* 10), Quebec 1983.

訳出に際しては②を底本とし、③を適宜参照した。

また解説には、G. W. MacRae, R.McL. Wilson, D. M. Parrott, "The Gospel of Mary (BG 8502, 1)", in: J. M. Robinson (ed.), *The Nag Hammadi Library*, 2 ed., Leiden 1984, p. 471 も参照した。

解説　エジプト人の福音書

筒井賢治

一　表題

ナグ・ハマディ文書の写本Ⅲと写本Ⅳとに重複して収められている本文書は一般に『エジプト人の福音書』と呼ばれているが、この表題は写本Ⅲの「写字生による後記」の部分に現れるだけである（§56）。両写本とも冒頭が破損しており、欠落部分に「エジプト人」という語をはめ込むことは可能であるが（底本はそうしており、訳者も翻訳本文ではそれに従った）、他の復元も可能であり（傍注参照）、いずれにせよ「福音書」という言葉まで詰め込む空間的余地はない。なぜ写字生エウグノーストス（§56参照）がこの書を『エジプト人の福音書』と呼んだのかについては、さまざまな憶測は可能であるが、結局のところ不明である。内容との対応を考えても、文書末尾に記されている『大いなる見えざる霊の聖なる書』（§57）の方が、長すぎて慣用に適しないとはいえ、名実共に本来の表題としてふさわしい。なお、アレクサンドリアのクレメンス等が引用している『エジプト人の福音書』は、本書とは全く別の文書である。

二　写本伝承

先に触れたように、本文書にはナグ・ハマディ文書内に二つの写本がある。すなわち写本Ⅲの第二文書（Ⅲ40^{12}―69^{20}）と写本Ⅳの第二文書（Ⅳ50^{1}―81^{2}）である。パピルスの物理的な保存状態について言えば、写本Ⅲの方が写本Ⅳよりも良好である（但し写本Ⅲには大きな欠落があり、45頁から48頁までがまるごと抜けている）。他方、内容的な質については、残念ながら、物理的な欠損の多い写本Ⅳの方が概して優れている――すなわち、より理解しやすいテキストを提示している。両者ともギリシア語からコプト語への翻訳である。ギリシア語の原語を写本Ⅲはそのまま（日本語の書き方に例えればカタカナ書きで）筆写し、写本Ⅳは几帳面にコプト語に訳している場合が多い、というのが最も目立つ相違の一つである。

問題になるのは両写本の関係である。一方において、両写本が根本的に同一の文書に遡源することは疑い得ない。他方、両写本のテキストは同一でない、あるいは、より厳密に言えば、両写本は同一のコプト語原本に遡るものではない。では両写本の関係をどう考えるべきだろうか。これは、本文校訂の際には次のような問題となって現れる。片方の写本が破損している個所の復元に、もう片方の写本の読みを「移植」することが許されるかどうか、という方法論的な問題である。これは容易に論理の循環を引き起こす。すなわち、もし両写本を互いに積極的に補足せしめるならば、結果としてもちろん互いに接近した文書が再現されることになるし、そうしなければ、互いに距離のある、修復不可能な箇所の多い二つのテキストがそのまま残されるということになる。後者の場合には、『ヨハネのアポクリュフォン』の長写本と短写本のように、『エジプト人の福音書』においても同一の原文書の異なる編集段階を想定することになる。

この問題を解決するためには、究極的には、両方の写本に残されている箇所を綿密に比較するしかない。そして底本の編集者もその他の研究者も、一般的に次のような結論、ないし——より厳密にいえば——作業仮説に落ちついている。すなわち、両写本は同一のギリシア語テキストの異なるコプト語訳であり、両者の相違は、写本Ⅲの「写字生による後記」などの明らかな例外を度外視すれば、ギリシア語での写本伝承における誤り、コプト語への翻訳の仕方の相違あるいは誤り、そしてコプト語での写本伝承における誤りに起因する——言い換えれば、意図的・組織的な編集・改変作業はどの段階でも行なわれておらず、したがって両写本相互の補完は基本的に許される、という仮説である。訳者もこれに従っている。とはいえ、片方の写本からもう片方に移植された語句はあくまで推定に過ぎない、という点には常に留意しておく必要がある。

三　構成と内容

構成の点で明らかに文書本体から区別できるのは、序文（§1）、賛美（洗礼式文）一（§52）、賛美（洗礼式文）二（§53）、後記一（§54）、後記二（§55）、写字生による後記（§56）、表題（§57）である。「賛美」の一と二は、形式的にはとりわけ「真に、真に」（ないし「真の真に」）の繰り返しの有無で区別できるが（但し§53のⅢ**68**1、Ⅳ**80**14—15にもある）、どこまでこの二つを異なる段落として区別できるのかは明確でない。なお、第Ⅳ写本は後記二の途中で途切れており、元来どのような終り方だったのかは不明である。次にこれらを除いた「本文」であるが、底本編集者はこれを天の世界の成立を扱う部分（§2—30）とセツの種族の誕生および彼の救済活動を扱う部分（§31—51）とに大きく二分しており（ちょうど§30の終りに「アーメン」という言葉がある）、分量の配分から見ても適切な区分だと思われる。

最初から存在する「大いなる見えざる霊」を出発点としてさまざまな存在が次から次へと登場する、という本文書前半の神話展開において目立つのは、「賛美」と「願い」が新たなステップの導入として繰り返されることである。「願い」の対象はもちろんステップごとに全く異なるが、「賛美」にはある決まったパターンが認められる。すなわち、

大いなる見えざる(呼ばれ得ない、処女なる、……)霊
男性的処女バルベーロー
ドクソメドーン・アイオーン
三重の男児
ユーエール(男性的処女)
エーセーフェーク(子供、栄光を捉える者、子供の子供)および彼の「栄光の王冠」

という六項目が、部分的な順序(とりわけドクソメドーン・アイオーンの位置)は必ずしも一定していないが、賛美を受ける存在の核となっているのである。これは、この六者が本文書の神話的世界観の基盤を形成していることを示唆している。神話の展開の中では、この六者が出揃った時点で「大いなる[キリスト]が完成した」と告げられる(§14)。「キリスト」という読み(Ⅳ**56**27、写本Ⅲは欠損)は推定に過ぎないが、いずれにしてもこの時点で何かが「完成」する。

この六者の中で、「ドクソメドーン・アイオーン」については、その性格が明確でない。「三重の男児が憩う場所」(§9その他)であり、玉座がその「中」にあり(§9その他)、何らかの他の存在によって「満た」される(§11)と書かれていることなどから、これが第一義的に(人格的存在者ではなく)場所的概念であることは間違いないと思わ

れるが、神話全体におけるこの場所の位置付けがはっきりしないのである。底本編集者の一人でもあるベーリッヒは、「三重の男児」だけでなく、「父」「母」「子」「ユーエール」「エーセーフェーク」をも「ドクソメドーン・アイオーン」の中に位置付けている。すなわち、前述のように繰り返し賛美の対象になる高次の神的存在によって形成される領域として「ドクソメドーン・アイオーン」を理解しようとしている。訳者にも、これが図式的に最も分かりやすい解釈だと思われる。しかし、「ドクソメドーン・アイオーン」の中にいる（はずの）六者のうち、本文において明言的に挙げられているのはなぜ「三重の男児」だけなのか、また、なぜ「子」だけが賛美の定型から抜け落ちているのか、などの問題が残る。これは、本書の成立史と関係しているのだろうと想像される（下記参照）。

本文書のあらましは以下の通りである。本文書のテーマを述べる序文（§1）に続いて、「大いなる見えざる霊」から「父」「母」「子」と「ドクソメドーン・アイオーン」が出現する。この様子はまず簡略に（§2―3）、次いで詳細に（§4―10）説明される。続く段落（§11）では、「三つの力」すなわち父、母、子の賛美と願いによって「三重の男児」が出現する（文言上必ずしも明確ではないが、前後の脈絡からこのように推定できる）。そして三重の男児の賛美と願いを受けて「ユーエール」と「エーセーフェーク」が現れ（§12―13）、これによって「無敵の力……大いなる［キリスト］」が完成する（§14）。

次いで「プロノイア」が「父」（＝「大いなる見えざる霊」）のもとから直接に現れ、それまでの「諸アイオーン」を通り抜け、賛美する玉座や天使を据える（§15）。そこから「ロゴス（言葉）」が現れ（§16）、ロゴスの賛美と願いによって（「ミロトエー」を介して）「アダマス」が出現する（§17―18）。ロゴスとアダマスは合体し（§19）、両者の賛美と願いを受けて（「プロファネイア」を介して）四人のフォーステール、すなわち「ハルモゼール」「オロヤエール」「ダウィテ」「エーレーレート」が、また特にアダマスの願いを受けて（同じくプロファネイアを介して）「セツ」が生まれる(§20—23)。これをもって(具体的な意味は不明であるが)「完全なヘブドマス」が完成する(§24)。その後それぞれのフォーステールの「伴侶」「補助者」「補助者の伴侶」が登場し、これによって「五つのオグドアス」が完成する(§25—27)。

次に、ロゴスとフォーステールの共同の賛美と願いによって(§28)「三重の男児」と「キリスト」が降下し、玉座や諸力、栄光、不滅を「四つのアイオーン」の中に据え(§29)、「不滅の霊的な教会」が成立する(§30)。

ここからはセツの活動が主題となる。セツによる賛美と願い(§31)によって、「プレーシテア」を介して「セツの種子」が現れる。これをセツは第三のフォーステール・ダウィテの中に置く(§32—33)。「五千年の後」、エーレレートらの主導で、この世を支配する天使たち(サクラ、ネブルエール、十二人の天使)が出る(§34—36)。次いでサクラの高慢な発言に対して「上から」の声が反駁し、この声の主の似像として「第一の被造物」が創られ(§37)、さらに「メタノイア(悔い改め)」が「父」のもとから世へと下ってくる(§38)。続いて「天使ホルモス」が出現し、その助けによってセツは自分の種子をこの世に播く(§40—41)。こうして誕生したセツの種族は、さらに、「エドークラ」から出た種族だと説明される(§42)。

セツは自分の種族がこの世において受ける苦難(洪水、大火災、飢饉と疫病、誘惑と偽り、悪魔の奸策)を予見する(§43—44)。彼の賛美と願いによって種族の「守護者」が、すなわち「アエロシエール」と「セルメケル」、そして彼らに率いられる四百人の天使が現れる(§45—46)。さらにセツ自身がこの世へと遣わされ、聖なる洗礼を定め、決定的な救済(の可能性)を実現する(§47—49)。続いて、一連の(救済された種族の)「随伴者」が列挙される(§50)。最後に、おそらく後続する洗礼式文の導入を兼ねて、洗礼を受けた者の救済が再び確言される(§51)。

二種類(おそらく)の賛美・洗礼式文(§52—53)の後、本文書の著者がセツに他ならないことや本文書が長い間高い山に隠されていたことなどが後記一（簡略に、§54）および二（より詳しく、§55）において述べられる。写本Ⅲの「写字生による後記」（§56）では、「エジプト人の福音書」という「表題」の他（上記参照）、写字生の実名が記されている。本書の表題は、古代の写本によくあるように、文書末尾に置かれている（§57）。

四　文書の目的、背景、成立史

本文書の目的は、（実質的には写本Ⅲにのみ残されている）後記二によれば、「時間と時代の終りに……不滅の聖なる種族……を啓示する」ことである。当然ながら、本文書の著者（ないし最終編集者）および本文書が予定している読者にとって、この「聖なる種族」（＝セツの種族）とは自分たちのことに他ならない。このように自分たちをセツの子孫として理解していた異端的教派、いわゆる「セツ派」が初期キリスト教時代に実在したことは、ナグ・ハマディ文書内の複数の文書（本文書の他、特に『アダムの黙示録』『セツの三つの柱』（両文書共に本シリーズ第四巻『黙示録』に所収予定））から確認でき、またヒッポリュトスやエピファニオス等の教父によっても報告されている（巻末の用語解説参照）。本文書は、この「セツ派」に属する著者が、同じく「セツ派」の読者を対象として、セツの種族の成立と救済、すなわち自分たちの自己理解および救済論を、（神々を含む）全存在の一貫した歴史叙述の中に有機的に織り込んで提示しようとした文献だ、ということができる。

しかしながら、これ以上のことについては不明な点が多い。これは、写本が破損している箇所やコプト語訳文の文意がはっきりしない箇所が多いこと、古代文献の宿命として写本の写し間違いが避けられないこと、またそもそも宗教文書の言語が一般に（とりわけ部外者にとって）よく分からないこと、等を考えればむしろ当然の事態である。とはいえ、分からないながらも、本文書の成立事情や背景を推測するための鍵になると思われる点がある。

一つは、本文書の内部において、前後の文脈からはっきりと遊離している記述がいくつか見出されるという点である。「ドクソメドーン・アイオーンの出現」の記事(§3)において、ドクソメドーン・アイオーンに続いて「子」が四番目、母が五番目、父が六番目」に出るが、「父」「母」「子」は(この順序で)直前の段落ですでに出ている(§2)。「ヘブドマスの完成」の記事(§24)においては、内容的に何が「七」なのか、「十一のオグドアス」や「四つのオグドアス」(写本Ⅳのみ)とは何を指すのか、いずれも前後の文脈からは不明である。「随伴者の出現」の段落の末尾においては「ユーエール」が四人のフォーステールに続く「第五」の者と数えられているが(§50)、ユーエールはフォーステールたちとは全く別のカテゴリーに属するはずの存在である(§13)。また、これらの例ほど目立ってはいないものの、やはり文書の内的統一性が損なわれていると思われる箇所は他にもある。例えば「三つの力」および「ドクソメドーン・アイオーン」の出現がそれぞれ二回述べられ、二つの異なる「賛美(洗礼式文)」が並んでいる(らしい)こと、また、前述のように、「子」だけが賛美の定型から落ちていること、等である。これは、本文書が(多かれ少なかれ)複数の独立した文書資料を編集して成立したものであることを示している。

もう一つは、他の文書との共通点である。本文書に登場する神的存在やモティーフには、もちろん本文書独自と思われるものもあるが、他の文書と共通するものも多数認められる。共通点が比較的多い文書としては、先に触れた『アダムの黙示録』『セツの三つの柱』の他、『ヨハネのアポクリュフォン』『アルコーンの本質』(以上本シリーズ第一巻『救済神話』に所収)『ゾストゥリアノス』『メルキゼデク』『ノレアの書』(本シリーズ第四巻に所収)『マルサネース』『アロゲネース』(本シリーズ第四巻に所収)『三体のプローテンノイア』(本シリーズ第三巻『説教、書簡』に所収)(以上ナグ・ハマディ文書)、『ピスティス・ソフィア』、また「ブルース写本」所収の『イェウの第一/第二の書』『無題のグノーシス文書』等が挙げられる。これらの文書の間に何らかの関係があることは間違いないが、具体的なことは分からない。本文書を含むこれらの文書(の大部分)の背後に、特有の神話システムを奉じる一つの歴史的グループがあったと見做す試み――いわゆる「セツ派」仮説――は、少なくとも現時点では、まだ上記各文書の共通点と相違点とを十分に説明できるほど整備されてはいない(巻末の用語解説参照)。他方、繰り返し言及のある「オグドアス」「ヘブドマス」といった用語はいわゆる「ヴァレンティノス派」の神話をむしろ連想させるが、これも詳細は分からない。

いずれにせよ、本文書には由来を異にするさまざまなモティーフや神的存在が取り入れられており、形態的・内容的にモザイクのような面があることは否定できないが、他方、独立した一つの文書としての内的完結性が全く欠けているはずはないと思われる。では、それはどこにあるのだろうか、言い換えれば、本書は全体として何を目的に書かれた(あるいは、編集された)のであろうか。例えばシェンケは、本文書末尾に置かれている「賛美(洗礼式文)」の部分をむしろ本書の中心と見做し、先行する叙述は洗礼儀式の際に呼びかけられるべき神的存在についての網羅的な予備説明だと考えている(本文書冒頭の欠落を「[エジプト人の聖]なる書」でなく「[呼びかけの聖]なる書」と復元する提案を行なっているのもシェンケである)。しかし、それにしては「賛美」部分とそれ以前の部分との内容的対応関係が稀薄すぎるように思われる。訳者には、先に書いたように、本文書の目的はセツの種族の成立と救済、すなわち自分たちの世界観、歴史観、自己理解や救済理解を、著者(ないし編集者)の手持ちの資料や表象を組合せながら、全宇宙・全存在の一貫した有機的な叙述という形で、いわば綱領として提示することにあったと思われる。この場合、「賛美」の部分はいわば補遺(もしくは二次的付加)と見做すことになるが、本体の「綱領」が儀式のための予備教育の役割をも果たしたであろうことは言うまでもない。

なお、これは「セツ派」仮説一般とも関連する点であるが、キリスト教の要素は本書において稀薄である。確かに「キリスト」や「イエス」という語が使われてはいるが、例えば「セツ」とは比較にならないほど稀であり、また本書における神的存在の系図の中に一義的に組み込まれてはいない。「キリスト」は、「三重の男児」との結びつきが目立つが(§11(?)、12、15、29)、同一なのかどうかははっきりせず、逆に§14の復元が正しければ、前述のように「ドクソメドーン・アイオーン」のメンバー全体と等置される(§16も?)。おそらく本書の「キリスト」は、「ドクソメドーン・アイオーン」であれ「三重の男児」であれ、その救済論的機能を象徴する表現として、本書の成立史のいずれかの段階で二次的に取り込まれたのではないかと思われる。「イエス」の場合も同様であり、神話本体においては、これはセツの地上での出現形態を指すに過ぎない(§49、50)。「賛美二」(§53、Ⅳ**79**26のみ)と「写字生による後記」(§56)にもイエスへの言及があるが、後者は完全に二次的であり、前者も、写本の欠損のため文脈がよくわからないが、二次的なものと見做して差し支えないであろう(さらに、先に触れたように、「賛美」部分は神話本体と起源を異にすると思われる)。従って本書は、『ヨハネのアポクリュフォン』等と同じく、元来はキリスト教と無関係であったものが後から「キリスト教化」されてできた文書であると考えられる。

本文書の成立過程や著作意図についてこれ以上具体的なことは現時点では分からない。元来の言語がギリシア語であったことは、ギリシア語の固有名が多いことからみても確実と思われる。成立年代については、そのギリシア語原本の成立から現存のコプト語訳両写本までには何世代もの写本伝承が介在していることから(第二章「写本伝承」参照)、ナグ・ハマディ文書そのものの成立年代(おそらく四世紀後半)よりはかなり古いと思われる。上限は、本文書にキリスト教の要素が入っていることからキリスト教の成立よりは後である、という実質的にほとんど意味のない限定しかできない。成立場所については、「エジプト人の福音書」という呼称がエジプトを思わせるが、この題名の由来は前述のように不確かであり、また本文書に特にエジプト的な要素は認められない。創世記の「セツ」とエジプト神話の「セト」との混淆も本文書内部からは確認できない。原書がギリシア語で書かれたという点も、成立場所の決定のためには実質的にあまり意味がない。いわゆる「セツ派」の歴史的実体についての研究が進めば、これらの点についてももう少し詳しい推定が可能になると期待される。

五　底本と翻訳

底本として用いたのはベーリッヒとウィッセによる校訂版（緒論、両写本それぞれのコプト語テキストとそれぞれの英語訳および注釈）である。

A. Böhlig/F. Wisse, *Nag Hammadi Codices III, 2 and IV, 2, The Gospel of the Egyptians* (*NHS IV*), Leiden 1975.

両写本の比較対照を容易にするため（第二章「写本伝承」参照）、訳文は対観形式に配した。翻訳および破損個所の復元に際しては、底本の他、主に次の文献を参考にした。

H.-M. Schenke, *Das Ägypter-Evangelium aus Nag-Hammadi-Codex III*, *NTS 16* (1969/70), S. 196–208.

A. Böhlig, *Das Ägypterevangelium von Nag-Hammadi* (Göttinger Orientforschungen VI, 1), Wiesbaden 1974.

B. Layton, The Holy Book of the Great Invisible Spirit or The Egyptian Gospel, in: B. Layton, *The Gnostic Scriptures, A New Translation with Annotations and Introductions*, pp. 101–120.

A. Böhlig/F. Wisse, The Gospel of the Egyptians (III, 2 and IV, 2), in: J. M. Robinson, ed., *The Nag Hammadi Library*, 1988 Leiden etc., pp. 208–219.

H.-M. Schenke, The Phenomenon and Significance of Gnostic Sethianism, in: *The Rediscovery of Gnosticism*, ed. B. Layton, II, Sethian Gnosticism, Leiden 1981, pp. 588–616.

H.-M. Schenke, Das sethianische System nach Nag-Hammadi-Handschriften, in: *Studia Coptica*, Hrsg. P. Nagel, Berlin 1974, S. 165–173.

J.-M. Sevrin, Le dossier baptismal séthien (*BCNH Section Études 2*), Québec 1986.

複数の解釈ないし復元の可能性がある場合には、特に重要かつ蓋然性があると訳者が判断したものに限って、傍注で触れてある。なお、本訳で行なったパラグラフ分けは、基本的には底本の段落分けに従っているが（但し底本は通し番号を付けていない）、訳者による便宜上のものである。各見出しも文責は訳者にある。本解説や脚注における箇所に指示に際しては原則としてパラグラフ番号だけを用いることにし、特に精確な情報が必要な場合に限って写本の頁数と行数を指示する。この数字は（行数は原則として5行単位で）訳文に埋め込んである。但し、コプト語と日本語の構文の相違のため、特に行数は大まかな目安を示すだけであり、個々の単語やフレーズの位置については、時として五行以上のずれが生じてしまっていることさえある。特に、本文書についての一般の研究文献を参照する際にはこの点に留意が必要である。なお、各パラグラフの冒頭に付記してあるそれぞれの範囲の表示と訳文内に埋め込まれている頁数・行数とが見かけ上一致しない場合があるが、これも、前者は原写本に従った厳密な数字、後者は大まかな目安にすぎないという相違によるものである。

解説　真理の福音

荒井　献

一　写　本

『真理の福音』はナグ・ハマディ文書第I写本に『使徒パウロの祈り』『ヤコブのアポクリュフォン』に続いて第三文書として数えられているものである。なお、この文書の後には『復活に関する教え』と『三部の教え』が続く。

『真理の福音』で使用されているコプト語は、第I写本所収の他の諸文書と同様、準アクミーム方言である。もっとも、『使徒パウロの手紙』は、『三部の教え』の一部と共通して、準アクミーム方言としては不規則な用法が目立つ。この文書を含めて第I写本は、全体として保存状態が比較的に良好であり、欠損箇所は余り多くない。本文書の場合、欠損箇所はかなり容易に復元可能であるが、それが不可能な箇所も若干存在する。

『真理の福音』も、ナグ・ハマディ文書の大半と同様に、原本はギリシア語であったと想定される。原本シリア語説や原本コプト語説などの仮説が提起されてはいるが、いずれも定説にはなっていない。

ナグ・ハマディ文書には、第I写本所収のこの文書の本文のほかに、第XII写本の二番目にもう一つの異本が収められている。但し、この第XII写本そのものの保存状態が極めて悪く、パピルスの上下が欠けていたり、ほとんど断片状態のものが多く、パピルスの順序を指示する字母(現代的に表現すれば、頁数)さえ確認できない程である。『真理の福音』の場合は、第Ⅰ写本第三文書の本文と部分的に並行する文章を含む六葉のパピルス断片が見いだされる。両本文の並行関係は、左記の通りである。

第Ⅻ写本	第Ⅰ写本
断片A(Ⅻ 2/**53** 19–29)	Ⅰ 3/**30** 27–**31** 1
B(Ⅻ 2/**54** 19–28)	Ⅰ 3/**31** 26–**32** 2
C(Ⅻ 2/**57** 1–29)	Ⅰ 3/**34** 5–35
D(Ⅻ 2/**58** 1–29)	Ⅰ 3/**35** 5–35
E(Ⅻ 2/**59** 18–30)	Ⅰ 3/**36** 14–26
F(Ⅻ 2/**60** 17–30)	Ⅰ 3/**37** 7–21

前述のように、第Ⅻ写本の『真理の福音』断片には欠損箇所が非常に多く、これらの箇所の大部分は第Ⅰ写本の本文によってはじめて復元可能となっている。その逆の例——第Ⅰ写本の本文の欠損箇所が第Ⅻ写本の断片によって復元可能の場合——はほとんどないが、一箇所だけそれに近い例はある(§32(**37** 7)の注(2)参照)。

第Ⅻ写本所収の『真理の福音』断片は、コプト語のサヒド方言で記されている。第Ⅰ写本の本文の場合は準アクミーム方言であったので、両本文の書き手は明らかに別人である。両コプト語本文が同一のギリシア語本文に遡るのか、あるいはそれぞれが相異なるギリシア語本文に遡るのか、第Ⅻ写本の本文が断片の上に欠損が多いため、どちらに蓋然性があるのかを決める手掛りに乏しい。いずれにしても、『真理の福音』と言えば一般的には第Ⅰ写本所収本文のことであり、第Ⅻ写本に収められている断片は、右本文の読みを決定するために補助的に用いられるにすぎない。

二　表題と文学的ジャンル

ナグ・ハマディ文書第I写本所収の第三文書は一般的に「真理の福音」の表題をもって知られており、私も本巻でこの通称を採っている。しかし、実際には本文書の冒頭にも末尾にも――ナグ・ハマディ文書には多くの場合、文書の末尾に表題が記されている――表題が記されていない。この点、第I写本はナグ・ハマディ文書全体の中で例外的であり、当写本の第二文書にも第四文書にも表題がない。『ヤコブのアポクリュフォン』や『三部の教え』は、いずれも文書の内容から採られた通称である。

但し、本文書が右の二文書と異なる点は、文書の「書き出し」(これは「始まる」を意味するラテン語の動詞、三人称・単数を専門用語に用いて"incipit"と呼ばれる)が『真理の福音』(peeuaggelion intmēe)となっていることである。そして実際に、古代オリエントあるいはギリシア・ローマの諸文書の中にこの"incipit"が表題の機能を果たしている例が存在する。例えば、一般的に『マルコによる福音書』と呼ばれている、正典四福音書中の第二福音書の場合、最古の写本に表題はなく、その「書き出し」の言葉「〔神の子〕『イエス・キリストの福音』の源」(archē tou euaggeliou Jesou Christou〔kyiou theou〕)が元来表題の役割を果たしていた。『ヨハネの黙示録』の場合も同様で、本文の書き出しの言葉「イエス・キリストの黙示」が元来表題を兼ねていた可能性が高い。もし、このような例に本文書も入るとすれば、これに「真理の福音」という表現を付しても問題はないということになる。しかも、この「書き出し」＝「表題」は――後述の――本文書の内容を一語で表現するために、最もふさわしい用語なのである。

ここから、本文書の最初の校訂本(後述の文献⑥)が公刊された時点(一九五六年)以来、本文書は、リヨンの司教エイレナイオスがその『異端反駁』(一八〇―一八五年頃)の中で批判的に言及している『真理の福音書』(Veritatis Evangelium)と同一の文書であるという仮説(とくに右校訂本の編集者の一人G・クィスペル)が広がり、最近でもこの仮説を支持する(例えば、後述の文献⑤のB・レイトン)、あるいは少なくともこれに批判的ではない(私が翻訳の底本とした校訂本の編集者――後述の文献①のH・W・アトリッジとG・W・マックレー)研究者たちがいる。

エイレナイオス『異端反駁』(III, 11, 9)によれば、ヴァレンティノス派の人々が「実際に存在している福音書よりも多くの福音書を所有してい」て、現在(一八〇―一八五年頃)よりも「あまり古くない時代に彼らによって著わされた福音書に、使徒たちの諸福音書(マタイ、マルコ、ルカ、ヨハネの四福音書)と内容的一致が全くないにもかかわらず『真理の福音書』という表題を付している」。この『真理の福音書』がナグ・ハマディ文書第I写本の第三文書と同定される、というのである。

確かに『真理の福音』の内容には、のちほど詳述するように、ヴァレンティノス派の救済神話(本シリーズ第一巻『救済神話』に収められている「プトレマイオスの教説」参照)と触れ合う部分が見いだされる。しかし、この文書にヴァレンティノス派に近い神話論が前提されているとしても、例えばプトレマイオス派の神話のように、その筋が多岐に分化された神話は見いだされない。ここから、この文書はプトレマイオス派の神話のようにその筋が細分化される以前の段階で、ヴァレンティノス自身によって著わされたとする仮説まで提出された。

私は、一九六二年にエルランゲン大学に提出した学位論文 *Die Christologie des Evangelium Veritatis. Eine religionsgeschichtliche Untersuchung.*(一九六四年にオランダのブリル社から出版――この論文の要約日本語版「『真理の福音』におけるキリスト論」は荒井献『原始キリスト教とグノーシス主義』岩波書店、一九七一年、第九刷＝一九九七年所収）において、この文書とヴァレンティノス派の関係は否定し得ないとしても、これをエイレナイオスのいわゆる『真理の福音書』と同定するためには、エイレナイオス自身がその内容について、「使徒たちの諸福音書と内容的一致が全くない」と言う以外には何も言及していないだけに、資料的基盤があまりにも狭い、ましていわんやこれをヴァレンティノス自身の作品とする根拠は憶測以外の何ものでもない、と主張した。その後この主張は多くの研究者たちによって支持され、最近のマルクシースの研究（C. Markschies, *Valentinus Gnosticus?* Tübingen, Mohr 1992）によって決定的に裏付けられたと思う。

いずれにしても、ナグ・ハマディ文書第Ⅱ写本第三文書の文学的ジャンルは、イエスの言葉と業《わざ》をその生涯の枠組の中に編んだ狭義の「福音書」ではなく、「真理の福音」をテーマとして講述された「説教」（あるいは「講話」）なのである。このことは、この文書が部分的に「あなたたち」という二人称複数形を用いて直接読者に呼びかける文体になっている事実からみても明らかである。そして、この点においては研究者たちの間で意見が一致している。

もちろん、とくにナグ・ハマディ文書の発見によって「福音書」という文学的ジャンルが――右に述べたような――狭義においてだけではなく、比較的広義に用いられていたことが判明している。『トマスによる福音書』や『フィリポによる福音書』のような「語録福音書」もあるし、『エジプト人の福音書』や『マリヤによる福音書』のような、啓示された秘教を内容とする文書にも「福音書」の表題が付されている。しかし『真理の福音』の場合、そもそも――すでに確認したように――表題は一切付されていないし、incipit が表題の役割を担っていたとしても、ここで用いられている「福音」は、あくまで「善き音信《おとずれ》」の意味であって、少なくとも「福音書」という文学的ジャンルを指示するものではない。もちろん、ギリシア語（コプト語ではギリシア語からの借用語）でも、ラテン語でも、（そして英・独・仏などの近代語でも）、原語（ギリシア語では euaggelion、ラテン語では evangelium）

では「福音」と「福音書」の区別がないので、前者をも――少なくとも形式的には――後者のカテゴリーに入れることはできよう(本シリーズでもこの文書は「福音書」の巻に分類する)。しかし、「福音」と「福音書」は少なくとも日本語では区別さるべきであり、本文書の incipit は「真理の福音」なのであって、「真理の福音書」ではないのである。

三　内　容

以下、『真理の福音』の内容解説については、本文の冒頭に付した「内容構成」を参照しながら読んでいただきたい(この部分はアトリッジ／マックレーに従っている――後述文献①)。

この書は、「序言」(§1)の後、三部に分かれており、各部は、全体の論述と異なった文体と内容を有する二つのパラグラフ(§16「『言葉』賛歌」と§27「子らへの勧め」)によって区分されている。これら三部は、それぞれ異なったテーマを持っている。

第I部はプラネー(迷い)の生成描写で始まり(§2―5)、これは至高神としての父に由来するが、父にはその責任がなく、それによって父の価値が低下することはない。継いで啓示者・教師としてのイエスとその働きが論述の対象となる(§6―9)。彼はプラネーによって木に釘づけにされるが、それは「父の知識の果実」となり、それを食べる者に命を与えるためであった。第I部最後のパラグラフ(§10―16)では、「活ける書」をその死をもって開き、「父の指令」を十字架上に掲げることにより、多くの人々に命を与えたイエスの業《わざ》について語られる。この業は、人間の本来的自己が父の内にあったことの啓示であり、それによって人間に自己と父との本質的同一性の認識を促すことにある。

第Ⅱ部（§17―29）は、このような啓示の効果を論述する。それはまず、父との結合をもたらす（§17―19）。次にそれは真正な「存在」に至らせる（§20―22）。そして最後に、啓示は父への最終的帰還をもたらす（§23―27）。そして、その「道」となるイエスは「肉体のかたちをもって出て来た」（§24）と言われる。

第Ⅲ部は、父への再統合に至るプロセスについて語られる。それはまず、父の甘美な魅惑をもって始まり、これは魅惑する香りのイメージで描写される（§28―31）。帰還の導き手は「父の名」としての「子」であり、この「名」は血縁的父子関係を超えた「真《まこと》の名」「本来の名」である（§32―35）。最後のパラグラフ（§36―39）は、帰還に至るプロセスのゴールについて、すなわち父の内なる「安息の場所」について語られる。自己の定められた行き先が、元来そこから出て来た存在の根源にあることを認識する者は、父の愛する「子ら」なのであり、これこそが「真理の福音」なのである。

四　思想とその系譜

『真理の福音』の思想が典型的にグノーシス主義であることは、右の「内容」からすでに推測されるであろう。私は、以下の一文にその思想が凝縮されているとみる（傍点を付した文章は、グノーシス主義の古典的定式）。

「もし、人に認識《グノーシス》があるなら、その人は上からの者である。もし彼が呼ばれるなら、彼は聞き、答え、彼を呼んでいる者へと向きを変え、彼のもとに昇って行く。そして、彼はどのようにして自分が呼ばれたかを知る。認識《グノーシス》を得て、彼は自分を呼んだ者の意志を行ない、彼の意に添うことを欲し、安息を受ける。一人一人の名がその人に帰される。このようにして認識するであろう者は、自分がどこから来て、どこへ行くかを知る。彼はおのれに帰って、酔いから醒めた者のように、（自己を）知るのである。彼は酔いしれていて、自分のものを整えたのである」（§13）。

さて、この文書のグノーシス思想が広い意味のヴァレンティノス派に近いことは、すでに定説になっているとみてよいであろう。このことは、比較的最近になって本文の校訂本が公刊され、ヴァレンティノス派に帰されている『三部の教え』がこの文書の思想と親近関係にあり、しかも前者が後者に後続して同じ第I写本に収められているという事実によって強化されるであろう。

但し、ヴァレンティノス派と言っても、この派にはマルコス、テオドトス、ヘラクレオン、プトレマイオス等によって唱導される多数の分派が存在していて、この文書の思想がその中のどの分派に最も近いかを特定することは困難である。確かに、宇宙論や人間論の大筋で、あるいはそれらを構成する個々の観念において、この文書の思想がヴァレンティノス派と接触点を有する(この点は本文傍注にその都度指摘している)。しかし、ヴァレンティノス派の神話論が総じて複雑多岐にわたっているのに対して(例えば、本シリーズ第一巻『救済神話』所収の「プトレマイオスの教説」参照)、この文書に前提されている神話論は抽象度が高く、しかも神話論的観念(例えば「父」に由来する「万物」「アイオーン」「場所」「流出」など)が同時に人間論的側面を有しており、宇宙論と人間論が分かち難く結び付いているからである。

この点に関連して興味深いのは、小林稔が「プトレマイオスの教説」の「解説」(第一巻『救済神話』三三九―三四〇頁参照)の中で、プトレマイオス派の極めて複雑な救済神話(プレーローマ界→中間界→世界、霊的人間→心魂的人間→泥的人間)に貫徹されている一つの「基本構造」を抽出しており、それが『真理の福音』の教説そのものに極めて近いということである。

その基本構造あるいは過程とは、(1)まず知られざる無限の原理があって、(2)各領域の霊的存在者にこの第一の原理を求める傾向があるが、⑶彼らはこれを把握できない。⑷その結果として不安定な状態（パトス）が生じる。⑸この状態から救い出すための救済者が現れてグノーシスを啓示し、⑹不安定な状態から生じた悪い下級の要素から浄化する。⑺その結果、彼らは安息の喜びの状態を獲得するというのである。図示すれば次のようになろう。

プトレマイオスの教説は以上が軸になって神話論が展開し、その前提として神的存在者と宇宙および人間の発生についての記事が挿まれているというわけである。

以上は他の神話論でもほぼ共通していることかもしれない。この神話論の特徴をあえて挙げれば、二元論が緩和され、デーミウールゴスやキリスト者に一定の役割と評価が与えられていることであろうか。

右の「基本構造」の構成要素のうち、⑵は『真理の福音』の中で明言されていない。しかし、その他六つの要素はすべて『真理の福音』に揃っている。その中でも、注目すべきは、⑷であろう。「霊的存在者」の「不安定な状態（パトス）」が人格化された存在が、プトレマイオス派では「ソフィア」（とくに「アカモート」）であり、それに対応するものが『真理の福音』では「プラネー」（迷い）である。小林稔は右に引用した文章の最後の箇所で、「以上は他の神話論でもほぼ共通していることなのかもしれない」と記しているが、人間の悪の起源を心理的不安定状態（パトス）に帰因させ、それを人格化して神話論的ドラマの中で重要な役割を演じさせるのが、他のグノーシス派にはあまり例のない、ヴァレンティノス派の特徴であろう。

それはともかくとして、『真理の福音』の教説に前提されている神話論が、プトレマイオス派の救済神話そのものではなく、それを抽象化（あるいは理念化）した基本構造に対応するということは、この両者の関係について何を示唆しているのであろうか。先に言及したように若干の研究者たちは、神話は単純な原型から複雑な大系へと時間の経過と共に変化するという前提に立って、『真理の福音』をヴァンティノス派以前に置き、これをヴァレンティノス自身に帰した。しかし、ヴァレンティノス自身の思想がグノーシス主義に順接しないことがかなりの説得力をもって論証されている（前掲 Markschies, *Valentinus Gnostcus?*）現在、この仮説は支持され得ないであろう。私は逆に、『真理の福音』の著者がヴァレンティノス派の神話論を前提した上で、それを抽象化・単純化して、その本質的「真理」をグノーシス派の「愚かな論争や系譜論」（テト三9）に批判的な局外者——正統的教会のメンバーか——にも分かるように講話を試みたものとみる。ある思想大系の要綱を初心者のために事後的に作製することは、古代でも多くの例がある上に、グノーシス派の中でも、他ならぬ救済神話の大系を構築したプトレマイオスは、彼が正統的教会の一メンバーと目されるフローラという女性に宛てて書いた手紙（『フローラへの手紙』——エピファニオス『薬籠』XXX, 3, 1-7, 10）では、極力複雑多岐にわたる神論の叙述を押さえ、テーマを律法（旧約聖書）の「義なる神」と福音の「善なる神」の関係にしぼって自派の正当性を弁証している。

このことは、『真理の福音』のキリスト論が、グノーシス諸派、とりわけヴァレンティノス派の場合と較べて、新約聖書を含む正統的教会出自の諸文書に特徴的なキリスト論に比較的に近いことによっても裏付けられるであろう。——父の愛が言葉の中で「からだ（sōma）となった」と言われているだけではなく（§16）、「「子」（イエス）は「肉体」（sarx）のかたちをもって出て来た」と言われる（§24）。しかも、このイエスは「プラネー」（迷い）によって、

「木に釘づけにされ」(§7、11)、「苦難を受ける」(§10)が、それは、イエスの「死が多くの人々のための命」となるため(§10)、あるいは、「父の知識の果実」になってそれを食する人々の命の糧となるため(§7)、あるいは、「父の指令を十字架上に掲げる」ためである(§11)。このような十字架理解には、グノーシス派におけるキリスト論の特徴と言われる「キリスト仮現説」は認められない。イエスの死は、それによって自らが真の命となり、人々に命を与えるための不可欠な条件なのである。もちろん、『真理の福音』の思想全体には霊魂と物質の二元論が前提されており、救済は――「父の子」イエス・キリストを介して――物質的なるものを捨て、霊魂の根底なる「父」に帰一することにある限りにおいて、そのキリスト論には「仮現」への傾向が潜在していることは否定できない。しかし、イエスの「からだ」「肉体」「十字架」死への発言そのものから判断すれば、本書のイエス理解が「非仮現的」であることは(Y. Shibata, Non-Docetic Character of Evangelium Veritatis, in: *Annual of the Japanese Biblical Institute*, Vol. 1, pp. 127-134)、本書のキリスト論の特徴と言えるであろう(以上詳しくは、前掲 Arai, *Christologie des EV*, 荒井『『真理の福音』におけるキリスト論』前掲『原始キリスト教とグノーシス主義』所収参照)。

五　伝承資料

本文に添えた傍注でその都度指摘した通り、『真理の福音』の著者は、旧約では創世記冒頭の創造物語(一―三章)を、新約ではその大半の諸文書(マルコ、マタイ、ルカ、とりわけヨハネ福音書とⅠヨハネ書、ロマ書、Ⅰ・Ⅱコリント書等のパウロの手紙、エフェソ書、コロサイ書、ヘブル書、黙示録等)を資料として用いている。もっとも、これらを文書資料として用いたか、すでに当時広くキリスト教会の共有財となっていた伝承を利用したのか、いずれかに決定することは不可能である。

ただ一つ、前述の『真理の福音』のキリスト論に関連して言えることは、この文書の著者が、原始キリスト教における「信仰告白伝承」(あるいは「キリスト伝承」)の内——筆者の分類では——第二型(「イエスの死・復活=高挙」)を自らのキリスト論形成のための伝承資料として用いている、ということである。この型がまとまった定式で見いだされるのはフィリピ書二6-11である。しかし、この箇所ほど統一的ではないが、大筋において次のような箇所に伝承として確認できる。キリストの先在(ヨハ一2-3、コロ一15-17)、神の子の派遣と受肉(ヨハ一14、ロマ八3)、死に至る従順(ロマ五19、ヘブ五8他)、受肉と高挙(Iテモ三16)、高挙と万物の支配(エフェ一20-21、コロ二10、15、ヘブ二14-15、ヨハ一16、33、一七5、10)。これらの箇所に認められるキリスト論伝承の特徴は、イエスが「肉体をもって」この世に来臨したこと、その十字架死は復活=高挙を含んで——人間の罪を贖うためではなく——人間に命を与えるためと意味付けられていることである。そして、このようなキリスト伝承の型は、私見によれば、ユダヤ教の非主流派、いわゆるヘレニズム・ユダヤ教によって重要視された「知恵文学」(その中でも箴言、知恵の書、シラ書)における「知恵」伝承に遡る。(以上、「信仰告白伝承」、あるいは「キリスト論伝承」の第二型について詳しくは、荒井献『イエス・キリスト』講談社、一九七九年、三四—四〇頁参照)。

この点に関連して興味深いのは、『真理の福音』に特徴的な「名前キリスト論」、とくに「真の名」=「本来の名」の観念(§35)も、右の伝承の第二型を基盤として展開されており、伝承史的にはヨハネ福音書のロゴス賛歌(一1-14)を介してヘレニズム・ユダヤ教に遡ることである。同様に、神あるいはイエスの「甘美」という独特な表象も(§16、25、28、36、38)、「塗油」(chrisma)キリスト論(christology)を介して、七十人訳聖書(ギリシア語訳旧約聖書)を前提とするヘレニズム・ユダヤ教に遡る可能性が高い。

六　成立年代・場所

先に言及したエイレナイオスの証言を典拠に、『真理の福音』はヴァンティノス自身によって著わされたという仮説に従えば、この文書の成立は二世紀の前半にまで遡ることになろう。しかし、筆者はこれを採らず、むしろこの文書はヴァレンティノス派の神話論を前提していると想定するので、成立年代は二世紀後半以後、この文書の写本が作製された四世紀前半以前となろう。本文書には二種類の写本があり（Ⅰ／3、XII／2）、それぞれコプト語方言を異にする別人によって筆写されている。そのいずれもがギリシア語写本に遡るとすれば、ギリシア語写本そのものの成立は三世紀を下らないとみてよいのではないか。

成立地については、コプト語、ギリシア語、ヘレニズム・ユダヤ教との関連、とりわけルカ福音書三46-49におけるイエス伝承のパレスティナ・ユダヤ教的枠組が『真理の福音』§9において「エジプト」化されている事実から判断して、エジプト（おそらくアレクサンドリア）とみて間違いないと思われる。

七　翻訳底本

翻訳に当って次の校訂本①、⑥、⑦と翻訳②、③、④、⑤、⑧、⑨を参照している。

① Attridge, Herold W. and MacRae, Gorge W., S. J., The Gospel of Truth (I, 3: 16. 31-43. 24), in: *Nag Hammadi Codex I* (*The Jung Codex*). *Introduction, Texts, Translation, Index*, ed. by Attridge, Herold W. (*NHS 12*; Leiden: Brill 1985, pp. 55-122)（傍注においてアトリッジ／マックリーと略記）

② Grobel, Kendrick, *The Gospel of Truth: A Valentinian Meditation on the Gospel: Translation from the Coptic and Commentary* (New York, Nashville: Abingdon 1960).（グローベル）

③ Haard, Robert, *Die Gnosis. Wesen und Zeugnisse*, Salzburg: Otto Miitter 1967, S. 189-202.（ハールト）

④ Das Evangelium der Wahrheit, übersetzt von Krause, Martin, in: *Die Gnosis II: Koptische und Mandäische Quellen*, herausgegchen von Foerster, Werner, Zürich/Stuttgart: Artemis 1971, S. 67-84.（クラウゼ）

⑤ Layton Bentley, *The Gnostic Scriptures. A New Translation with Annotations and Introductions*, London 1987, pp. 253-267.（レイトン）

⑥ Malinine, Michel, et al., *Evangelium Veritatis: Codex Jung f. VIII*^{v}*-XVI*^{v} *(p. 16-32)* /*f. XIX*^{r}*-XXII*^{r} *(p. 37-43)*. (Studien aus dem C. G. Jung Institut 6; Zürich: Rascher 1956)（マリニヌ）

⑦ Ménard Jacques-É, *L'Évangile de Vérité: Traduction française, introduction et commentaire*. (*NHS 2*; Leiden: Brill 1972)（メナール）

⑧ Schenke, Hans-Martin, *Die Herkunft des sogennanten Evangelium Veritatis*, (Berlin: Evangelischer Verlag 1958; Göttingen: Vandenhoeck und Ruprecht 1959.（シェンケ）

⑨ Till, Walter C, "Das Evangelium der Wahrheit: Neue Übersetzung des vollständigen Textes," *ZNW 50* (1959), S. 165-85.（ティル）

翻訳の底本には原則として①のアトリッジとマックレーによる校訂本を用いたが、必要に応じて随時⑥と⑦をも参照している。傍注の中で本文の読みや翻訳に関連して参考文献を明示する際には、右の文献の末尾に（　）中に入れて表示した略称を用いた。なお、傍注の中の Arai は本解説第二章（三七〇頁）に挙げた筆者のドイツ語論文の略称である。

解説　三部の教え

大貫　隆

一　写　本

『三部の教え』はナグ・ハマディ文書第Ⅰ写本に含まれる五つの内の最後の文書である。まず、この第Ⅰ写本の全体について一言すると、この写本は発見の直後に、ほぼ前半三分の一と後半三分の二の割合で二分割されてしまい、そのままカイロの古物市場へ持ち込まれた。以後、二つの部分は一九七五年にユネスコによって買い戻されて、カイロ市内のコプト博物館に収蔵されるに至るまで、それぞれ国際古物商市場の中で、数奇な運命をたどることとなった。二分割された内の後半三分の二の方(五一葉と一〇六の小断片)は一九五二年にスイス、チューリッヒのユング研究所によって取得されたため、「ユング写本」とも呼ばれることがある。

写本の最後尾では、本来さらに二葉四頁分のパピルスが在ったはずのものが、喪失していることが確認されている。しかし、われわれの『三部の教え』の最後尾には、われわれの翻訳本文の最後尾にも再現した通り、138頁第27行に直続して、一つの文書の終りを示すためのアステリスクに似た記号からなる一行があったことが、僅かな痕跡からではあるが、確認できる。従って、失われた二葉のパピルスには『三部の教え』の記事はなかったものと考えて差し支えない(§78注(4)参照)。

この第I写本は各頁の上端余白に頁数を明記しており、それに従って言えば、『三部の教え』は51頁の第1行から138頁第27行に筆写されている。しかし、いささか不規則なことではあるが、その上端余白に明記された頁数は、この写本の第二文書『ヤコブのアポクリュフォン』から始まっており、それに先行する第一文書『使徒パウロの祈り』の二頁分を除外している。この二頁分を加えれば、『三部の教え』は第I写本の53頁から140頁を占めるということになる。分量的にはナグ・ハマディ文書全体の中でも最大のものである。にもかかわらず、幸いなことに、写本の保存状態は非常に良好で、最後の135―138頁で本文の欠損が著しいことを別とすれば、いくつかの頁(文字面)の第1行に僅かな文字数分の欠損があるか(51―56頁)、文字面の比較的上部の5―6行の右側(奇数頁)、あるいは左側(偶数頁)の半分がやはり欠損しているか(57―68頁)、あるいは文字面のほぼ中央を縦に幅約一―二文字分の亀裂が走り、そのための欠損が生じている(69―72、78―84頁)に過ぎない。

文書の最後にも、冒頭にも文書名の標記はない。『三部の教え』という表題は、一九七三年に刊行された最初の校訂印刷本文(後出第六章の①参照)以来、あくまで研究者によって便宜的に用いられる名称である。しかし、後述するように(第二章参照)、写本それ自身が三つの部分を明瞭な記号によって区別しているから、きわめて適切な呼称であると言えよう。

使用されている言語は、他の多くのナグ・ハマディ文書の場合と同じように、基本的には準アクミーム方言であり、若干ではあるが、サヒド方言の特徴が混じっている。コプト語の字体は行の前半で大きく、後半で小さな窮屈な文字になることが多く、スペース配分の点でばらつきが大きい。単語レベルでの綴りの間違い(§10注(3)、§62注(2)参照)の他、脱字や脱文(§15注(1)参照)、余分な文字の書き込みが目立っている。文法的な側面でも、動詞または所有代名詞の人称語尾の性と数の不正確な転記(§14注(4)、§30注(2)、(4)、§33注(10)、(11)、(12)、§35

注(2)、§36注(8)、§37注(2)、§48注(8)、§53注(1)、§70注(4)参照)、時称接頭辞の間違い(§11注(8)、§24注(2)、§42注(4)、§48注(1)参照)が頻出し、読解と翻訳を著しく困難にしている。全体として、粗雑な筆写であり、写字生が筆写対象にどこまで共感を覚えているのか疑問と言わざるを得ない。

書体学上の見地から明らかにされているところでは、『三部の教え』の写字生は同じ第Ⅰ写本に収められている第一文書『使徒パウロの祈り』、第二文書『ヤコブのアポクリュフォン』、第三文書『真理の福音』の写字生と同じ人物である。『三部の教え』もこれら三つの文書と同じように、まず間違いなくギリシア語原本からの翻訳であるが、目下問題になっている写字生が独りで合計四つの相異なる文書の最初の翻訳者であるとは考えにくい。むしろ、彼以前にすでに四つの文書のそれぞれ独立のコプト語訳が造られていて、それらが筆写に先立って彼の手元に揃っていたのだと考えるべきであろう。

他方、同じ第Ⅰ写本の第四文書『復活に関する教え』は、別の写字生の手に成るものであるが、やはり書体学に見ると、第Ⅺ写本の第一文書『知識の解明』と同じ写字生であること、またその第Ⅺ写本の第二文書『ヴァレンティノス派の解説』の写字生はまた別の人物であるが、第Ⅶ写本全体の写字生と同一人物であることが確かめられている。すなわち、『三部の教え』を含む第Ⅰ写本は、第Ⅺ写本および第Ⅶ写本とほぼ同じ時期に筆写されたものであることになる。しかも、この内の第Ⅶ写本の装丁のために用いられた厚紙にはたまたま別の必要から年月日の記載が行なわれており、その中で最も新しい(若い)日付は、後三四八年八月に相当する。ここから、『三部の教え』を含む第Ⅰ写本も、その前後、いずれにせよ後四世紀の第二・四半世紀に作成されたものと考える説が有力である。

すでに述べたような理由から、『三部の教え』をギリシア語原本からコプト語に移した最初の翻訳者は、われわれの第Ⅰ写本の写字生とは区別されるべきであるが、この翻訳者による翻訳も、残念ながら、かなり稚拙なものであったと考えなければならない。というのは、彼自身が正直にも、文書の末尾で、「私はこれらの言葉を絶え間なく使［って］いるものの、その意味［を］まだ分かっていないのである」と告白しているからである（この告白が写字生ではなく、最初の翻訳者に帰されるべき理由については、§78注(10)参照)。最初の翻訳者がギリシア語原本の単語の意味や構文をほとんど理解しないまま、筆を進めているのではないかという印象は、本書のための邦訳を進めながら——邦訳者自身の能力の限界を忘れるわけではないが——、随所で拭うことができなかった。例えば§23が、読んでもほとんど意味をなさないのは、そのような理由によることを読者に理解していただければ幸いである。

二　内　容

研究者によっていみじくも『三部の教え』と命名された通り、この文書は明瞭な三部構成を取っている。第Ⅰ部（**51** 1—**104** 3）は超越的なプレーローマの世界の生成の次第を、第Ⅱ部（**104** 4—**108** 12）は人間の創造の次第を、第Ⅲ部（**108** 13—**138** 27）は地上に存在する三種類の人間種族の終末論的運命を、それぞれ論述の対象としている。特に第Ⅱ部は他に比べて非常に短いというように、スペース上のアンバランスはあるものの、これら三つの部分が最上位の区分であることは、写字生自身が第Ⅰ部と第Ⅱ部の間、第Ⅱ部と第Ⅲ部の間に、わざわざ非常に明瞭な記号を書き込むことによって、明らかにしている。

しかし、いずれの部分も内容の読解は容易ではない。この難解さは、すでに述べた事情、すなわち、写字生の筆写の粗雑さと最初の翻訳者の翻訳の稚拙さに加えて、詳しくは次章で触れるように、この文書の論述の仕方がきわめて暗示的かつ抽象的であることに因るところが大きい。読者の読解を助けるために、さらに小さな内容上のまとまりを基準にパラグラフに区分し、それぞれに小見出しを付した。しかし、それも訳者なりの解釈に基づくものであって、必ずしも絶対的なものではないことをお断りしておきたい。細部の内容構成は、そのパラグラフを通観(本文冒頭の一覧表参照)することによってある程度読み取られると思われるから、ここでは、より全体的な内容を鳥瞰しておくことにする。

著者が『三部の教え』全体をもって提示しようとするのは、超越的な世界(プレーローマ)から中間界を経て地上世界までの空間に、どのような存在がどのような上下関係で存在するかということ、一言で言えば、存在の位階制であり、また、それがどのように生成してきたかということである。それを一つの見取り図にまとめれば、次頁の図表のようになるであろう。

図表が示すように、著者の思考の最大の特徴はいわば「三層原理」とでも呼ぶべきものにある。

(1) まず、考えられる限りの宇宙あるいは世界全体が、上のプレーローマ、ロゴスのプレーローマ、経綸の三つの領域に区別される。

(2) 上のプレーローマの内部では、父、御子、アイオーンたちが上下に三層を成し、さらにそのアイオーンたちも第一、第二、第三の栄光として、やはり三つの層を構成する。ロゴスはその内の第三の栄光の中の「最後・最小のアイオーン」だと言われることから推せば、第一から第三の栄光のそれぞれがまたいくつかの層に分かれるという含みなのであろう。

(3) 「境界」の下の領域も、ロゴスのプレーローマを構成する霊的な者たちと、経綸の領域に在る心魂的な者たちと物質的な者たちが、やはり上下にこの順で三つの層を構成する。心魂的な者たちが別名「中央の者たち」(§44)と呼ばれるのは、その三つの層の中央に位置するからである。

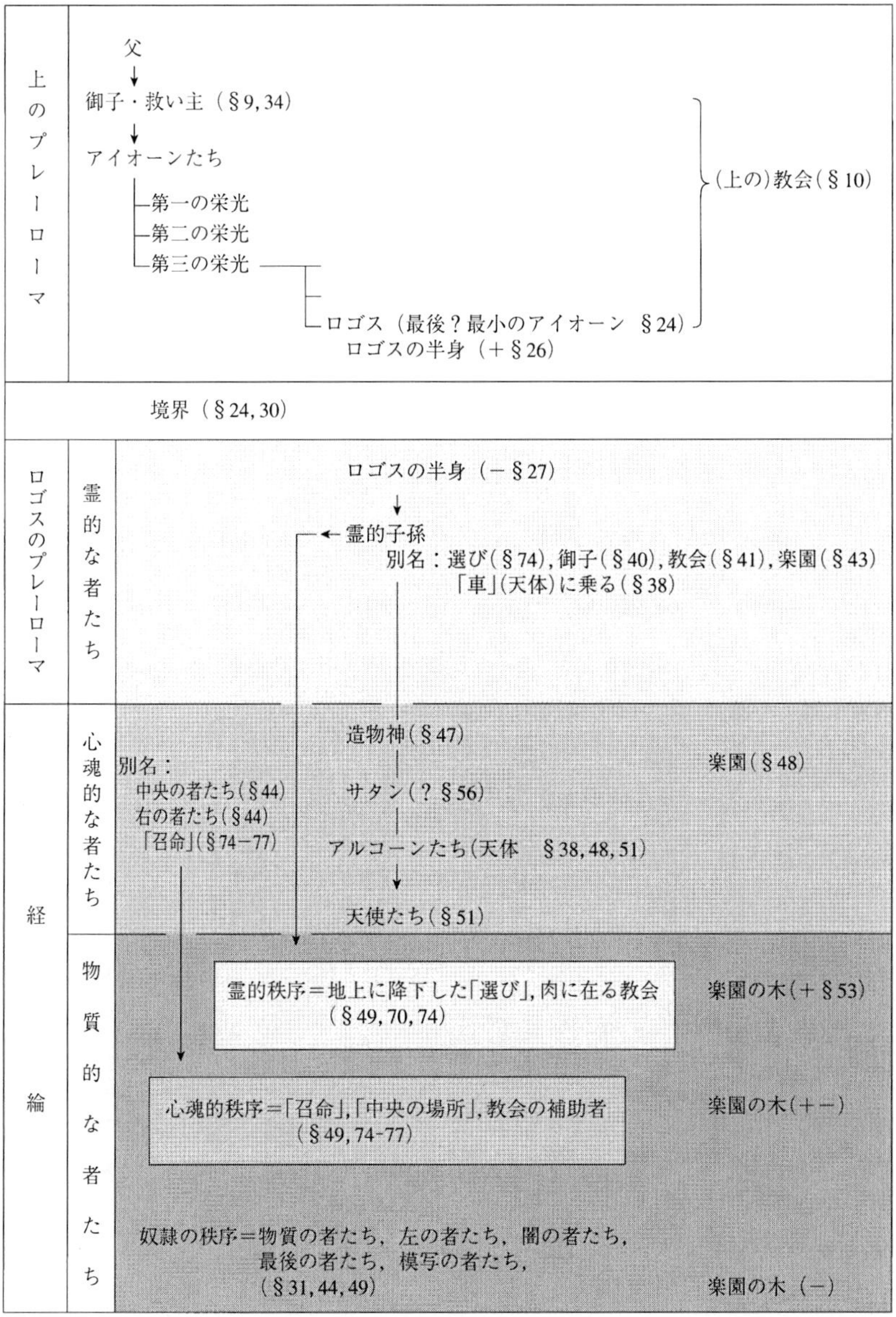
上のプレーローマ
父
御子・救い主（§9, 34）
アイオーンたち
第一の栄光
第二の栄光
第三の栄光
ロゴス（最後？最小のアイオーン　§24）
ロゴスの半身（＋§26）
（上の）教会（§10）
境界（§24, 30）
ロゴスのプレーローマ
霊的な者たち
ロゴスの半身（－§27）
霊的子孫
別名：選び（§74），御子（§40），教会（§41），楽園（§43）
「車」（天体）に乗る（§38）
経綸
心魂的な者たち
別名：
中央の者たち（§44）
右の者たち（§44）
「召命」（§74－77）
造物神（§47）
サタン（？§56）
アルコーンたち（天体　§38, 48, 51）
天使たち（§51）
楽園（§48）
物質的な者たち
霊的秩序＝地上に降下した「選び」，肉に在る教会
（§49, 70, 74）
楽園の木（＋§53）
心魂的秩序＝「召命」，「中央の場所」，教会の補助者
（§49, 74-77）
楽園の木（＋－）
奴隷の秩序＝物質の者たち，左の者たち，闇の者たち，
最後の者たち，模写の者たち，
（§31, 44, 49）
楽園の木（－）

(4) さらに、一番下の物質的な者たちの領域も、そこへ霊的な者たちと心魂的な者たちが下降(受肉)してきているために、霊的秩序、心魂的秩序、奴隷の秩序が上下に三つの層を成すことになる。

(5) このような領域的な三層区分に対応して、個々の概念や術語も同じものが異なる意味のレベルで、三回繰り返される。もっとも顕著な例を二つだけ挙げれば、「教会」は上のプレーローマの御子以下の存在から成る教会、ロゴスのプレーローマの霊的な者たちの教会、地上に現れている霊的な者たちの教会の三つの意味で用いられる。「楽園」は「境界」以下の三つの領域に三回繰り返されるのみならず、一番下の物質的な者たちの領域では、三種類の木を持つものとされている。

三つの層は、下のものが上のものの「模像」あるいは「模写」という関係にある。そのようにして著者はきわめて組織的な世界観を提示しようとしているのである。従って、ここに挙げた「教会」と「楽園」の例に限らず、全く同じ概念や術語がそれぞれの層で繰り返して用いられる例は、仔細に探せば他にも少なからず見つかるに違いない。すなわち、『三部の教え』を読解するために読者にとって最も必要なことは、その都度読んでいる箇所が、三つの内のどの層のどの概念に関係する論述であるかを、混同しないように、よく整理しながら読み進むことである。

しかも、図表に示した存在の位階制は、論述の最初から無時間的に一挙に提示されるのではなくて、それぞれの生成が時間的な前後関係において語られる。特に注意しなければならないのは、「境界」より下の三つの層の生成の順番が、存在の価値的な順位とは逆になっていることである。すなわち、まず最初に最下位の物質的な者たちがロゴスの思い上がりから生成し(§27)、続いて心魂的な者たちがそのロゴスの「悔い改め」から生成し(§30)、最後に霊的な者たちが、ロゴスのその「悔い改め」に上のプレーローマが援助の手(救い主)を差し伸べたときに、生成するのである(§37)。

その後さらに、造物神、すなわち旧約聖書の神とその部下のアルコーンたちが生成してくる。しかし、彼らが心魂的な者たちと物質的な者たちの領域を初めて造り出すのではない。彼らはすでに存在しているこの二つの領域を、人間の創造に向かって、秩序付けるに過ぎない。

三　文学ジャンルと著作目的

『三部の教え』の文体で最も特異な点は、通常は理由の接続詞として用いられる tsche（英語の because, ギリシア語の hoti に相当）が、全編にわたってほとんど絶え間なく、数行おきに現れることである。これをその都度文字通り「なぜなら」と訳していたのでは、ただでさえ論理的な繋がりをたどりにくい本文がほとんど理解に耐えない体のものとなってしまう。

研究史の比較的早い段階では、この特異な事実を基にして、『三部の教え』を抜粋集と見做す説が唱えられたことがある（H・M・シェンケ）。ギリシア語の抜粋集で hoti を常に文頭に置くものがあるというのがその理由である。この場合には、この写本より先に、より首尾一貫した基礎文書が存在していたことになるであろう。しかし、『三部の教え』それ自体の叙述は、論理的にどこまで首尾一貫しているかは別として、抜粋集と呼ぶには、少なくとも連続的に過ぎると言わなければならない。特に論述のここかしこで、「われわれがすでに言及したように」という言い方での前述指示が繰り返し行なわれ、しかもその都度該当する箇所が見つかるのである（§34注（5）、（6）、（7）、§40注（6）、§48注（4）、§68注（1）、§73注（7）、§74注（5）―（9）、（1）、§75注（2）、§78注（8）参照）。この事実一つからしても、抜粋集説は成り立たない。

問題の接続詞（tsche）については、その後、これを単なる段落の表示記号と見る説（後出第六章に掲げた文献②）と、元来の理由の接続詞の意味をほとんど失って、一種の口癖のようになったものと見做す説(同③)が提出されている。われわれの翻訳では、理由の接続詞として意味を成す場合にはそのように訳し、そうでない場合には訳出せず、せいぜいパラグラフ区分の目安として利用するにとどめている。

「われわれがすでに言及したように」という前述指示と同じ一人称複数の「われわれ」は、§70の「肉にあるわれわれの教会」にも現れる。さらに§74では同じ一人称複数形の「われわれ」の下に、そこまでの論述全体の総括が行なわれ、続く§75以下では、その総括を受けて、なお語り残された問題が改めて取り上げられる。――「さて今やわれわれは、彼らに与えられた恵みの原因と結果と起動因とを[結]び付けることが必要である」。これらの一連の文言が明瞭に示すとおり、『三部の教え』の文学ジャンルは「論文」である。第三部冒頭で「神学の多様性」を論じる部分(§55―60)が、ギリシアのさまざまな哲学説とユダヤ教内部のさまざまな立場を取り上げながら論評する姿勢からも、同じことが言えよう。

しかも、著者の論評的あるいは論争的な姿勢は、そのように比較的遠距離の相手だけに限定されず、むしろ自分のごく身近に浮上している異説にも向けられる。例えば§4の末尾では、至高神と共に働くものが初めから別に存在するというような考え方は、至高神の唯一性・単一性を損なう説として、「この種のことを口にすることは無知に他ならない」と断罪される。さらに§24では、ロゴスの過失を咎める考え方に対して、著者独自の目的論・教育論的な神義論の立場(次の第四章参照)から、「それゆえ、この(一連の)動き、とはつまり、ロゴスを論難するのは適当ではない」という反論が提出される。著者が『三部の教え』を著した目的も、おそらくこの辺りの論争と密接に関係していると考えることができる。

論文調の論述、論争的な姿勢と目的、これらいずれの点でも『三部の教え』は、ナグ・ハマディ第Ⅱ写本に第五文書として収められている『この世の起源について』(本シリーズの第一巻『救済神話』に収録)とよく似ている。しかし、『この世の起源について』が特定の論争点一つに焦点を絞って論述を進め、神話あるいは教理体系そのものを組織的に提示しようとはしていないのに対して(この点についてさらに詳しくは、前述の第一巻所収の「解説・この世の起源について」を参照)、われわれの『三部の教え』は、まさにそのような教理体系の組織的な論述を目指している。

『この世の起源について』とのいま一つ面白い相違は、直接話法の使い方に認められる。すでに『この世の起源について』においても、直接話法は分量的に大幅に後退しているが、それでも例えば、造物神が「私こそが神である。私の他には何者も存在しない」と思い上がる言葉(起源II§23)、あるいは母親のピスティス・ソフィアが息子のその高慢を諌める場面(起源II§25)は、明瞭に直接話法で語られる。つまり、いわば神話の登場人物自身の台詞、すなわち、物語的な語り口が、論文調の語り口と混在しているわけである。ところが『三部の教え』は、対応する場面(§47—48)を確実に含んでいながら、直接話法ではなく、一貫して地の文でこう語る。「彼(造物神)が語ったこと、それを彼は実行する。それらが偉大で善で、驚くべきものであることを見たとき、彼は満足し、そして喜んだ。まるで彼が自分一人の考えでそう語り、そう実行する者であったかのように。というのも、彼は知らなかったのである。彼による動きは、(実は)彼をその望むところへと定められた仕方で導く霊によるものであることを」。

『三部の教え』は今例に引いた箇所に限らず、全編にわたって、直接話法での台詞を排している。神話であれば舞台に登場するそれぞれの役柄の台詞になるべきところが、いわば舞台の袖にいる著者の解説文として提供されるのである。しかも、この解説者は、舞台の上で実際に出し物として演じられる神話では、どの場面で誰が何をどうしゃべるかを、読者はすでに知っているという前提で、解説している節がある。彼の論述が終始抽象的かつ暗示的な表現にとどまっているのは、おそらくこの理由によると思われる。おまけにそれが、すでに触れた「三層原理」

に従って、少なくともそれぞれの存在のレベルで計三回繰り返されるから、文体としてはきわめて低徊の要素の強いものになっている。なお、この最後の点は別として、全体としての論調がオリゲネス（後二五三／四年没）の『原理論』に近いとする見解がある。

なお、文学ジャンルの問題に直接関わるわけではないが、『三部の教え』が再三見せる独特な引用の仕方について、若干付言しておきたい。例えば§18では「彼らはきっと『父こそは万物なる方である』に類する賛美を献げて終っていたことであろう」と言われている。このような引用は、「父こそは万物なる方である」という文言が何を意味するかを知っている者同士の間でのみ、意味を成すものであろう。同じ印象は§70の「このため、彼は『父の天使たちの救い』と呼ばれるのである」、あるいは§73の「洗礼は、『それを二度と脱ぐことのない者たちのための衣服』と呼ばれる」についても生まれる。おそらく、これらの引用の背後には、著者が属する教会の種々の儀礼行為があるのだと思われる。著者はそこで用いられている賛美歌や式文の周知の語句を引用しているのであろう（その他に§71注（3）も参照）。もし、この想定が当たっていれば、『三部の教え』は、その論文調の装いの背後に、共同体の儀礼行為を潜ませていることになる（§23注（3）参照）。

四　思想とその系譜

『三部の教え』はナグ・ハマディ文書の一つとして発見されるまでは、全く未知の文書であった。例えば、『トマスによる福音書』のように、正統主義側の教父たちによって、少なくともその存在が証言されていたということもない。しかし、全体を一読すればすぐ明らかになるとおり、あるいは、「肉に在るわれわれの教会」（§70）という表現が具体的に示すように（§10、41も参照）、キリスト教の存在とその教義を初めから自覚的に前提して書かれている文書であって、例えば『ヨハネのアポクリュフォン』、『アルコーンの本質』、『この世の起源について』などのように、キリスト教的なものをごく表層的にしか含まない文書とは、類型論上明確に区別されなければならない（本シリーズ第一巻『救済神話』の「グノーシス主義救済神話の類型区分」参照）。

加えて、霊的な者たちを「選び」（§68）と呼んで、「召命」（§68、74—77）と呼ばれる心魂的な者たちと区別すること、また、前者が入って行くべき救いの場所を「新婦の部屋」（§68）、後者のそれを「中央の場所」（§44、49）と呼ぶことは、すでに教父たちの証言から、ヴァレンティノス派に独特な術語であったことが知られている（§68注（3）も参照）。このため、『三部の教え』が広い意味でのヴァレンティノス派の枠内で生み出されたものであることは、現在研究者の間でほぼ定説になっていると言ってよい。

しかし、ヴァレンティノス派はいわゆるキリスト教的グノーシス主義の最大派閥であった上に、早くからローマを中心とする西方派（プトレマイオス、ヘラクレオン他）とアレクサンドリアを中心とする東方派（マルコス、テオドトス他）に分かれたために、歴史的にはもちろん、神話論的にも複雑な展開を見せることになった。このことは、二人の反異端論者エイレナイオスとヒッポリュトスそれぞれのヴァレンティノス派の神話についての報告を相互に比べてみれば、直ちに明らかになる。ここでは、『三部の教え』との関連で重要な一点に絞れば、エイレナイオスが報告するプトレマイオスの神話は、男性的な「原父」と女性的な「シゲー」（沈黙）の「対」から話が始まる（『反駁』I, 1, 1（第一巻『救済神話』二一〇頁））。それに対してヒッポリュトス（『全反駁』VI, 29, 2）では、「生まれざる、不朽の、摑みがたき唯一性」から説き起こされる。つまり、広義のヴァレンティノス派の内部には、神話の発端に位置する至高の神性を、より一元論化しようとする流れが存在したことが読み取られるのである。

『三部の教え』も間違いなくこの流れの上にある。ここでも至高神は女性的な存在との「対」関係から解かれて、

「数字の一のように唯一」なる者とされる。そして、この唯一性あるいは単一性に比べると、「境界」から下の領域に住む存在の多数性はもちろん(§41注(7)参照)、上のプレーローマ内においてさえ、アイオーンたちの多数性と個別性は(§18注(1)、§23注(3)参照)、価値的に劣るとされるのである。このような「一」と「多」の価値的・存在論的な対照には、新プラトン主義の影響が認められるべきかも知れない。

さらに、この一元論化は女性原理を切り捨てるかたちで行なわれる。至高神は、今や明瞭に男性性を全面に打ち出すために、終始「父」と呼ばれる。そして、この「父」には、例えば『ヨハネのアポクリュフォン』の場合のように、「(見えざる)処女なる霊」というような両性具有を示す属性詞や言い換えが付加されることはない。『三部の教え』は、少なくとも明瞭なかたちでは一度も至高神を両性具有の存在であるとは言わないのである。すでに§24の注(7)でも触れたように、過失の主体を女性的なアイオーン・ソフィアから男性的なアイオーン・ロゴスに変えていることも、女性原理の排除という点で軌を一にしている。この変更が女性原理の切り捨てであって、女性原理を過失の責任から免除しようというような好意的な理由によるものではないことは、§41(**94** 17、20)で女性性が「病気」と等置されていることから明らかであろう。グノーシス主義の新機軸であったフェミニズムは今や色あせて、男性原理を優位させる正統主義教会の立場に接近しているのである。

同じことは、現実の世界に存在する「悪」を、人間を苦難を経て救いへと導くために「父」なる至高神が採用した、いわば教育手段なのだとする説明にも当てはまる。これは教育論的あるいは目的論的な「苦難の神義論」と呼ぶべきものであって、「認識とそれに含まれる善きものを得るべきであると彼(父)が初めに考えた者たち、その彼らを(まず)無知とその苦しみの経験に到達させるということ、これは父の熟考、すなわち、知恵であった。それは彼らが悪しきことどもを味わい、その中で自分たちを訓練するためであった」(§71)という文章に典型的に表明されている(§54も参照)。しかも、それはさらに遡って、ロゴスの過失の場面(§24)と造物神の創造の業の場面(§47—48)でも表明されている。造物神の一連の行動は、「(実は)彼をその望むところへと定められた仕方で導く霊によるもの」(§47)であるのと同じように、ロゴスの過失の背後にも実は「父」の隠れた摂理が働いているのであって、「ロゴスを論難するのは適当ではない」(§24)のである。この神義論もまた、旧約の神による現実世界の創造を肯定し、その創造神と新約聖書の救済神の同一性を主張して譲ることのなかった正統主義教会の立場に近づこうとするものであることは、明らかであろう。地上的世界の現実も、他の古典的なグノーシス主義の神話の場合のように、一義的に悪とは見做されないのである。

キリスト論に関しては、事情が少し混み入っている。『三部の教え』は「キリスト」を「救い主」あるいは「御子」と同定した上で(§34、68)、一方では、その「受肉」——すなわち、肉体を備えてのこの世への到来——と受難(死)を強調する。「彼は救おうと考えた者たちのために、彼らの死を身に引き受けたばかりではなく、彼らがからだと心魂を備えて生まれたときに陥った卑小さをも受[入れ]たのである。それは、彼自身が、からだと心魂をもった幼子として孕まれ、生まれることに自分を委ねた者であるからである」(§61)。しかし、同時に他方では、救い主が「苦難を受けることのない者として、肉の内に在るようになったこと」(§60)、あるいは同じ意味での「受難不可能性」(§62)を繰り返し明言する。

二つの発言は一見矛盾するかのようであるが、救い主(キリスト)の受肉と受難は、地上に散在している救われるべき者たちのために起きたことであって、救い主の狭い意味での霊的な本質そのものに変更を及ぼす事件ではなかった、というのが著者の理解であると見てよいであろう(§60注(52)参照)。そして、この意味で救い主の受肉と受難を強調することは、プトレマイオスの神話にも認められるから(エイレナイオス『反駁』I, 7, 2; 8, 2〔第一巻『救済神話』二三八、二四二―二四四頁）、ヴァレンティノス派の中で広範に唱えられていたことなのではないかと思われる。超越的世界から派遣されて来る救済者や啓示者に関して、同じような意味での受肉と受難を語ることは、他の多くのグノーシス主義神話や文書ではきわめて稀であることに比べれば、『三部の教え』を含むヴァレンティノス派のこのキリスト論は、その限りで、正統的であると言えよう。しかし、やがてキリストの本性が父なる神に等しいことを確認したニケーア信条（後三二五年）を経て、さらにはキリストの二つの本性（神性と人性）が「混同され得ず、変えられず、分けられず、隔てられないもの」であることを宣言するカルケドン信条（後四五一年）に向かう正統主義信仰の大きな流れからみれば、『三部の教え』のキリスト論の「異端性」は紛れもないであろう。

ただし、『三部の教え』のキリスト論については、正統主義教会との関連で、もう一つ注意しなければならない点がある。すでに述べたところをさらに言い換えれば、『三部の教え』は受肉と受難を、キリスト（救い主）の本性そのものをめぐる反省というよりは、むしろ人間の救済をめぐる反省、つまり救済論の枠内で強調しているのである。からだと心魂を備えて地上に出現した救い主は、彼に出会う者たちを救いと滅びとに分けてゆく。と言うよりもむしろ、人間が受肉の救い主に出会って示す態度こそが、その人間の本質を決定してゆく。「この者たちは、これから起こるべき救い主の到来とすでに起きた彼の出現を告知する務めに定められた。天使であれ、人間であれ、この者たちへの（告知の）務めに派遣されたとき、事実彼らは彼らの存在の本質を受領したのである」（§66）。このような救済論は、個々人の救いと滅びがそれぞれの永遠の本性に応じて初めから決定されていると見る決定論とは、明らかに異なるものであり、正統主義によって新約正典に収められたヨハネ福音書の見方に非常に近いということができる（§64、§71注（2）も参照）。

以上われわれは、『三部の教え』が多くの点で、その都度程度の違いはあるとしても、同時代の正統主義教会の立場に接近する姿勢を示していることを確認してきた。最後にこれと軌を一にするのが、特に§74以下に集中的に見られる「召命」の取扱である。「召命」がいわゆる心魂的な者たち、すなわち、同時代の正統主義教会を指すとは、すでに随所で触れた通りである。『三部の教え』には、この「召命」の居場所を、「新婦の部屋」とも呼ばれるヴァレンティノス派の「真の教会」の「戸口の外」に、排除あるいは限定しているかのように読める箇所も確かに存在する(§68注(5)参照)。しかし、全体として見れば、「召命」を「真の教会」の「補助者」として位置付ける融和的な見方が優勢である。「教会は、報い[を与える方の手か]ら救いを受けた暁には、彼らのことをよき仲間として、また、信頼に値する僕として、思い出すであろう」(§77)。

五　成立年代・場所・著者

成立年代を推定する上では、(1)『三部の教え』が、すでに見たように(第四章)、ヴァレンティノス派の歴史的な展開の中で比較的遅い時期に位置すること、(2)『三部の教え』を含む第I写本は、これもすでに見たように(第一章)、後四世紀の第二・四半世紀のものであるが、(3)それ以前に『三部の教え』だけの個別のコプト語写本の伝承史が先行したと思われることが考慮されなければならない。この三点から推すと、ギリシア語の原本は後三世紀の末から四世紀の初頭に著されたと考えるのが妥当であろう。研究者の意見もほぼこの線で一致している。

成立場所は、著者をヴァレンティノス派の西方派と見るか、あるいは東方派と見るかによって違ってくる。西方派であればローマ、東方派であればアレクサンドリアとなる。この点では研究者の意見は分かれている。E・トーマスセン(次章の文献③)は『三部の教え』での「召命」(心魂的な者たち、正統主義教会)の扱いが、前章で述べた意味で「限定的」であると見る。そして、これが救い主キリストの受肉の「からだ」を心魂的ではなく、むしろ霊的な「からだ」と見做した東方派のキリスト論からの帰結であるとして、東方派起源説を唱えている。東方派の神学を伝える資料としては、『三部の教え』が今やまとまったかたちで初めて姿を現した唯一のものだとされる。

しかし、すでに前章で触れたように、『三部の教え』の「召命」に対する扱いは、全体としては融和的だと言わなければならないから、トーマスセンの説は困難である。むしろ、受肉のキリストの「からだ」を心魂的なものと見做し、それに対応して、教会論においても早くから正統主義教会に融和的であった西方派を起源地として考えるべきであろう。至高神を一元論化しようとする傾向も、ヒッポリュトスが伝える西方派の神学により良く適合する。

西方派説を取る研究者の中には、さらに限定して、西方派の中心人物の一人であったヘラクレオンを『三部の教え』の著者と見做す者がいる(G・クイスペル、A・ベーリッヒ、C・コルペ)。その理由は、ヘラクレオンが著したヨハネ福音書の注解(オリゲネスの引用によって断片的に伝わる)から推すと、彼の教説体系の中でもロゴスが重要な役割を果たしていて、それが『三部の教え』のロゴスの役割に比定できるというのである(§24注(1)参照)。仮にヘラクレオンが著者だとすれば、著作年代もそれだけ遡って、後一五〇から一八〇年の間ということになる。しかし、この仮説に対しては、両方でのロゴスの役割が、仔細に検討すると、重要な点で異なっているとの理由から、懐疑的な声が多い。

六　翻訳・底本・参照文献

翻訳の底本としては次の三つを用いている。

① R. Kasser/M. Malinine/H.-Ch. Puech/G. Quispel/J. Zandee (edd.), *Tractatus Tripartitus, pars I: De Supernis, Codex Jung F. XXVI^r -F. LII^v* (*p. 51-104*), Bern 1973; *pars II: De Creatione Ho-*

minis, pars III: De Generibus Tribus, Codex Jung F. LII[v] *F. LXX*[v] (*p. 104-140*), Bern 1975.

② H. W. Attridge/E. P. Pagels, The Tripartite Tractate, in: H. W. Attridge (ed.), *Nag Hammadi Codex I* (*The Jung Codex*), *Introduction, Texts, Translations,Indices*, Lieden 1985, Vol. 1, pp. 159-337.

③ E. Thomassen (ed.), *Le Traité Tripartite* (*NH I*, 5), *Texte établi, introduit et commenté*, Québec 1989.

①は初めての校訂本(Editio Princeps)であり、英語、ドイツ語、フランス語の翻訳と注解(フランス語)が付されている。しかし、本文の校訂と翻訳の両面で現在では不十分な点が多い。特に翻訳はほとんど読解不能な箇所が少なくない。②と③はいずれの面でもはるかに改善されている。しかし、相互に比較すると直ちに明らかになることであるが、写本では連続筆写されている文章をどう区切って読むかという基礎的な判断、あるいは欠損本文の復元において、著しく異なっている場合が少なくない。そのような場合には、訳者自身の能力の及ぶ限りにおいて、写本のファクシミリ版(*The Facsimile Edition of the Nag Hammadi Codices, Codex I*, Leiden 1977)を参照しながら、その都度より適切と思われる読み、あるいは復元を採用した。従って、いずれか一つの校訂本を排他的に底本にしているわけではないことをお断りしておく。このことはパラグラフの区切り方についても同じである。

■岩波オンデマンドブックス■

ナグ・ハマディ文書Ⅱ 福音書

1998年 1月29日 第1刷発行
2007年 5月25日 第2刷発行
2017年 5月10日 オンデマンド版発行

訳 者 荒井《あらい》 献《ささぐ》 大貫《おおぬき》 隆《たかし》
小林《こばやし》 稔《みのる》 筒井賢治《つついけんじ》

発行者 岡本 厚

発行所 株式会社 岩波書店
〒101-8002 東京都千代田区一ツ橋 2-5-5
電話案内 03-5210-4000
http://www.iwanami.co.jp/

印刷／製本・法令印刷

ISBN 978-4-00-730605-1 Printed in Japan

補注　用語解説

以下で取り上げられる事項は，本巻を含むナグ・ハマディ文書全4巻において，本文および注の行間に＊(アステリスク)を付して示した語句で，個々の文書の枠を越えて現れる頻度が比較的高いものに限られる．ここで取り上げられていない事項で解説が必要なものについては，原則としてそれぞれの文書での初出箇所に訳注が付されている．

以下のそれぞれの項目で引照される文書は別掲(xxi-xxii頁)の略号表に従って表記する．さらにそれぞれの文書からいくつかの該当箇所を例として引照する場合には，その文書の翻訳でパラグラフ表示が施されていれば，原則としてそれに従って表記する．そうでない場合，ナグ・ハマディ文書に属するものについては，写本番号，頁数，行数の順で，例えばI, 1, 1(写本Iの第1頁第1行目)と表記する．エイレナイオスとヒッポリュトスの報告によるものについては，次の例のように表記する．

ヴァレ・エイI, 1, 1＝ヴァレンティノス派についてのエイレナイオス『異端反駁』第1巻1章1節の報告

バシリ・エイI, 24, 3＝バシリデース派についてのエイレナイオス『異端反駁』第1巻24章3節の報告

バシリ・ヒポVII, 20, 1＝バシリデース派についてのヒッポリュトス『全異端反駁』第7巻20章1節の報告

バルク・ヒポV, 26, 1＝『バルクの書』についてのヒッポリュトス『全異端反駁』第5巻26章1節の報告

あ　行

アイオーン

ギリシア語で(ある長さの)「時」,「時代」,「世代」の意．グノーシス神話では至高の神的「対*」から流出し，「プレーローマ*」の中に充満する，擬人化された神的存在．真福§8, 15, 19, 34では,「万物」(§2, 9, 10, その他多出)，あるいは「流出」(§14, 20, 37)と代替可能.

アウトゲネース

ギリシア語で「自ら生まれた者」の意．ヨハ・アポ§19, 20では「独り子」,「キリスト」と同じ.

アカモート／エカモート

「知恵」を意味するヘブライ語「ホクモート」(箴言9: 1他)に由来する借用語．ヴァレンティノス派の神話では，過失を犯した「上のソフィア」から切り離されたエンテュメーシスの別称の一つで,「上のソフィア」との関係では「下のソフィア」ということになる(ヴァレ・エイI, 4, 1)．しかし，同じヴァレンティノス派のも

のであるフィリ福では「エカモート」と表記されて，「エクモート」と呼ばれる「小さなソフィア」，「死のソフィア」，「不妊のソフィア」と区別されている（§39, 55a）から，少なくとも三段階のソフィアが考えられていて，その中間を占めると思われる．バルク・ヒポ V, 26, 4 では半処女エデンがエローヒームとの間に生んだ十二の天使の一人．

アダマス　→　アダム

アダム／アダマス

人間を霊，心魂，肉体の三つから成るとするグノーシス主義一般に広く認められる人間論に対応して，(1)超越的な光の世界のアダム（ヨハ・アポ§24，エジ福§18等），(2)アルコーンたちによって造られる心魂的アダム（ヨハ・アポ§47-57，アルコ§5），さらに(3)肉体を着せられて楽園へ追放され，そこからまたエバと共に追放されるアダム（ヨハ・アポ§59，フィリ福§15，アダ黙§1）という三種類のアダムが登場する．起源 II はこれを「第一のアダム」（§63-65），「第二のアダム」（§80），「第三のアダム」（§98）と呼んで整理している．但し，バルク・ヒポ V, 26, 8 のアダムは少し例外的に，半処女エデンと父エローヒームの結合の象徴として，霊的であると同時に心魂的な存在．

アブラクサス／アブラサクス

バシリ・エイ I, 24, 7 では Abraxas，バシリ・ヒポ VII, 26, 6 では Abrasax と綴られる．いずれの綴りでも，ギリシア語アルファベットの数価 A＝1，b＝2，r＝100，a＝1，s＝200，a＝1，x＝60 で換算すると数価が 365 になることから，365 の天あるいは一年 365 日の支配者とされる．ヒッポリュトスの報告では，可視的世界を創造する「大いなるアルコーン」であるが，自分を越える超越的世界の存在に気付いて悔い改める点で，さらに下位の無知蒙昧な旧約聖書の神から区別されている．アダ黙§24（Abrasax）では光の雲にのって到来する救済天使．エジ福§26, 50（Abrasax）でも救済天使の一人．

アルキゲネトール

ギリシア語で「最初に生み出す者」の意で，グノーシス主義の神話では多くの場合，中間界以下の領域を造りだす造物神ヤルダバオートのこと．起源 II§19 以下随所，三プロ XIII, 40, 23; 43, 25-26. 30-31 以下参照．起源 II§35 ではピスティス・ソフィアの「左」（不義）の座へ据えられる．

アルコーン／支配者／第一のアルコーン

ギリシア語で「支配者」の意．造物神（ヤルダバオート）を「第一のアルコーン」として，その支配下に七人，十二人あるいはさらに多数のアルコーンが存在し，地上の世界を統治していると考えられている．「権威」あるいは「諸力」と並列的，交替的に現れる場合が多い（特にアルコ参照）．

安息

超越的な光の世界の中に欠乏が生じるとともに失われたもので，神話のさまざまな

段階でその回復が目指される．ヴァレ・エイＩ，2，6 ではソフィアの過失の後にプレーローマに暫定的に回復される「真の安息」，同Ｉ，7，5 では霊的，心魂的，泥的人間がそれぞれの場所で与えられる終末論的安息，つまり救いを意味する．フィリ福 § 63a では「中間の場所」を彷徨うことの反意語，同 § 87 では「新婦の部屋の子供たちの唯一の名前」．フィリ福ではこの他に § 82b，86，118 にも現れるキーワード．真福 § 36 では，プレーローマが安息の場所．

忌むべき霊 → 模倣の霊

影像 → 像

エカモート → アカモート

エピノイア

ギリシア語で「配慮」，「熟慮」の意．ヨハ・アポ § 66 以下ではヤルダバオートの勢力の企みに逆らってプレーローマから地上のアダムに啓示（いわゆる「原啓示」）をもたらす女性的啓示者．ただし，三プロでは，一方で（XIII，35，13）プローテンノイアによって生かされている存在であるが，他方では（XIII，39，18 以下，33 以下）ヤルダバオートの母．

エーレーレート／エレーレート

アルモゼール，オロイアエール，ダヴェイテと共にプレーローマのアウトゲネース（キリスト）に属する四つの「大いなる光」の一つ（最下位）．ヨハ・アポ § 23 では「プレーローマのことを知らず，直ちに悔い改めず，むしろしばらくの間ためらい，その後（初めて）悔い改めた者たちの魂が置かれた」場所．エジ福 § 23 でもやはり同じ他の三つの名前との組み合わせで，プレーローマのセツの出現の文脈で言及されるが，その五千年後にはこの世を支配する十二人の天使を出現させる（§ 34）．三プロ XIII，38，33-39，15 でも同じ三つとの同じ順の組み合わせで現れる．アルコ § 18（エレレートと表記）ではノーレアに現れて，グノーシスを与える天使（§ 20「四つの光輝くもの」にも注意）．語源は良く分からないが，アルコ § 22 はその語義を「すなわち「理解」」と説明している．コプト語で残存する魔術文書にも現れるから，ヘレニズム末期の地中海世界東方ではかなり広く知れ渡っていた言葉であると思われる．

王なき種族／王なき世代

「完全なる種族」や「揺らぐことのない種族」（ヨハ・アポ § 5，81）などと並んでグノーシス主義者たちの自己呼称の一つ．アダ黙 § 43 では，十三の王国（支配）が終末論的救済者について誤った見解を述べた後に登場する．起源 II § 136 では「四番目の種族」，すなわち至高の種族とも呼ばれる．アルコ § 37，知恵 B 92，4 以下も参照．グノーシス主義の元来の担い手は，強大なローマ帝国の支配に組み込まれて禁治産状態に陥った東方地中海世界の被支配民族の知識層であったとされる．「王なき種族」という自己呼称は彼らの願望の表現だと言えよう．

王なき世代 → 王なき種族

オグドアス／八つのもの

ギリシア語で「八番目のもの」あるいは「八つのもの」の意．ヴァレ・エイ I，1，1 では，ビュトス／エンノイア，ヌース／アレーテイア，ロゴス／ゾーエー，アントローポス／エクレーシアの 4 対 8 個組を指す．同 I，3，4 では，光の世界の下限を印すホロス*(境界)のさらに下に「第二のオグドアス」が生成する．同 I，5，2-3 ではアカモート*のことで，「ヘブドマス*」たるデーミウールゴス(造物神)の母．バシリ・ヒポ VII 26，4 では「大いなるアルコーン」アブラサクス*の住処で，旧約の神の住処であるヘブドマスより上位．アルコ § 29 では光の世界(プレーローマ*)のこと．起源 II § 63 でも光の世界のことで，「垂れ幕*」によって第七の天より下の世界から区切られている．エジ福では，§ 4-8 において「父・母・子」が「三つのオグドアス」と呼ばれるなど繰り返し言及があるが，神話全体の組成における位置付けは不詳である．パウ黙 § 15 では第八天を指している．

男女(おめ)

男女の性差を越えた存在の在り方で，グノーシス主義が希求する全体性の一表現．但し，その神話論的な表現は多様で，例えばヨハ・アポでは至高神(§ 6-11)とバルベーロー*(§ 13)についてだけ両性具有が明言されるのに対し，アルコ § 22 では傲慢な獣サマエール*も男女(おめ)であり，起源 II ではヤルダバオート*の配下の悪霊(§ 37，49)，「十二人*」(§ 29)，「七人*」(§ 10，16)，「エロース」(§ 49)までも両性具有の存在として登場する．アダ黙 § 38 では，両性具有のピエリデス(ムーサ)が自己妊娠する．魂 II，127，25 では，肉体に落下する前の個々の魂は男女(おめ)であるが，落下後の魂は処女となり，暴行を受ける．エジ福 § 5 には「男女なる父」，三プロ XIII，45，3 には母であり父であるプローテンノイアについて言及がある．

か　行

カオス／混沌

多くのグノーシス主義神話において，光の世界の対極に位置する暗黒と無秩序と物質*の領域のこと．但し，その神話論的な役割は文書ごとに微妙に異なる．例えばヨハ・アポでは，その起源は説明されず，§ 46 では「下界」として，§ 80 では「混沌」としていささか唐突に言及される．つまり，一種の「原理」的な扱いを受けている．これに対して，起源 II § 1-5 はカオスを「垂れ幕*」の陰から二次的に派生してきたものとして説明する．物質も同じ陰から生じるが，カオスの中へ投げ捨てられ，カオスがその在り処とされる(§ 7)．アルコ § 24 では「闇」あるいは「物質」と同義であり，§ 22 では上なる天と下のアイオーンを区切るカーテン*の陰からやはり二次的に派生する．

カーテン／境界／垂れ幕／ホロス

超越的な光の世界をその下の領域から区切る境界の比喩的表現．バシリ・ヒポ VII，23，1 では「聖霊」が「隔てのカーテン」．起源 II § 1-5 ではソフィアが「垂れ幕」

と同定され，その陰からカオス*が派生する．アルコ§22でも「カーテン」の陰から物質*が派生する．フィリ福§125aでは，寝室の垂れ幕とエルサレム神殿の至聖所の垂れ幕がプレーローマ*と被造世界の間に引かれた境界の比喩．三部教Ｉ，76，32；82，12；85，24も参照．　→　デュナミス

完全なる種族／完全なる者たち

グノーシス主義者たちの自己呼称の一つ．起源II§136，141，フィリ福§31など参照．その他にフィリ福§102bの「聖霊の選ばれたる種族」，「真実なる種族」，「人の子の種子」，ヨハ・アポ§5，81の「（完全なる人間に属する）揺らぐことのない種族」，起源II§136他の「王なき種族*」も同じ．

完全なる人間　→　第一の人間

境界　→　カーテン，デュナミス

教示者

アルコーン*たちによって創造された心魂的*アダム*とエバに現れて，真の認識*について教える啓示者．アルコ§9では，蛇の姿で心魂的アダムとエバに善悪の木から食べるように教える霊的な女．起源II§72，85，91では，ソフィア・ゾーエー*が地的アダムに送った教示者としての「生命のエバ」あるいは「真実のエバ」を指し，楽園*で知識の木に変身する．起源II§103では，創世記3章の蛇が「動物」として言及され，生命のエバの顕現形態，あるいはその息子として教示者の役割を果たす．

グノーシス／知識／認識

ギリシア語で「認識」の意．自分の霊的な本質を認識するかどうかに個々人の救済がかかっているとするグノーシス主義の救済論の鍵語であり，グノーシス主義がまさに「グノーシス主義」と呼ばれる所以である．ヴァレ・エイI，4，1．5では，過失を犯したソフィアが「存在において」かたちづくられることが「認識に基づいて」かたちづくられることに対照されている．同I，6，1では，後者が終末論的完成の意味で語られる．起源II§150によれば，「自分の認識」が「自分の本性」を明らかにする．特にフィリ福と真福，およびアダ黙がかなりの頻度で「認識」に言及する（フィリ福§94b，110a他，真福§5，8-10，13，15-18，22，23，25，27，32他，アダ黙§6，9，20，25，26，42-43他）．バシリ・ヒポVII，27，1-2では，終末*に「上なるもの」から分けられた「下なるもの」に至高神が「無意識」(agnoia)を投げかけ，すべてのものが分を越えた認識欲に二度と苦しむことがないようにするという点に，「認識」の両価性が表現されている．

形成物　→　つくり物

経綸（オイコノミア）

ギリシア語の「オイコノミア」はもともと「家（オイコス）の秩序を保つこと（ノミア）」を意味する普通名詞．正統主義教会においては早くから，世界史を神が人類の救済のために働く場所と見做す歴史神学（救済史の神学）の枠内で，神の摂理，計画，予定，働きを指す術語として用いられた．ナグ・ハマディ文書においても，神

(至高神)と歴史の理解は当然グノーシス主義的に変更されているものの，語義的には同じ用例が多い．ヨハ・アポ§80(II 30，27「定め」)，知恵 B 78，4，真証 IX，42，7，解説 XI，36，15．ヴァレンティノス派の神話論では，同じ語義での用例(三部教 I，88，4；108，10．17；115，29；116，8．25；122，32)も少なくないが，それ以上に特徴的なのは，プレーローマ*より下の霊的な者たちの「組織」(三部教 I，91，15)，ロゴス*の経綸に委ねられた領域(三部教 77，3．10；89，35；94，8；95，8．21；96，14；99，19；101，11；118，11；127，22)，アルコーン*たちの支配に委ねられた領域(三部教 I，100，7)など，空間的・場所的な意味での用例である．プトレマイオスの教説における用例についても同様である(本シリーズ第一巻『救済神話』235 頁注(3)参照)．

欠乏

ヨハ・アポ§44，69 ではソフィア*の過失の結果として，起源 II§25，130 では「真理の中から永遠の領域とその世界の内側に」，つまりプレーローマ*の内部に生じてくる事態．さらにこの欠乏から「つくり物*」あるいは牢獄としての下方の世界と肉体が派生してゆく．従って，「プレーローマが欠乏を満たす」(復活§24，真福§30をも参照)ことがグノーシス主義の意味での万物の救済となり，個々人の救済もその時初めて最終的に完成される．

権威

ギリシア語「エクスーシアイ」の訳．アルコ§23 のように，例外的にプレーローマ*の権威という積極的な意味で用いられることもあるが，多くの場合は「アルコーン*たち」あるいは「諸力*」とほとんど同義語．起源 II§36 では，カオス*を支配する六人(ヤルダバオート*を除く)を指し，§66 ではヤルダバオートの部下であるが，その愚かさをあざ笑い，§67 では心魂的人間を創造する．

こしらえ物　→　つくり物

ことば／言葉　→　ロゴス

混沌　→　カオス

婚礼の部屋　→　新婦の部屋

さ　行

サクラス／サクラ

ヨハ・アポ§32，35，アルコ§26，アダ黙§22，三プロ XIII，39，27-28 では，ヤルダバオート*，サマエール*，あるいはパントクラトール(万物の支配者)の名で呼ばれる造物神と同じ．エジ福§35，三プロ 39，27 は「サクラ」(Sakla)と表記する．語源はアラム語ないしシリア語で，「馬鹿な」を意味する(シリア語 sākel)．

サバオート

旧約聖書に現れる「万軍の主なる神」(イザ 10：16 他)という表現の「万軍の」に相当するヘブル語を神話論的に擬人化したもの．アルコ§27-28 ではヤルダバオート*

の息子であるが，父の愚かさを誇って離反し，ピスティス・ソフィア*とその娘ゾーエー*を賛美して，第七の天へ移される．ゾーエーと「対*」を構成する．起源 II §27-35 でもほぼ同じ関係になっている．

サマエール

サクラ*(ス)あるいはヤルダバオート*の別名(ヨハ・アポ§35，三プロ XIII，39，27-28 参照)．アルコ§2，23，起源 II§25 では，その語義は「盲目の神」であると説明される．一説によれば，この語義説明はシリア語で「盲目な」を意味する形容詞 samyâ との語呂合わせに基づく．

質料 → 物質

支配者 → アルコーン

十二人

天の黄道十二宮(獣帯)を神話論的に擬人化したもので，ヨハ・アポ§31 とエジ福§36 では，造物神(ヤルダバオート*)の配下としてその名前が列挙されている．起源 II§29，40 では名前を挙げられるのは六人であるが，それぞれ両性具有であるために十二人とも呼ばれる．但しその六人の名前はヨハ・アポとエジ福のそれと一部異なっている．バルク・ヒポ V，26，3 では「父エローヒーム」と「母エデン」がそれぞれ自分のために生む天使の数．

終末

プレーローマ*の中に生じた過失の結果として物質的世界の中に散らされた神的本質(霊，光，力)が，再び回収されてプレーローマに回帰し，万物の安息が回復されること．ヴァレ・エイ I，7，1 によれば，その際，霊的なものはプレーローマに入るが，心魂的なものは「中間の場所*」に移動し，残された物質的世界は「世界大火」によって焼き尽くされる．起源 II§116，142-150 は同様の終末論を黙示文学的な表象で描いている．このように宇宙万物の終末について論じる普遍的終末論とは別に，個々人の死後の魂(霊)の運命について思弁をめぐらす個人主義的終末論があり，チグリス・ユーフラテス河の下流域に現存するマンダ教などを含めてグノーシス主義全体について見れば，頻度的には後者の方が多い．真福§32 では「終りとは隠されていることの知識を受けること」．

種子

グノーシス主義の神話でもっとも頻繁に現れる術語の一つで，多様な意味で用いられる．一つは潜在的可能性の比喩として用いられる場合で，例えば真福§30，39 で，人間を起こす「真理の光」は「父の種子*」に満たされている．バシリ・ヒポ VII，21，2 の「世界の種子」は三重の「子性」と世界万物を潜在的に包含する．ヴァレ・エイ I，5，6；6，4 では，アカモート*が造物神の中に密かに蒔く霊的胎児のことで，しかるべき時まで成長を続ける．三部教でも「イエス・キリストの約束の種子」(I，117：14)などの他，潜在的可能性の意味での用例が多い．「一部」あるいは「肢体」もこの意に近い．今一つは「子孫」の意味の用例で，ヨハ・アポ§25

の「セツの子孫」，フィリ福§102b の「人の子の種子」など．アルコ§34，38 の「あの種子」(＝単数)はさらに別の用例で，終末論的救済者を意味している．最後に起源 II§53，77 では，権威，天使，悪霊たちの精液のこと．

処女なる霊

多くの場合「見えざる霊」と一組で用いられて，プレーローマの至高神を指す．ヨハ・アポ§14 以下随所，アルコ§20，エジ福§11，20 参照．但し，起源 II§19 では例外的にヤルダバオートの部下のそれぞれの所有物．

諸力

ギリシア語デュナミスの訳語．多くの場合「アルコーンたち」，「権威たち」と同義語であるが，男性的な「アルコーンたち」に女性的属性として組み合わされて，「対」関係を構成することがある(ヨハ・アポ§39，起源 II§39)．

心魂／心魂的／生魂／生魂的／魂

グノーシス主義は人間(ミクロコスモス)を霊，心魂，肉体(物質)の三つから成ると見るのに対応して，宇宙(マクロコスモス)も超越的プレーローマ，中間界，物質界の三層に分けて考える．「心魂」はその場合の中間の原理．多くの文書で繰り返し「霊的なるもの」と対比される．その起源を神話論的にもっとも立ち入って説明するのはヴァレンティノス派である．ヴァレ・エイ I，5，1 では，アカモート(下のソフィア)の「立ち帰り」から導出され，「右のもの」とも呼ばれる．同 I，6，2-4 では「善い行ない」によってのみ「中間の場所」へ救われる者たちを指す．三部教 I，118，20-23 では，アカモートではなくロゴスが過失を犯し，その「立ち帰り」から導出される．但し，魂と肉体の二分法に立つ文書もあり，例えば魂 II，134，10-13 での「魂」は三分法で言う場合の「霊」と同じ．

真実なる人間　→　第一の人間

身体

ヨハ・アポ§54，起源 II§78 では「七人」のアルコーンたちによって造られる「心魂的」人間を指す．この人間は肉体を着せられる以前の人間であるから，「身体」は肉体性と同義ではなく，むしろ個体性の意味に近い．グノーシス主義の否定神学は至高神がこの意味での「身体性」をも持たないことを強調する(ヨハ・アポ§8，三部教 I，54，18)．但し，真福§16 では，「彼(父)の愛がそれ(言葉)の中でからだとなり」と言われる(§18 をも参照)．

新婦の部屋／婚礼の部屋

ヴァレンティノス派に特有の神話論的表象および儀礼．ヴァレ・エイ I，7，1 によれば，プレーローマの内部で「キリスト」(第一のキリスト)と聖霊，アカモートとソーテール(＝救い主，プレーローマの星，第二のキリスト，イエスに同じ)がそれぞれ「対」関係を構成するのに倣って，地上の霊的な者たちもやがて来るべき終末において，ソーテールの従者たる天使たち(花婿)に花嫁として結ばれる．ヴァレンティノス派はこの結婚を「新婦の部屋」と呼び，その地上的な「模像」として一つ

の儀礼(サクラメント)行為を実践した．その具体的な中身について，エイレナイオスやヒッポリュトスを含む反異端論者の側ではいかがわしい推測も行なわれたが，最近の歴史的・批判的研究では「聖なる接吻」説と「臨終儀礼」説が有力である．ナグ・ハマディ文書の中では，フィリ福がもっとも頻繁に言及する(§61a，66，67c，68，73，76，79，82a，87，102a，122c，d，127)．その他，三部教Ｉ，122，15-16．21-22；128，34，真正教VI，35，8-22，セツ教§24などにも言及がある．

生魂／生魂的　→　心魂／心魂的

世界

目に見える現実の宇宙的世界のこと．プラトン主義では「最良の制作物」(アルキノス『プラトン哲学要綱』XII)と見做されたのと対照的に，グノーシス主義では，自らが不完全な「流産の子」である造物神(ヤルダバオート*)が造りあげた不完全な「つくり物*」として，超越的なプレーローマ*から価値的に厳しく区分される．例えば，復活§22，23によれば，この世界は一つの「幻影」であり，そこからの「復活*」が救いである．但し，この区分はグノーシス主義の展開と共に融和される方向に進み，「つくり物」の世界の形成にもプレーローマの意志が隠れた形で働いていたとされるに至る．ヴァレ・エイＩ，5，1-3，三部教Ｉ，52，5,;76，13-30；107，30-108，12；126，30-37．特に三部教では「経綸*」(オイコノミア)とも表現される(95，38以下)．アルコ§5，6，30，起源II§17，68など参照．バシリ・ヒポVII，21，2は少し例外的に，まず「世界の種子」について語り，その後でその「世界」を「超世界」と下方の可視的世界に分割し，後者をさらに「オグドアス*」(大いなるアルコーンの領域)，「ヘブドマス*」(別のアルコーン＝旧約の神の領域)，「ディアステーマ」(僻地)に三区分する．

セツ／セツの子孫

創4:25のセツ(新共同訳では「セト」)のこと．このセツに神話論的あるいは救済論的に重要な役割を負わせ，自分たちをその子孫と見做したグノーシス主義グループが存在したことは，エイレナイオス『異端反駁』Ｉ，30，ヒッポリュトス『全異端反駁』VI，19-22，エピファニオス『薬籠』XXXIX章の報告から知られる．しかし，この三者の報告は相互に食い違いが大きく，統一的なイメージに収斂しないため，いわゆる「セツ派」の歴史的実態はよく分からない．ナグ・ハマディ文書の中にも，ヨハ・アポ(§25，69)，エジ福(§23他多数)，アダ黙(全体がアダムからセツへの啓示)を初めとして，アルコ，柱，ゾス，メルキ，ノーレア，マルサ，アロゲなどがセツ派のものではないかと考えられている．

なお，セツ(Seth)は，エジプト古来の神で，オシリス神話にも悪神として登場するセト神と同じ綴りであることもあって，ある時期以降，両者の混淆が起きている．

洗礼

ナグ・ハマディ文書の中には洗礼について言及するものが少なくない．特に三部教Ｉ，127，25-129，34は，「唯一の洗礼」(127，25-28)，「それを二度と脱ぐことのない

者たちのための衣服」(128, 19)などの種々な呼称を紹介する他，ヴァレンティノス派の洗礼に関する詳細な議論を繰り広げる．起源 II §118 は霊の洗礼，火の洗礼，水の洗礼という三種類の洗礼について語る．三プロ XIII, 48, 15-21 では，女性的啓示者プローテンノイアが覚知者を天使(？)に委ねて洗礼を授ける．アダ黙 §30-42 では，13 の王国が終末論的救済者の起源についてそれぞれ意見を開陳する結びのところで，「こうして彼は水の上にやって来た」という定型句が繰り返される．いずれの背後にもグノーシス主義的な意味付けを伴った洗礼の儀式が前提されている可能性が大きい．特にフィリ福では間違いなくそうである(§43, 68, 75, 76 他)．同 §95 では塗油の儀礼と密接に関連付けられ，価値的にはその下位に置かれている．エジ福においても洗礼儀式が重要な役割を演じている(§52-53, また §49, 51)．真証 §36 とシェーム §64-66 は水による洗礼を「汚れた」ものとして拒否する．

像／影像／似像／模像／模写

グノーシス主義神話の類型区分(本シリーズ第一巻の「グノーシス主義救済神話の類型区分」参照)で言う「シリア・エジプト型」の神話は，プレーローマの至高神から地上の肉体という牢獄に閉じ込められた人間まで，上から下へ垂直的に展開される．その展開を支える根本的な思考法は，「上にあるもの」が「範型」となり，「下のもの」がその「像」(eikôn)として造り出されるというもので，基本的にプラトン主義の考え方に準じている．したがって，この「範型」と「像」という関係は神話のさまざまな段階において，大小さまざまな規模で繰り返される．

(1)バルベーローは至高神の似像(ヨハ・アポ §13)，(2)「第一の天」(プレーローマ)から下へ，上の天が下の天の範型となって，最下位の天まで 365 の天が生じる(バシリ・エイ I, 24, 3)，(3)造物神(ヤルダバオート)は上なる「不朽の範型」を知らずに(ヨハ・アポ §39-40)，あるいはそれを見ながら(三部教 I, 90, 31; 92, 4; 起源 II §12)，中間界以下を創造する，(4)アルコーンたちは至高神の像を見ながら，その似像として心魂的あるいは泥的人間を創造する(ヴァレ・エイ I, 5, 5; アルコ §5)，(5)エバはアダムの似像(アルコ §12)であると同時に，(6)プレーローマから派遣される「真実のエバ」の模像．

その他，特にフィリ福では「新婦の部屋」などの儀礼行為もプレーローマにある本体の模像とされる(§60, 67b, c 他随所)．

トマ福では，(1)霊的「像」(エイコーン)と，(2)地上の「像」(エイコーンの複数)と，(3)「外見」または「似像」(エイネ)とに，三つの実体が区別されている．(1)と(3)は創 1: 26(七十人訳)の「像」(エイコーン)と「似像」(ホモイオーシス，そのコプト語訳がエイネ)に当る．(2)は(1)の地上における顕現形態で，(3)は(2)の反映か(83, 84)．

ゾーエー　→　ソフィア・ゾーエー

ソフィア／ピスティス・ソフィア

ギリシア語で「知恵」の意.「シリア・エジプト型」のグノーシス主義救済神話(本シリーズ第一巻の「グノーシス主義救済神話の類型区分」参照)においては擬人化されて，プレーローマの最下位に位置する女性的アイオーン．男性的「対」の同意なしに「認識」の欲求に捕らわれ，それを実現しようとしたことが「過失」となって，プレーローマの「安息」が失われ，その内部に「欠乏」が生じ，それがやがて中間界以下の領域の生成につながってゆく(ヴァレ・エイ I, 2, 2, ヨハ・アポ§26など多数)．グノーシス主義は「認識」が救済にとって決定的に重要であることを強調する一方で，同時に認識欲の危険性を知っているのである．

ヴァレンティノス派では「上のソフィア」,「下のソフィア」,「小さなソフィア」(あるいは「死のソフィア」,「塩(不妊)のソフィア」)など，さまざまなレベルのソフィアが登場する(ヴァレ・エイ I, 4, 1, フィリ福§36, 39).

アルコ(§3, 22-28)と起源 II(§4-10, 17, 68)では「ピスティス・ソフィア」(＝ギリシア語で「信仰・知恵」の意)という名称で登場し，ヤルダバオートと「七人」を生み出し，アルコーンたちによる心魂的人間の創造をも陰で仕組むなど，陰に陽に神話全体の主役.

さらに起源 II§16, 21, 22ではヤルダバオートの娘で,「七人」の一人アスタファイオスの女性的側面を構成する存在もソフィアと呼ばれている.

ソフィア・ゾーエー

「ゾーエー」とはギリシア語で「生命」の意．新約聖書が「永遠の生命」(ヨハ 17: 2-3)と言う時と同じ単語．グノーシス主義の神話では擬人化されて，終末論の文脈で働く女性的救済者の一人.「ソフィア・ゾーエー」とも，単に「ゾーエー」とも表記される．ヨハ・アポ§57では「光のエピノイア」と同じ．アルコ§26ではピスティス・ソフィアの娘．起源 II でも同様で，サバオートに「オグドアス」の中の存在について教え(§30)，心魂的アダムを創造し(§70-73)，地的アダムを起き上がらせる(§85-86).

た 行

第一のアルコーン → アルコーン

第一の人間／完全なる人間／真実なる人間／人間

プレーローマの至高神のこと．必ずしもすべての神話が至高神にこの呼称を与えているわけではないが,「人間即神也」というグノーシス主義一般に共通する根本的思想をもっとも端的に表現するもの．至高神はこの他に,「人間」,「不死なる光の人間」,「真実なる人間」,「不朽なる者」,「生まれざる方」,「生まれざる父」,「不死なる父」(以上，起源 II§4, 25, 27, 68, 80, 130, 149 参照),「存在しない神」(バシリ・ヒポ VII, 21, 1),「万物の父」など多様な呼称で呼ばれる．ヨハ・アポでは，至高神と同時にバルベーローも「第一の人間」と呼ばれることがある(§13, 18,

45他参照)．エジ福§37，セツ教§11等も参照．

「完全なる人間」は終末に到来が待望される救済者(アルコ§10)，すでに到来したキリスト(フィリ福§15)，あるいは人類の中の「霊的種族」(三部教Ⅰ，123，5)の意味で使われることもある．同様に，「真実なる人間」もヴァレ・エイⅠ，1，1-2では，例外的に，至高神より下位のアイオーンの「オグドアス*」の一つを指す．ヴァレ・エイⅠ，1，1では「人間」(アントローポス)は至高神ではなく，より下位の神的存在(アイオーン*)の一つ．

魂　→　心魂

垂れ幕　→　カーテン

知識　→　グノーシス

中間の場所

ヴァレンティノス派に特有な神話素で，大きくは超越的プレーローマ*界と物質*界の中間の領域を指す(三部教Ⅰ，103，21など他随所)．より正確には，アカモート*が終末までのあいだ一時的に置かれる場所で，中間界以下を創造する造物神(デミウルゴス)の上に位置する(ヴァレ・エイⅠ，5，3-4；7，1．5)．ヴァレ・エイⅠ，6，4では心魂的*な人間たちが終末*に到達する場所．フィリ福§63a，107bでは例外的に滅亡の場所の意．シェーム§25-38では，巨大な女性器として見られた宇宙の中で「処女膜の雲」と「胞衣の雲」の下に位置する領域を指し，啓示者デルデケアスによるヌースの回収作業によって闇から清められる．

「対」

ギリシア語シュジュギアの訳．プレーローマ*の至高神が自己思惟の主体と客体に分化して，さまざまな神的存在(アイオーン*)を流出する．それと共に原初的な両性具有(男女*＝おめ)の在り方も男性性と女性性に分化し，男性的な神的存在と女性的な神的存在が一つずつ組み合わされて「対」を構成する．ヴァレンティノス派の場合には，ビュトス(深淵)とエンノイア(思考)，ヌース(叡知)とアレーテイア(真理)，ロゴス(ことば)とゾーエー(生命)，アントローポス(人間)とエクレーシア(教会)のように，ギリシア語の男性名詞と女性名詞を巧妙に組み合わせて「対」関係を表現している(ヴァレ・エイⅠ，1，1)．ヨハ・アポ§13-21の場合も元来のギリシア語原本では同様の消息であったと思われるが，現存のコプト語写本ではコプト語の同義語へ翻訳した結果，文法的な性が変わってしまったために，ギリシア語原本の神話論的巧妙さは失われている．

ヨハ・アポ§39は，ヤルダバオート*の配下の七人*のアルコーン*(男性)にもそれぞれ女性的「勢力」を割り振って「対」関係を造り上げているが，起源Ⅱではヤルダバオート以下，「十二人*」，「七人」も含めて，諸々の悪霊まで両性具有の存在と考えられている(§10，16，29，37，49)．

つくり物／こしらえ物／形成物

ギリシア語「プラスマ」の訳．例外的に積極的な意味で用いられることもあるが

(アルコ§36)，大抵の場合はアルコーンたちが造り出す心魂的人間，あるいは肉体の牢獄という否定的な意味で用いられる(ヨハ・アポ§58，64，アルコ§5，起源II §76，78-81，97，134，141，フィリ福§41，真福§2，3など)．バルク・ヒポV，26，26では，「母」である半処女エデンが造りだしたこの世のこと．

テトラクテュス

ピュタゴラス学派では最初の四つの整数の和で10のことであるが，ヴァレ・エイI，1，1ではプレーローマ内のビュトス(深淵)，エンノイア(思考)，ヌース(叡知)，アレーテイア(真理)の四個組のこと．

デュナミス／ホロス

ギリシア語「デュナミス」は通常「諸力」の意味で否定的に用いられるが，ヴァレ・エイI，2，2；3，3．5では例外的に，プレーローマ内のアイオーンの一つで，ソフィアの過失を最小限にくい止める境界(＝ホロス，カーテン)の役割を果たす．

塗油

元来は原始キリスト教において，洗礼の儀式との関連で行なわれた儀礼．洗礼は罪の赦しと同時に聖霊を授与・受領する儀式とも理解されたので，その聖霊が失われないよう受洗者を油で封印するために行なわれた象徴行為であると思われるが，洗礼と塗油の前後関係については良く分からない．その後も，後3−4世紀まで東方教会と西方教会ではその順番付けが異なっていた．グノーシス主義の文書では，フィリ福が洗礼，聖餐，救済，新婦の部屋と並ぶ儀礼として繰り返し言及する．特に洗礼との関連が密接であるが，同時に洗礼よりも塗油の方が重要であることが強調される(§68，75，92，95他)．「新婦の部屋」の儀礼においても塗油(終油？)が行なわれた可能性がある(§122c)．「クリスチャン」の呼称は，本来の「キリストに属する者」という意味(使11：26)ではなく，「油注がれた者」，すなわちグノーシス主義者を指すものに転義している(§95)．それどころか，塗油を受けたグノーシス主義者は一人一人が「キリスト」になる(§67d)．

神話上の場面としては，ヨハ・アポ§20で「独り子」(またはアウトゲネース)が至高神から「至善さ」によって塗油されて「キリスト」となる．ここでは，一方で「至善な」がギリシア語では「クレーストス」，他方で「キリスト」が元来「塗油された者」の意で，ギリシア語では「クリストス」であることを踏まえた語呂合わせが行なわれている．

泥／泥的

宇宙と人間を霊，心魂，物質(肉体)に分けて捉えるグノーシス主義の三分法的世界観において，価値的に最下位のもので，物質と同義．ヴァレ・エイI，5，5では，造物神が物質(質料)の内の液状のものから造り，心魂的なものへ注入する．最終的な救いに与ることができず，世界大火で焼き尽される(同I，6，2；7，1)．バルク・ヒポV，26，32では，イエスの十字架刑において心魂的部分と共に受難する部分として，受難を免れる霊的部分と区別されている．同V，27，3には泥的人間，心

魂的人間，霊的人間の三分法が見られる.

な 行

七つのもの → ヘブドマス

七人

ヘレニズム時代に一般的に七つの惑星と見做されていた月，太陽，金星，水星，火星，木星，土星が神話論的に擬人化されたもので，中間界以下の領域の悪しき支配者．ギリシア語魔術文書や広範なグノーシス主義文書に，それぞれ隠語化された名前で登場する．ヨハ・アポ§33，34，37，39に列挙される名前は，黄道十二宮を同様に擬人化した「十二人*」(§31)と一部重複するが，七という数字は一週間の日数として説明される(§34，37)．同時に，七人のそれぞれが男性性と女性性の「対*」関係に置かれる(§39)．起源II§16では，ヤルダバオート*を含めて総称的に「アルコーン*たち」，「支配者たち」，「権威*たち」と呼ばれ，カオス*から男女*(おめ)として出現する．ナグ・ハマディ文書以外では，マンダ教文書にまったく独自のマンダ語の名前で頻繁に登場する．エイレナイオス『異端反駁』のセツ派についての報告(I，30，5)，オリゲネスの『ケルソス駁論』VI，30-32，エピファニウス『薬籠』XXVI，10，1-3のフィビオン派についての報告などにもさまざまな名前で登場する．七つの惑星の並べ方の順番(特に太陽の位置)については，ストアや中期プラトニズムなどの学派哲学の宇宙論においてさえ諸説があったため，グノーシス主義文書に隠語で言及される「七人」がそれぞれどの惑星に対応するかは一概に決められない.

肉／肉体／肉的

宇宙と人間を，霊的*なもの，心魂的*なもの，肉的(物質的)なものの三分法で考えるグノーシス主義の世界観における最下位の原理で，「物質*」あるいは「泥*」と同義であることが多いが，ヴァレ・エイI，5，5のように，泥から由来する身体と区別して，四分法的に語られることもある．フィリ福は一方で肉体の無価値性を断言するが(§22)，他方で「肉にあって甦ることが必要である」(§23c)とする．復活§15は老いた肉体を胞衣《えな》(後産)に譬える.

肉体 → 肉

似像 → 像

「**人間**」 → 第一の人間

認識 → グノーシス

ノーレア

アルコ§12では，アダム*とエバがセツ*を産んだ後にもうけた娘で，理屈ではセツの妹であると同時に妻ということになる．しかし，同§14(オーレアと表記)と§15ではむしろノアの妻であることが前提されていると思われる．この二系統の表象はその他のグノーシス主義文書の間にも認められる．エイレナイオス『異端反駁』I，

30, 9 とエピファニオス『薬籠』XXXIX, 5, 2 が報告するセツ派は前者，エピファニオス同 XXVI, 1, 3-5 が報告するニコライ派とマンダ教は後者に属する．特に後者の表象系統では，ノーレアは夫のノアがこの世の支配者であるアルコーン*に仕えたのに対して，超越的な神バルベーロー*に仕える存在であり，ノアが造った方舟に立ち入りを拒まれると，三度までもそれを焼き払ったという(アルコ§14 参照)．ヘレニズム期のユダヤ教のハガダー(物語)伝承にも，ナアマという女性が一方ではセツの妹かつ妻として，他方ではノアの妻として言及される．ノーレアという名前は基本的にはそのナアマがギリシア語化したものとする説が有力である．ナグ・ハマディ文書の中では，『ノーレアの思想』(写本 IX)と起源 II §18, 20 に言及がある．

は 行

場所

グノーシス主義の神話では「あの場所」,「この場所」という表現で超越的な光の世界と地上世界を指し,「中間の場所*」でその中間に広がる領域を表現することが多い．三部教 I, 53, 24 では，否定神学の意味で，神は「場所」の中にいないと言われ，同 60, 5; 65, 8 では万物の父*がアイオーン*たちにとって「場所」である(真福§20 では，父は自らの内にあるすべての「場所」を知っている)と言われる．さらに三部教 100, 29 では，ロゴス*によって生み出された造物神が彼の創造物にとって「場所」であると言う．これらの場合の「場所」は一つの術語として用いられており，その背後には原理としての「質料」を「場所」と定義した中期プラトン主義(アルキノス『プラトン哲学要綱』VIII)などの影響が考えられるかもしれない．トマ福では「光」(語録 24)あるいは「王国」(語録 60, 64)と同意．

パトス

熱情あるいは受難を意味するギリシア語．ヴァレ・エイ I, 2, 2 では，ソフィア*が男性的伴侶(テレートス)との抱擁なしに陥った，父を知ろうとする熱情のことで，エンテュメーシス(意図)とともにホロス*(境界)の外へ疎外される．バルク・ヒポ V, 26, 19 ではエローヒームによって地上に取り残された半処女,「母」エデンがエローヒームに欲情する熱情．

パラダイス → 楽園

バルベーロー／バルベーロン

いくつかのグノーシス主義救済神話において，至高神の最初の自己思惟として生成する神的存在．ヨハ・アポ§13 では「プロノイア*」,「第一の人間*」,「万物の母体」,「母父*」とも呼ばれ，神話の隠れた主人公の一人であり，最後に§80 で自己自身を啓示する．三プロ XIII, 38, 8-9 ではプローテンノイアの別名で登場する．エジ福§6 他も参照．エイレナイオス『異端反駁』I, 29, 1-4 はヨハ・アポ§13-44 に相当する部分を要約的に報告して，それを「バルベーロー派」の神話だと言う．しかし，その「バルベーロー派」の歴史的実態については，やはりエイレナイオスによ

って報告されるセツ派などの他のグノーシス主義グループの場合と同様，詳しいことは分からない．「バルベーロー」(Barbêlô)の語源・語義については，伝統的にヘブル語で「四つの中に神在り」(b'arbba' 'ᵉlôha)の意の文を固有名詞化したものだとされてきた(この場合，「四」とはプレーローマ*の最上位に位置する四つの神的存在，テトラクテュス*のこと)．しかし最近では，コプト語ないしそれ以前のエジプト語で「発出」を意味する「ベルビル」(berbir)と「大いなる」の意の「オー」とから成る合成語で，「大いなる発出」の意味だとする仮説が唱えられている．

範型

シリア・エジプト型のグノーシス主義の神話(本シリーズ第一巻の「グノーシス主義救済神話の類型区分」を参照)では，基本的にプラトン主義のイデア論に準じて，「上にあるもの」の写し(コピー)として「下のもの」が生成すると考えられている．その場合，「下のもの」が「像*」，「影像」，「模像」，「似像」，「模写」と呼ばれるのに対し，「上のもの」が「範型」と呼ばれる．特にヨハ・アポ§40の「不朽の型」参照．ヴァレ・エイI，7，2では，プレーローマ*のキリストがホロス*(別名スタウロス=「十字架」)に体を広げて，アカモート*の過失を止めた事件が歴史上のイエスの十字架刑の範型．「範型」と「模像」を対句で用いるのはフィリ福§69a，124他．

万物

グノーシス主義神話の術語としては，中間界および物質界と区別されたプレーローマ*の同義語として使われる場合が多い．ヴァレ・エイI,3,4では，ギリシア語の全称の形容詞を名詞化した「パンタ」(panta)という表記で言及される．ナグ・ハマディ文書の多くは，コプト語の全称の形容詞 têr=(「すべての」，「全体の」)に男性単数の定冠詞と所有語尾を付して名詞化した形(ptêrif)で用い，さまざまな神的アイオーン*から成るプレーローマを集合的に表現する．ヨハ・アポ§21-24，フィリ福§81b，82a,97,105，真福§2,8-12,16,39，エジ福§29，復活§13,17参照．集合的単数の性格は，特にアルコ§23の「万物」が並行する起源II§24では「不死なる者たち」(アイオーンたち)と言い換えられていること，また，エジ福(§20，25，26，28他)が「すべての」(têrif)という形容詞をプレーローマに付して，その全体性を表現していることによく現れている．但し，三部教では，同じ集合的単数(ptêrif)は，すべてのアイオーンを包括する「父」の全体性を現す (I，70,36-37; 73,19-26)．プレーローマの個々のアイオーンはその単数形をさらに複数形にして(niptêrif=いわば「万物たち」)表現される(I，67,7-12)．例外的な用例としては，プレーローマのみならず，下方の領域までの総体を包括的に指す場合(バルク・ヒポV，26,1-2)，あるいは逆に限定的に，プレーローマ界より下の領域を指す場合(ヴァレ・エイ§I，5，1; 起源II§99；三部教I，96，10．18)がある．

万物の父

グノーシス主義の至高神(第一の人間*)の別称．ヨハ・アポ§6以下，三部教I，51，8-57，8などでは，延々と否定形で記述される．バシリ・エイI，24，3では「生ま

れざる父」，バシリ・ヒポ VII, 21, 1 では三重の「子性」の父として「存在しない神」とも呼ばれる．但し，バルク・ヒポ V, 26, 1 では例外的に至高神より下位の存在，すなわち「生まれた万物の父」であるエローヒームと同定される．

光り輝くもの／フォーステール

ギリシア語フォーステールの訳．ヨハ・アポ§23 では，プレーローマ*の内部でアウトゲネース*(キリスト)から生成する四つの大いなる光のことで，それぞれ三つずつのアイオーン*を従えている．アダ黙§23 ではセツ*の子孫たるグノーシス主義者，同§25, 43 では大いなるアイオーンから認識*をもたらす啓示者を指す．その啓示者たちの名前は§46 によれば，イェッセウス，マザレウス，イェッセデケウスである．なお，この名称は，フィペ手 137, 8 ではイエスに，II ヤコ黙 55, 17 ではヤコブに帰されている．

ピスティス　→　ソフィア

左手　→　左のもの

左のもの／右のもの／左手／右手

「右のもの」が積極的な意味で用いられるのに対して，「左のもの」は常に否定的な意味で用いられる．ヴァレ・エイ I, 5, 1 では，ソフィア*のパトス*から派生した物質を指し，「右のもの」，つまり心魂的なものと対照されている．アルコ§29 では，改心したサバオート*とその右手ゾーエー*が積極的に評価されることとの対照で，専横あるいは邪悪を意味する．起源 II §35 では，ヤルダバオート*がもらい受けるピスティス・ソフィアの左の場所は「不義」と呼ばれ，右が「正義」と呼ばれることと対照されている．フィリ福§40 では，右は「善きもの」，左は「悪しきもの」，同§67d では十字架が「右のもの，左のもの」と呼ばれる．三部教 I, 98, 19; 104, 11; 105, 8; 106, 21 では「左の者たち」＝物質的種族が負の存在として，「右の者たち」＝心魂的種族と対照されている．真福§26 では，99 までは左手で数えられ，1 を欠くので欠乏を，99 に 1 を足して 100 からは右手で数えられるので右は完全を表わす．

フォーステール　→　光り輝くもの

復活

本質的には人間が本来の自己を覚知することを意味する．従って，時間的な側面では，新約聖書の復活観とは対照的に，死後の出来事ではなく，死より前，生きている間に起きるべきこととなる(フィリ福§21, 23c, 90a，復活§26，真証§8 他)．場所的な側面では，この世あるいは「中間の場所*」から本来の在り処であるプレーローマ*へ回帰することが復活を意味する(フィリ福§ 63a, 67c，魂 II, 134, 10-13)．復活§9 はこの二つの意味での「霊的復活」について語る．

物質／質料

ギリシア語「ヒューレー」(hylê)の訳語．この同じギリシア語を中期プラトン主義は「神」，「イデア」と並ぶ三原理の一つ，「質料」の意味で用いるが，グノーシス

主義は肉*，肉体，あるいは泥*などとほぼ同義の否定的な意味合いで用いることが多い．ヴァレ・エイ IV，2，5 ではアカモート*の陥った情念から派生する．ヨハ・アポ§46，真福§2では，初めから存在が前提されているもの，つまり一つの原理として，いささか唐突に言及される．反対に起源 II では，「垂れ幕*」の陰から二次的に生成し，カオス*の中へ投げ捨てられて（§7），やがてヤルダバオート*の世界創造の素材となる．アルコ§22でも，上なる天と下の領域を区切るカーテン*の陰から生成し，やがてピスティス・ソフィア*の流産の子サマエール*を生み出す．同§24では「闇」あるいは「混沌」（カオス）と同義．

プレーローマ

ギリシア語で「充満」の意．至高神以下の神的存在によって満たされた超越的な光の世界を表現するために，グノーシス主義の神話が最も頻繁に用いる術語．しかし，必ずしもどの文書にも現れるわけではない．例えば，バシリ・ヒポ VII，25，1 では，プレーローマの代わりに「超世界」，アルコ§29と起源 II§30ではオグドアス*あるいは「八つのもの*」という表現が用いられている．なお，この語が複数形で用いられ，「父のすべての流出」を指す場合もある（真福§37）．

プロノイア

ギリシア語で「摂理」の意．ストア哲学では宿命（ヘイマルメネー）と同一で，神的原理であるロゴスが宇宙万物の中に遍在しながら，あらゆる事象を究極的には全体の益になるように予定し，実現してゆくことを言う．あるいは中期プラトン主義（偽プルータルコス『宿命について』）においては，恒星天ではプロノイアが宿命に勝り，惑星天では均衡し，月下界では宿命がプロノイアに勝るという関係で考えられる．グノーシス主義はストアにおけるプロノイアと宿命の同一性を破棄して，基本的に宿命を悪の原理，プロノイアを至高神に次ぐ位置にある救済の原理へ二分割するが，文書ごとに微妙な差が認められる．ヨハ・アポはプレーローマ*界に二つのプロノイア（§13，23），中間界にもう一つのプロノイア（§39），地上界に宿命（§77）を配置するが，起源 II はプレーローマ，中間界，地上界のそれぞれに一つずつプロノイアを割り振り，中間界と地上界のそれについては宿命と同一視している（§16，44-45，68，96，141）．エジ福でも§1の他多数にあるが，「大いなる見えざる霊」（父）との関係，あるいはその他の点での神話論的な位置付けが明瞭に読み取れない．

ヘブドマス／七つのもの

ギリシア語で「七番目のもの」あるいは「七つのもの」の意．グノーシス主義神話では造物神とその居場所を指すことが多い．ヴァレ・エイ I，5，2 では，オグドアス*（八つのもの）と呼ばれる母アカモート*の下位にいるデーミウールゴス（造物神）のこと．バシリ・ヒポ VII，26，4-5 では，オグドアスのアブラサクス*の下位の神「別のアルコーン」とその息子の住処．ヨハ・アポ§34，37では，一週七日（「週の七個組」）の意．起源 II§16では，本文が欠損していて確定しにくいが，おそらく

第一のアルコーン*の女性名．エジ福§24ではプレーローマ*内の存在の何らかの組み合わせを指すが，詳細は不詳である．

母父／メートロパトール

ギリシア語「メートロパトール」の訳．このギリシア語は通常は母方の祖父の意味であるが，ヨハ・アポの特に長写本は両性具有の存在バルベーロー*を指して用いている(§13，19，45，55，57，76)．ヴァレ・エイⅠ，5，1ではデーミウールゴス(造物神)の別名．

ホロス　→　デュナミス，カーテン

ま　行

見えざる霊

「処女なる霊*」と一組で用いられて至高神を指す場合が多い(ヨハ・アポ§14，アルコ§20，三プロ XIII，38，11，エジ福§1，20他随所)．

右手　→　左のもの

右のもの　→　左のもの

メートロパトール　→　母父

模像　→　像

モノゲネース

ギリシア語で「独り子」の意．ヴァレ・エイⅠ，1，1；2，5では至高神(ビュトス)とその女性的「対*」(エンノイアあるいはシゲー)から生まれ，キリストと聖霊を流出する存在．ヨハ・アポ§19，20では，アウトゲネース*，すなわちキリストと同じ．エジ福§55も参照．

模倣の霊／忌むべき霊

ギリシア語「アンティミーモン　プネウマ」の訳．ヨハ・アポに集中的に言及される(§58，60，68，71-73，76，79，但し長写本は「忌むべき霊」と表記)．特にその歴史的起源を補論の形で論じる§76-79によれば，プレーローマ*から派遣された「光のエピノイア*」を見た悪の天使たちがそれに似せて造り出し，人間の娘たちを誘惑して子供を産ませる力．

や　行

八つのもの　→　オグドアス

ヤルダバオート

可視的な中間界以下の領域を創造して，支配する造物神(デーミウールゴス)に対する最も代表的な呼称．「サクラ(ス*)」あるいは「サマエール*」とも呼ばれる(ヨハ・アポ§35，三プロ XIII，39，27-28)．プレーローマ*の中に生じた過失から生まれるいわば流産の子で，自分を越える神はいないと豪語する無知蒙昧な神として描かれる．多くのグノーシス主義救済神話は，旧約聖書の神ヤハウェをこのヤルダバオー

トと同定することによって，特に創世記の冒頭の創造物語と楽園物語に対して価値逆転的な解釈を展開する．

ヤルダバオートという名称そのもの(アルダバオートと表記されることもある)もヤハウェを貶めるための造語である．起源 II § 10 はその語義を「若者よ，渡ってきなさい」の意であると説明する．この説明はおそらく，シリア語で「ヤルダー」(yaldâ)が「若者」，「ベオート」(bᵉʻôt)が「渡れ」(命令形)の意であることに基づくものと思われる．しかし同時に，同じ起源 II § 25 はヤルダバオートを「奈落」(カオス*)を母とする子として説明する．シリア語で「奈落」あるいは「混沌」は「バフート」(bahût)であるから，ヤルダバオートは「奈落を母とする若者」の意になり，この合成語の意味を早くから「混沌の子」と説明してきた古典的な学説と一致することになる．さらに，アラム語で「――を生む者」の意の「ヤレド」(yalᵉd-)に目的語として「サバオート」がついた形と見做して，「サバオートを生む者」の意とする説もあり，特定できない．

ら　行

楽園／パラダイス

創世記 2: 8 のエデンの園は「東の方」に設けられたとされ，読者には平面での連想を誘う．しかし，新約時代になると，それとは対照的に垂直軸に沿って楽園を「第三の天」に位置付ける見方があったことは，すでにパウロの証言(II コリ 12: 1-4)から知られる．グノーシス主義の神話でも原則として常に垂直軸での見方が前提されている．例えばヨハ・アポが「楽園への追放」(§ 59)に続いて「楽園からの追放」(§ 67)について物語る場合も，上から下へと話の舞台が下降してゆくのである．アルコ § 7 でもアルコーン*たちが心魂的アダムを楽園へ拉致する．起源 II でも同様であるが(§ 84)，その場所は「正義」なるサバオート*によって造られた月と太陽の軌道の外だという(§ 54)．ヴァレ・エイ I, 5, 2 ではデーミウールゴスの下の第四の天のことで，アダム*の住処．三部教 I, 96, 29 では，ロゴスが過失の後に生み出したプレーローマの不完全な模像*たちが置かれる場所．バルク・ヒポ V, 26, 5 では，半処女エデンと「父」エローヒームの満悦から生まれた天使群の総称．フィリ福はこれらの事例とは対照的に積極的な意味の楽園について頻繁に語るが，その空間的な位置付けはよく分からない．

霊／霊的

宇宙万物が霊，心魂*，物質*(肉)の三つから成ると考える，グノーシス主義の世界観における最高の原理および価値．ほとんど常に他の二つとの対照において言及される．ヴァレ・エイ I, 6, 2 によれば，物質的世界に分散している霊は滅びることはあり得ず，終末*においてプレーローマ*に受け入れられる(同 I, 7, 5)．

ロゴス／ことば／言葉

「ロゴス」は古典ギリシア語からヘレニズム時代のコイネー・ギリシア語に至るま

で，人間の言語活動と理性に関わる実に幅広い意味で用いられた．それは発言，発話，表現，噂，事柄，計算，知らせ，講話，物語，書物，根拠，意義，考察，教えといった日常用語のレベルから，「世界理性」や「指導的理性」などの哲学的術語(ストア派)のレベルにまでわたっている．ナグ・ハマディ文書を含むグノーシス主義文書は，前者の日常的な語義での用法も，例えば『復活に関する教え(ロゴス)』(第Ⅰ写本第4文書のあとがき)の他，随所で見せているが，神話論的に擬人化して用いる場合の方が多い．その場合の「ロゴス」(あるいは「言葉」)はプレーローマ*内部の神的存在の一つ．ヴァレ・エイ I，1，1では「ゾーエー*」(生命)と，ヨハ・アポ§14-21では「真理」とそれぞれ「対」を構成する．エジ福§19-21では神的アウトゲネース*の別名．起源 II§139，対話 III，129，23；133，5；135，13；アダ黙§42，真正教 VI，34，3，力 VI，42，7；44，3，シェーム VII，8，18；9，5；12，19；42，32；44，27，知識 XI，17，35，解説 XI，29，25．30；30，31，三プロ XIII，37，5．24；46，31；47，15では，神的領域から出現する終末論的啓示者．三部教では，「父」(至高神)の「思考」として成立するアイオーン*たち(I，60，34)，あるいは「父」の「ことば」としての「御子」(I，63，35)も指すが，圧倒的に多くの場合(§24以下)，プレーローマの最下位に位置する男性的アイオーン「ロゴス」を指す．この「ロゴス」が犯した過失から下方の世界が生成する．フィリ福でも超世界的でありながら，肉の領域に内在する神的存在を表しているが(§23bc，26a，30，113)，どのような神話論的な枠組みを前提するものなのか不詳である．フィリ福§123bcは，正典福音書でイエスの口に置かれている言葉を「ロゴスが言っている」／「ロゴスは言った」の表現で導入する点で(§117も参照)，殉教者ユスティノスやエイレナイオスなど護教家のロゴス・キリスト論の表現法と共通している．